高等院校金融学专业系列教材

Python 量化金融与人工智能

朱顺泉　编著

清华大学出版社
北　京

内容简介

本书内容包括：量化金融投资基础及 Python 下载、安装与启动，Python 编程基础，Python 金融数据存取，Python 工具库 NumPy 数组与矩阵计算，Python 工具库 SciPy 优化与统计分析，Python 工具库 Pandas 数据对象及数据分析，Python 描述统计，Python 参数估计及其应用，Python 参数假设检验，Python 相关分析与回归分析，Python 多重共线性处理，Python 异方差处理，Python 自相关处理，Python 金融时间序列分析的日期处理，Python 金融时间序列的自相关性与平稳性，Python 金融时间序列分析的 ARIMA 模型，Python 金融时间序列分析的 ARCH 与 GARCH 模型，Python 资产组合的收益率与风险，Python-optimize 工具优化资产组合均值方差模型，Python 在有无风险资产的均值方差模型中的应用，Python 在资本资产定价模型中的应用，贝塔对冲策略，量化选股策略分析，量化择时策略分析，量化选股与量化择时组合策略分析，金融大数据量化投资统计套利的协整配对交易策略，基于 Python 环境的配对交易策略，人工智能机器学习量化金融策略等。

本书内容新颖、全面，实用性强，融理论、方法、应用于一体，是一部供金融学、金融工程、投资学、保险学、经济学、财政学、统计学、应用统计、数量经济学、管理科学与工程、计算机应用技术、应用数学、计算数学、概率统计、财务管理、会计学、工商管理等专业的本科高年级学生与研究生使用的参考书。

本书封面贴有清华大学出版社防伪标签，无标签者不得销售。
版权所有，侵权必究。举报：010-62782989，beiqinquan@tup.tsinghua.edu.cn。

图书在版编目(CIP)数据

Python 量化金融与人工智能/朱顺泉编著．北京：清华大学出版社，2021.7（2024.8重印）
高等院校金融学专业系列教材
ISBN 978-7-302-58153-6

Ⅰ．①P… Ⅱ．①朱… Ⅲ．①金融—量化分析—高等学校—教材 Ⅳ．①F830.49

中国版本图书馆 CIP 数据核字(2021)第 088569 号

责任编辑：	孟　攀
装帧设计：	刘孝琼
责任校对：	李玉茹
责任印制：	宋　林

出版发行：清华大学出版社
网　　址：https://www.tup.com.cn, https://www.wqxuetang.com
地　　址：北京清华大学学研大厦 A 座　　邮　编：100084
社 总 机：010-83470000　　邮　购：010-62786544
投稿与读者服务：010-62776969, c-service@tup.tsinghua.edu.cn
质量反馈：010-62772015, zhiliang@tup.tsinghua.edu.cn
课件下载：https://www.tup.com.cn, 010-62791865

印 装 者：三河市龙大印装有限公司
经　　销：全国新华书店
开　　本：185mm×260mm　　印　张：21.75　　字　数：529 千字
版　　次：2021 年 7 月第 1 版　　印　次：2024 年 8 月第 4 次印刷
定　　价：69.00 元

产品编号：089074-01

前　言

"量化金融投资"以数据为基础,以优化和统计等数学模型为核心,结合现代金融理论(金融市场及机构、公司金融、投资学、金融工程等),在各类金融机构以及监管部门中都有广泛的应用。量化金融投资起源于投资组合理论,随着投资管理技术、云计算、大数据、人工智能及计算机技术的快速发展,在金融市场逐步成熟之后,量化金融投资得到了迅速发展。在目前国际、国内经济大背景,以及中国股票市场、期货市场形态多变的投资环境下,量化金融投资应如何调整策略以适应新的投资环境,量化金融投资该如何在期货市场持续发展,如何在中国特色特定的金融市场环境中开展量化金融投资与对冲基金业务等问题,值得我们深思! 诸如此类的问题,亟须学者们进行深入研究,为中国量化金融投资发展指明方向。本书的构思,正是在这样的背景下提出来的。

随着信息科技的普及、金融计量方法的蓬勃发展以及金融衍生工具的多样化选择,金融科技与量化金融投资快速发展,掀起了一股热潮,金融市场特别是基金和证券行业对金融科技与量化金融投资人才的需求逐年攀升,但市场上这方面的人才却十分匮乏。目前国内就"量化金融投资"这门新兴交叉学科缺乏相应的教学辅导资料,而且许多高等学校对这门学科的建设缺乏经验。鉴于此,我们特出版本书,以适应金融科技与量化金融投资专业创新型人才培养的知识结构要求。

本书以 Bigquant 量化金融投资平台为基础,利用我国的实际数据给出金融投资方法与策略的 Python 应用,具有很好的实用价值。本书实例丰富,具有很强的针对性,读者只需按照书中介绍的步骤一步一步地实际操作,就能掌握全书的内容。量化技术与方法在 Python 环境下运行,量化金融投资的部分策略在 Bigquant 量化金融投资云计算平台下运行,部分策略在 Python-Spyder 环境下调试、运行。

本书共分 6 篇:第 1 篇为量化金融投资基础与 Python 技术;第 2 篇为 Python 统计分析;第 3 篇为 Python 基本计量经济分析;第 4 篇为 Python 金融时间序列分析;第 5 篇为 Python 金融投资理论;第 6 篇为 Python 量化金融投资策略。具体内容是这样安排的:第 1 章介绍量化金融投资基础及 Python 下载、安装与启动;第 2 章介绍 Python 编程基础;第 3 章介绍 Python 金融数据存取;第 4 章介绍 Python 工具库 NumPy 数组与矩阵计算;第 5 章介绍 Python 工具库 SciPy 优化与统计分析;第 6 章介绍 Python 工具库 Pandas 数据对象及数据分析;第 7 章介绍 Python 描述统计;第 8 章介绍 Python 参数估计及其应用;第 9 章介绍 Python 参数假设检验;第 10 章介绍 Python 相关分析与回归分析;第 11 章介绍 Python 多重共线性处理;第 12 章介绍 Python 异方差处理;第 13 章介绍 Python 自相关处理;第 14 章介绍 Python 金融时间序列分析的日期处理;第 15 章介绍 Python 金融时间序列的自相关性与平稳性;第 16 章介绍 Python 金融时间序列分析的 ARIMA 模型;第 17 章介绍 Python 金融时间序列分析的 ARCH 与 GARCH 模型;第 18 章介绍 Python 资产组合的收益率与风险;第 19 章介绍 Python-optimize 工具优化资产组合均值方差模型;第 20 章介绍 Python 在有无风险资产的均值方差模型中的应用;第 21 章介绍 Python 在资本资产定价模型中的应用;第 22 章介绍贝塔对冲策略；第 23 章介绍量化选股策略分析；第 24 章介绍量化择时策略分析；第 25 章介绍量化选股与量化择时组合策略分析；第 26 章介绍金融大数据量化投资统计套利的协整配对交易策略；第 27 章介绍基于 Python 环境的配对交易策略；第 28 章介绍人工智能机器学习量化金融策略等。

本书是"2019 年广东省高等教育教学研究和改革项目(大数据时代经济与金融计量分析课程教学改革)""2020 年广东财经大学投资学教学团队建设项目""2020 年投资学专业广东省一流本科专业建设项目""2021 年投资学专业国家级一流本科专业建设项目"等阶段性成果。

本书是一部供金融学、金融工程、投资学、保险学、经济学、财政学、统计学、应用统计、数量经济学、管理科学与工程、计算机应用技术、应用数学、计算数学、概率统计、财务管理、会计学、工商管理等专业的本科高年级学生与研究生使用的参考书；也适合以下 Python 工作者使用，如有计算机背景的软件工程师、有数据分析背景的数据科学家；金融行业从业者，如券商研究员、金融分析师、基金经理、宽客等。

由于时间和水平的限制，书中难免出现纰漏，恳请读者谅解并提出宝贵意见。

编　者

目　　录

第1篇　量化金融投资基础与 Python 技术

第1章　量化金融投资基础及 Python 下载、安装与启动 3

1.1　量化金融投资基础 3
  1.1.1　量化金融投资的概念 3
  1.1.2　量化金融投资的优势 4
  1.1.3　量化金融投资的历史和未来 4
  1.1.4　量化金融投资的应用与流程 5
1.2　Python 工具概述 7
1.3　Python 工具的下载 9
1.4　Python 的安装 10
1.5　Python 的启动和退出 11
练习题 12

第2章　Python 编程基础 13

2.1　Python 的两个基本操作 13
2.2　Python 数据结构 13
2.3　Python 函数 17
2.4　Python 条件与循环 18
2.5　Python 类与对象 19
练习题 20

第3章　Python 金融数据存取 21

3.1　Python-NumPy 数据存取 21
3.2　Python-Scipy 数据存取 22
3.3　Python-pandas 的 csv 格式数据文件存取 22
3.4　Python-pandas 的 Excel 格式数据文件存取 23
3.5　读取并查看数据表列 23
3.6　读取挖地兔财经网站的数据 24
3.7　挖地兔 Tushare 财经网站数据的保存 25
3.8　使用 Opendatatools 工具获取数据 27
3.9　Python-quandl 财经数据接口 28
3.10　下载 Yahoo 财经网站数据 29
3.11　存取 Yahoo 财经网站数据 29
练习题 31

第4章　Python 工具库 NumPy 数组与矩阵计算 32

4.1　NumPy 概述 32
4.2　NumPy 数组对象 32
4.3　创建数组 33
4.4　数组操作 34
4.5　数组元素访问 37
4.6　矩阵操作 38
4.7　缺失值处理 40
练习题 40

第5章　Python 工具库 SciPy 优化与统计分析 41

5.1　SciPy 概述 41
5.2　scipy.optimize 优化方法分析 41
5.3　利用 CVXOPT 求解二次规划问题 42
5.4　scipy.stats 的统计方法分析 46
练习题 49

第6章　Python 工具库 Pandas 数据对象及数据分析 50

6.1　Pandas 基础知识 50
  6.1.1　数据对象 50
  6.1.2　增删查改 51
  6.1.3　Pandas 常用函数 57
  6.1.4　绘图 59
  6.1.5　数据读写 59
6.2　Pandas 基本金融数据分析 60
6.3　Pandas 横向合并金融数据分析 63
6.4　Pandas 纵向分类汇总金融数据分析 65
练习题 71

第 2 篇　Python 统计分析

第 7 章　Python 描述统计 75
- 7.1 描述性统计的 Python 工具 75
- 7.2 数据集中趋势的度量 76
- 7.3 数据离散状况的度量 79
- 7.4 峰度、偏度与正态性检验 81
- 7.5 异常数据处理 86
- 练习题 91

第 8 章　Python 参数估计及其应用 92
- 8.1 参数估计与置信区间的含义 92
- 8.2 Python 点估计 92
- 8.3 Python 单正态总体均值区间估计 93
- 8.4 Python 单正态总体方差区间估计 95
- 8.5 Python 双正态总体均值差区间估计 96
- 8.6 Python 双正态总体方差比区间估计 98
- 练习题 99

第 9 章　Python 参数假设检验 100
- 9.1 参数假设检验的基本理论 100
  - 9.1.1 p-value 决策 100
  - 9.1.2 假设检验 102
- 9.2 Python 单样本 t 检验 107
- 9.3 Python 两个独立样本 t 检验 108
- 9.4 Python 配对样本 t 检验 109
- 9.5 Python 单样本方差假设检验 110
- 9.6 Python 双样本方差假设检验 111
- 练习题 113

第 10 章　Python 相关分析与回归分析 114
- 10.1 Python 相关分析 114
- 10.2 Python 一元线性回归分析的 statsmodels 应用 118
- 10.3 Python 多元线性回归分析 121
- 练习题 125

第 3 篇　Python 基本计量经济分析

第 11 章　Python 多重共线性处理 129
- 11.1 多重共线性的概念 129
- 11.2 多重共线性的后果 130
- 11.3 产生多重共线性的原因 130
- 11.4 多重共线性的识别和检验 131
- 11.5 消除多重共线性的方法 132
- 11.6 Python 多重共线性诊断 135
- 11.7 Python 多重共线性消除 137
- 练习题 138

第 12 章　Python 异方差处理 140
- 12.1 异方差的概念 140
- 12.2 异方差产生的原因 141
- 12.3 异方差的后果 142
- 12.4 异方差的识别检验 143
  - 12.4.1 图示法 143
  - 12.4.2 统计检验方法 143
- 12.5 消除异方差的方法 145
- 12.6 Python 异方差诊断 147
- 12.7 Python 异方差消除 148
- 练习题 149

第 13 章　Python 自相关处理 151
- 13.1 自相关的概念 151
- 13.2 产生自相关的原因 151
- 13.3 自相关的后果 152
- 13.4 自相关的识别和检验 153
- 13.5 自相关的处理方法 155
- 13.6 Python 自相关性诊断与消除 157
- 练习题 159

第4篇 Python 金融时间序列分析

第14章 Python 金融时间序列分析的日期处理 163
- 14.1 引言 163
- 14.2 生成日期序列 168
- 14.3 低频数据向高频数据转换 170
- 练习题 174

第15章 Python 金融时间序列的自相关性与平稳性 175
- 15.1 引言 175
- 15.2 自相关性 175
- 15.3 平稳性 178
- 15.4 白噪声和随机游走 179
- 15.5 Python 模拟白噪声和平稳性检验 180
- 15.6 沪深300 近三年来数据的平稳性检验分析 183
- 练习题 187

第16章 Python 金融时间序列分析的 ARIMA 模型 188
- 16.1 引言 188
- 16.2 AR 模型 188
- 16.3 MA 模型 191
- 16.4 ARMA 模型 194
- 16.5 ARIMA 模型 197
- 16.6 结语 199
- 练习题 199

第17章 Python 金融时间序列分析的 ARCH 与 GARCH 模型 200
- 17.1 引言 200
- 17.2 股票收益率时间序列特点 200
- 17.3 ARCH 模型 202
- 17.4 GARCH 模型 206
- 17.5 结语 210
- 练习题 210

第5篇 Python 金融投资理论

第18章 Python 资产组合的收益率与风险 213
- 18.1 持有期收益率 213
- 18.2 单项资产的期望收益率 214
- 18.3 单项资产的风险 214
- 18.4 单项资产的期望收益和风险的估计 215
- 18.5 单项资产之间的协方差与相关系数 216
- 18.6 Python 计算资产组合的期望收益和风险 218
- 练习题 221

第19章 Python-optimize 工具优化资产组合均值方差模型 222
- 19.1 资产组合的可行集 222
  - 19.1.1 资产组合可行集的一部分 222
  - 19.1.2 资产组合可行集的模拟 223
- 19.2 有效边界与有效组合 225
- 19.3 Python 应用于标准均值方差模型 227
  - 19.3.1 标准均值方差模型 227
  - 19.3.2 全局最小方差 230
  - 19.3.3 有效资产组合 230
- 19.4 两基金分离定理 231
- 19.5 Python 应用于 Markowitz 投资组合优化 232
  - 19.5.1 股票的选择 232
  - 19.5.2 Markowitz 投资组合优化基本理论 233
  - 19.5.3 投资组合优化的 Python 应用 234
- 练习题 239

第 20 章 Python 在有无风险资产的均值方差模型中的应用 240

- 20.1 Python 在存在无风险资产的均值方差模型中应用 240
- 20.2 无风险资产对最小方差组合的影响 242
- 20.3 Python 应用于存在无风险资产的两基金分离定理 243
- 20.4 预期收益率与贝塔关系式 244
- 20.5 Python 应用于一个无风险资产和两个风险资产的组合 245

练习题 248

第 21 章 Python 在资本资产定价模型中的应用 249

- 21.1 资本资产定价模型假设 249
- 21.2 Python 应用于资本市场线 249
- 21.3 Python 应用于证券市场线 252
- 21.4 Python 应用于资本资产定价模型 CAPM 实际数据 254

练习题 256

第 6 篇 Python 量化金融投资策略

第 22 章 贝塔对冲策略 261

- 22.1 贝塔对冲模型 261
- 22.2 风险对冲策略 261

练习题 265

第 23 章 量化选股策略分析 266

- 23.1 小市值的量化选股策略 266
- 23.2 基本面财务指标的量化选股策略 268

练习题 271

第 24 章 量化择时策略分析 272

- 24.1 Talib 技术分析工具库在量化择时中的应用 272
- 24.2 海龟量化择时策略 276
- 24.3 金叉死叉双均线量化择时策略 277
- 24.4 应用 Python 分析量化择时策略 280
  - 24.4.1 获取金融数据 280
  - 24.4.2 量化择时收益计算策略 281
  - 24.4.3 量化择时双均线策略 282

练习题 285

第 25 章 量化选股与量化择时组合策略分析 286

- 25.1 量化纯选股策略 286
- 25.2 量化选股与量化择时组合策略 288

练习题 290

第 26 章 金融大数据量化投资统计套利的协整配对交易策略 291

- 26.1 协整基本知识 291
- 26.2 平稳性检验及其实例 293
- 26.3 基于 Bigquant 平台统计套利的协整配对交易策略 295

练习题 301

第 27 章 基于 Python 环境的配对交易策略 302

- 27.1 策略介绍 302
- 27.2 策略相关方法 302
- 27.3 策略的步骤 303
- 27.4 策略的演示 304

练习题 311

第 28 章 人工智能机器学习量化金融策略 312

- 28.1 机器学习算法分类 312
- 28.2 常见的机器学习算法及其 Python 代码 312
  - 28.2.1 线性回归 312
  - 28.2.2 逻辑回归 313
  - 28.2.3 决策树 314
  - 28.2.4 支持向量机分类 315

- 28.2.5 朴素贝叶斯分类 316
- 28.2.6 KNN 分类(*K*-最近邻算法)....317
- 28.2.7 *K*-均值算法 318
- 28.2.8 随机森林算法 319
- 28.2.9 降维算法 319
- 28.2.10 Gradient Boosting 和 AdaBoost 算法 320
- 28.3 广义线性模型 Logistic 回归多分类及其 Python 应用 320
  - 28.3.1 算法原理 320
  - 28.3.2 对象类参数介绍 322
- 28.3.3 逻辑回归分类算法实例 323
- 28.4 人工智能机器学习算法的支持向量机及其应用 324
  - 28.4.1 支持向量机的定义 324
  - 28.4.2 最大化间隔 324
  - 28.4.3 软间隔 328
  - 28.4.4 核技巧 330
  - 28.4.5 支持向量机的 Python 应用实例 336
- 练习题 337

第 1 篇

量化金融投资基础与 Python 技术

第 1 篇

量化金融投资基础与 Python 技术

第 1 章 量化金融投资基础及 Python 下载、安装与启动

1.1 量化金融投资基础

1.1.1 量化金融投资的概念

量化就是把"定量"指标数据化。例如,你说喜欢身材好的美女,我们没办法给你介绍,因为身材好没有统一的标准。但是如果你说想要身高 170cm 以上、体重 50kg 以内、胸围超过 90cm、腰围小于 70cm 的,那人们就懂了,这就是量化。

什么是量化金融投资呢?就是将你的想法通过数据和计算模型来验证和落实,它集金融(主要是投资组合、资产定价、基础分析、技术分析等)、数理(优化、统计与计量、数学)、计算机知识(数据库技术、人工智能技术、计算机高级语言 Python、R、MATLAB、Stata 等)于一体,投资者将自己在金融市场中的一些实践经验或者感悟,通过数理模型进行具体的量化,设计出相应的交易规则,最后运用计算机系统自动地按照交易规则进行程序化交易。比如,可以设定将你选定的几只股票在下跌 5%的时候买入,在上涨 10%的时候抛出,通过 2 年的时间来贯彻这一设定,观察结果是涨还是跌,以此来调整你的策略。

量化金融投资的最大好处在于,可以在决策过程中避免主观臆断和情绪影响,而且能够发现复杂的数据规律,快速地抓住交易机会。

价值投资和趋势投资(技术分析)是引领过去一个世纪的投资方法,随着计算机技术的发展,将已有的投资方法与计算机技术相融合,即产生了量化金融投资。

简单来说,量化金融投资与传统投资方法之间的关系类似于西医与中医的关系。量化金融投资与传统投资最鲜明的区别就是模型的应用,类似于医学上对仪器的应用。中医主要通过望、闻、问、切等医疗手段,很大程度上借助中医长期积累的经验进行诊断,定性的程度大一些;而西医则不同,西医主要借助现代仪器进行检验,而各项检查结果有详细的数据评价标准,最后判断症结所在,进而对症下药。具体的比较见表 1-1。

表 1-1 传统金融投资和量化金融投资的区别

投资策略	处理信息的能力	认知偏差	风险控制能力
传统金融投资	低	大	低
量化金融投资	高	无	高

医生治疗病人的疾病,投资者治疗市场的疾病。市场的疾病是什么?就是错误定价和估值,没病或病得比较轻,市场是有效或弱有效的;病得越严重,市场越无效。投资者用资金投资于低估的证券,直到把它的价格抬升到合理的价格水平上。

但是,定性投资和定量投资的具体做法有些差异。定性投资更像中医,更多地依靠经验和感觉判断病在哪里;定量投资更像西医,依靠模型判断,模型对于定量投资基金经理

的作用就像CT机对于医生的作用。在每一天的投资运作之前，先用模型对整个市场进行一次全面的检查和扫描，然后根据检查和扫描的结果作出投资决策。

1.1.2　量化金融投资的优势

量化金融投资的优势在于纪律性、系统性、及时性、准确性和分散化。

(1) 纪律性。严格执行投资策略，不受投资者情绪的变化而随意更改。这样可以克服人性的弱点，如贪婪、恐惧、侥幸心理，也可以克服认知偏差。

(2) 系统性。量化金融投资的系统性特征包括多层次量化模型、多角度观察及海量数据观察等。多层次模型包括大类资产配置模型、行业选择模型、精选个股模型等。多角度观察主要包括对宏观周期、市场结构、估值、成长、盈利质量、市场情绪等多个角度的分析。此外，海量数据的处理能力能够更好地在广大的资本市场中捕捉到更多的投资机会。

(3) 及时性。及时快速地跟踪市场变化，不断地发现能够提供超额收益的新的统计模型，寻找新的交易机会。

(4) 准确性。准确客观地评价交易机会，克服主观情绪偏差，从而盈利。

(5) 分散化。在控制风险的条件下，量化金融投资可以充当分散化投资的工具。其具体表现在两个方面：①量化金融投资不断地从历史中挖掘有望在未来重复的历史规律并且加以利用，这些历史规律都是较大概率取胜的策略；②依靠筛选出股票组合来取胜，而不是一只或几只股票取胜，从投资组合的理念来看也是捕捉大概率获胜的股票，而不是押宝到单只股票。

1.1.3　量化金融投资的历史和未来

1. 量化金融投资的历史与现状

提起量化金融投资，就不得不提量化金融投资的标杆——华尔街传奇人物詹姆斯·西蒙斯(James Simons)。这位慧眼独具的投资巨擘，有着一份足以支撑其赫赫名声的光鲜履历：20岁时获得学士学位，23岁时从加州大学伯克利分校博士毕业，24岁时成为哈佛大学数学系最年轻的教授，37岁时与中国数学家陈省身联合发表了著名论文《典型群和几何不变式》，并开创了著名的陈—西蒙斯理论，40岁时运用基本面分析法设立了自己的私人投资基金，43岁时与普林斯顿大学数学家勒费尔(Henry Laufer)重新开发了交易策略，并由此从基本面分析转向数量分析，45岁时正式成立了文艺复兴科技公司，最终笑傲江湖，成为勇执牛耳的投资霸主。

量化金融投资在海外的发展已有40多年的历史，其投资业绩稳定，市场规模和份额不断扩大，得到越来越多投资者的认可。国外量化金融投资的兴起和发展主要分为三个阶段。

(1) 第一阶段(1971—1977)。1971年，世界上第一只被动量化基金由巴克莱国际投资管理公司发行，1977年世界上第一只主动量化基金也是巴克莱国际投资管理公司发行的，发行规模达到70亿美元，是美国量化金融投资的开端。

(2) 第二阶段(1977—1995)。从1977年到1995年，量化金融投资在海外经历了一个缓慢的发展过程，这其中受到诸多因素的影响，随着信息技术和计算机技术方面取得了巨大进步，量化金融投资才迎来了其高速发展的时代。

(3) 第三阶段(1995年至今)。从1995年到现在，量化金融投资技术逐渐趋于成熟，同时被大家所接受。在全部的投资中，量化金融投资大约占比30%，指数类投资全部采用定量技术，在主动投资中，约有20%~30%采用定量技术。

事实上，互联网的发展使得量化投资金融概念在世界范围的传播速度非常快，作为一个概念，量化金融投资并不算新，国内投资者早有耳闻，但是，真正的量化基金在国内发展还处于初级阶段。

因为我国A股的种种特殊性，在我国A股市场使用量化策略，好比盲人摸象，市场上最早的几只量化基金，业绩一度饱受诟病。人们对量化基金的争议主要集中于两点：①A股市场是否有量化基金生存的土壤；②基金的量化策略是否可以接受市场的长期检验。

2. 量化金融投资的未来

相较于海外成熟市场，A股市场的发展历史较短，投资者队伍参差不齐，投资理念还不够成熟，留给主动投资发掘市场的非有效性，产生阿尔法的潜力和空间也更大。投资理念多元化，也创造出多元分散的Alpha机会。

量化金融投资的技术和方法在国内几乎没有竞争者。中医治疗中医擅长的疾病，西医治疗西医擅长的疾病，如果把证券市场看作一个病人的话，每个投资者都是医生，定性投资者挖掘定性投资的机会，治疗定性投资的疾病。证券市场上定性投资者太多了，机会太少，竞争太激烈。量化金融投资者太少了，机会很多，竞争很小，这给量化金融投资创造了良好的发展机遇——当其他人都摆西瓜摊的时候，我们摆了一个苹果摊。

总的看来，量化金融投资和定性投资的差别真的犹如中医和西医的差别，互有长短、各有千秋。由此可见，随着2010年4月股指期货的出台，量化金融投资国内市场发展潜力逐渐显现，已有北京大学汇丰商学院、上海交通大学安泰管理学院投入数百万元开设了专业的量化金融投资实验室，并开办了量化金融投资高级研修班，为国内量化金融投资的市场发展提供了良好的学术和实战环境。

1.1.4 量化金融投资的应用与流程

1. 量化金融投资应用

量化金融投资一般应用于科学分析、市场监测、交易执行等。

科学分析主要运用计算机技术对历史数据进行处理，最终得出一个科学的结论。比如：投资者如果想要知道每股收益的财务数据是否可以作为投资参考，可以通过对历史数据进行分析处理，分别买入每股收益较高的股票并持有一段时间和买入每股收益较低的股票并持有一段时间，如果买入每股收益较高的股票的获利能力远大于买入每股收益较低的股票的获利能力，那么证明过去一段时间内，股票的每股收益数据确实会影响股价的涨跌。

市场监测主要运用计算机程序对整个市场进行实时监控，包括个股价格波动、市场消息、突发事件等。目前中国股市的上市公司高达3 000多家，如果人为去监测整个市场的动态，会消耗大量的人力物力，并且最终效果达不到预期，而量化金融投资的市场监测功能能较好地解决了这个问题，通过计算机程序，对所有上市股票进行实时监测。

交易执行主要运用计算机程序，完成精确的、及时的交易工作。一般而言，多账户、多策略的交易执行需要计算机程序实现，人为同时操作多个账户，会导致交易不精确、过于迟缓的情况发生。不仅如此，计算机程序还能实现算法交易，能有效降低交易成本。

2. 量化金融投资流程

一般而言，量化金融投资的流程为：数据→研发&回测→交易执行，如图1-1所示。

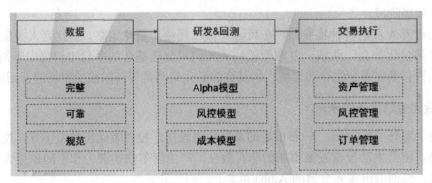

图1-1 量化金融投资的流程

（1）数据。量化金融投资需要对大量的数据进行分析与研究，这些数据应当是完整、可靠、规范的，使得最终的分析和研究结论是正确、可靠的。

（2）研发&回测。量化金融投资在研发策略的过程中需要考虑 Alpha 模型、风控模型、成本模型等。Alpha 模型是策略的投资逻辑实现，风控模型的作用是控制风险，成本模型能最大化收益。

（3）交易执行。交易执行需要考虑资产管理、订单管理、风控管理。资产管理主要有资金使用、资金分配等。订单管理主要是对订单进行再处理，因为真实交易中可能存在未完成的订单。风控管理主要是控制账户的风险以及外部风险，比如网络中断、计算机故障等。

3. 进行量化金融投资的方法

使用量化策略是进行量化金融投资的有效方式。

通过客观准确的交易规则构建策略，并在历史数据上进行回测，当回测结果通过评估审核后才可以称得上是一个可进行实盘交易的量化策略，许多私募在实盘之前还有一个模拟交易阶段。

4. 量化金融投资基础

量化金融投资基础知识包括数学与统计、计算机、金融学等。

数学与统计方面，包括微积分、线性代数、优化理论、概率统计基础、线性回归等知识点。

计算机方面，主要有两点：会编程、会作数据分析。

金融学方面，主要是金融市场、公司金融、投资学等，要是能够通过CFA更好，知识面更广。

第1章 量化金融投资基础及 Python 下载、安装与启动

5. 在量化平台中设计量化策略

（1）设定一些初始值，如本金、回测的时间区间等。

（2）选择股票，可以自定义一定的股票池，也可以定义一个选股范围，通过买卖条件来筛选。

（3）设定买卖的条件，即在什么情况下买入卖出，是策略中最关键的部分。

在上述的基础上，可以另外加入一些更为复杂的规避风险的机制，或者增加交易费等细节，使得历史回测的结果更加接近于真实交易的情况。

这样就可以形成一个完整的策略。

1.2 Python 工具概述

Python 是面向对象的脚本语言，自 1991 年诞生至今，已经逐渐被广泛应用于处理系统管理任务、大数据和 Web 编程等方面，目前已经成为最受欢迎的程序设计语言之一。那么，Python 为什么能够在众多的语言当中脱颖而出呢？简单来说，有下面几方面原因。

（1）Python 可以在多种计算机操作系统中运行(UNIX/Linux、Windows、MacOS、Ubuntu 等)。

（2）Python 能够实现交互式命令输出。对于非专业程序员而言，都希望一边编写程序，一边查看结果。

（3）Python 是开源免费的，有很多强大易用的标准库。对于非专业的程序员而言，使用这些标准库可以免去自己编写的烦恼。

（4）Python 是一种解析性的、面向对象的编程语言。

（5）Python 是可以连接多种语言的胶水语言。

Python 有 Python 2.X 和 Python 3.X 两个版本，因此有人称 Python 为双管枪。

表 1-2 所示是 Python 与其他数据分析语言对比。

表 1-2 Python 与其他数据分析语言对比

软件名称	费用	处理逻辑	版本更新	编程难度	应用场景
Python	免费	内存计算	快	难	广
R	免费	内存计算	快	难	中
MATLAB		内存计算	中	中	广
Stata		内存计算	中	易	窄
SAS		非内存计算	慢	中	窄
SPSS		内存计算	中	易	窄
Excel		内存计算	中	难	窄

Python 主要的工具库见表 1-3。

表 1-3 Python 的主要工具库

模块名称	简 介	网 址
Matplotlib	Matplotlib 可能是 Python 2D 绘图领域使用最广泛的库，它能让使用者很轻松地将数据图形化，并且提供多样化的输出格式	http://matplotlib.org/1.5.1/
NumPy	NumPy(Numeric Python)系统是 Python 的一种开源数值计算扩展，其提供了许多高级的数值编程工具，如矩阵数据类型、矢量处理，以及精密的运算库等，专为进行严格的数字处理而产生	http://www.numpy.org/
SciPy	SciPy 是一款方便、易于使用、专为科学和工程设计的 Python 工具包。它包括统计、优化、整合、线性代数模块、傅里叶变换、信号和图像处理、常微分方程求解器等	http://www.scipy.org
pandas	Python Data Analysis Library 或 pandas 是基于 NumPy 的一种工具，该工具是为了解决数据分析任务而创建的。Pandas 纳入了大量的库和一些标准的数据模型，提供了高效地操作大型数据集所需的工具，以及大量能使我们快速便捷地处理数据的函数和方法	http://pandas.pydata.org/pandas-docs/version/0.19.2/
seaborn	该模块是一个统计数据可视化库	http://web.stanford.edu/~mwaskom/software/seaborn/
sklearn	Scikit-Learn 是基于 Python 的机器学习模块，基于 BSD 开源许可证。Scikit-Learn 的基本功能主要被分为 6 个部分，即分类、回归、聚类、数据降维、模型选择、数据预处理。Scikit-Learn 中的机器学习模型非常丰富，包括 SVM、决策树、GBDT、KNN 等，可以根据问题的类型选择合适的模型	http://scikit-learn.org/0.17/
Statsmodels	Statsmodels 是一个 Python 包，提供一些互补 Scipy 统计计算的功能，包括描述性统计、统计模型估计和推断	http://statsmodels.sourceforge.net/
TA-Lib	技术分析指标库	http://mrjbq7.github.io/ta-lib/funcs.html
Theano	Pyhton 深度学习库	http://deeplearning.net/software/theano/
TensorFlow	谷歌基于 DistBelief 进行研发的第二代人工智能学习系统	https://www.tensorflow.org/
Keras	高阶神经网络开发库，可运行在 TensorFlow 或 Theano 上	https://keras.io/

目前国内外主流的量化金融投资平台如下。

1. 国内主流的量化金融投资平台

东部地区：上海优矿(https://uqer.io/home/)，杭州芒果(http://quant.10jqka.com.cn/platform/html/home.html)，杭州果仁网(http://www.guorn.com)。

南部地区：深圳米筐(http://www.ricequant.com/)。

西部地区：成都人工智能量化(https://bigquant.com/)。

北部地区：北京聚宽(http://www.joinquant.com/)，北京量化京东平台(http://quant.jd.com/)。

2. 国外主流的量化金融投资平台

quantopian(https://www.quantopian.com/)、quantpedia(http://www.quantpedia.com/)。

3. 量化金融投资主要的数据源

国内 tushare 财经数据接口网站：http://www.tushare.org/。
国外财经数据接口网站：https://www.quandl.com/。

1.3 Python 工具的下载

1. 下载安装 Python 执行文件

在网站 www.python.org.downloads 中下载 Python，双击下载的执行文件，按照相应提示操作即可安装 Python。

Python 自身环境内置了很多函数和模块，不过这些函数和模块功能有限，Python 的强大功能更多的是通过第三方库或者其他模块来实现的。如果函数库或者模块没有内置于 Python 环境中，则需要先下载安装该函数库或模块，然后才能使用。一般通过 pip 指令来安装，安装指令为：pip install name(如 numpy)。

2. 下载 Anaconda

Python 执行文件需要安装许多库，安装起来比较复杂。如果专注于科学计算功能，可直接安装 Anaconda。

网站 https://www.anaconda.com/download/中即可下载 Anaconda。Python 是一个用于科学计算 Python 发行版的套装软件，支持 UNIX、Linux、Mac、Windows 等操作系统，包含了众多流行的科学计算、数据分析的 Python 包，其中包括 pandas、numpy、scipy、statsmodels、matplotlib 等，以及 iPython 交互环境。界面如图 1-2 所示。

图 1-2 Anaconda 界面

单击图 1-2 中的 Python 3.7 version 下载界面，弹出图 1-3 所示的对话框。

图 1-3　"新建下载任务"对话框

在图 1-3 所示对话框中单击"下载"按钮，即可得到用 Python 作量化金融投资的套装软件工具。

1.4　Python 的安装

Python 在 Windows 环境中有很多版本。

(1) Anaconda2-2.4.1-Windows-x86.exe(32 位)版本。

(2) Anaconda3-2019.07-Windows-x86_64.exe。

本书使用的是 Anaconda3-2019.07- Windows-x86_64.exe 版本。

Python 安装过程如下。

(1) 双击已下载的 Anaconda3-2019.07-Windows-x86_64.exe 应用程序，即可弹出图 1-4 所示的对话框。单击 Next 按钮，得到图 1-5 所示的对话框。

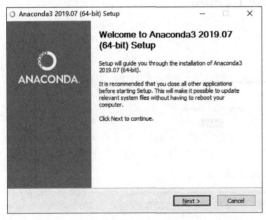

图 1-4　安装对话框(1)

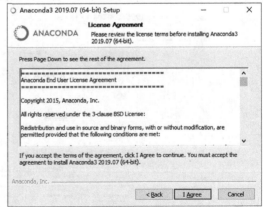

图 1-5　安装对话框(2)

(2) 在图 1-5 中单击 I Agree 按钮，得到图 1-6 所示的对话框。

第 1 章　量化金融投资基础及 Python 下载、安装与启动

(3) 单击图 1-6 中 Next 按钮，得到图 1-7 所示的对话框。

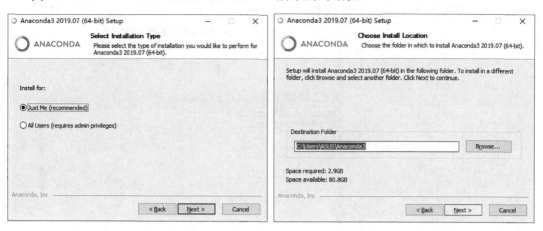

图 1-6　安装对话框(3)　　　　　　图 1-7　安装对话框(4)

(4) 单击图 1-7 中 Next 按钮，即可完成 Python 套装软件的安装，得到图 1-8 所示的界面。

图 1-8　安装完成后的界面

1.5　Python 的启动和退出

1. Python 工具的启动

单击图 1-8 所示的 Spyder 图标，即可启动 Python，打开得到图 1-9 所示的 Python 的用户界面。

2. Python 的退出

在图 1-9 所示的 Python 用户主界面中执行 File→Quit 菜单命令，即可退出 Python。

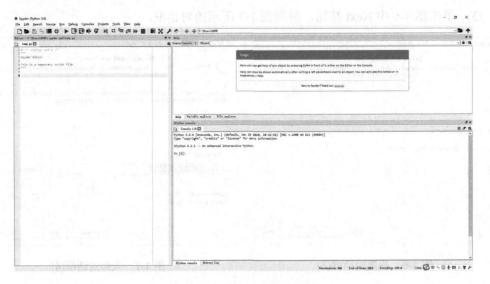

图 1-9 Python 的用户界面

练 习 题

在网址：https://mirrors.tuna.tsinghua.edu.n/help/anaconda/中下载最新 Python 工具，并安装到指定目录，启动 Python 和退出 Python。

第 2 章 Python 编程基础

2.1 Python 的两个基本操作

在正式介绍 Python 之前，先了解下面两个基本操作，对后面的学习是有好处的。

1. 基本的输入输出

可以在 Python 中使用+、-、*、/直接进行四则运算。

```
1+3*3
10
```

2. 导入模块

使用 import 可以导入模块，模块导入之后，就可以使用该模块下面的函数了。如导入 math 模块，然后使用 math 模块下面的 sqrt 函数：

```
import math
math.sqrt(9)
3.0
```

注意：上面的语句直接输入 sqrt(9)是会报错的，那么有什么办法可以不用每次都带前缀呢？解决办法是：用"from 模块 import 函数"的格式先把函数给"拿"出来。

```
from math import sqrt
sqrt(9)
3.0
```

这样每次使用 sqrt 函数的时候就不用再加 math 前缀了。然而 math 模块下面有很多函数，可不可以写一个语句，然后 math 下面所有的函数都可以直接使用？可以使用以下语句把所有的函数都给"拿"出来：

```
from math import *
print (sqrt(9))
print (floor(32.9))
3.0
32.0
```

2.2 Python 数据结构

1. 容器

Python 中有一种名为容器的数据结构，顾名思义，容器，就是装数据的器具，它主要包括序列和词典，其中序列又主要包括列表、元组、字符串等。

列表的基本形式为：[1,3,6,10]或者['yes','no','OK']。

元组的基本形式为：(1,3,6,10)或者('yes','no','OK')。

字符串的基本形式为：'hello'。

序列中的每一个元素都被分配了一个序号——即元素的位置，也称为"索引"，第一个索引，即第一个元素的位置是0，第二个元素的位置是1，依此类推。列表和元组的区别主要在于，列表可以修改，而元组不能[注意列表用方括号([])，而元组用圆括号(())]。序列的这个特点，使得我们可以利用索引来访问序列中的某个或某几个元素，如：

```
a=[1,3,6,10]
a[2]
6
b=(1,3,6,10)
b[2]
6
c='hello'
c[0:3]
'hel'
```

与序列对应的"字典"则不一样，它是一个无序的容器，它的基本形式为：d={7:'seven',8:'eight',9:'nine'}。

字典是一个"键—值"映射的结构，因此不能通过索引来访问其中的元素，而要根据键来访问其中的元素：

```
d={7:'seven',8:'eight',9:'nine'}
d[8]
'eight'
```

2. 序列的一些通用操作

除了索引外，列表、元组、字符串等这些序列还有一些共同的操作。

1) 索引(补充上面)

序列最后一个元素的索引也可以是-1，倒数第二个元素的索引也可以用-2，依此类推。

```
a=[1,3,6,10]
print (a[3])
print (a[-1])
10
10
```

2) 分片

可以使用分片操作来访问一定范围内的元素，它的格式为：

a[开始索引:结束索引:步长]

那么访问的是从开始索引号的那个元素，到结束索引号-1的那个元素，每间隔"步长"个元素访问一次，"步长"可以忽略，默认"步长"为1。

```
c='hello'
c[0:3]
'hel'
```

这个就好像把一个序列分成一片一片的，所以叫作"分片"。

3) 序列相加

序列相加即两种序列合并在一起，两种相同类型的序列才能相加。

```
[1,2,3]+[4,5,6]
[1, 2, 3, 4, 5, 6]
'hello,'+'world!'
'hello,world!'
```

4) 成员资格

为了检查一个值是否在序列中，可以用 in 运算符。

```
a='hello'
print ('o' in a)
True
print ('t' in a)
False
```

3. 列表操作

列表也有一些自己独有的操作，即其他序列所没有的。

1) List 函数

可以通过 List(序列)函数把一个序列转换成一个列表。

```
list('hello')
['h', 'e', 'l', 'l', 'o']
```

2) 元素赋值、删除

(1) 元素删除——del a[索引号]。

(2) 元素赋值——a[索引号]=值。

```
a
'hello'
b=list(a)
b
['h', 'e', 'l', 'l', 'o']
del b[2]
b
['h', 'e', 'l', 'o']
b[2]='t'
b
['h', 'e', 't', 'o']
```

3) 分片赋值

a[开始索引号:结束索引号]=list(值)

表示为列表某一范围内的元素赋值，即为开始索引号到结束索引号-1 区间的几个元素赋值。如利用上面语句把 hello 变成 heyyo：

```
b=list('hello')
b
['h', 'e', 'l', 'l', 'o']
b[2:4]=list('yy')
b
['h', 'e', 'y', 'y', 'o']
```

注意：虽然"ll"处于"hello"这个单词第 2、3 号索引的位置，但赋值时是用 b[2:4]，而不是用 b[2:3]。另外，注意 list()用小括号。

4) 列表方法

函数在很多语言中都有，比如 Excel 里面的 if 函数、vlookup 函数，SQL 里面的 count 函数，以及各种语言中都有的 sqrt 函数等，Python 中也有很多函数。

Python 中的方法是一个"与某些对象有紧密联系的函数"，所以列表方法就是属于列表的函数，它可以对列表实现一些比较深入的操作。

方法这样调用：

对象.方法(参数)

那么列表方法的调用就理所当然是：

列表.方法(参数)

以 a=['h','e','l','l','o']为例：

```
a=['h','e','l','l','o']
a
['h', 'e', 'l', 'l', 'o']
```

给列表 a 的 n 索引位置插入一个元素 m：a.insert(n,m)

```
a.insert(2,'t')
a
['h', 'e', 't', 'l', 'l', 'o']
```

在列表的最后添加元素 m：a.append(m)

```
a.append('q')
a
['h', 'e', 't', 'l', 'l', 'o', 'q']
```

返回 a 列表中元素 m 第一次出现的索引位置：a.index(m)

```
a.index('e')
1
```

删除 a 中的第一个 m 元素：a.remove(m)

```
a.remove('e')
a
['h', 't', 'l', 'l', 'o', 'q']
```

将列表 a 从大到小排列：a.sort()

```
a.sort()
a
['h', 'l', 'l', 'o', 'q', 't']
```

4．字典操作

1) dict 函数

dict 函数可以通过关键字参数来创建字典，其格式为：

dict(参数1=值1,参数2=值2,…)={参数1:值1, 参数2:值2,…}

如创建一个名字(name)为 jiayounet、年龄(age)为 27 的字典：

```
dict(name='jiayounet',age=27)
{'age': 27, 'name': 'jiayounet'}
```

2) 基本操作

字典的基本行为与列表在很多地方都相似，下面以序列 a=[1,3,6,10]、字典 f={'age': 27, 'name': 'shushuo'}为例，见表 2-1。

表 2-1 列表与字典的基本操作

功能	列表操作		字典操作	
	格式	例	格式	例
求长度	len(列表)	len(a) 4	len(字典)	len(f) 2
找到某位置上的值	列表[索引号]	a[1] 3	字典[键]	f['age'] 27
元素赋值	列表[索引]=值	a[2]=1 a [1,3,1,10]	字典[键]=值	f['age']=28 f {'age':28,'name': 'shushuo'
元素删除	del 列表[索引]	del a[1] a [1,6,10]	del 字典[键]	del f['name'] f 'age':28
成员资格	元素 in 列表	1 in a True	键 in 字典	'age' in f True

2.3 Python 函数

1) 函数定义规则

学过数学的人都知道函数，即给一个参数返回一个值。Python 函数也可以自己定义，用如下格式：

```
def 函数名(参数)：输入函数代码
```

函数代码中，return 表示返回的值。比如，定义一个平方函数 square(x)，输入参数 x，返回 x 的平方：

```
def square(x):return x*x
square(9)
81
```

又如，如果要定义一个两数相加的函数，如下即可：

```
def add_2int(x, y):
    return x + y
print (add_2int(2, 2))
4
```

2) 定义变参数函数

有时需要定义参数个数可变的函数，有以下几个方法可以做到。

(1) 给参数指定默认值。

比如，定义参数 f(a,b=1,c='hehe')，那么在调用的时候，后面两个参数可以定义，也可以不定义，不定义的话默认为 b=1，c='hehe'，因此如下调用都可以：

```
f('dsds');
```

```
f('dsds',2);
f('dsds',2,'hdasda');
```

(2) 参数关键字。

上面的方法等于固定了参数的位置,第一个值就是第一个参数的赋值,而"参数关键字"方法其实是固定了参数关键字。比如仍然定义参数 f(a,b=1,c= 'hehe'),调用的时候可以用关键字来固定:

```
f(b=2,a=11)
```

参数位置可以动,只要将参数关键字指出来就可以了。

2.4 Python 条件与循环

Python 用缩进来标识哪一段属于本循环。

1. if 语句

```
j=2.67
if j<3:
 print ('j<3')
j<3
```

注意:缩进和条件后面有冒号。

对于多条件,elseif 要写成 elif,标准格式为

```
if 条件1:
 执行语句1
elif 条件2:
 执行语句2
else:
 执行语句3
```

注意:if…elif…else 三个是并列的,不能有缩进。

```
t=3
if t<3:
  print ('t<3')
elif t==3:
  print ('t=3')
else:
  print ('t>3')
t=3
```

2. while true/break 语句

该语句的格式为

```
while true 即条件为真:
    执行语句
    if 中断语句条件: break
```

例如:

```
a=3
while a<10:
  a=a+1
  print (a)
  if a==8: break
```

程序输出结果略。

虽然 while 后面的条件是 a<10，即 a 小于 10 的时候一直执行，但是 if 条件中规定了 a 为 8 时就 break，因此，只能输出到 8。

3. for 语句

例如，可以遍历一个序列/字典等。

```
a=[1,2,3,4,5]
for i in a:
  print (i)
```

程序输出结果略。

4. 列表推导式：轻量级循环

列表推导式是利用其他列表来创建一个新列表的方法，工作方式类似于 for 循环，格式为

```
[输出值 for 条件]
```

当满足条件时，输出一个值，最终形成一个列表：

```
[x*x for x in range(10)]
[0, 1, 4, 9, 16, 25, 36, 49, 64, 81]
[x*x for x in range(10) if x%3==0]
[0, 9, 36, 81]
```

上面的语句就是利用序列[0,1,2,3,4,5,6,7,8,9]生成了一个新的序列。

2.5　Python 类与对象

1. 类与对象

类是一个抽象的概念，它不存在于现实中的时间/空间里，只是为所有的对象定义了抽象的属性与行为。例如"Person(人)"类，它虽然可以包含很多个体，但它本身不存在于现实世界中。

对象是类的一个具体，它是一个实实在在存在的东西。如果上面说的"人"是一个抽象的类，那么你自己，就是这个类里一个具体的对象。

一个类的对象也叫一个类的实例。比如，类好比是一个模具，对象就是用这个模具造出来的具有相同属性和方法的具体事物，俗话说"他俩真像，好像一个模子刻出来的"就是指这个意思。

那么用模具造一个具体事物，就叫类的实例化。

2. 定义一个类

下面看一个具体的类：

```
class boy:
    gender='male'
    interest='girl'
    def say(self):
        return 'i am a boy'
```

上面的语句定义了一个类"boy"，下面根据"boy"类的模型构造一个具体的对象：

```
peter=boy()
```

现在来看看 peter 这个具体的实例有哪些属性和方法。

属性和方法是类的两种表现，静态的叫属性，动态的叫方法。比如"人"类的属性有姓名、性别、身高、年龄、体重等，"人"类的方法有走、跑、跳等。

```
peter.gender
'male'
peter.interest
'girl'
peter.say()
'i am a boy'
```

这里 gender 和 interest 是 peter 的属性，而 say 是 peter 的方法。

再实例化另一个对象，比如 sam：

```
sam=boy()
sam.gender
'male'
sam.interest
'girl'
sam.say()
'i am a boy'
```

那么 sam 和 peter 有同样的属性和方法，可以说"他们真是一个模子刻出来的！"

练 习 题

将本章中的例题在 Python 环境中操作一遍。

第 3 章　Python 金融数据存取

3.1　Python-NumPy 数据存取

在科学计算与量化金融分析的过程中，往往需要保存一些数据，也经常需要把保存的这些数据加载到程序中，在 MATLAB 中我们可以用 save 和 lood 函数很方便地实现。同样，在 Python 中，我们可以用 numpy.save()和 numpy.load()函数达到同样的目的，并且还可以用 scipy.io.savemat()将数据保存为 .mat 格式，用 scipy.io.loadmat()读取.mat 格式的数据，从而达到可以和 Matlab 进行数据互动的目的。

下面对上述函数分别作介绍。

1. Python-numpy 数据保存 numpy.save()

numpy.save(arg_1,arg_2) 需要两个参数，arg_1 是文件名，arg_2 是要保存的数组。例如：

```
import numpy as np
a=np.mat('1,2,3;4,5,6')
b=np.array([[1,2,3],[4,5,6]])
np.save('a.npy',a)
np.save('b.npy',b)
```

这时候 Python 的当前工作路径下就会多出 a.npy 和 b.npy 这两个文件。当然也可以给出具体的路径，例如：np.save('F:/2glkx/data/a.npy',a)，即把数据保存在 F:/2glkx/data 的目录中。

2. Python-numpy 数据读取 numpy.load()

下面把保存的这两个数据文件导入 Python。

```
data_a=np.load('a.npy')
data_b=np.load('b.npy')
print ('data_a \n',data_a,'\n the type is',type(data_a))
print ('data_b \n',data_a,'\n the type is',type(data_b))
data_a
[[1 2 3]
 [4 5 6]]
 the type is <type 'numpy.ndarray'>
data_b
[[1 2 3]
 [4 5 6]]
 the type is <type 'numpy.ndarray'>
```

可以看到上面代码把原本为矩阵的 a 变为数组型了。

如果想同时保存 a、b 到同一个文件中，可以用 np.savez()函数，具体用法如下：

```
np.savez('ab.npz',k_a=a,k_b=b)
c=np.load('ab.npz')
print c['k_a']
print c['k_b']
```

得到如下的输出结果:

```
[[1 2 3]
 [4 5 6]]
[[1 2 3]
 [4 5 6]]
```

这时 c 是一个字典,需要通过关键字取出我们需要的数据。

3.2 Python-Scipy 数据存取

Python-Scipy 数据存取的方法如下:

scipy.io.savemat()

和

scipy.io.loadmat()

首先用 scipy.io.savemat()创建.mat 文件,该函数有两个参数:一个文件名,一个包含变量名和取值的字典。

```
import numpy as np
from scipy import io
a=np.mat('1,2,3;4,5,6')
b=np.array([[1,1,1],[2,2,2]])
io.savemat('a.mat', {'matrix': a})
io.savemat('b.mat', {'array': b})
```

至此,Python 的当前工作路径下就多了 a.mat 和 b.mat 这两个文件。

3.3 Python-pandas 的 csv 格式数据文件存取

Python-pandas 的 csv 格式数据文件的存取可以通过 p.to_csv()和 pd.read_csv()函数来解决,实例如下。

```
import pandas as pd
import numpy as np
a=['apple','pear','watch','money']
b=[[1,2,3,4,5],[5,7,8,9,0],[1,3,5,7,9],[2,4,6,8,0]]
d=dict(zip(a,b))
d
p=pd.DataFrame(d)
p
p.to_csv('F:\\2glkx\\data\\IBM.csv')
pd.read_csv('F:\\2glkx\\data\\IBM.csv')
```

得到如下数据:

```
  Unnamed: 0  apple  money  pear  watch
0          0      1      2     5      1
1          1      2      4     7      3
2          2      3      6     8      5
3          3      4      8     9      7
4          4      5      0     0      9
```

在 Excel 中打开 IBM.csv 数据文件，得到如图 3-1 所示的数据。

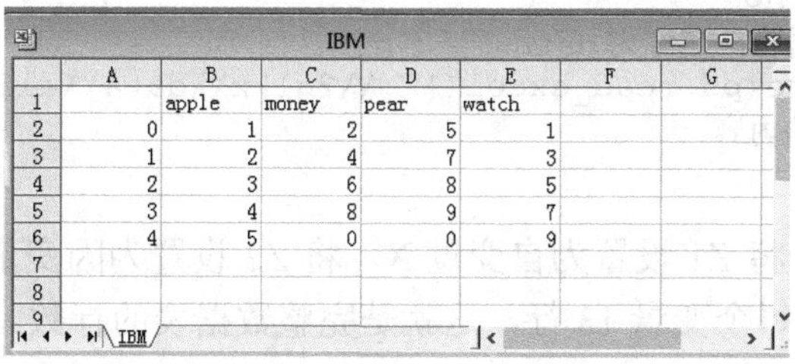

	A	B	C	D	E
1		apple	money	pear	watch
2	0	1	2	5	1
3	1	2	4	7	3
4	2	3	6	8	5
5	3	4	8	9	7
6	4	5	0	0	9

图 3-1　IBM.csv 中的数据

3.4　Python-pandas 的 Excel 格式数据文件存取

Python-pandas 的 Excel 格式数据文件的存取可以通过 pd.read_excel()和 pd.read_csv()函数来解决。

(1)　在 F 盘的\\2glkx\\data\\目录下建立一个名为 al3-1.xls 的 Excel 文件，如图 3-2 所示。

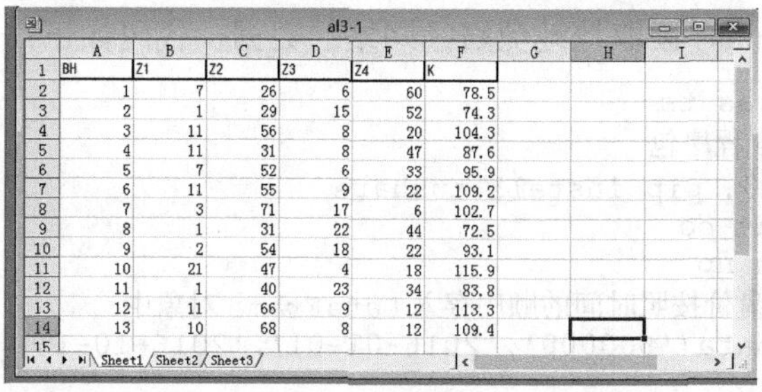

	A	B	C	D	E	F
1	BH	Z1	Z2	Z3	Z4	K
2	1	7	26	6	60	78.5
3	2	1	29	15	52	74.3
4	3	11	56	8	20	104.3
5	4	11	31	8	47	87.6
6	5	7	52	6	33	95.9
7	6	11	55	9	22	109.2
8	7	3	71	17	6	102.7
9	8	1	31	22	44	72.5
10	9	2	54	18	22	93.1
11	10	21	47	4	18	115.9
12	11	1	40	23	34	83.8
13	12	11	66	9	12	113.3
14	13	10	68	8	12	109.4

图 3-2　Excel 文件

(2)　通过以下命令来读取 Excel 文件中的数据。

```
import pandas as pd
import numpy as np
df=pd.read_excel('F:\\2glkx\\data\\al3-1.xls')
df.head()
```

得到下面的数据：

```
   BH  Z1  Z2  Z3  Z4      K
0   1   7  26   6  60   78.5
1   2   1  29  15  52   74.3
2   3  11  56   8  20  104.3
3   4  11  31   8  47   87.6
4   5   7  52   6  33   95.9
```

3.5　读取并查看数据表列

准备工作完成后，就可以开始读取数据了。将 Z1 和 Z2 的数据读取到 Python 中并取名为 data，通过 head 函数查看数据表中前 5 行的内容。以下是数据读取和查看的代码及结果。

```
import pandas as pd
import numpy as np
#读取数据并创建数据表,名称为data
data=pd.DataFrame(pd.read_excel('F:\\2glkx\\data\\al3-1.xls'))
#查看数据表前 5 行的内容
data.head()
```

在 data 数据表中,将 Z1 设置为自变量 X,将 Z2 设置为因变量 Y,并通过 shape 函数查看两个变量的行数,每个变量 13 行,这就是完整数据表的行数。

```
#将 Z1 设为自变量 X
X = np.array(data[['Z1']])
#将 Z2 设为因变量 Y
Y = np.array(data[['Z2']])
#查看自变量和因变量的行数
X.shape,Y.shape
```

3.6 读取挖地兔财经网站的数据

使用 Python 的 pandas 读取挖地兔财经网站的数据,代码如下:

```
import tushare as ts
#需先安装 tushare 程序包
##此程序包的安装命令: pip install tushare
import pandas as pd
import numpy as np
#把相对应股票的收盘价按照时间的顺序存入 DataFrame 对象中
df = ts.get_k_data('600000','2016-01-01','2016-10-1')
##上证综合指数
df.to_csv('F:\\2glkx\\600000.csv')
df = pd.read_csv('F:\\2glkx\\600000.csv', header=0, index_col='date') [['close']]

df1 = ts.get_k_data('000980','2016-01-01','2016-10-1')
df1.to_csv('F:\\2glkx\\000980.csv')
df1 = pd.read_csv('F:\\2glkx\\000980.csv', header=0, index_col='date') [['close']]

df2 = ts.get_k_data('000981','2016-01-01','2016-10-1')
df2.to_csv('F:\\2glkx\\000981.csv')
df2 = pd.read_csv('F:\\2glkx\\000981.csv', header=0, index_col='date') [['close']]
#%%
df = df.reset_index()
df1 = df1.reset_index()
df2 = df2.reset_index()
#%%
a = pd.merge(left=df, right=df1, left_on='date', right_on='date')
b = pd.merge(left=a, right=df2, left_on='date', right_on='date')
c = b.set_index('date')
c.columns = ['600000', '000980', '000981']
print(c.head())    # c 是合并好数据
            600000  000980  000981
date
2016-04-12  11.696   6.800   8.504
2016-04-13  11.776   7.478   8.550
2016-04-14  11.816   8.226   8.892
```

```
2016-04-15  11.876    9.054   8.828
2016-04-18  11.823    9.961   8.596
#显示最后5条
c.tail()
            600000  000980  000981
date
2016-09-05  12.394   10.089   9.401
2016-09-06  12.334   10.369   9.410
2016-09-07  12.386   10.209   9.419
2016-09-08  12.477   10.289   9.493
2016-09-09  12.447   10.528   9.447
#取列数据
data= c[['600000', '000981']]
data.head()
            600000  000981
date
2016-04-12  11.696   8.504
2016-04-13  11.776   8.550
2016-04-14  11.816   8.892
2016-04-15  11.876   8.828
2016-04-18  11.823   8.596
#取2行到4行的数据
data.ix[1:4]
            600000  000981
date
2016-04-13  11.776   8.550
2016-04-14  11.816   8.892
2016-04-15  11.876   8.828
#取第1行到第2行及第1列到第3列的数据
data.iloc[:2, :3]
            600000  000981
date
2016-04-12  11.696   8.504
2016-04-13  11.776   8.550
```

3.7 挖地兔 Tushare 财经网站数据的保存

Tushare 提供的数据存储模块主要是引导用户将数据保存到本地磁盘或数据库服务器上，便于后期的量化分析和回测使用。以文件格式将数据保存到计算机磁盘中，调用的是 pandas 自带的方法，此处会罗列常用的参数和说明。另外，也会通过实例展示操作的方法。

1. 保存为 csv 数据文件

pandas 的 DataFrame 和 Series 对象提供了直接保存为 csv 文件格式的方法，通过参数设定，轻松地将数据内容保存到本地磁盘中。

常用的参数说明如下。

(1) path_or_buf：csv 文件存放路径或者 StringIO 对象。
(2) sep：文件内容分隔符，默认为逗号。
(3) na_rep：在遇到 NaN 值时保存为某字符，默认为''空字符。
(4) float_format：float 类型的格式。
(5) columns：需要保存的列，默认为 None。

(6) header：是否保存 columns 名，默认为 True。
(7) index：是否保存 index，默认为 True。
(8) mode：创建新文件还是追加到现有文件，默认为新建。
(9) encoding：文件编码格式。
(10) date_format：日期格式。

注：在设定 path 时，如果目录不存在，程序会提示 IOError，先确保目录已经存在于磁盘中。

调用方法：

```
import tushare as ts
df = ts.get_k_data('000875')  #从网上取数据
#直接保存
df.to_csv('F:/2glkx/data/000875.csv')
#选择数据保存
df.to_csv('F:/2glkx/data/000875.csv',columns=['open','high','low','close'])
```

2. 读取 CSV 数据文件

```
import pandas as pd
import numpy as np
df=pd.read_csv('F:/2glkx/data/000875.csv')
df.head()
Out[7]:
   Unnamed: 0  open  high  low   close
0           0  9.78  9.95  9.78  9.89
1           1  9.79  9.83  9.71  9.71
2           2  9.91  9.94  9.77  9.80
3           3  9.61  9.93  9.60  9.86
4           4  9.61  9.75  9.41  9.70
```

某些时候，可能需要将一些同类数据保存在一个大文件中，这时候就需要将数据追加到同一个文件里，简单举例如下：

```
import tushare as ts
import os
filename = 'F:/2glkx/data/bigfile.csv'
for code in ['600000', '000980', '000981']:
    df = ts.get_k_data(code,'2016-01-01','2016-10-1')
    if os.path.exists(filename):
        df.to_csv(filename, mode='a', header=None)
    else:
        df.to_csv(filename)
```

注：如果不考虑 header，直接调用 df.to_csv(filename, mode= 'a')即可，否则，每次循环都会把 columns 名称也 append 进去。

3. 保存为 Excel 文件

pandas 将数据保存为 Microsoft Excel 文件格式。
常用的参数说明如下。
(1) excel_writer：文件路径或者 ExcelWriter 对象。
(2) sheet_name：sheet 名称，默认为 Sheet1。

(3) sep：文件内容分隔符，默认为逗号。
(4) na_rep：在遇到 NaN 值时保存为某字符，默认为''空字符。
(5) float_format：float 类型的格式。
(6) columns：需要保存的列，默认为 None。
(7) header：是否保存 columns 名，默认为 True。
(8) index：是否保存 index，默认为 True。
(9) encoding：文件编码格式。
(10) startrow：在数据的头部留出 startrow 行空行。
(11) startcol：在数据的左边留出 startcol 列空列。

调用方法：

```
import tushare as ts
df = ts.get_hist_data('000875')#直接保存
df.to_excel('F:/2glkx/data/000875.xls')

#设定数据位置(从第 3 行、第 6 列开始插入数据)
df.to_excel('F:/2glkx/data/000875.xls', startrow=2,startcol=5)
```

4. 读取 Excel 数据文件

```
import pandas as pd
import numpy as np
df=pd.read_excel('F:/2glkx/data/000875.xls')
df.head()
Out[8]:
        date  open  high  close   low     volume  price_change  p_change  \
0 2016-09-30  9.78  9.95   9.89  9.78  131285.98          0.18      1.85
1 2016-09-29  9.79  9.83   9.71  9.71   98927.06         -0.09     -0.92
2 2016-09-28  9.91  9.94   9.80  9.77   91305.71         -0.06     -0.61
3 2016-09-27  9.61  9.93   9.86  9.60  172743.69          0.16      1.65
4 2016-09-26  9.61  9.75   9.70  9.41  196297.12          0.09      0.94

     ma5    ma10    ma20      v_ma5     v_ma10     v_ma20  turnover
0  9.792   9.791   9.951  138111.91  119221.06  164760.83      0.51
1  9.736   9.789   9.992  143008.49  116914.86  177486.79      0.38
2  9.756   9.808  10.036  146922.54  119919.89  199339.76      0.35
3  9.760   9.809  10.103  144481.56  130811.11  237806.81      0.67
4  9.756   9.845  10.167  123659.19  131849.10  309501.15      0.76
```

3.8 使用 Opendatatools 工具获取数据

Opendatatools 工具提供了股票、期货、汇率、基金、理财、股权质押、美股、港股等丰富的财经数据接口，支持对上交所、深交所等财经数据的获取。例如，证券代码：600000.SH(浦发银行)、000002.SZ(万科 A)等。

```
#先导入 stock 接口
from opendatatools import stock   #需要先安装 opendatatools 工具
#获取实时行情
df, msg= stock.get_quote('600000.SH,000002.SZ')
```

即可得到如下实时行情数据。

```
        amount  change  float_market_capital   high  is_trading   last  \
0  1.686678e+09   -1.61          2.573549e+11  28.38       False  26.49
1  2.348517e+08   -0.20          2.686720e+11   9.82       False   9.56

     low  market_capital  percent    symbol                 time  \
0  26.41    2.924271e+11    -5.73  000002.SZ  2018-06-25 15:04:03
1   9.55    2.806059e+11    -2.05  600000.SH  2018-06-25 15:00:00
   turnover_rate    volume
0           0.63  61581176
1           0.09  24244380
#获取日线数据
df, msg = stock.get_daily('600000.SH', start_date='2017-06-06', end_date='2018-06-26')
```

即可得到如下实时行情数据。

```
    change   high  last   low   open  percent     symbol        time  \
51   -0.38  10.24  9.92  9.81  10.23    -3.69  600000.SH  2018-06-19
52   -0.03   9.98  9.89  9.87   9.92    -0.30  600000.SH  2018-06-20
53   -0.06   9.98  9.83  9.75   9.88    -0.61  600000.SH  2018-06-21
54   -0.07   9.83  9.76  9.67   9.83    -0.71  600000.SH  2018-06-22
55   -0.20   9.82  9.56  9.55   9.77    -2.05  600000.SH  2018-06-25
    turnover_rate    volume
51           0.15  42988471
52           0.07  18915740
53           0.08  23636961
54           0.09  25040001
55           0.09  24244380
```

3.9 Python-quandl 财经数据接口

1. Python-quandl 包的安装

可以从 PyPI 或 GitHub 中下载 Quandl 包,按照下面的说明安装。

注意:Quandl 包的安装因系统而异。

在大多数系统中,下面的命令将启动安装:

```
pip install quandl
import quandl
```

在某些系统中,可能需要以下命令:

```
pip3 install quandl
import quandl
```

此外,还可以在 Python3.x 和 Python2.7x 网站上找到 Python 模块的详细安装说明。Quandl 模块是免费的,但是必须拥有 Quandl API 密钥才能下载数据。要想获得自己的 API 密钥,需要创建一个免费的 Quandl 账户并设置 API 密钥。

导入 Quandl 模块后,可以使用以下命令设置 API 密钥:

```
quandl.ApiConfig.api_key = "YOURAPIKEY"
```

2. Python-quandl 使用

Quandl 上的大多数数据集都可以在 Python 中直接使用 Quandl 模块。

使用 Quandl 模块获取财经数据是非常容易的。例如，要想从 FRED 得到美国 GDP，只需如下命令：

```
import quandl
mydata = quandl.get("FRED/GDP")
mydata.tail()
```

得到如下结果：

```
              Value
Date
2018-04-01    20510.177
2018-07-01    20749.752
2018-10-01    20897.804
2019-01-01    21098.827
2019-04-01    21339.121
```

Python-quandl 包可以免费使用，并授予对所有免费数据集的访问权限，用户只需为访问 Quandl 的优质数据产品付费即可。

3.10 下载 Yahoo 财经网站数据

在 Yahoo 财经网站 https://finance.yahoo.com/quote/000001.SS/history?ltr=1 中搜索需要的代码，如 000001.ss。该网站提供了 csv 格式数据下载服务，在如图 3-3 所示的 Download Data 处单击，可将数据下载到目录 F:/2glkx/data/处，然后使用命令 sh = pd.read_csv('F:/2glkx/data/000001.SS.csv')读取下载的数据。

图 3-3　Yahoo 财经数据下载界面

3.11 存取 Yahoo 财经网站数据

Python 下 pandas_datareader 包可从不同的数据源处获取各种金融数据(原文来自：

https://pandas-datareader.readthedocs.io/en/latest/remote_data.html)。pandas_datareader.data 和 pandas_datareader.wb 函数能从不同的数据源处获取数据，下面列出部分具体的数据源。

(1) Yahoo! Finance(雅虎金融)。
(2) Google Finance(谷歌金融)。
(3) Enigma(英格玛)。
(4) Quandl。
(5) St.Louis FED (FRED)(圣路易斯联邦储蓄银行)。
(6) Kenneth French's data library。
(7) World Bank(世界银行)。
(8) OECD(经合组织)。
(9) Eurostat(欧盟统计局)。
(10) Thrift Savings Plan。
(11) Nasdaq Trader symbol definitions。

例如，可以使用 Python 的 pandas_datareader.data 读取 Yahoo 财经网站的数据，代码如下。

```
import pandas_datareader.data as web
import datetime
start = datetime.datetime(2017, 1, 1)
end = datetime.datetime(2019, 9, 1)
#从Yahoo财经网站读取Facebook股票2017/1/1到2019/1/1期间的数据
df = web.DataReader("F", 'yahoo', start, end)
#显示前5条记录
df.head()
```

输出结果：

```
             High   Low    Open   Close  Volume       Adj Close
Date
2017-01-03  12.60  12.13  12.20  12.59  40510800.0   10.578667
2017-01-04  13.27  12.74  12.77  13.17  77638100.0   11.066008
2017-01-05  13.22  12.63  13.21  12.77  75628400.0   10.729910
2017-01-06  12.84  12.64  12.80  12.76  40315900.0   10.721508
2017-01-09  12.86  12.63  12.79  12.63  39438400.0   10.612275
```

```
#显示最后5条记录
df.tail()
```

输出结果：

```
             High   Low   Open  Close  Volume      Adj Close
Date
2019-08-26  8.91  8.79  8.88  8.82   31888200.0   8.82
2019-08-27  8.91  8.75  8.89  8.76   23024400.0   8.76
2019-08-28  9.04  8.70  8.72  9.00   35147300.0   9.00
2019-08-29  9.14  9.03  9.10  9.12   22011000.0   9.12
2019-08-30  9.23  9.10  9.16  9.17   32057900.0   9.17
```

pandas_datareader.datake 可以获取雅虎财经股票数据并以 csv 格式存放，命令如下。

```
import numpy as np
import pandas as pd
import pandas_datareader.data as web
import datetime as dt
```

```
#获取上港集团数据
df = web.DataReader("600018.SS","yahoo",dt.datetime(2019,1,1),dt.date.today())
print (df.tail())
```

输出结果如下。

```
            High   Low  Open  Close     Volume   Adj Close
Date
2019-09-16  6.29  6.09  6.12   6.22  61950682.0        6.22
2019-09-17  6.24  6.07  6.22   6.08  47122295.0        6.08
2019-09-18  6.17  6.07  6.09   6.08  25696236.0        6.08
2019-09-19  6.12  6.06  6.11   6.11  19848826.0        6.11
2019-09-20  6.14  6.09  6.12   6.11   1606700.0        6.11
##将 600018.csv 文件存在目录 F:\2glkx 中
df.to_csv(r'F:\2glkx\600018.csv',columns=df.columns,index=True)
```

练 习 题

1. 按照本章的实例，应用 Python-numpy 方法存取数据。
2. 按照本章的实例，应用 Python-Scipy 方法存取数据。
3. 按照本章的实例，应用 Python-pandas 方法存取 csv、excel 格式数据。
4. 按照本章的实例，获取 Tushare 上的财经数据。
5. 按照本章的实例，获取 Quandl 上的财经数据。

第 4 章　Python 工具库 NumPy 数组与矩阵计算

从本章开始，我们介绍 Python 在量化金融投资分析中运用最广泛的几个工具库 (Library)：NumPy、SciPy、pandas、matplotlib 等。本章介绍 NumPy 的基础知识。

4.1　NumPy 概述

量化金融分析的工作涉及大量的数值运算，一个高效方便的科学计算工具是必不可少的。Python 语言一开始并不是设计专为科学计算使用的语言，随着越来越多的人发现 Python 的易用性，逐渐出现了关于 Python 的大量外部扩展，NumPy (Numeric Python)就是其中之一。NumPy 提供了大量的数值编程工具，可以方便地处理向量、矩阵等运算，极大地方便了人们在科学计算方面的工作。另一方面，Python 是免费的，相比于花费高额的费用使用 MATLAB，NumPy 的出现使 Python 得到了更多人的青睐。

下面简单看一下如何开始使用 NumPy：

```
import numpy
numpy.version.full_version
'1.14.2'
```

import 命令导入 NumPy，并使用 numpy.version.full_version 查出了量化实验室里使用的 NumPy 版本为 1.11.1。在后面的介绍中将大量使用 NumPy 中的函数，每次都在函数前添加 Numpy 作为前缀比较费劲，可以使用 "from numpy import *" 解决这一问题。

Python 的外部扩展成千上万，在使用中很可能会 import 好几个外部扩展模块，如果某个模块包含的属性和方法与另一个模块同名，就必须使用 import module 来避免名字的冲突，即所谓的名字空间(namespace)混淆了，所以前缀必须带上。

那么有没有简单的办法呢？可以在 import 扩展模块语句中添加模块在程序中的别名，调用时直接使用别名。例如，使用 "np" 作为别名并调用 version.full_version 函数：

```
import numpy as np
np.version.full_version
'1.14.2'
```

4.2　NumPy 数组对象

NumPy 中的基本对象是同类型的多维数组(homogeneous multidimensional array)，这和 C++中的数组是一致的，例如字符型和数值型就不可共存于同一个数组中。先看例子：

```
a = np.arange(20)
```

这里生成了一个一维数组 a，从 0 开始，步长为 1，长度为 20。Python 中的计数是从 0 开始的，R 和 MATLAB 的使用者需要小心，可以使用 print 查看：

```
print (a)
[ 0  1  2  3  4  5  6  7  8  9 10 11 12 13 14 15 16 17 18 19]
```

可以通过 type 函数查看 a 的类型，这里显示 a 是一个数组(array)：

```
type(a)
numpy.ndarray
```

通过函数 reshape，可以重新构造数组。例如，可以将 a 构造为一个 4×5 的二维数组：

```
a = a.reshape(4, 5)
print (a)
[[ 0  1  2  3  4]
 [ 5  6  7  8  9]
 [10 11 12 13 14]
 [15 16 17 18 19]]
```

其中，reshape 的参数表示各维度的大小，且按各维顺序排列(两维时就是按行排列，这和 R 中按列排列是不同的)。

构造更高维的也没问题：

```
a = a.reshape(2, 2, 5)
print (a)
[[[ 0  1  2  3  4]
  [ 5  6  7  8  9]]

 [[10 11 12 13 14]
  [15 16 17 18 19]]]
```

既然 a 是 array，还可以调用 array 的函数进一步查看 a 的相关属性：Ndim 查看维度；shape 查看各维度的大小；size 查看元素个数，等于各维度大小的乘积；dtype 可查看元素类型；dsize 查看元素占位(bytes)大小。

```
a.Ndim
3
a.shape
(2, 2, 5)
a.size
20
a.dtype
dtype('int64')
```

4.3 创建数组

数组的创建可通过转换列表实现，高维数组可通过转换嵌套列表实现：

```
raw = [0,1,2,3,4]
a = np.array(raw)
a
array([0, 1, 2, 3, 4])

raw = [[0,1,2,3,4], [5,6,7,8,9]]
b = np.array(raw)
```

```
b
array([[0, 1, 2, 3, 4],
       [5, 6, 7, 8, 9]])
```

一些特殊的数组由特别定制的命令生成,如 4×5 的全零矩阵:

```
d = (4, 5)
np.zeros(d)
array([[ 0., 0., 0., 0., 0.],
       [ 0., 0., 0., 0., 0.],
       [ 0., 0., 0., 0., 0.],
       [ 0., 0., 0., 0., 0.]])
```

默认生成的数组类型是浮点型,可以通过指定类型将其改为整型:

```
d = (4, 5)
np.ones(d, dtype=int)
array([[1, 1, 1, 1, 1],
       [1, 1, 1, 1, 1],
       [1, 1, 1, 1, 1],
       [1, 1, 1, 1, 1]])
```

[0, 1)区间的随机数数组:

```
np.random.rand(5)
array([ 0.06005608, 0.4479634 , 0.42202299, 0.16803542, 0.05508347])
```

4.4 数组操作

四则运算+、-、*、/都是基于全部的数组元素的,以加法为例:

```
a = np.array([[1.0, 2], [2, 4]])
print ("a:")
print (a)
b = np.array([[3.2, 1.5], [2.5, 4]])
print ("b:")
print (b)
print ("a+b:")
print (a+b)
a:
[[ 1. 2.]
 [ 2. 4.]]
b:
[[ 3.2 1.5]
 [ 2.5 4. ]]
a+b:
[[ 4.2 3.5]
 [ 4.5 8. ]]
```

这里可以发现,a 中虽然只有一个与元素是浮点数,其余均为整数,在处理时 Python 会自动将整数转换为浮点数(因为数组是同质的)。注意,两个二维数组相加要求各维度大小相同。当然,NumPy 里的运算符也可以对标量和数组进行操作,数组的全部元素对应这个标量进行运算,结果还是一个数组:

```
print ("3 * a:")
print (3 * a)
print ("b + 1.8:")
print (b + 1.8)
```

```
3 * a:
[[  3.  6.]
 [  6. 12.]]
b + 1.8:
[[ 5.  3.3]
 [ 4.3 5.8]]
```

类似 C++，NumPy 中同样支持+=、-=、*=、/=操作符：

```
a /= 2
print (a)
[[ 0.5 1. ]
 [ 1.  2. ]]
```

开根号求指数也很容易：

```
print ("a:")
print (a)
print ("np.exp(a):")
print (np.exp(a))
print ("np.sqrt(a):")
print (np.sqrt(a))
print ("np.square(a):")
print (np.square(a))
print ("np.power(a, 3):")
print (np.power(a, 3))
a:
[[0.5 1. ]
 [1.  2. ]]
np.exp(a):
[[1.64872127 2.71828183]
 [2.71828183 7.3890561 ]]
np.sqrt(a):
[[0.70710678 1.        ]
 [1.         1.41421356]]
np.square(a):
[[0.25 1. ]
 [1.   4. ]]
np.power(a, 3):
[[0.125 1. ]
 [1.    8. ]]
```

如果想知道二维数组的最大值和最小值，想计算数组全部元素的和，将数组按行求和、按列求和时，该怎么办呢？NumPy 的 ndarray 类定义了相关函数：

```
a = np.arange(20).reshape(4,5)
print ("a:")
print (a)
print ("sum of all elements in a: " + str(a.sum()))
print ("maximum element in a: " + str(a.max()))
print ("minimum element in a: " + str(a.min()))
print ("maximum element in each row of a: " + str(a.max(axis=1)))
print ("minimum element in each column of a: " + str(a.min(axis=0)))
a:
[[ 0  1  2  3  4]
 [ 5  6  7  8  9]
 [10 11 12 13 14]
 [15 16 17 18 19]]
sum of all elements in a: 190
maximum element in a: 19
```

```
minimum element in a: 0
maximum element in each row of a: [ 4  9 14 19]
minimum element in each column of a: [0 1 2 3 4]
```

科学计算中大量使用到矩阵运算，除了数组，NumPy 同时提供了矩阵对象(matrix)。矩阵对象和数组主要有两点差别：①矩阵是二维的，而数组可以是任意正整数维；②矩阵的"*"操作符进行的是矩阵乘法，乘号左侧的矩阵列和乘号右侧的矩阵行要相等，而在数组中"*"操作符进行的是每一元素的对应相乘，乘号两侧的数组每一维的大小都需要一致。数组可以通过 asmatrix 或者 mat 转换为矩阵，或者直接生成也可以：

```
a = np.arange(20).reshape(4, 5)
a = np.asmatrix(a)
print (type(a))
b = np.matrix('1.0 2.0; 3.0 4.0')
print (type(b))
<class 'numpy.matrixlib.defmatrix.matrix'>
<class 'numpy.matrixlib.defmatrix.matrix'>
```

再来看一下矩阵的乘法。使用 arange 函数生成另一个矩阵 b；arange 函数还可以通过 arange(起始、终止、步长)的方式调用生成等差数列，注意含头不含尾。

```
b = np.arange(2, 45, 3).reshape(5, 3)
b = np.mat(b)
print (b)
[[ 2  5  8]
 [11 14 17]
 [20 23 26]
 [29 32 35]
 [38 41 44]]
```

如果想指定生成的一维数组的长度，可使用 linspace 函数：

```
np.linspace(0, 2, 9)
array([ 0.0,  0.25, 0.5 ,  0.75, 1.0, 1.25, 1.5 , 1.75, 2.0])
```

回到前面的问题，矩阵 a 和 b 作矩阵乘法：

```
print ("matrix a:")
print (a)
print ("matrix b:")
print (b)
c = a * b
print ("matrix c:")
print (c)
matrix a:
[[ 0  1  2  3  4]
 [ 5  6  7  8  9]
 [10 11 12 13 14]
 [15 16 17 18 19]]
matrix b:
[[ 2  5  8]
 [11 14 17]
 [20 23 26]
 [29 32 35]
 [38 41 44]]
matrix c:
[[ 290  320  350]
 [ 790  895 1000]
```

```
 [1290 1470 1650]
 [1790 2045 2300]]
```

4.5 数组元素访问

数组和矩阵元素的访问可通过下标进行，以下均以二维数组(或矩阵)为例：

```
a = np.array([[3.2, 1.5], [2.5, 4]])
print (a[0][1])
print (a[0, 1])
1.5
1.5
```

可以通过下标访问来修改数组元素的值：

```
b = a
a[0][1] = 2.0
print ("a:")
print (a)
print ("b:")
print (b)
a:
[[ 3.2  2. ]
 [ 2.5  4. ]]
b:
[[ 3.2  2. ]
 [ 2.5  4. ]]
```

上面代码修改的是元素 a[0][1]，为什么连 b[0][1] 也跟着改变了？这个陷阱在 Python 编程中很容易碰上，其原因在于 Python 不是真正地将 a 复制了一份给 b，而是将 b 指到了 a 对应数据的内存地址上。想要真正地复制一份 a 给 b，可以使用 copy：

```
a = np.array([[3.2, 1.5], [2.5, 4]])
b = a.copy()
a[0][1] = 2.0
print ("a:")
print (a)
print ("b:")
print (b)
a:
[[ 3.2  2. ]
 [ 2.5  4. ]]
b:
[[ 3.2  1.5]
 [ 2.5  4. ]]
```

若对 a 重新赋值，即将 a 指到其他地址上，b 仍在原来的地址上：

```
a = np.array([[3.2, 1.5], [2.5, 4]])
b = a
a = np.array([[2, 1], [9, 3]])
print ("a:")
print (a)
print ("b:")
print (b)
a:
[[2 1]
```

```
 [9 3]]
b:
[[ 3.2  1.5]
 [ 2.5  4. ]]
```

利用 ":" 可以访问某一维数组的全部数据。例如取矩阵中的指定列：

```
a = np.arange(20).reshape(4, 5)
print ("a:")
print (a)
print ("the 2nd and 4th column of a:")
print (a[:,[1,3]])
a:
[[ 0  1  2  3  4]
 [ 5  6  7  8  9]
 [10 11 12 13 14]
 [15 16 17 18 19]]
the 2nd and 4th column of a:
[[ 1  3]
 [ 6  8]
 [11 13]
 [16 18]]
```

稍微再复杂一些，我们可以尝试取出满足某些条件的元素，这在数据处理中十分常见，通常用在单行单列上。下面代码是将第一列大于 5 的元素(10 和 15)对应的第三列元素(12 和 17)取出来：

```
a[:, 2][a[:, 0] > 5]
array([12, 17])
```

可使用 where 函数查找特定值在数组中的位置：

```
loc = numpy.where(a==11)
print (loc)
print (a[loc[0][0], loc[1][0]])
(array([2]), array([1]))
11
```

4.6 矩 阵 操 作

还是以矩阵(或二维数组)为例，首先来看矩阵转置，代码如下。

```
a = np.random.rand(2,4)
print ("a:")
print (a)
a = np.transpose(a)
print ("a is an array, by using transpose(a):")
print (a)
b = np.random.rand(2,4)
b = np.mat(b)
print ("b:")
print (b)
print ("b is a matrix, by using b.T:")
print (b.T)
a:
[[0.76580251 0.78005944 0.77557145 0.0109718 ]
 [0.8263874  0.13787955 0.03407315 0.90357016]]
```

```
a is an array, by using transpose(a):
[[0.76580251 0.8263874 ]
 [0.78005944 0.13787955]
 [0.77557145 0.03407315]
 [0.0109718  0.90357016]]
b:
[[0.17384165 0.34738921 0.14290001 0.88623396]
 [0.09684652 0.9942556  0.49274822 0.63235607]]
b is a matrix, by using b.T:
[[0.17384165 0.09684652]
 [0.34738921 0.9942556 ]
 [0.14290001 0.49274822]
 [0.88623396 0.63235607]]
```

矩阵求逆:

```
import numpy.linalg as nl
a = np.random.rand(2,2)
a = np.mat(a)
print ("a:")
print (a)
ia = nlg.inv(a)
print ("inverse of a:")
print (ia)
print ("a * inv(a)")
print (a * ia)
a:
[[0.05419038 0.57601757]
 [0.68232133 0.99271764]]
inverse of a:
[[-2.92635643  1.69799815]
 [ 2.01136288 -0.15974367]]
a * inv(a)
[[ 1.00000000e+00  6.44454590e-18]
 [-8.60283623e-17  1.00000000e+00]]
```

求特征值和特征向量:

```
a = np.random.rand(3,3)
eig_value, eig_vector = nlg.eig(a)
print ("eigen value:")
print (eig_value)
print ("eigen vector:")
print (eig_vector)
eigen value:
[ 1.70289278 -0.20180921 -0.10074442]
eigen vector:
[[-0.61523442 -0.21615367  0.15474919]
 [-0.59097092 -0.70875596 -0.85385678]
 [-0.52176621  0.67152258  0.49697212]]
```

按列拼接两个向量成一个矩阵:

```
a = np.array((1,2,3))
b = np.array((2,3,4))
print (np.column_stack((a,b)))
[[1 2]
 [2 3]
 [3 4]]
```

在循环处理某些数据得到结果之后,将结果拼接成一个矩阵是十分有用的,可以通过 vstack 和 hstack 完成。

```
a = np.random.rand(2,2)
b = np.random.rand(2,2)
print ("a:")
print (a)
print ("b:")
print (a)
c = np.hstack([a,b])
d = np.vstack([a,b])
print ("horizontal stacking a and b:")
print (c)
print ("vertical stacking a and b:")
print (d)
a:
[[0.09429374 0.45250761]
 [0.09473922 0.99258834]]
b:
[[0.09429374 0.45250761]
 [0.09473922 0.99258834]]
horizontal stacking a and b:
[[0.09429374 0.45250761 0.95528012 0.47546505]
 [0.09473922 0.99258834 0.7211378  0.27975564]]
vertical stacking a and b:
[[0.09429374 0.45250761]
 [0.09473922 0.99258834]
 [0.95528012 0.47546505]
 [0.7211378  0.27975564]]
```

4.7 缺失值处理

缺失值在分析中也是信息的一种，NumPy 提供 nan 作为缺失值的记录，通过 isnan 判定。

```
a = np.random.rand(2,2)
a[0, 1] = np.nan
print (np.isnan(a))
[[False  True]
 [False False]]
```

nan_to_num 可用来将 nan 替换成 0：

```
print (np.nan_to_num(a))
[[0.60215868 0.        ]
 [0.21752901 0.54991968]]
```

NumPy 还有很多函数，想详细了解可参考链接 http://wiki.scipy.org/Numpy_Example_List 和 http://docs.scipy.org/doc/numpy。

练 习 题

对本章中的例题数据，使用 Python 重新操作一遍。

第 5 章 Python 工具库 SciPy 优化与统计分析

本章着重介绍另一个量化金融中常用的工具库 SciPy。

5.1 SciPy 概述

NumPy 搞定了向量和矩阵的相关操作,基本上算是一个高级科学计算器。SciPy 基于 NumPy 提供了更丰富和高级的功能扩展,在优化、统计、插值、数值积分、时频转换等方面提供了大量的可用函数,基本覆盖了基础科学计算相关的问题。

例如,要求联立线性方程组:$x+2y+3z=10$,$2x+5y+z=8$,$2x+3y+8z=5$,可以用如下 Python 代码求解。

```
import numpy as np
import scipy as sp
A=sp.mat('[1 2 3;2 5 1;2 3 8]')
B=sp.mat('[10;8;5]')
A.I*B
np.linalg.solve(A,B)
matrix([[-83.],
        [ 33.],
        [  9.]])
```

在量化金融投资分析中,应用最广泛的是优化、统计等相关技术,因此,本章重点介绍 SciPy 中的优化和统计模块,其他模块在随后的系列章节中用到时再作详述。

首先导入优化和统计相关的模块,我们使用的是 SciPy 里面的统计和优化部分。

```
import numpy as np
import scipy.optimize as opt
import scipy.stats as stats
```

5.2 scipy.optimize 优化方法分析

在金融领域,许多问题需要用优化算法来解决,比如给定目标函数选择最佳资产组合。可以使用 SciPy 模块包含的名为 scipy.optimize 的优化子模块来解决优化问题。假设计算满足方程 $y=3+x^2$ 并且使 y 取最小值的 x 值,显然 $x=0$ 时,y 最小。

```
import scipy.optimize as opt
def myf(x):
    return 3+x**2
opt.fmin(myf,5)    #5 是初始值
```

得到如下结果:

```
Optimization terminated successfully.
         Current function value: 3.000000
         Iterations: 20
         Function evaluations: 40
Out[11]: array([0.])
```

更进一步，假设考虑的问题全部是凸优化问题，即目标函数是凸函数，其自变量的可行集是凸集(详细定义可参考斯坦福大学 Stephen Boyd 教授的教材 convex optimization，下载链接：http://stanford.edu/~boyd/cvxbook)。

5.3 利用 CVXOPT 求解二次规划问题

Python 除了利用 opt.minimize 工具处理优化问题外，也有其他专门的优化扩展模块，如 CVXOPT(http://cvxopt.org)专门用来处理凸优化问题，在约束优化问题上提供了更多的备选方法。

SciPy 中的优化模块还有一些特殊定制的函数，专门处理能够转化为优化求解的一些问题，如方程求根、最小方差拟合等，可到 SciPy 优化部分的指引页面查看。

在实际生活中，我们经常会遇到一些优化问题，简单的线性规划可以作图求解，但是当目标函数包含二次项时，则需要另觅其他方法。在金融实践中，马科维茨均方差模型就有实际的二次优化需求。作为金融实践中常用的方法，本节将对 CVXOPT 中求解二次规划的问题进行详细说明。

1. 二次规划问题的标准形式

$$\min \quad 1/2 x^T P x + q^T x, \quad \text{s.t.} G x \leqslant h, \quad A x = b \tag{5-1}$$

式中，x 为所要求解的列向量，x^T 表示 x 的转置。

任何二次规划问题都可以转化为式(5-1)的结构，事实上，用 CVXOPT 的第一步就是将实际的二次规划问题转换为式(5-1)的结构，写出对应的 P、q、G、h、A、b。

目标函数若为求 max，可以通过乘以-1，将最大化问题转换为最小化问题。

$Gx \leqslant h$ 表示所有的不等式约束，同样，若存在诸如 $x \geqslant 0$ 的限制条件，也可以通过乘以-1 转换为"≤"的形式。

$Ax=b$ 表示所有的等式约束。

2. 以一个标准的例子进行过程说明

$$\min \quad 1/2 x^2 + 3x + 4y, \text{s.t.} x, y \geqslant 0, \ x + 3y \geqslant 15, \ 2x + 5y \leqslant 100, \ 3x + 4y \leqslant 80$$

在此例中，需要求解的是 x, y，可以把它写成向量的形式，同时，也需要将限制条件按照上述标准形式进行调整，用矩阵形式表示，如下所示：

$$\min(x,y) \frac{1}{2} \begin{bmatrix} x \\ y \end{bmatrix}^T \begin{bmatrix} 1 & 0 \\ 0 & 0 \end{bmatrix} \begin{bmatrix} x \\ y \end{bmatrix} + \begin{bmatrix} 3 \\ 4 \end{bmatrix}^T \begin{bmatrix} x \\ y \end{bmatrix}$$

第 5 章 Python 工具库 SciPy 优化与统计分析

$$\begin{bmatrix} -1 & 0 \\ 0 & -1 \\ -1 & -3 \\ 2 & 5 \\ 3 & 4 \end{bmatrix} \begin{bmatrix} x \\ y \end{bmatrix} \leqslant \begin{bmatrix} 0 \\ 0 \\ -15 \\ 100 \\ 80 \end{bmatrix}$$

如上所示，目标函数和限制条件均转化成了二次规划的标准形式，这是第一步，也是最难的一步，接下来的事情就简单了。

对比上式和标准形式，不难得出：

$$P = \begin{bmatrix} 1 & 0 \\ 0 & 0 \end{bmatrix}, q = \begin{bmatrix} 3 \\ 4 \end{bmatrix}, G = \begin{bmatrix} -1 & 0 \\ 0 & -1 \\ -1 & -3 \\ 2 & 5 \\ 3 & 4 \end{bmatrix}, h = \begin{bmatrix} 0 \\ 0 \\ -15 \\ 100 \\ 80 \end{bmatrix}$$

接下来就是几行简单的代码，目的是告诉计算机上面的参数具体是指什么。

```
from cvxopt import solvers, matrix
P = matrix([[1.0,0.0],[0.0,0.0]])    # matrix 里区分 int 和 double，所以数字后面
                                     # 都需要加小数点
q = matrix([3.0,4.0])
G = matrix([[-1.0,0.0,-1.0,2.0,3.0],[0.0,-1.0,-3.0,5.0,4.0]])
h = matrix([0.0,0.0,-15.0,100.0,80.0])
sol = solvers.qp(P,q,G,h)    # 调用优化函数 solvers.qp 求解
print (sol['x'])# 打印结果，sol 里面还有很多其他属性，读者可以自行了解
```

得到如下结果：

```
     pcost       dcost       gap    pres   dres
 0:  1.0780e+02  -7.6366e+02  9e+02  1e-16  4e+01
 1:  9.3245e+01   9.7637e+00  8e+01  1e-16  3e+00
 2:  6.7311e+01   3.2553e+01  3e+01  6e-17  1e+00
 3:  2.6071e+01   1.5068e+01  1e+01  2e-16  7e-01
 4:  3.7092e+01   2.3152e+01  1e+01  2e-16  4e-01
 5:  2.5352e+01   1.8652e+01  7e+00  8e-17  3e-16
 6:  2.0062e+01   1.9974e+01  9e-02  6e-17  3e-16
 7:  2.0001e+01   2.0000e+01  9e-04  6e-17  3e-16
 8:  2.0000e+01   2.0000e+01  9e-06  9e-17  2e-16
Optimal solution found.
[ 7.13e-07]
[ 5.00e+00]
```

可见 $x=0.0$，$y=5.0$。看了上面的代码，是不是觉得很简单。因为难点不在代码，而在于将实际优化问题转化为标准形式的过程。

在上面的例子中，并没有出现等号，当出现等式约束时，过程一样，找到 A，b，然后运行代码 sol = solvers.qp(P,q,G,h,A,b) 即可求解。

扩展：上述定义各个矩阵参数用的是最直接的方式，其实也可以结合 Numpy 来定义上述矩阵。

```
from cvxopt import solvers, matrix
import numpy as np
P = matrix(np.diag([1.0,0]))
 #  对于一些特殊矩阵，用 Numpy 创建会方便很多 (在本例中可能感受不大)
q = matrix(np.array([3.0,4]))
G = matrix(np.array([[-1.0,0],[0,-1],[-1,-3],[2,5],[3,4]]))
```

```
h = matrix(np.array([0.0,0,-15,100,80]))
sol = solvers.qp(P,q,G,h)
print (sol['x'])
```

得到如下结果：

```
     pcost       dcost       gap    pres   dres
 0:  1.0780e+02 -7.6366e+02  9e+02  1e-16  4e+01
 1:  9.3245e+01  9.7637e+00  8e+01  1e-16  3e+00
 2:  6.7311e+01  3.2553e+01  3e+01  6e-17  1e+00
 3:  2.6071e+01  1.5068e+01  1e+01  2e-16  7e-01
 4:  3.7092e+01  2.3152e+01  1e+01  2e-16  4e-01
 5:  2.5352e+01  1.8652e+01  7e+00  8e-17  3e-16
 6:  2.0062e+01  1.9974e+01  9e-02  6e-17  3e-16
 7:  2.0001e+01  2.0000e+01  9e-04  6e-17  3e-16
 8:  2.0000e+01  2.0000e+01  9e-06  9e-17  2e-16
Optimal solution found.
[ 7.13e-07]
[ 5.00e+00]
```

3. CVXOPT 在量化投资组合资产配置中的应用

投资组合优化就是要解决如下问题：

$$\min \frac{1}{2}\sigma_P^2 = \frac{1}{2}X^\mathrm{T}PX, \quad \text{s.t.} \begin{cases} \vec{1}^\mathrm{T}X = 1 \\ E(r_P) = \vec{e}^\mathrm{T}X \geqslant \mu_0 \end{cases}, \vec{1}^\mathrm{T}\text{为向量}\vec{1} = \begin{bmatrix} 1 \\ \dots \\ 1 \end{bmatrix} \text{的转置}, \vec{e}^\mathrm{T}\text{为向量}\vec{e} = \begin{bmatrix} E(r_1) \\ \dots \\ E(r_n) \end{bmatrix}$$

的转置。

注意，这里的 $\mu = E(r_P) \geqslant \mu_0$，例如 $\mu_0 = 0.13$。

$$\min \quad 1/2 x^\mathrm{T}Px + q^\mathrm{T}x, \quad \text{s.t.} Gx \leqslant h, \quad Ax = b$$

先给出下列三个资产数据表。

s1	s2	b
0.00	0.07	0.06
0.04	0.13	0.07
0.13	0.14	0.05
0.19	0.43	0.04
-0.15	0.67	0.07
-0.27	0.64	0.08
0.37	0.00	0.06
0.24	-0.22	0.04
-0.07	0.18	0.05
0.07	0.31	0.07
0.19	0.59	0.1
0.33	0.99	0.11
-0.05	-0.25	0.15
0.22	0.04	0.11
0.23	-0.11	0.09
0.06	-0.15	0.10
0.32	-0.12	0.08
0.19	0.16	0.06
0.05	0.22	0.05
0.17	-0.02	0.07

根据上面的数据表求得协方差矩阵为：

0.05212 -0.02046 -0.00026

```
-0.020460.20929-0.00024
-0.00026-0.000240.00147
```

三个资产的均值为 0.1130、−0.1850、0.0755。

三个资产之间的协方差矩阵为

```
         s1        s2        b
s1   0.027433 -0.010768 -0.000133
s2  -0.010768  0.110153 -0.000124
b   -0.000133 -0.000124  0.000773
```

因此,编制如下 Python 代码来求三个资产的投资比例,使三个资产组成的资产组合风险最小化。

```
from cvxopt import solvers, matrix
#P=matrix([[0.027433,-0.010768,-0.000133],[-0.010768,0.110153,-0.000124],
[-0.000133,-0.000124,0.000773]])
P=matrix([[0.05212,-0.02046,-0.00026],[-0.02046,0.20929,-0.00024],[-0.00026,
-0.00024,0.00147]])
q=matrix([0.0,0.0,0.0])
A=matrix([[1.0],[1.0],[1.0]])
b=matrix([1.0])
G=matrix([[-1.0,0.0,0.0,1.0,0.0,0.0,-0.1130],[0.0,-1.0,0.0,0.0,1.0,0.0,
-0.1850],[0.0,0.0,-1.0,0.0,0.0,1.0,-0.0755]])
h = matrix([0.0,0.0,0.0,1.0,1.0,1.0,-0.13])
sol = solvers.qp(P,q,G,h,A,b)       # 调用优化函数 solvers.qp 求解
print (sol['x'])   # 打印结果,sol 里面还有很多其他属性
print (sol)
```

得到如下结果:

```
     pcost       dcost       gap    pres   dres
 0:  1.1276e-02 -3.3616e+00  1e+01  2e+00  4e-01
 1:  1.3759e-02 -1.5235e+00  2e+00  2e-02  5e-03
 2:  1.6416e-02 -7.0537e-02  9e-02  1e-03  3e-04
 3:  1.5256e-02  7.2943e-03  8e-03  9e-05  2e-05
 4:  1.4367e-02  1.3910e-02  5e-04  6e-07  1e-07
 5:  1.4314e-02  1.4309e-02  5e-06  6e-09  1e-09
 6:  1.4314e-02  1.4314e-02  5e-08  6e-11  1e-11
Optimal solution found.
[ 5.06e-01]
[ 3.24e-01]
[ 1.69e-01]
{'status': 'optimal', 'dual slack': 1.806039796747772e-09, 'iterations': 6,
'relative gap': 3.683302827853541e-06, 'dual objective': 0.014313726166982559,
'gap': 5.272178806796808e-08, 'primal objective': 0.014431377886845612, 'primal
slack': 1.1767433021045898e-08, 's': <7x1 matrix, tc='d'>, 'primal
infeasibility': 5.899080906312396e-11, 'dual infeasibility':
1.4865206484913074e-11, 'y': <1x1 matrix, tc='d'>, 'x': <3x1 matrix, tc='d'>,
'z': <7x1 matrix, tc='d'>}
```

可见,资产 1 投资比例为 51%,资产 2 投资比例为 32%,资产 3 投资比例为 17%,投资组合风险(最小方差)的一半为 $1/2 x^T P x + q^T x = 0.014\,314$。

5.4　scipy.stats 的统计方法分析

1. 生成随机数

生成 n 个随机数可用 rv_continuous.rvs(size=n)或 rv_discrete.rvs(size=n)，其中 rv_continuous 表示连续型的随机分布，如均匀分布(uniform)、正态分布(norm)、贝塔分布(beta)等；rv_discrete 表示离散型的随机分布，如伯努利分布(bernoulli)、几何分布(geom)、泊松分布(poisson)等。生成 10 个[0, 1]区间上的随机数和 10 个服从参数 a=4, b=2 的贝塔分布随机数：

```
import scipy.stats as stats
rv_unif = stats.uniform.rvs(size=10)
print (rv_unif)
rv_beta = stats.beta.rvs(size=10, a=4, b=2)
print (rv_beta)
```

程序输出结果略。

在每个随机分布的生成函数里，都内置了默认的参数，如均匀分布的上下界默认是 0 和 1。如果需要修改这些参数，可以使用 SciPy 的 Freezing 功能，Freezing 提供了简便版本的命令。SciPy.stats 支持定义某个具体的分布的对象，可以作如下定义，让 beta 直接指代具体参数 a=4 和 b=2 的贝塔分布。为了让结果具有可比性，这里指定了随机数的生成种子，由 NumPy 提供。

```
np.random.seed(seed=2015)
rv_beta = stats.beta.rvs(size=10, a=4, b=2)
print ("method 1:")
print (rv_beta)
np.random.seed(seed=2015)
beta = stats.beta(a=4, b=2)
print ("method 2:")
print (beta.rvs(size=10))
```

程序输出结果略。

2. 假设检验

现在生成一组数据，并查看相关的统计量(相关分布的参数可以在这里查到：http://docs.scipy.org/doc/scipy/reference/stats.html)：

```
norm_dist = stats.norm(loc=0.5, scale=2)
n = 200
dat = norm_dist.rvs(size=n)
print ("mean of data is: " + str(np.mean(dat)))
print ("median of data is: " + str(np.median(dat)))
print ("standard deviation of data is: " + str(np.std(dat)))
```

得到如下结果：

```
mean of data is: 0.437675174955
median of data is: 0.380911679917
standard deviation of data is: 1.90178129595
```

假设这个数据是实际的某些数据，如股票日涨跌幅，我们对数据进行简单分析。最简

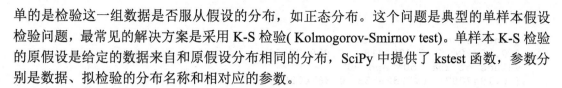

单的是检验这一组数据是否服从假设的分布,如正态分布。这个问题是典型的单样本假设检验问题,最常见的解决方案是采用 K-S 检验(Kolmogorov-Smirnov test)。单样本 K-S 检验的原假设是给定的数据来自和原假设分布相同的分布,SciPy 中提供了 kstest 函数,参数分别是数据、拟检验的分布名称和相对应的参数。

```
mu = np.mean(dat)
sigma = np.std(dat)
stat_val, p_val = stats.kstest(dat, 'norm', (mu, sigma))
print ('KS-statistic D = %6.3f p-value = %6.4f' % (stat_val, p_val))
```

得到如下结果:

```
KS-statistic D =  0.039 p-value = 0.9252
```

假设检验的 p-value 值很大(在原假设下,p-value 是服从[0, 1]区间上的正态分布的随机变量,可参考 http://en.wikipedia.org/wiki/P-value),因此接受原假设,即该数据通过了正态性的检验。在正态性的前提下,可进一步检验这组数据的均值是不是 0。典型的方法是 t 检验(t-test),其中单样本的 t 检验函数为 ttest_1samp。

```
stat_val, p_val = stats.ttest_1samp(dat, 0)
print ('One-sample t-statistic D = %6.3f, p-value = %6.4f' % (stat_val, p_val))
```

得到如下结果:

```
One-sample t-statistic D =  3.247, p-value = 0.0014
```

我们看到 p-value<0.05,即给定显著性水平为 0.05 的前提下,应拒绝原假设:数据的均值为 0。再生成一组数据,尝试双样本的 t 检验(ttest_ind)。

```
norm_dist2 = stats.norm(loc=-0.2, scale=1.2)
dat2 = norm_dist2.rvs(size=30)
stat_val, p_val = stats.ttest_ind(dat, dat2, equal_var=False)
print ('Two-sample t-statistic D = %6.3f, p-value = %6.4f' % (stat_val, p_val))
```

得到如下结果:

```
Two-sample t-statistic D =  4.346, p-value = 0.0000
```

注意,这里生成的第二组数据样本大小、方差和第一组均不相等,在运用 t 检验时需要使用 Welch's t-test,即指定 ttest_ind 中的 equal_var=False。同样得到了比较小的 p-value,在显著性水平为 0.05 的前提下拒绝原假设,即认为两组数据均值不等。

stats 还提供了其他大量的假设检验函数,如 bartlett 和 levene 用于检验方差是否相等;anderson_ksamp 用于进行 Anderson-Darling 的 K-样本检验等。

3. 其他函数

有时需要知道某数值在一个分布中的分位,或者给定了一个分布,求某分位上的数值,可以通过 cdf 和 ppf 函数完成。

```
g_dist = stats.gamma(a=2)
print ("quantiles of 2, 4 and 5:")
print (g_dist.cdf([2, 4, 5]))
print ("Values of 25%, 50% and 90%:")
print (g_dist.pdf([0.25, 0.5, 0.95]))
```

得到如下结果：

```
quantiles of 2, 4 and 5:
[ 0.59399415  0.90842181  0.95957232]
Values of 25%, 50% and 90%:
[ 0.1947002   0.30326533  0.36740397]
```

对于一个给定的分布，可以用 moment 很方便地查看分布的矩信息。例如查看 N(0,1) 的六阶原点矩。

```
stats.norm.moment(6, loc=0, scale=1)
```

得到如下结果：

```
15.000000000895124
```

describe 函数提供了对数据集的统计描述分析，包括数据样本大小、极值、均值、方差、偏度和峰度等。

```
norm_dist = stats.norm(loc=0, scale=1.8)
dat = norm_dist.rvs(size=100)
info = stats.describe(dat)
print ("Data size is: " + str(info[0]))
print ("Minimum value is: " + str(info[1][0]))
print ("Maximum value is: " + str(info[1][1]))
print ("Arithmetic mean is: " + str(info[2]))
print ("Unbiased variance is: " + str(info[3]))
print ("Biased skewness is: " + str(info[4]))
print ("Biased kurtosis is: " + str(info[5]))
```

得到如下结果：

```
Data size is: 100
Minimum value is: -4.41884319577
Maximum value is: 5.71520945675
Arithmetic mean is: 0.165282446834
Unbiased variance is: 3.60309718776
Biased skewness is: 0.278066378117
Biased kurtosis is: 0.408791537079
```

当知道一组数据服从某些分布的时候，可以调用 fit 函数来得到对应分布参数的极大似然估计(maximum-likelihood estimation，MLE)。以下代码示例了假设数据服从正态分布，用极大似然估计分布参数。

```
norm_dist = stats.norm(loc=0, scale=1.8)
dat = norm_dist.rvs(size=100)
mu, sigma = stats.norm.fit(dat)
print ("MLE of data mean:" + str(mu))
print ("MLE of data standard deviation:" + str(sigma))
```

得到如下结果：

```
MLE of data mean:-0.126592501904
MLE of data standard deviation:1.74446062629
```

pearsonr 和 spearmanr 可以计算 Pearson 和 Spearman 的相关系数，这两个相关系数度量了两组数据的相互线性关联程度。

```
norm_dist = stats.norm()
```

```
dat1 = norm_dist.rvs(size=100)
exp_dist = stats.expon()
dat2 = exp_dist.rvs(size=100)
cor, pval = stats.pearsonr(dat1, dat2)
print ("Pearson correlation coefficient: " + str(cor))
cor, pval = stats.spearmanr(dat1, dat2)
print ("Spearman's rank correlation coefficient: " + str(cor))
```

得到如下结果:

```
Pearson correlation coefficient: -0.078269702955
Spearman's rank correlation coefficient: -0.0667146714671
```

其中的 p-value 表示原假设(两组数据不相关)下,相关系数的显著性。

最后,在分析金融数据中使用频繁的线性回归在 SciPy 中也有提供,我们来看一个例子:

```
x = stats.chi2.rvs(3, size=50)
y = 2.5 + 1.2 * x + stats.norm.rvs(size=50, loc=0, scale=1.5)
slope, intercept, r_value, p_value, std_err = stats.linregress(x, y)
print ("Slope of fitted model is:" , slope)
print ("Intercept of fitted model is:", intercept)
print ("R-squared:", r_value**2)
```

得到如下结果:

```
Slope of fitted model is: 1.19360045909
Intercept of fitted model is: 1.90649803845
R-squared: 0.787978596903
```

在前面的链接中,可以查到大部分 stat 中的函数,本节仅作简单介绍,挖掘更多功能的最好方法还是直接读原始的文档。另外,StatsModels(http://statsmodels.sourceforge.net)模块提供了更专业、更多的统计相关函数,若 SciPy 没有满足统计的需求,可以采用 StatsModels。

本章进一步的知识,可以参考如下相关网站与书籍。

基础优化网站:http://docs.scipy.org/doc/scipy/reference/tutorial/optimize.html。

进阶优化网站:http://cvxopt.org。

凸优化书籍:Boyd S. and Vandenberghe L. Convex optimization. Cambridge university press,2004。

基础统计网站:http://docs.scipy.org/doc/scipy/reference/tutorial/stats.html。

进阶统计网站:http://www.statsmodels.org/stable/index.html。

练 习 题

对本章中例题数据,使用 Python 重新操作一遍。

第 6 章 Python 工具库 Pandas 数据对象及数据分析

Pandas 是 Python 在数据处理方面功能最强大的扩展模块。在处理实际的金融数据时，一条数据通常包含了多种类型的数据，例如，股票的代码是字符串，收盘价是浮点型，而成交量是整型等。在 C++中可以实现为一个给定结构体定义单元的容器，如向量(vector，C++中的特定数据结构)。

在 Python 中，Pandas 包含了高级的数据结构 Series 和 DataFrame，使得在 Python 中处理数据变得非常方便、快速和简单。

Pandas 的不同版本之间存在一些不兼容性，为此，我们需要清楚使用的是哪一个版本的 Pandas。下面查看 Python 的 Pandas 版本：

```
import pandas as pd
pd.__version__
'0.22.1'
```

Pandas 主要的两个数据结构是 Series 和 DataFrame，随后两章将介绍如何由其他类型的数据结构得到这两种数据结构，或者自行创建这两种数据结构。下面先导入它们以及相关模块：

```
import numpy as np
from pandas import Series, DataFrame
```

6.1 Pandas 基础知识

6.1.1 数据对象

Pandas 主要有两种数据对象：Series、DataFrame。

注意：后面代码使用 Pandas 版本 0.20.1，通过 import pandas as pd 引入。

1. Series

Series 是一种带有索引的序列对象。

简单创建如下：

```
# 通过传入一个序列给 pd.Series 初始化一个 Series 对象，比如 list
s1=pd.Series(list("1234"))
print(s1)
0    1
1    2
2    3
3    4
dtype:object
```

2. DataFrame

类似于数据库 table 有行列的数据对象。

创建方式如下：

通过传入一个 numpy 的二维数组或者 dict 对象给 pd.DataFrame 初始化一个 DataFrame 对象

```
# 通过 numpy 二维数组
import numpy as np
df1 = pd.DataFrame(np.random.randn(6,4))
print(df1)
          0         1         2         3
0  0.902513 -0.990727 -0.291877 -0.702613
1  0.632800 -0.262710  1.137277 -1.493364
2 -0.266187 -0.576530  0.688649 -1.509618
3 -1.078031 -0.128859  0.405154  0.227968
4  0.201999  0.008473  3.828179 -1.528060
5  0.546279 -1.143734  1.184047  0.364284


# 通过 dict 字典
df2 = pd.DataFrame({ 'A' : 1.,
'B' : pd.Timestamp('20130102'),
'C' :pd.Series(1,index=list(range(4)),dtype='float32'),
'D' : np.array([3] * 4,dtype='int32'),
'E' : pd.Categorical(["test","train","test","train"]),
'F' : 'foo' })
print(df2)
     A          B    C  D      E    F
0  1.0 2013-01-02  1.0  3   test  foo
1  1.0 2013-01-02  1.0  3  train  foo
2  1.0 2013-01-02  1.0  3   test  foo
3  1.0 2013-01-02  1.0  3  train  foo
```

3. 索引

不管是 Series 对象还是 DataFrame 对象，都有一个与对象相对应的索引。Series 的索引对应于每一个元素，DataFrame 的索引对应着每一行。

查看：在创建对象的时候，每个对象都会初始化一个起始值为 0、自增的索引列表，DataFrame 同理。

```
# 打印对象的时候，第一列就是索引
print(s1)
0    1
1    2
2    3
3    4
dtype: object


# 或者只查看索引，DataFrame 同理
print(s1.index)
RangeIndex(start=0, stop=4, step=1)
```

6.1.2 增删查改

增删查改主要基于 DataFrame 对象，为了有足够的数据用于展示，这里选择 tushare 的

数据。

1. tushare 安装

```
pip install tushare
```

创建数据对象如下:

```
import tushare as ts
df = ts.get_k_data("000001")
```

DataFrame 行列如图 6-1 所示，axis 图解如图 6-2 所示。

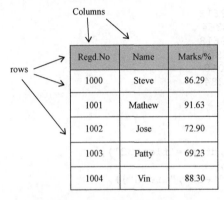

图 6-1　DataFrame 行列

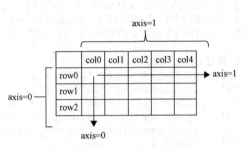

图 6-2　axis 图解

2. 查询

查看每列的数据类型。

```
# 查看 df 数据类型
df.dtypes
date        object
open        float64
close       float64
high        float64
low         float64
volume      float64
code        object
dtype:      object
```

查看指定数量的行：head 函数默认查看前 5 行，tail 函数默认查看后 5 行，可以传递指定的数值用于查看指定的行数。

```
#查看前 5 行
df.head()
        date     open    close   high    low     volume      code
0   2017-10-16   11.179  11.406  11.416  11.111  1036250.0   000001
1   2017-10-17   11.435  11.327  11.465  11.298  506372.0    000001
2   2017-10-18   11.347  11.504  11.514  11.327  871365.0    000001
3   2017-10-19   11.455  11.445  11.534  11.386  722764.0    000001
4   2017-10-20   11.406  11.298  11.406  11.229  461808.0    000001
# 查看后 5 行
df.tail()
```

第 6 章　Python 工具库 Pandas 数据对象及数据分析

```
          date   open  close   high    low     volume    code
636   2020-05-27  13.05  13.00  13.19  12.96   482963.0  000001
637   2020-05-28  12.87  13.07  13.18  12.81   960760.0  000001
638   2020-05-29  13.01  13.00  13.04  12.92   457808.0  000001
639   2020-06-01  13.10  13.32  13.39  13.08   882961.0  000001
640   2020-06-02  13.29  13.55  13.63  13.28   883459.0  000001
```

```
# 查看前 10 行
df.head(10)
         date    open   close    high     low    volume     code
0   2017-10-16  11.179  11.406  11.416  11.111  1036250.0  000001
1   2017-10-17  11.435  11.327  11.465  11.298   506372.0  000001
2   2017-10-18  11.347  11.504  11.514  11.327   871365.0  000001
3   2017-10-19  11.455  11.445  11.534  11.386   722764.0  000001
4   2017-10-20  11.406  11.298  11.406  11.229   461808.0  000001
5   2017-10-23  11.209  11.012  11.219  10.973  1074465.0  000001
6   2017-10-24  11.022  11.209  11.238  11.002   618871.0  000001
7   2017-10-25  11.179  11.091  11.189  11.071   418573.0  000001
8   2017-10-26  11.071  11.002  11.140  10.943   928996.0  000001
9   2017-10-27  11.012  11.376  11.376  11.002  1360086.0  000001
```

查看某一行或多行，某一列或多列。

```
# 查看第一行
df[0:1]
         date    open   close    high     low    volume     code
0   2017-10-16  11.179  11.406  11.416  11.111  1036250.0  000001
```

```
# 查看 10 到 20 行
df[10:21]
         date    open   close    high     low    volume     code
10  2017-10-30  11.366  11.376  11.544  11.268  1278246.0  000001
11  2017-10-31  11.366  11.357  11.396  11.209   627491.0  000001
12  2017-11-01  11.376  11.219  11.406  11.140   692617.0  000001
13  2017-11-02  11.179  11.357  11.396  11.081   604308.0  000001
14  2017-11-03  11.307  11.209  11.494  11.170   743343.0  000001
15  2017-11-06  11.238  11.101  11.238  10.914  1029902.0  000001
16  2017-11-07  11.091  11.731  11.898  11.071  2477163.0  000001
17  2017-11-08  11.809  11.937  12.390  11.740  4262825.0  000001
18  2017-11-09  12.006  12.134  12.370  11.957  2295289.0  000001
19  2017-11-10  12.173  12.104  12.351  11.957  1757552.0  000001
20  2017-11-13  12.154  12.695  12.892  12.154  2566906.0  000001
```

```
# 查看 Date 列前 5 个数据
df["date"].head()  # 或者 df.date.head()
0    2017-10-16
1    2017-10-17
2    2017-10-18
3    2017-10-19
4    2017-10-20
Name: date, dtype: object
```

```
# 查看 Date 列、code 列、open 列前 5 个数据
df[["date","code", "open"]].head()
         date     code    open
0   2017-10-16   000001  11.179
1   2017-10-17   000001  11.435
2   2017-10-18   000001  11.347
3   2017-10-19   000001  11.455
4   2017-10-20   000001  11.406
```

使用行列组合条件查询。

```
# 查看 date，code 列的第 10 行
df.loc[10, ["date", "code"]]
date    2017-10-30
code         000001
Name: 10, dtype: object
# 查看 date，code 列的第 10 行到 20 行
df.loc[10:20, ["date", "code"]]
          date      code
10   2017-10-30   000001
11   2017-10-31   000001
12   2017-11-01   000001
13   2017-11-02   000001
14   2017-11-03   000001
15   2017-11-06   000001
16   2017-11-07   000001
17   2017-11-08   000001
18   2017-11-09   000001
19   2017-11-10   000001
20   2017-11-13   000001
# 查看第一行、open 列的数据
df.loc[0, "open"]
11.179
```

通过位置查询：值得注意的是上面的索引值就是特定的位置。

```
# 查看第 1 行()
df.iloc[0]
date        2017-10-16
open            11.179
close           11.406
high            11.416
low             11.111
volume      1.03625e+06
code            000001
Name: 0, dtype: object
# 查看最后一行
df.iloc[-1]
date        2020-06-02
open             13.29
close            13.55
high             13.63
low              13.28
volume          883459
code            000001
Name: 640, dtype: object
# 查看第一列前 5 个数值
df.iloc[:,0].head()
0    2017-10-16
1    2017-10-17
2    2017-10-18
3    2017-10-19
4    2017-10-20
Name: date, dtype: object
# 查看前 2 到 4 行，第 1、3 列
df.iloc[2:4,[0,2]]
         date    close
2   2017-10-18   11.504
```

```
3  2017-10-19  11.445
```

通过条件筛选:

```
##查看 open 列大于 10 的前 5 行
df[df.open > 10].head()
        date    open   close   high    low    volume     code
0  2017-10-16  11.179  11.406  11.416  11.111  1036250.0  000001
1  2017-10-17  11.435  11.327  11.465  11.298   506372.0  000001
2  2017-10-18  11.347  11.504  11.514  11.327   871365.0  000001
3  2017-10-19  11.455  11.445  11.534  11.386   722764.0  000001
4  2017-10-20  11.406  11.298  11.406  11.229   461808.0  000001
# 查看 open 列大于 10 且小于 10.6 的前五行
df[(df.open > 10) & (df.open < 10.6)].head()
         date    open   close   high    low    volume     code
115  2018-04-03  10.432  10.392  10.500  10.343   890745.0  000001
116  2018-04-04  10.510  10.697  10.835  10.432  1602488.0  000001
134  2018-05-04  10.559  10.510  10.658  10.491   710509.0  000001
135  2018-05-07  10.530  10.638  10.658  10.471   974309.0  000001
148  2018-05-24  10.491  10.441  10.510  10.412   688152.0  000001
```

3. 增加

前面已经简单地说明了 Series、DataFrame 的创建方法,下面介绍一些常用的增加数据的方式。

```
# 创建 2019-08-08 到 2019-08-15 的时间序列,默认时间间隔为 Day
s2 = pd.date_range("20190808", periods=7)
print(s2)
DatetimeIndex(['2019-08-08', '2019-08-09', '2019-08-10', '2019-08-11',
               '2019-08-12', '2019-08-13', '2019-08-14'],
              dtype='datetime64[ns]', freq='D')

# 指定 2019-08-08 00:00 到 2019-08-09 00:00 时间间隔为小时
# freq 参数可使用参数,参考:
http://pandas.pydata.org/pandas-docs/stable/timeseries.html#offset-aliases
s3 = pd.date_range("20190808", "20190809", freq="H")
print(s2)
# 通过已有序列创建时间序列
s4 = pd.to_datetime(df.date.head())
print(s4)
0   2017-10-16
1   2017-10-17
2   2017-10-18
3   2017-10-19
4   2017-10-20
Name: date, dtype: datetime64[ns]
```

4. 修改

下面介绍一些修改数据的方式。

```
# 将 df 的索引修改为 date 列的数据,并且将类型转换为 datetime 类型
df.index = pd.to_datetime(df.date)
df.head()
                  date    open   close   high    low    volume     code
date
2017-10-16  2017-10-16  11.179  11.406  11.416  11.111  1036250.0  000001
```

```
2017-10-17  2017-10-17  11.435  11.327  11.465  11.298   506372.0  000001
2017-10-18  2017-10-18  11.347  11.504  11.514  11.327   871365.0  000001
2017-10-19  2017-10-19  11.455  11.445  11.534  11.386   722764.0  000001
2017-10-20  2017-10-20  11.406  11.298  11.406  11.229   461808.0  000001
# 修改列的字段
df.columns = ["Date", "Open","Close","High","Low","Volume","Code"]
print(df.head())
                  Date    Open    Close   High    Low    Volume     Code
date
2017-10-16  2017-10-16  11.179  11.406  11.416  11.111  1036250.0  000001
2017-10-17  2017-10-17  11.435  11.327  11.465  11.298   506372.0  000001
2017-10-18  2017-10-18  11.347  11.504  11.514  11.327   871365.0  000001
2017-10-19  2017-10-19  11.455  11.445  11.534  11.386   722764.0  000001
2017-10-20  2017-10-20  11.406  11.298  11.406  11.229   461808.0  000001
# 将Open列每个数值加1，apply方法并不直接修改源数据，所以需将新值复制给df
df.Open = df.Open.apply(lambda x: x+1)
df.head()
                  Date    Open    Close   High    Low    Volume     Code
date
2017-10-16  2017-10-16  12.179  11.406  11.416  11.111  1036250.0  000001
2017-10-17  2017-10-17  12.435  11.327  11.465  11.298   506372.0  000001
2017-10-18  2017-10-18  12.347  11.504  11.514  11.327   871365.0  000001
2017-10-19  2017-10-19  12.455  11.445  11.534  11.386   722764.0  000001
2017-10-20  2017-10-20  12.406  11.298  11.406  11.229   461808.0  000001
# 将Open、Close列的数值都加1，如果是多列，apply接收的对象是整个列
df[["Open", "Close"]].head().apply(lambda x: x.apply(lambda x: x+1))
              Open   Close
date
2017-10-16  13.179  12.406
2017-10-17  13.435  12.327
2017-10-18  13.347  12.504
2017-10-19  13.455  12.445
2017-10-20  13.406  12.298
```

5. 删除

通过drop方法删除指定的行或者列。

注意：drop方法并不直接修改源数据，如果需要使源DataFrame对象被修改，需要传入inplace=True，通过之前的axis图解，知道行的值(或者说label)在axis=0，列的值(或者说label)在axis=1。

```
# 删除指定列，删除Open列
df.drop("Open", axis=1).head() #或者df.drop(df.columns[1])
                  Date    Close   High    Low    Volume     Code
date
2017-10-16  2017-10-16  11.406  11.416  11.111  1036250.0  000001
2017-10-17  2017-10-17  11.327  11.465  11.298   506372.0  000001
2017-10-18  2017-10-18  11.504  11.514  11.327   871365.0  000001
2017-10-19  2017-10-19  11.445  11.534  11.386   722764.0  000001
2017-10-20  2017-10-20  11.298  11.406  11.229   461808.0  000001
# 删除第1、3列，即Close、High列
df.drop(df.columns[[1,3]], axis=1).head()
# 或df.drop(["Close", "High], axis=1).head()
```

```
              Date       Close      Low      Volume     Code
date
2017-10-16    2017-10-16 11.406     11.111   1036250.0  000001
2017-10-17    2017-10-17 11.327     11.298   506372.0   000001
2017-10-18    2017-10-18 11.504     11.327   871365.0   000001
2017-10-19    2017-10-19 11.445     11.386   722764.0   000001
2017-10-20    2017-10-20 11.298     11.229   461808.0   000001
```

6.1.3 Pandas 常用函数

1. 统计

```
# describe 方法会计算每列数据对象是数值的 count、mean、std、min、max，以及一定比率的值
df.describe()
             Open        Close        High         Low         Volume
count    641.000000   641.000000   641.000000   641.000000   6.410000e+02
mean      13.583420    12.597034    12.767062    12.419900   1.100184e+06
std        2.200332     2.203640     2.230593     2.171884   5.583732e+05
min        9.473000     8.463000     8.562000     8.316000   2.990890e+05
25%       11.697000    10.717000    10.855000    10.559000   7.044420e+05
50%       13.680000    12.690000    12.860000    12.500000   9.752700e+05
75%       15.102000    14.160000    14.390000    13.940000   1.316693e+06
max       18.260000    17.220000    17.600000    16.950000   4.262825e+06
# 单独统计 Open 列的平均值
df.Open.mean()
13.58341965678629

# 查看居于 95% 的值，默认线性拟合
df.Open.quantile(0.95)
17.5
# 查看 Open 列每个值出现的次数
df.Open.value_counts().head()
11.34    6
15.60    5
12.20    4
14.90    4
13.34    4
Name: Open, dtype: int64
```

2. 缺失值处理

缺失值处理的方式通常是删除或者填充缺失值。

```
# 删除含有 NaN 的任意行
df.dropna(how='any')
# 删除含有 NaN 的任意列
df.dropna(how='any', axis=1)
# 将 NaN 的值改为 5
df.fillna(value=5)
```

3. 排序

按行或者列排序，默认不修改源数据。

```
# 按列排序
```

```
df.sort_index(axis=1).head()
            Close    Code    Date        High    Low     Open    Volume
date
2017-10-16  11.406   000001  2017-10-16  11.416  11.111  12.179  1036250.0
2017-10-17  11.327   000001  2017-10-17  11.465  11.298  12.435  506372.0
2017-10-18  11.504   000001  2017-10-18  11.514  11.327  12.347  871365.0
2017-10-19  11.445   000001  2017-10-19  11.534  11.386  12.455  722764.0
2017-10-20  11.298   000001  2017-10-20  11.406  11.229  12.406  461808.0
# 按行排序,不递增
df.sort_index(ascending=False).head()
            Date        Open    Close   High    Low     Volume      Code
date
2020-06-02  2020-06-02  14.29   13.55   13.63   13.28   883459.0    000001
2020-06-01  2020-06-01  14.10   13.32   13.39   13.08   882961.0    000001
2020-05-29  2020-05-29  14.01   13.00   13.04   12.92   457808.0    000001
2020-05-28  2020-05-28  13.87   13.07   13.18   12.81   960760.0    000001
2020-05-27  2020-05-27  14.05   13.00   13.19   12.96   482963.0    000001
# 按照 Open 列的值从小到大排序
df.sort_values(by="Open").head()
            Date        Open    Close   High    Low     Volume      Code
date
2018-07-06  2018-07-06  9.473   8.522   8.640   8.316   988282.0    000001
2018-07-05  2018-07-05  9.483   8.463   8.591   8.414   835768.0    000001
2018-07-04  2018-07-04  9.493   8.473   8.611   8.473   711153.0    000001
2018-07-09  2018-07-09  9.552   8.886   8.886   8.542   1409954.0   000001
2018-07-03  2018-07-03  9.552   8.532   8.562   8.316   1274838.0   000001
```

4. 合并

concat，按照行方向或者列方向合并。

```
# 分别取 0 到 2 行、2 到 4 行、4 到 9 行组成一个列表,通过 concat 方法按照 axis=0,行方向
合并, axis 参数不指定,默认为 0
split_rows = [df.iloc[0:2,:],df.iloc[2:4,:], df.iloc[4:9]]
pd.concat(split_rows)
            Date        Open    Close   High    Low     Volume      Code
date
2017-10-16  2017-10-16  12.179  11.406  11.416  11.111  1036250.0   000001
2017-10-17  2017-10-17  12.435  11.327  11.465  11.298  506372.0    000001
2017-10-18  2017-10-18  12.347  11.504  11.514  11.327  871365.0    000001
2017-10-19  2017-10-19  12.455  11.445  11.534  11.386  722764.0    000001
2017-10-20  2017-10-20  12.406  11.298  11.406  11.229  461808.0    000001
2017-10-23  2017-10-23  12.209  11.012  11.219  10.973  1074465.0   000001
2017-10-24  2017-10-24  12.022  11.209  11.238  11.002  618871.0    000001
2017-10-25  2017-10-25  12.179  11.091  11.189  11.071  418573.0    000001
2017-10-26  2017-10-26  12.071  11.002  11.140  10.943  928996.0    000001
# 分别取 2 到 3 列、3 到 5 列、5 列及以后列数组成一个列表,通过 concat 方法按照 axis=1,
# 列方向合并
split_columns = [df.iloc[:,1:2], df.iloc[:,2:4], df.iloc[:,4:]]
pd.concat(split_columns, axis=1).head()
            Open    Close   High    Low     Volume      Code
date
2017-10-16  12.179  11.406  11.416  11.111  1036250.0   000001
2017-10-17  12.435  11.327  11.465  11.298  506372.0    000001
2017-10-18  12.347  11.504  11.514  11.327  871365.0    000001
2017-10-19  12.455  11.445  11.534  11.386  722764.0    000001
2017-10-20  12.406  11.298  11.406  11.229  461808.0    000001
# 追加行,相应的还有 insert,插入数据到指定位置
# 将第一行追加到最后一行
```

```
df.append(df.iloc[0,:], ignore_index=True).tail()
      Date        Open    Close   High    Low     Volume      Code
637   2020-05-28  13.870  13.070  13.180  12.810  960760.0    000001
638   2020-05-29  14.010  13.000  13.040  12.920  457808.0    000001
639   2020-06-01  14.100  13.320  13.390  13.080  882961.0    000001
640   2020-06-02  14.290  13.550  13.630  13.280  883459.0    000001
641   2017-10-16  12.179  11.406  11.416  11.111  1036250.0   000001
```

6.1.4 绘图

Pandas 绘图使用的是 matplotlib，如果想要画得更细致，还可以使用 matplotplib，不过简单地画一些图还是不错的。

因为上图太麻烦，这里就不配图了，可以在资源文件里面查看 pandas-blog.ipynb 文件或者自己输入一遍代码。

```
# 这里使用 notbook，为了直接在输出中显示，需要进行以下配置
%matplotlib inline
# 绘制 Open、Low、Close、High 的线性图
df[["Open", "Low", "High", "Close"]].plot()
# 绘制面积图
df[["Open", "Low", "High", "Close"]].plot(kind="area")
```

6.1.5 数据读写

数据读写功能用于读写常见的文件格式，如 csv、excel、json 等，甚至可以读取"系统的剪切板"，这个功能有时候很有用。可通过直接读取鼠标选中的内容来创建 DataFrame 对象。

```
# 将 df 数据保存到当前工作目录的 stock.csv 文件
df.to_csv("stock.csv")

# 查看 stock.csv 文件前 5 行
with open("F://2glkx//data//stock.csv") as rf:
    print(rf.readlines()[:5])
['date,Date,Open,Close,High,Low,Volume,Code\n',
'2017-10-16,2017-10-16,12.179,11.406,11.416,11.111,1036250.0,000001\n',
'2017-10-17,2017-10-17,12.435,11.327,11.465,11.298,506372.0,000001\n',
'2017-10-18,2017-10-18,12.347,11.504,11.514,11.327,871365.0,000001\n',
'2017-10-19,2017-10-19,12.455,11.445,11.534,11.386,722764.0,000001\n']
# 读取 stock.csv 文件并将第一行作为 index
df2 = pd.read_csv("F://2glkx//data//stock.csv", index_col=0)
df2.head()
            Date        Open    Close   High    Low     Volume      Code
date
2017-10-16  2017-10-16  12.179  11.406  11.416  11.111  1036250.0   1
2017-10-17  2017-10-17  12.435  11.327  11.465  11.298  506372.0    1
2017-10-18  2017-10-18  12.347  11.504  11.514  11.327  871365.0    1
2017-10-19  2017-10-19  12.455  11.445  11.534  11.386  722764.0    1
2017-10-20  2017-10-20  12.406  11.298  11.406  11.229  461808.0    1
# 读取 stock.csv 文件并将第一行作为 index，将 000001 作为 str 类型读取，不然会被解析成整数
df2 = pd.read_csv("F://2glkx//data//stock.csv", index_col=0, dtype={"Code": str})
df2.head()
```

6.2 Pandas 基本金融数据分析

本节是利用 Python 来分析金融数据的一个入门教程，同时也是数据分析利器 Pandas 的一个实战教程。我们将利用 Pandas 来分析中国 A 股历史交易数据，数据来源为 tushare。

由于大数据、人工智能技术的快速发展，国内外许多金融机构早就不仅专耕于金融领域，并且在大数据分析、自动化策略等方面也投入了大量的精力。数据科学与计算机技术的发展不仅可以大幅提高传统交易模式的速度、准确度，并且能够自动化管理更大的数据量，尤其是在国外，利用数据分析和自动化交易技术早已经成为主流。

Pandas 基本数据处理代码中主要涉及的知识点有以下几点。
(1) DataFrame 和 Series 的基本结构。
(2) DataFrame 的行、列选取方式和规范。
(3) 时间索引的基础和切片。
(4) 滑动窗口和移动平均数。
(5) 数据按时间周期重采样。

通过 tushare 获取的数据为 pandas.DataFrame 格式，可以保存在本地，然后通过 read_csv 函数直接读取本地文件来导入数据。

```
import tushare as ts
import pandas as pd
df = ts.get_hist_data('000001')    ##上证综合指数
df = pd.read_csv('F://2glkx//data//000001.csv',header=0, index_col='date')
df.index = pd.DatetimeIndex(df.index)   #将普通字符型索引转化为时间索引
```

DataFrame 是一个二维表，类似于 Excel 的一个 sheet 中的内容，也类似于数据库中表的概念。读入数据后，可以通过 DataFrame 内置的函数来对数据进行整体查看。

```
df.head(10) # 查看前 10 行数据
df.describe() # 查每一列的行数、期望、各个分位数等
df.shape # 查看数据表的大小
```

对 DataFrame 的整体有一个初步的认识之后，下面是对其行和列的选取操作。

```
df['open']   # 可以选取 DataFrame 对应的列
df.iloc[0]   # 通过此方式来选取数据的行
df.loc['2016-09-27']   # 可以通过索引选取对应的行
df[['open', 'close', 'high']]  # 选取多个列
df.iloc[0:3]  # 选取多个行
df['2016-09'] # 按照时间索引选取所有的 9 月数据，只有在索引类型为时间索引时才可以这么操作
df[0:-1:2]
# 从前往后每隔两个数据取一个数据，第一个数为开始行数，第二个数为结束行数(选取到此行之前)
# 第三个数为间隔数目
```

可以通过 DataFrame 内置的 plot 函数进行画图，其内部是利用了 matplotlib 实现的。为了使画图更美观，首先需要设置一些画图的参数。

```
import matplotlib.pyplot as plt
plt.style.use('seaborn-darkgrid')  # 设置画图的风格
```

```
plt.rc('font', family='SimHei', size=6)  #设置图中字体和大小
plt.rc('figure', figsize=(4,3), dpi=200)  # 设置图的大小
```

将其中一列画折线图。

```
df.open.plot()
```

索引为时间后，会在图上的 x 轴以合理的间隔显示，如图 6-3 所示。

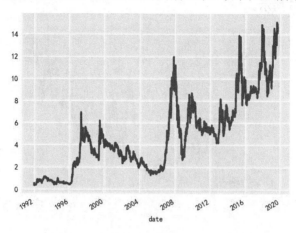

图 6-3　开盘价

原始数据中，所有的价格都是实际值，实际情况中，我们可能需要价格的变化值，或者是价格的变化率。

```
df.open.diff()  # 后一天减去前一天的差值
df.close.pct_change()  # 后一天对比前一天的变化率
```

我们可以对变化率进行初步的统计分析，以了解收盘价变化率的概率分布情况。

```
df.close.pct_change().hist(bins=30)
```

Hist 函数用于查看一个序列的直方图，Bins 参数表示将数据分为多少段，如图 6-4 所示。

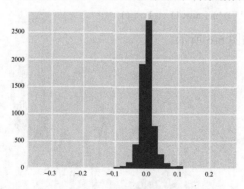

图 6-4　序列的直方图

可以为 DataFrame 和 Series 设置一个指定长度的滑动窗口，然后在窗口长度内进行数据操作，如求 mean、max、min 等。

```
df.open.rolling(5).mean()  # 以 5 个数据作为一个数据滑动窗口，在这 5 个数据上取均值
df.open.rolling(5).max()  # 以 5 个数据作为一个数据滑动窗口，在这 5 个数据上取最大值
```

将原始数据和 5 日、20 日均线画到一个图上，由于需要让数据从时间最远处开始，所以将实际数据倒序排列。

```
df.open.plot()
df[::-1].open.rolling(5).mean().plot()
df[::-1].open.rolling(20).mean().plot()
```

所画图形如图 6-5 所示。

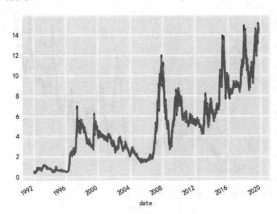

图 6-5　实际数据、5 日均线、20 日均线

对于时间序列数据，除了求移动平均值等常用的操作之外，还有一个常用的操作就是进行重采样(resample)。

例如，上面的示例数据是每日的交易数据，我们需要按周来查看开盘价，即需要对数据按周进行重采样。

需要注意的是，重采样时，DataFrame 或 Series 的索引必须为时间索引。

```
df.open.resample('W').max()    # 以周为采样规则，每周内取最大值
```

常用采样参数：B——工作日；D——天；W——周；M——月；SM——半月。

```
df.open.plot()
df.open.resample('7D').max().plot()
```

按周重采样画图，如图 6-6 所示。

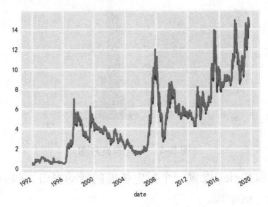

图 6-6　按周重采样

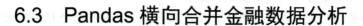

6.3 Pandas 横向合并金融数据分析

6.2 节介绍了 Pandas 的基本概念、初步使用方法,以及一些简单的画图工具,本节还是以 A 股数据为例,继续介绍 Pandas 的用法,主要包括以下几方面。

合并两个表:pandas.merge;

修改列名、索引名:DataFrame.rename。

首先在本地计算机的 F:\\2glkx\\data\\目录下建立两个 Excel 文件:偿债能力 1.xlsx 和盈利能力 1.xlsx,分别得到两个 DataFrame。代码如下:

```
import pandas as pd
import numpy as np
df1=pd.read_excel('F:\\2glkx\\data\\偿债能力1.xlsx')  #偿债能力指标
df2=pd.read_excel('F:\\2glkx\\data\\盈利能力1.xlsx')  #盈利能力指标
```

可以分别查看数据的前 3 行。

```
df1.head(3)
   code  Name      流动负债
0    1  平安银行  2786720000000
1    2  宁波银行   858714000000
2    3  江阴银行    94949947000
df2.head(3)
   code  Name     净利润率
0    1  平安银行  0.224235
1    2  宁波银行  0.367124
2    3  江阴银行  0.324129
```

为了方便查询和使用,下面将以上两个 DataFrame 合并为一个,需要用到 pandas.merge 函数。

```
import pandas as pd
pd.merge(
    left,   # 待合并的左侧 DataFrame
    right,  # 待合并的右侧 DataFrame
    # 此字段指明合并的方式,可选的方式有{'left', 'right', 'outer', 'inner'}
    how='inner',
    # 此字段指明 1 列或多列,上面 left、right 按照此字段相同的行来进行合并
    on=None,
    left_on=None,
    right_on=None,
    left_index=False,
    right_index=False,
    # 将合并后的结果按照合并依据的字段排序,即 on 指定的字段
    sort=False,
    # 如果上述 left、right 中的其他字段有重名的,按照这个后缀加以区分
    suffixes=('_x', '_y'),
    # 默认为 False,即在不必要情况下不进行原始数据的复制
    copy=True,
    indicator=False,
    # 检查合并的方式,是 1 对多还是多对多
    validate=None)
```

left、right 为需要合并的两个 DataFrame。

通过 on 参数指明按照哪一列进行合并，如果这个列名在两个 DataFrame 中不同，可以通过 left_on、right_on 分别指定列名。

how 参数指明了合并的方式，可选的方式有 left、right、outer、inner，用法类似于 SQL 中的连接，默认是 inner，即取两个 DataFrame 合并字段的交集。outer 即取并集，left 即依据左侧 DataFrame 中 on 参数指定的字段来合并，right 则反之。

将表偿债能力 1.xlsx、盈利能力 1.xlsx 按 code 列进行合并。

```
tmp = pd.merge(df1,
df2[['code','Name','净利润率']],# 选取 df2 的指定列来参与合并
on='code', # 合并依据列名
how='outer') # 取并集
tmp.head()
```

合并后输出前 5 行的结果如下：

```
   code Name_x        流动负债 Name_y   净利润率
0    1  平安银行  2786720000000  平安银行  0.224235
1    2  宁波银行   858714000000  宁波银行  0.367124
2    3  江阴银行    94949947000  江阴银行  0.324129
3    4  张家港行    82474570170  张家港行  0.338642
4    5  浦发银行  5458490000000  浦发银行  0.345774
```

可以看到，合并后的 DataFrame 中，列名是 Name_x、Name_y。为了方便使用，需要将列名修改为带有实际意义的词，方法为：

```
DataFrame.rename(
    mapper=None,
    index=None,
    columns=None,
    axis=None,
    copy=True, # 将潜在指向的数据进行了修改
    inplace=False, # 修改是否在原 DataFrame 上生效
    level=None # 在多重索引的情况下用于指定索引的级别
)
```

axis 参数值为 index 时表示修改索引名，为 column 时表示修改列名，和 mapper 参数同时生效。

mapper、index、column：传入一个字典，用于修改索引名或列名。字典的 key 是原名称，value 是修改后的名称，或者传入一个函数，函数作用于每一个旧的名称(在 mapper 情况下，行或列由 axis 值决定)，返回值为新的名称。即 mapper 和 axis 一起使用时，等价于单独用 index 或 column 参数。

在这里，我们要将上面的列名进行修改，只需要传入{'Name_x':'Name','Name_y':'Name'}字典到 column 参数即可。

```
tmp1 = tmp.rename(columns={'Name_x':'Name','Name_y':'Name'})
tmp1.to_csv('F:\\2glkx\\data\\合并.csv') #保存数据到本地 csv 文件
tmp1.head()
```

输出结果：

```
   code  Name           流动负债  Name      净利润率
0    1   平安银行    2786720000000  平安银行   0.224235
1    2   宁波银行     858714000000  宁波银行   0.367124
2    3   江阴银行      94949947000  江阴银行   0.324129
3    4   张家港行      82474570170  张家港行   0.338642
4    5   浦发银行    5458490000000  浦发银行   0.345774
```

6.4 Pandas 纵向分类汇总金融数据分析

在处理金融数据的过程中,对金融数据集进行分组(分类)汇总操作是一项必备的技能,能够大大提升数据分析的效率。

分组是指根据一个或多个键将数据拆分为多个组的过程,这里的键可以理解为分组的条件。聚合指的是任何能够从数组产生标量值的数据转换过程。分组、聚合操作一般会同时出现,用于计算分组数据的统计值或实现其他功能。

本节将介绍如何利用 Pandas 中提供的 GroupBy 功能,灵活高效地对数据集进行分组、聚合操作。

1. 分组聚合的基本原理

Pandas 中用 GroupBy 机制进行分组、聚合操作的原理可以分为三个阶段,即拆分(split)—应用(apply)—合并(combine),图 6-7 就是一个简单的分组聚合过程。

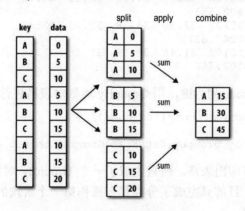

图 6-7 分组聚合

首先,根据一个或多个键(key)将数据拆分(split)成多组;然后,将一个函数应用(apply)到各个分组并产生一个新值;最后,所有这些函数的执行结果会被合并(combine)到最终的结果对象中。

2. GroupBy 函数

用 Pandas 中提供的分组函数 GroupBy 能够很方便地对表格进行分组操作。先从 tushare.pro 上面获取一个包含三只股票日线行情数据的表格。

```
import tushare as ts
import pandas as pd
```

```
pd.set_option('expand_frame_repr', False)  # 显示所有列
ts.set_token('your token')  # 获取 token 号
pro = ts.pro_api()
code_list = ['000001.SZ', '600000.SH', '000002.SZ']
stock_data = pd.DataFrame()
for code in code_list:
    print(code)
    df = pro.daily(ts_code=code, start_date='20180101', end_date='20180104')
    stock_data = stock_data.append(df, ignore_index=True)
print(stock_data)
000001.SZ
600000.SH
000002.SZ
     ts_code trade_date   open   high    low  close  pre_close  change  pct_chg    vol       amount
0  000001.SZ   20180104  13.32  13.37  13.13  13.25      13.33   -0.08    -0.60  1854509.48  2454543.516
1  000001.SZ   20180103  13.73  13.86  13.20  13.33      13.70   -0.37    -2.70  2962498.38  4006220.766
2  000001.SZ   20180102  13.35  13.93  13.32  13.70      13.30    0.40     3.01  2081592.55  2856543.822
3  600000.SH   20180104  12.70  12.73  12.62  12.66      12.66    0.00     0.00   278838.04   353205.838
4  600000.SH   20180103  12.73  12.80  12.66  12.66      12.72   -0.06    -0.47   378391.01   480954.809
5  600000.SH   20180102  12.61  12.77  12.60  12.72      12.59    0.13     1.03   313230.53   398614.966
6  000002.SZ   20180104  32.76  33.53  32.10  33.12      32.33    0.79     2.44   529085.80  1740602.533
7  000002.SZ   20180103  32.50  33.78  32.23  32.33      32.56   -0.23    -0.71   646870.20  2130249.691
8  000002.SZ   20180102  31.45  32.99  31.45  32.56      31.06    1.50     4.83   683433.50  2218502.766
```

然后以股票代码 ts_code 列为键，用 GroupBy 函数对表格进行分组，代码如下。

```
grouped = stock_data.groupby('ts_code')
print(grouped)
<pandas.core.groupby.groupby.DataFrameGroupBy object at 0x000002B1AD25D4A8>
```

注意，这里并没有打印出表格，而只生成了一个 GroupBy 对象，因为还没有对分组数据进行计算。也就是说，目前只完成了分类聚合操作第一个阶段的拆分(split)操作，需要继续调用聚合函数完成计算。

3. 聚合函数

常用的聚合函数如下，我们继续用上面的表格数据进行演示。

(1) 按列 ts_code 分组，用函数 mean()计算分组中收盘价列 close 的平均值。

```
     ts_code trade_date   open   high    low  close  pre_close  change  pct_chg    vol       amount
0  000001.SZ   20180104  13.32  13.37  13.13  13.25      13.33   -0.08    -0.60  1854509.48  2454543.516
1  000001.SZ   20180103  13.73  13.86  13.20  13.33      13.70   -0.37    -2.70  2962498.38  4006220.766
2  000001.SZ   20180102  13.35  13.93  13.32  13.70      13.30    0.40     3.01  2081592.55  2856543.822
```

```
      3  600000.SH    20180104  12.70   12.73   12.62   12.66    12.66   0.00
0.00   278838.04   353205.838
      4  600000.SH    20180103  12.73   12.80   12.66   12.66    12.72  -0.06
-0.47  378391.01   480954.809
      5  600000.SH    20180102  12.61   12.77   12.60   12.72    12.59   0.13
1.03   313230.53   398614.966
      6  000002.SZ    20180104  32.76   33.53   32.10   33.12    32.33   0.79
2.44   529085.80  1740602.533
      7  000002.SZ    20180103  32.50   33.78   32.23   32.33    32.56  -0.23
-0.71  646870.20  2130249.691
      8  000002.SZ    20180102  31.45   32.99   31.45   32.56    31.06   1.50
4.83   683433.50  2218502.766
grouped = stock_data.groupby('ts_code')
print(grouped['close'].mean())
```

输出结果如下。

```
ts_code
000001.SZ    13.426667
000002.SZ    32.670000
600000.SH    12.680000
Name: close, dtype: float64
```

(2) 按列 ts_code 分组，用函数 sum()计算分组中收盘价涨跌幅(%)列 pct_chg 的和。

```
print(grouped['pct_chg'].sum())
```

输出结果如下。

```
ts_code
000001.SZ    -0.29
000002.SZ     6.56
600000.SH     0.56
Name: pct_chg, dtype: float64
```

(3) 按列 ts_code 分组，用函数 count()计算分组中收盘价列 close 的数量。

```
print(grouped['close'].count())
```

输出结果如下。

```
ts_code
000001.SZ    3
000002.SZ    3
600000.SH    3
Name: close, dtype: int64
```

(4) 按列 ts_code 分组，用函数 max()和 min()计算分组中收盘价列 close 的最大、最小值。

```
print(grouped['close'].max())
print(grouped['close'].min())
```

输出结果如下。

```
ts_code
000001.SZ    13.70
000002.SZ    33.12
600000.SH    12.72
Name: close, dtype: float64

ts_code
000001.SZ    13.25
```

```
000002.SZ    32.33
600000.SH    12.66
Name: close, dtype: float64
```

(5) 按列 ts_code 分组，用函数 median() 计算分组中收盘价列 close 的算术中位数。

```
print(grouped['close'].median())
```

输出结果如下。

```
ts_code
000001.SZ    13.33
000002.SZ    32.56
600000.SH    12.66
Name: close, dtype: float64
```

也可以用多个键进行分组聚合。以 ts_code、trade_date 为键，按从左到右的先后顺序分组，然后调用 count() 函数计算分组中的数量。

```
by_mult = stock_data.groupby(['ts_code', 'trade_date'])
print(by_mult['close'].count())
```

输出结果如下。

```
ts_code    trade_date
000001.SZ  20180102    1
           20180103    1
           20180104    1
000002.SZ  20180102    1
           20180103    1
           20180104    1
600000.SH  20180102    1
           20180103    1
           20180104    1
Name: close, dtype: int64
```

如果不想把分组键设置为索引，可以向 groupby 传入参数 as_index=False。

```
by_mult = stock_data.groupby(['ts_code', 'trade_date'], as_index=False)
print(by_mult['close'].count())
```

输出结果如下。

```
    ts_code    trade_date  close
0  000001.SZ   20180102      1
1  000001.SZ   20180103      1
2  000001.SZ   20180104      1
3  000002.SZ   20180102      1
4  000002.SZ   20180103      1
5  000002.SZ   20180104      1
6  600000.SH   20180102      1
7  600000.SH   20180103      1
8  600000.SH   20180104      1
```

如果想要一次应用多个聚合函数，可以调用 agg() 方法。

```
aggregated = grouped['close'].agg(['max', 'median'])
print(aggregated)
```

输出结果如下。

```
            close
              max  median
ts_code
000001.SZ    13.70  13.33
000002.SZ    33.12  32.56
600000.SH    12.72  12.66
```

也可以对多个列一次应用多个聚合函数。

```
aggregated = grouped['pre_close', 'close'].agg(['max', 'median'])
print(aggregated)
```

输出结果如下。

```
            pre_close      close
              max  median    max  median
ts_code
000001.SZ    13.70  13.33  13.70  13.33
000002.SZ    32.56  32.33  33.12  32.56
600000.SH    12.72  12.66  12.72  12.66
```

还可以对不同列应用不同的聚合函数。这里先自定义一个聚合函数 spread，用于计算最大值和最小值之间的差值，再调用 agg()方法，传入一个从列名映射到函数的字典。

```
def spread(series):
    return series.max() - series.min()

aggregator = {'close': 'mean', 'vol': 'sum', 'pct_chg': spread}
aggregated = grouped.agg(aggregator)
print(aggregated)
```

输出结果如下。

```
              close         vol      pct_chg
ts_code
000001.SZ   13.426667   6898600.41    5.71
000002.SZ   32.670000   1859389.50    5.54
600000.SH   12.680000    970459.58    1.50
```

4. apply 函数应用

用 apply 并传入自定义函数，可以实现更一般性的"拆分—应用—合并"操作，传入的自定义函数可以是任何想要实现的功能。下面举几个实例。

用分组平均值填充 NaN 值。

```
   ts_code   trade_date        vol
0  000001.SZ  20180102    2081592.55
1  000001.SZ  20180103    2962498.38
2  000001.SZ  20180104         NaN
3  600000.SH  20180102     313230.53
4  600000.SH  20180103     378391.01
5  600000.SH  20180104         NaN
6  000002.SZ  20180102     683433.50
7  000002.SZ  20180103     646870.20
8  000002.SZ  20180104         NaN

fill_mean = lambda g: g.fillna(g.mean())
stock_data = stock_data.groupby('ts_code', as_index=False,
group_keys=False).apply(fill_mean)
```

```
print(stock_data)
```

输出结果如下。

```
  ts_code   trade_date        vol
0 000001.SZ   20180102   2081592.550
1 000001.SZ   20180103   2962498.380
2 000001.SZ   20180104   2522045.465
6 000002.SZ   20180102    683433.500
7 000002.SZ   20180103    646870.200
8 000002.SZ   20180104    665151.850
3 600000.SH   20180102    313230.530
4 600000.SH   20180103    378391.010
5 600000.SH   20180104    345810.770
```

筛选出分组中指定列具有最大值的行。

```
  ts_code   trade_date       vol
0 000001.SZ   20180104   1854509.48
1 000001.SZ   20180103   2962498.38
2 000001.SZ   20180102   2081592.55
3 600000.SH   20180104    278838.04
4 600000.SH   20180103    378391.01
5 600000.SH   20180102    313230.53
6 000002.SZ   20180104    529085.80
7 000002.SZ   20180103    646870.20
8 000002.SZ   20180102    683433.50
```

```python
def top(df, column='vol'):
    return df.sort_values(by=column)[-1:]

stock_data = stock_data.groupby('ts_code', as_index=False, group_keys=False).apply(top)
print(stock_data)
```

输出结果如下。

```
  ts_code   trade_date       vol
1 000001.SZ   20180103   2962498.38
8 000002.SZ   20180102    683433.50
4 600000.SH   20180103    378391.01
```

分组进行数据标准化。

```
  ts_code   trade_date  close
0 000001.SZ   20180102  13.70
1 000001.SZ   20180103  13.33
2 000001.SZ   20180104  13.25
3 000001.SZ   20180105  13.30
4 600000.SH   20180102  12.72
5 600000.SH   20180103  12.66
6 600000.SH   20180104  12.66
7 600000.SH   20180105  12.69
```

```python
min_max_tr = lambda x: (x - x.min()) / (x.max() - x.min())
stock_data['close_normalised'] = stock_data.groupby(['ts_code'])['close'].apply(min_max_tr)
print(stock_data)
```

输出结果如下。

```
     ts_code  trade_date  close  close_normalised
0  000001.SZ    20180102  13.70          1.000000
1  000001.SZ    20180103  13.33          0.177778
2  000001.SZ    20180104  13.25          0.000000
3  000001.SZ    20180105  13.30          0.111111
4  600000.SH    20180102  12.72          1.000000
5  600000.SH    20180103  12.66          0.000000
6  600000.SH    20180104  12.66          0.000000
7  600000.SH    20180105  12.69          0.500000
```

5. 总结

本节介绍了如何利用 Pandas 中提供的 GroupBy 功能灵活高效地对数据集进行分组、聚合操作，其原理是对数据进行"拆分(split)—应用(apply)—合并(combine)"的过程。首先介绍了常用的几个聚合函数，包括 mean()、sum()、count()、max()、min()、median()；然后介绍了一些较为复杂的分组聚合操作，包括用多个键分组，调用 agg()对多列一次应用多个聚合函数、对不同列应用不同的聚合函数；最后，用几个实例介绍了在分组聚合操作中巧用 apply 函数的好处。

练 习 题

对本章中的例题，使用 Python 重新操作一遍。

第 2 篇

Python 统计分析

第 7 章 Python 描述统计

7.1 描述性统计的 Python 工具

Python 中 Pandas 常用的统计方法见表 7-1。

表 7-1 Pandas 常用的统计方法

函数名称	作用
count	非 NA 值的数量
describe	针对 Series 或 DF 的列计算汇总统计
min, max	最小值和最大值
argmin, argmax	最小值和最大值的索引位置(整数)
idxmin, idxmax	最小值和最大值的索引值
quantile	样本分位数(0 到 1)
sum	求和
mean	均值(一阶矩)
median	中位数
mad	根据均值计算平均绝对离差
var	方差(二阶矩)
std	标准差
skew	样本值的偏度(三阶矩)
kurt	样本值的峰度(四阶矩)
cumsum	样本值的累计和
cummin, cummax	样本值的累计最小值和累计最大值
cumprod	样本值的累计积
diff	计算一阶差分(对时间序列很有用)
pct_change	计算百分数变化

Python 中的 numpy 和 scipy 常用的统计方法见表 7-2。

表 7-2 numpy 和 scipy 常用的统计方法

程序包	方法	说明
numpy	array	创造一组数
numpy.random	normal	创造一组服从正态分布的定量数
numpy.random	randint	创造一组服从均匀分布的定性数
numpy	mean	计算均值
numpy	median	计算中位数
scipy.stats	mode	计算众数
numpy	ptp	计算极差
numpy	var	计算方差
numpy	std	计算标准差

续表

程序包	方法	说明
numpy	cov	计算协方差
numpy	corrcoef	计算相关系数

7.2 数据集中趋势的度量

1. 算术平均值

算术平均值非常频繁地用于描述一组数据,即"平均值"。它被定义为观测的总和除以观测的个数:

$$\mu = \frac{1}{n}\sum_{i=1}^{n} x_i$$

$x_1, \cdots, x_n$ 是观测值。

```
# 导入两个常用的统计包
import scipy.stats as stats
import numpy as np
x1 = [1, 2, 2, 3, 4, 5, 5, 7]
x2 = x1 + [100]
print('x1 的平均值:', sum(x1), '/', len(x1), '=', np.mean(x1))
print('x2 的平均值:', sum(x2), '/', len(x2), '=', np.mean(x2))
x1 的平均值: 29 / 8 = 3.625
x2 的平均值: 129 / 9 = 14.333333333333334
```

2. 加权算术平均值

还可以定义一个加权算术平均值,加权算术平均值计算定义为: $\sum_{i=1}^{n} w_i x_i$ 。

其中, $\sum_{i=1}^{n} w_i = 1$ 。在通常的算术平均值计算中,对所有的 i 都有 $w_i = 1/n$, $\sum_{i=1}^{n} w_i = 1$ 。

3. 中位数

顾名思义,中位数是指当一组数据以递增或递减顺序排列时出现在数据中间位置的数字。当有奇数 n 个数据点时,中位数就是位置$(n + 1)/ 2$ 的值。当有偶数个数据点时,数据分成两半,中间位置没有任何数据点,所以将中位数定义为位置 $n / 2$ 和$(n + 2)/ 2$ 中的两个数值的平均值。

数据中位数不容易受极端数值的影响。

```
print('x1 的中位数:', np.median(x1))
print('x2 的中位数:', np.median(x2))
x1 的中位数: 3.5
x2 的中位数: 4.0
```

4. 众数

众数是数据集里出现次数最多的数据点。它可以应用于非数值数据,与平均值和中位数不同。

SciPy 具有内置的求众数功能，但它只返回一个值，即使两个值出现相同的次数，也只返回一个值。

```
print('One mode of x1:', stats.mode(x1)[0][0])
```

因此需要自定义一个求众数的函数。

```
def mode(l):
    # 统计列表中每个元素出现的次数
    counts = {}
    for e in l:
        if e in counts:
            counts[e] += 1
        else:
            counts[e] = 1

    # 返回出现次数最多的元素
    maxcount = 0
    modes = {}
    for (key, value) in counts.items():
        if value > maxcount:
            maxcount = value
            modes = {key}
        elif value == maxcount:
            modes.add(key)

    if maxcount > 1 or len(l) == 1:
        return list(modes)
    return 'No mode'
print('All of the modes of x1:', mode(x1))
One mode of x1: 2
All of the modes of x1: [2, 5]
```

可以看出，自定义的 mode 函数更加合理。

对于可能呈现不同数值的数据，如收益率，下面通过 mode 函数来统计各数据点的次数。

```
import scipy.stats as stats
import numpy as np
# 获取收益率数据并计算出 mode
start = '2014-01-01'
end = '2015-01-01'
pricing = D.history_data('000002.SZA', fields=['close'], start_date=start, end_date=end)['close']
returns = pricing.pct_change()[1:]
print('收益率众数:', stats.mode(returns))
# 由于所有的收益率都是不同的，所以使用频率分布来变相计算 mode
hist, bins = np.histogram(returns, 20) # 将数据分成 20 个 bin
maxfreq = max(hist)
# 找出哪个 bin 里面出现的数据点次数最大，这个 bin 就当作计算出来的 mode
print('Mode of bins:', [(bins[i], bins[i+1]) for i, j in enumerate(hist) if j == maxfreq])

收益率众数: ModeResult(mode=array([ 0.], dtype=float32), count=array([7]))
Mode of bins: [(-0.0030533790588378878, 0.0055080294609069907)]
```

由上面代码统计结果可知，在收益率数据中，很多数据点都不一样，因此计算众数的方式就显得不太合适。此时我们可以转化一下思路，不计算众数，而是将数据分成很多个组(bin)，然后通过找出数据点最多的组(bin)来代替收益率数据的众数(mode)。

5. 几何平均值

计算算术平均值时使用的是加法，但计算几何平均值要使用乘法：

$$G = \sqrt[n]{x_1 \cdots x_n}$$

该式等价于：

$$\ln G = \frac{1}{n}\sum_{i=1}^{n} \ln x_i$$

几何平均值总是小于或等于算术平均值(当使用非负观测值时)，当所有观测值都相同时，两者相等。

使用 SciPy 包中的 gmean 函数来计算几何平均值。

```
print('x1 几何平均值:', stats.gmean(x1))
print('x2 几何平均值:', stats.gmean(x2))
x1 几何平均值: 3.0941040249774403
x2 几何平均值: 4.552534587620071
```

如果在计算几何平均值的时候遇到负数的观测值，该怎么办呢？在资产收益率这个例子中其实很好解决，因为收益率最低为-1，可以通过+1 将其转化为正数。因此可以这样来计算几何收益率：

$$R_G = \sqrt[T]{(1+R_1)\cdots(1+R_T)} - 1$$

```
# 在每个元素上增加 1 来计算几何平均值
import scipy.stats as stats
import numpy as np
ratios = returns + np.ones(len(returns))
R_G = stats.gmean(ratios) - 1
print('收益率的几何平均值:', R_G)
收益率的几何平均值: 0.00249162454468
```

几何平均收益率是将单个期间的收益率相乘，然后开 n 次方，因此几何平均收益率使用了复利的思想，从而克服了算术平均收益率有时会出现的上偏倾向。来看下面的例子。

```
T = len(returns)
init_price = pricing[0]
final_price = pricing[T]
print('最初价格:', init_price)
print('最终价格:', final_price)
print('通过几何平均收益率计算的最终价格:', init_price*(1 + R_G)**T)
最初价格: 933.813
最终价格: 1713.82
通过几何平均收益率计算的最终价格: 1713.81465868
```

从上例可以看出，几何收益率的优势在于体现了复利的思想，若知道初始资金和几何收益率，很容易计算出最终资金。

6. 调和平均值

调和平均值(harmonic mean)又称倒数平均数，是总体各统计变量倒数的算术平均数的倒数，属于平均值的一种。

$$H = \frac{n}{\sum_{i=1}^{n} 1/x_i}$$

调和平均值恒小于等于算术平均值，当所有观测值相等的时候，两者相等。

应用：调和平均值可以用在相同距离但速度不同时，平均速度的计算。如一段路程，前半段时速 60 千米，后半段时速 30 千米(两段距离相等)，则其平均速度为两者的调和平均值时速 40 千米。在现实中很多地方需要使用调和平均值。

我们可以使用现成的函数来计算调和平均值。

```
print('x1 的调和平均值：', stats.hmean(x1))
print('x2 的调和平均值：', stats.hmean(x2))

x1 的调和平均值： 2.55902513328
x2 的调和平均值： 2.86972365624
```

7. 点估计的欺骗性

平均值的计算隐藏了大量的信息，因为它们将整个数据分布整合成一个数字。因此，使用"点估计"或使用一个数字的指标，往往具有欺骗性。我们应该小心地确保不会通过平均值来丢失数据分布的关键信息，在使用平均值的时候也应该保持警惕。

7.3　数据离散状况的度量

本节将讨论如何使用离散度来描述一组数据。

离散度能够更好地测量一个数据分布。这在金融方面尤其重要，因为风险的主要测量方法之一是看历史上收益率的数据分布特征，如果收益率紧挨着平均值，那么就不用特别担心风险；如果收益率的很多数据点远离平均值，那风险就不小。具有低离散度的数据围绕平均值聚集，而具有高离散度的数据表明有许多非常大和非常小的数据点。

先生成一个随机整数。

```
import numpy as np
np.random.seed(121)
# 生成 20 个小于 100 的随机整数
X = np.random.randint(100, size=20)
# Sort them
X = np.sort(X)
print('X: %s' %(X))
mu = np.mean(X)
print('X 的平均值：', mu)
X: [ 3  8 34 39 46 52 52 52 54 57 60 65 66 75 83 85 88 94 95 96]
X 的平均值： 60.2
```

1. Range(范围)

Range(范围)是数据集中最大值和最小值之间的差异。毫不奇怪，它对异常值非常敏感。下面使用 numpy 的 ptp 函数来计算 Range。

```
print('Range of X: %s' %(np.ptp(X)))
Range of X: 93
```

2. MAD(平均绝对偏差)

平均绝对偏差是数据点距离算术平均值的偏差。使用偏差的绝对值，使得比平均值大5的数据点和比平均值小5的数据点对MAD均贡献5，否则偏差总和为0。

$$\text{MAD} = \frac{\sum_{i=1}^{n}|X_i - \mu|}{n}$$

这里 n 是数据点的个数，μ 是其平均值。

```
abs_dispersion = [np.abs(mu - x) for x in X]
MAD = np.sum(abs_dispersion)/len(abs_dispersion)
print('X的平均绝对偏差:', MAD)
X的平均绝对偏差: 20.52
```

3. 方差和标准差

数据离散程度的度量最常用的指标就是方差和标准差。在金融市场更是如此，诺贝尔经济学奖得主马科维茨创造性地将投资的风险定义为收益率的方差，因此为现代金融工程的大厦作了坚实奠基。量化投资更是如此，对于风险的度量大多数是通过方差、标准差来完成的。

方差 σ^2 的定义如下：

$$\sigma^2 = \frac{\sum_{i=1}^{n}(X_i - \mu)^2}{n}$$

标准差的定义为方差的平方根：σ。标准差的运用更广泛，因为它和观测值在同一个数据维度，可以进行加减运算。

```
print('X的方差:', np.var(X))
print('X的标准差:', np.std(X))
X的方差: 670.16
X的标准差: 25.887448696231154
```

解释标准差的一种方式是切比雪夫不等式。它告诉我们，对于任意的值 $k(k>1)$，平均值的 k 个标准差(即在 k 倍标准偏差的距离内)的样本比例至少为 $1-1/k^2$。我们来检查一下这个定理是否正确。

```
k = 1.25 # 随便举的一个k值
dist = k*np.std(X)
l = [x for x in X if abs(x - mu) <= dist]
print('k值', k, '在k倍标准差距离内的样本为:', l)
print('验证', float(len(l))/len(X), '>', 1 - 1/k**2)
k值 1.25 在k倍标准差距离内的样本为: [34, 39, 46, 52, 52, 52, 54, 57, 60, 65, 66, 75, 83, 85, 88]
验证 0.75 > 0.36
```

4. 下偏方差和下偏标准差

虽然方差和标准差告诉我们收益率是如何波动的，但它们并不区分向上的偏差和向下的偏差。通常情况下，在金融市场投资中，我们更加担心向下的偏差，因此，下偏方差更多是在金融市场上的应用。

下偏方差是目标导向，认为只有负的收益才是投资真正的风险。下偏方差的定义与方差类似，唯一的区别在于下偏方差仅适用低于均值的收益率样本。

下偏方差的定义如下：

$$\frac{\sum_{X_i<\mu}(X_i-\mu)^2}{n_{\text{less}}}$$

这里 n_{less} 表示小于均值的数据样本的数量。

下偏标准差就是下偏方差的平方根。

```
lows = [e for e in X if e <= mu]
semivar = np.sum( (lows - mu) ** 2 ) / len(lows)
print('X 的下偏方差:', semivar)
print('X 的下偏标准差:', np.sqrt(semivar))
```

得到如下结果。

```
X 的下偏方差: 689.5127272727273
X 的下偏标准差: 26.258574357202395
```

5. 目标下偏方差

另外一个相关的是目标下偏方差，仅关注低于某一目标的样本，定义如下：

$$\frac{\sum_{X_i<B}(X_i-B)^2}{n_B}$$

目标下偏方差和目标下偏标准差的 Python 代码如下。

```
B = 19  # 目标为 19
lows_B = [e for e in X if e <= B]
semivar_B = sum(map(lambda x: (x - B)**2,lows_B))/len(lows_B)
print('X 的目标下偏方差:', semivar_B)
print('X 的目标下偏标准差:', np.sqrt(semivar_B))
```

得到如下结果。

```
X 的目标下偏方差: 188.5
X 的目标下偏标准差: 13.729530217745982
```

最后，需要提醒读者注意的是：所有这些计算将给出样本统计，即数据的标准差。这是否反映了目前真正的标准差呢？其实还需要作出更多努力来确定这一点，比如绘制出数据样本直方图、概率密度图等，这样能更全面地了解数据分布状况。因为所有的金融数据都是时间序列数据，平均值和方差可能随时间而变化。因此，金融数据方差、标准差有许多不同的技巧和微妙之处。

7.4 峰度、偏度与正态性检验

本节介绍峰度和偏度以及如何运用这两个统计指标进行数据的正态性检验。

峰度和偏度这两个统计指标在统计学上是非常重要的。在金融市场上，并不需要对其有深入了解，本节只是介绍一些相关知识，重点是让大家明白峰度、偏度是什么以及通过这两个指标如何做到数据的正态性检验。

之所以金融市场上正态性检验如此重要，是因为很多模型中数据都服从正态分布，因此我们在使用模型前应该对数据进行正态性检验，否则前面的假设都没有满足，模型预测结果没有意义。

先做好如下准备工作。

```
import matplotlib.pyplot as plt
import numpy as np
import scipy.stats as stats
```

有时候，平均值和方差不足以描述数据分布。计算方差时，对平均值的偏差进行了平方。在偏差很大的情况下，不确定它们是积极的还是消极的。这就涉及了分布的偏斜度和对称性。如果在一个分布中，均值的一侧是另一侧的镜子，则分布是对称的。例如，正态分布是对称的，平均值μ和标准差σ的正态分布定义为

$$f(x) = \frac{1}{\sigma\sqrt{5\pi}} e^{-\frac{(x-\mu)^2}{2\sigma^2}}$$

我们可以绘制图形来确认它是对称的：

```
xs = np.linspace(-6,6, 300)
normal = stats.norm.pdf(xs)
plt.plot(xs, normal);
```

得到如图 7-1 所示的图形。

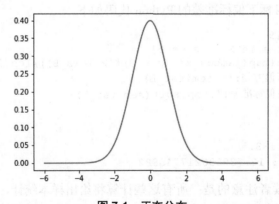

图 7-1 正态分布

1. 偏度

偏度是描述数据分布形态的一个常用的统计量，其描述的是某总体取值分布的对称性。这个统计量同样需要与正态分布相比较，偏度为 0 表示其数据分布形态与正态分布的偏斜程度相同；偏度大于 0 表示其数据分布形态与正态分布相比为正偏或右偏，即有一条长尾巴拖在右边，数据右端有较多的极端值；偏度小于 0 表示其数据分布形态与正态分布相比为负偏或左偏，即有一条长尾拖在左边，数据左端有较多的极端值。偏度的绝对值数值越大，表示其分布形态的偏斜程度越大。

例如，分布可以具有许多小的正数和几个大的负值，这种情况是偏度为负，但仍然具有 0 的平均值，反之亦然(正偏度)。 对称分布的偏度为 0。正偏度分布中，平均值>中值>众数。负偏度刚好相反，平均值<中位数<众数。在一个完全对称的分布中，即偏度为 0，此时，平均值=中位数=众数。

偏度的计算公式为

$$S_K = \frac{n}{(n-1)(n-2)} \frac{\sum_{i=1}^{n}(X_i - \mu)^3}{\sigma^3}$$

这里 n 表示所有的观测值的个数，μ 是平均值，σ 是标准差。

偏度的正负符号描述了数据分布的偏斜方向。

可以绘制一个正偏度和负偏度的分布，看看其形状。

对于单峰分布，负偏度通常表示尾部在左侧较大(长尾巴拖在左边)，而正偏度表示尾部在右侧较大(长尾巴拖在右边)。

```
# 产生数据
xs2 = np.linspace(stats.lognorm.ppf(0.01, .7, loc=-.1),
stats.lognorm.ppf(0.99, .7, loc=-.1), 150)

# 偏度>0
lognormal = stats.lognorm.pdf(xs2, .7)
plt.plot(xs2, lognormal, label='Skew > 0')

# 偏度<0
plt.plot(xs2, lognormal[::-1], label='Skew < 0')
plt.legend();
```

得到图 7-2 所示的图形。

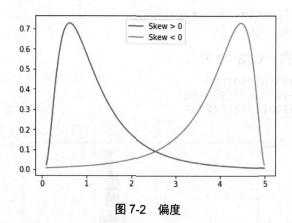

图 7-2 偏度

虽然在绘制离散数据集时，偏度不太明显，但仍然可以计算它。例如，下面是 2016—2018 年沪深 300 收益率的偏度、平均值和中位数的计算代码。

```
start = '2016-01-01'
end = '2018-01-01'
pricing = D.history_data('000300.SHA', start_date=start,
end_date=end)['close']
returns = pricing.pct_change()[1:]
```

```
print('Skew:', stats.skew(returns))
print('Mean:', np.mean(returns))
print('Median:', np.median(returns))
plt.hist(returns, 30);
```

得到如下结果。

```
Skew: -1.4877266883850098
Mean: 0.0003629975544754416
Median: 0.00079858303
```

或者脱离平台用如下代码。

```
from scipy import  stats
from pandas.core import datetools
import statsmodels.api as sm    # 统计相关的库
import numpy as np
import pandas as pd
import matplotlib.pyplot as plt
import tushare as ts       #财经数据接口包tushare
IndexData = ts.get_k_data(code='hs300',start='2016-01-01', end='2018-08-01')
IndexData.index = pd.to_datetime(IndexData.date)
close = IndexData.close
returns = np.log(close/close.shift(1))
returns=returns.dropna()
print('Skew:', stats.skew(returns))
print('Mean:', np.mean(returns))
print('Median:', np.median(returns))
plt.hist(returns, 30)
```

得到如下结果，图形如图7-3所示。

```
Skew: -1.3247292107840505
Mean: -1.0580794278824292e-05
Median: 0.0006900157410542774
```

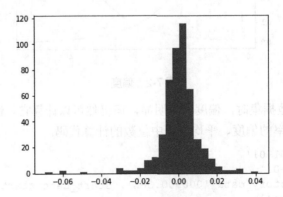

图7-3　偏度、平均值和中位数

沪深 300 日收益率数据从图形上可以看出(但不是很明显)，尾巴拖在了左侧，因此有点左偏，这和计算的偏度值为负(Skew=-1.49)刚好一致。

2. 峰度

峰度是描述总体中所有取值分布形态陡缓程度的统计量。这个统计量需要与正态分布相比较，峰度为 3 表示该总体数据分布与正态分布的陡缓程度相同；峰度大于 3 表示该总体数据分布与正态分布相比较陡峭，为尖顶峰；峰度小于 3 表示该总体数据分布与正态分布相比较为平坦，为平顶峰。峰度的绝对值数值越大，表示其分布形态的陡缓程度与正态分布的差异程度越大。

峰度的具体计算公式为

$$K = \frac{n(n+1)}{(n-1)(n-2)(n-3)} \frac{\sum_{i=1}^{n}(X_i-\mu)^4}{\sigma^4}$$

在 SciPy 中，使用峰度与正态分布峰度的差值来定义分布形态的陡缓程度——超额峰度，用 KE 表示：

$$\text{KE} = \frac{n(n+1)}{(n-1)(n-2)(n-3)} \frac{\sum_{i=1}^{n}(X_i-\mu)^4}{\sigma^4} - \frac{3(n-1)^2}{(n-2)(n-3)}$$

如果数据量很大，那么

$$\text{KE} \approx \frac{1}{n} \frac{\sum_{i=1}^{n}(X_i-\mu)^4}{\sigma^4} - 3$$

```
plt.plot(xs,stats.laplace.pdf(xs), label='Leptokurtic')
print('尖峰的超额峰度:', (stats.laplace.stats(moments='k')))
plt.plot(xs, normal, label='Mesokurtic (normal)')
print('正态分布超额峰度:', (stats.norm.stats(moments='k')))
plt.plot(xs,stats.cosine.pdf(xs), label='Platykurtic')
print('平峰超额峰度:', (stats.cosine.stats(moments='k')))
plt.legend();
```

得到如下结果。

尖峰的超额峰度：3.0
正态分布超额峰度：0.0
平峰超额峰度：-0.5937628755982794

下面以沪深 300 为例，使用 SciPy 包来计算沪深 300 日收益率的超额峰度。

```
print("沪深 300 的超额峰度: ", stats.kurtosis(returns))
```
沪深 300 的超额峰度：10.313874715180733

超额峰度绘图如图 7-4 所示。

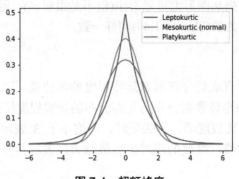

图 7-4 超额峰度

3. 使用 Jarque-Bera 的正态检验

Jarque-Bera 检验是一个通用的统计检验，可以比较样本数据是否具有与正态分布一样的偏度和峰度。Jarque-Bera 检验的零假设是数据服从正态分布，默认时 p 值为 0.05。

接着上面沪深 300 的例子来检验沪深 300 收益率数据是否服从正态分布。

```
from statsmodels.stats.stattools import jarque_bera
_, pvalue, _, _ = jarque_bera(returns)
if pvalue > 0.05:
    print('沪深300收益率数据服从正态分布.')
else:
    print('沪深300收益率数据并不服从正态分布.')
```

得到如下结果：

沪深 300 收益率数据并不服从正态分布。

7.5 异常数据处理

异常值问题在数据分析中经常遇到，本节将介绍多种处理数据异常值的方法。

在金融数据分析中，常常会遇到一些值过大或者过小的情况，当用这些值来构造其他特征的时候，可能使得其他的特征也是异常点，这将严重影响对金融数据的分析，或者是影响模型的训练。下面学习一些关于异常点处理的常用方法。

1. 固定比例法

这种方法非常容易理解，我们把上下 2%的值重新设置，若大于 99%分位数的数值，将其设置为 99%分位数值；若低于 1%分位数的数值，则将其重新设置为 1%分位数值。

2. 均值标准差法

这种想法的思路来自于正态分布，假设 $X \sim N(\mu, \sigma^2)$，那么：

$$P(|X-\mu| > k*\sigma) = \begin{cases} 0.317, & k=1 \\ 0.046, & k=2 \\ 0.003, & k=3 \end{cases}$$

通常把三倍标准差之外的值都视为异常值，不过要注意的是，样本均值和样本标准差都不是稳健统计量，其计算本身受极值的影响非常大，所以可能会出现一种情况，那就是从数据分布图上能非常明显地看到异常点，但按照上面的计算方法，这个异常点可能仍在均值三倍标准差范围内。因此按照这种方法剔除掉异常值后，需要重新观察数据的分布情况，看是否仍然存在显著异常点，若存在，则继续重复上述步骤寻找异常点。

3. MAD 法

MAD 法是对均值标准差方法的改进，把均值和标准差替换成稳健统计量，样本均值用样本中位数代替，样本标准差用样本 MAD(Median Absolute Deviation)代替：

$$\text{md} = \text{median}(x_i, \ i=1,2,\cdots,n)$$
$$\text{MAD} = \text{median}(|x_i - \text{md}|, \ i=1,2,\cdots,n)$$

一般将偏离中位数三倍以上的数据作为异常值，和均值标准差法相比，其中位数和 MAD 不受异常值的影响。

4. boxplot 法

我们知道箱线图上也会注明异常值，假设 Q_1 和 Q_3 分别为数据从小到大排列的 25%和 75%分位数，记 IQR=Q_1-Q_3，把 $(-\infty, Q_1 - 3*\text{IQR}) \cup (Q_3 + 3*\text{IQR}, +\infty)$ 区间里的数据标识为异常点。分位数也是稳健统计量，因此 boxplot 方法对极值不敏感，但如果样本数据正偏严重，且右尾分布明显偏厚时，boxplot 方法会把过多的数据划分为异常数据，因此 Hubert&Vandervieren(2007)对原有 boxplot 方法进行了偏度调整。首先样本偏度定义采用了 Brys(2004) 提出的 MedCouple 方法：

$$\text{md} = \text{median}(x_i, \ i=1,2,\cdots,n)$$
$$\text{mc} = \text{median}\left[\frac{(x_i - \text{md}) - (\text{md} - x_j)}{x_i - x_j}, \ x_i \geq \text{md}, \ x_j \leq \text{md}\right]$$

然后给出了经偏度调整 boxplot 方法上下限：

$$L = \begin{cases} Q_1 - 1.5*\exp(-3.5*\text{mc})*\text{IQR}, & \text{mc} \geq 0 \\ Q_1 - 1.5*\exp(-4*\text{mc})*\text{IQR}, & \text{mc} < 0 \end{cases}$$

$$U = \begin{cases} Q_3 + 1.5*\exp(4*\text{mc})*\text{IQR}, & \text{mc} \geq 0 \\ Q_3 + 1.5*\exp(3.5*\text{mc})*\text{IQR}, & \text{mc} < 0 \end{cases}$$

5. 异常数据的影响和识别

以 2017 年 4 月 21 日的 A 股所有股票的净资产收益率数据为例，这是一个横截面数据。

```
fields = ['fs_roe_0']
start_date = '2017-04-21'
end_date = '2017-04-21'
instruments = D.instruments(start_date, end_date)
roe = D.features(instruments, start_date, end_date, fields=fields)['fs_roe_0']
```

(1) 描述性统计。

```
print('均值：',roe.mean())
print('标准差：',roe.std())
```

```
roe.describe()
```

得到如下结果。

```
均值： 6.318794955342129
标准差： 21.524061060590586
count    2782.000000
mean        6.318795
std        21.524061
min      -190.077896
25%         1.918450
50%         5.625300
75%        10.413725
max       949.800476
Name: fs_roe_0, dtype: float64
```

可以看出，接近 2 800 家公司的股权收益率的平均值为 6.32，标准差为 21.52，最大值为 949.8，最小值为-190.08。

(2) 绘制直方图。

```
roe.hist(bins=100)
```

得到图 7-5 所示的图形。

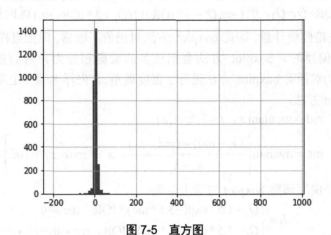

图 7-5　直方图

四种关于异常值处理的方法如下。

1) 固定比例法

```
roe = D.features(instruments, start_date, end_date, fields=fields)['fs_roe_0']
roe[roe >= roe.quantile(0.99)] = roe.quantile(0.99)
roe[roe <= roe.quantile(0.01)] = roe.quantile(0.01)
print('均值：',roe.mean())
print('标准差：',roe.std())
roe.hist(bins=100)
均值： 6.284804923675365
标准差： 8.226735672980485
```

得到图形如图 7-6 所示。

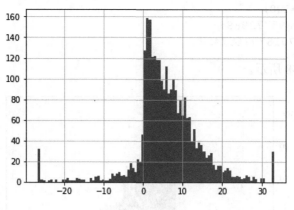

图 7-6　直方图

2) 均值标准差方法

通常把三倍标准差之外的值都视为异常值，然后将这些异常值重新赋值。

```
roe = D.features(instruments, start_date, end_date, fields=fields)['fs_roe_0']
roe[roe >= roe.mean() + 3*roe.std()] = roe.mean() + 3*roe.std()
roe[roe <= roe.mean() - 3*roe.std()] = roe.mean() - 3*roe.std()
print('均值：',roe.mean())
print('标准差：',roe.std())
roe.hist(bins=100)
均值：6.377399763114386
标准差：8.908700726872697
```

得到图形如图 7-7 所示。

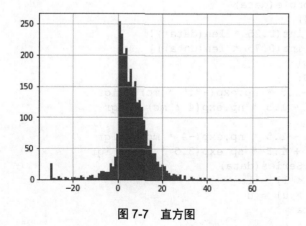

图 7-7　直方图

3) MAD 方法

```
roe = D.features(instruments, start_date, end_date,
fields=fields)['fs_roe_0']
roe = roe.dropna()
median = np.median(list(roe))
MAD = np.mean(abs(roe) - median)
roe = roe[abs(roe-median)/MAD <=6]  # 剔除偏离中位数 6 倍以上的数据
print('均值：',roe.mean())
print('标准差：',roe.std())
```

```
roe.hist(bins=100)
均值： 6.377008957729898
标准差： 5.919701879745745
```

得到图形如图7-8所示。

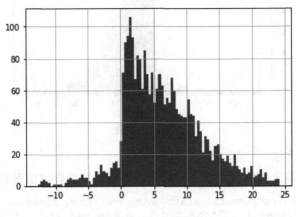

图7-8 直方图

4) boxplot法

```
from statsmodels.stats.stattools import medcouple
roe = D.features(instruments, start_date, end_date, fields=fields)['fs_roe_0']
roe = roe.dropna()
def boxplot(data):
    #mc 可以使用 statsmodels 包中的 medcouple 函数直接进行计算
    mc = medcouple(data)
    data.sort()
    q1 = data[int(0.25 * len(data))]
    q3 = data[int(0.75 * len(data))]
    iqr = q3-q1
    if mc >= 0:
        l = q1-1.5 * np.exp(-3.5 * mc) * iqr
        u = q3 + 1.5 * np.exp(4 * mc) * iqr
    else:
        l = q1 - 1.5 * np.exp(-4 * mc) * iqr
        u = q3 + 1.5 * np.exp(3.5 * mc) * iqr
    data = pd.Series(data)
    data[data < l] = l
    data[data > u] = u
    return data

print('均值',boxplot(list(roe)).mean())
print('标准差',boxplot(list(roe)).std())
boxplot(list(roe)).hist(bins=100)
均值 6.730327574702665
标准差 7.026104852061193
```

得到图形如图7-9所示。

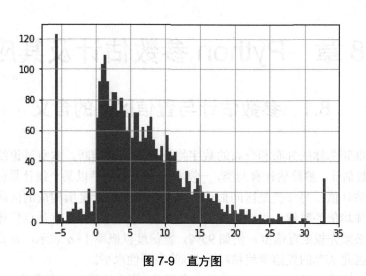

图 7-9 直方图

练 习 题

对本章例题的数据，使用 Python 重新操作一遍。

第 8 章 Python 参数估计及其应用

8.1 参数估计与置信区间的含义

根据样本推断总体的分布和分布的数字特征称为统计推断。本章讨论统计推断一个基本问题——参数估计。参数估计有两类,一类是点估计,就是以某个统计量的样本观察值作为未知参数的估计值;另一类是区间估计,就是用两个统计量所构成的区间来估计未知参数。在估计总体均值的时候,用样本均值作为总体均值的估计,就是点估计。在作置信区间估计之前,必须先规定置信度,例如 95%。置信度以概率 $1-\alpha$ 表示,α 是假设检验里的显著性水平,因此 95% 的置信度就相对于 5% 的显著性水平。

置信区间估计的一般公式为:点估计 ± 关键值 × 样本均值的标准误差,即

$$\bar{x} \pm z_{\alpha/2} \times s/\sqrt{n}$$

以显著性水平 α 作双尾检验的关键值。关键值可以选择 z 关键值或 t 关键值,具体选择标准见表 8-1。

表 8-1 z 关键值与 t 关键值选择

	正态总体 $n<30$	$n\geqslant 30$
已知总体方差	z	z
未知总体方差	t	t 或 z

假设一位投资分析师从股权基金中选取了一个随机样本,并计算出了平均的夏普比率。样本的容量为 100,平均的夏普比率为 0.45,标准差为 0.30。利用一个基于标准正态分布的临界值,计算并解释所有股权基金总体均值的 90% 置信区间。90% 置信区间的临界值为 $z_{0.05}=1.65$,故置信区间为 $\bar{x}\pm z_{0.05}\dfrac{s}{\sqrt{n}}=0.45\pm 1.65\dfrac{0.30}{\sqrt{100}}$,即 $0.400\,5\sim 0.449\,5$,分析师可以说有 90% 的信心认为这个区间包含了总体均值。

8.2 Python 点估计

由大数定律可知,如果总体 X 的 k 阶矩存在,则样本的 k 阶矩以概率收敛到总体的 k 阶矩,样本矩的连续函数收敛到总体矩的连续函数。这就启发我们可以用样本矩作为总体矩的估计量,这种用相应的样本矩去估计总体矩的估计方法称为矩估计法。

设 $X_1,\cdots,X_n$ 为来自某总体的一个样本,样本的 k 阶原点矩为

$$A_k=\frac{1}{n}\sum_{i=1}^{n}X_i^k,\ k=1,2,\cdots$$

如果总体 X 的 k 阶原点矩 $\mu_k=E(X^k)$ 存在,则按矩法估计的思想,用 A_k 去估计 $\mu_k:\hat{\mu}_k=A_k$。

设总体 X 的分布函数含有 k 个未知参数 $\theta=(\theta_1,\cdots,\theta_k)$，$j=1,2,\cdots,k$，且分布的前 k 阶矩存在，它们都是 $\theta_1,\cdots,\theta_k$ 的函数，此时求 $\theta_j(j=1,2,\cdots,k)$ 的矩估计的步骤如下：

(1) 求出 $E(X^j)=\mu_j$，$j=1,2,\cdots,k$，并假定

$$\mu_j=g_j(\theta_1,\cdots,\theta_k),\ j=1,2,\cdots,k \tag{8-1}$$

(2) 解方程(8-1)得到

$$\theta_i=h_i(\mu_1,\cdots,\mu_k),\ i=1,2,\cdots,k \tag{8-2}$$

(3) 在式(8-2)中用 A_j 代替 μ_j，$j=1,2,\cdots,k$，即得 $\theta=(\theta_1,\cdots,\theta_k)$ 的矩估计：

$$\hat{\theta}_i=h_i(A_1,\cdots,A_k),\ i=1,2,\cdots,k \tag{8-3}$$

若有样本观察值 $x_1,\cdots,x_n$，代入式(8-3)即可得到 $\theta=(\theta_1,\cdots,\theta_k)$ 的估计值。

由于函数 g_j 的表达式不同，求解上述方程或方程组会相当困难，这时需要应用迭代算法进行数值求解。但并没有固定的 R 语言程序可以直接估计 θ，只能利用 R 的计算功能根据具体问题编写相应的 R 程序，下面看一个例子。

例 8-1：设 $X_1,\cdots,X_n$ 为来自 $b(1,\theta)$ 的一个样本，θ 表示某事件成功的概率，通常事件的成败机会比 $g(\theta)=\theta/(1-\theta)$ 是人们感兴趣的参数，可以利用矩估计轻松给出 $g(\theta)$ 一个很不错的估计。因为 θ 是总体均值，由矩估计法，记 $\bar{X}=\dfrac{1}{n}\sum_{i=1}^{n}X_i$，则 $h(\bar{X})=\dfrac{\bar{X}}{1-\bar{X}}$ 是 $g(\theta)$ 的一个矩估计。

例 8-2：对某个篮球运动员记录其在某一次比赛中投篮命中与否，观测数据如下：
1 1 0 1 0 0 1 0 1 1 1 0 1 1 0 1
0 0 1 0 1 0 1 0 0 1 1 0 1 1 0 1

编写 Python 程序估计这个篮球运动员投篮的成败比。

```
import numpy as np
x=[1,1,0,1,0,0,1,0,1,1,1,0,1,1,0,1,0,0,1,0,1,0,1,0,0,1,1,0,1,1,0,1]
theta=np.mean(x)
h=theta/(1-theta)
print('h=',h)
h= 1.2857142857142858
```

得到 $g(\theta)$ 的矩估计为 $h=1.285\,714\,285\,714\,285\,8$。

8.3　Python 单正态总体均值区间估计

上一节讨论了点估计，由于点估计值只是估计量的一个近似值，因而点估计本身既没有反映出这种近似值的精度，即指出用估计值去估计的误差范围有多大，也没有指出这个误差范围以多大的概率包括未知参数，这正是区间估计要解决的问题。本节讨论单正态总体均值的区间估计问题。

1. 方差 $\sigma_0=\sigma$ 已知时 μ 的置信区间

设来自正态总体 $N(\mu,\sigma^2)$ 的随机样本和样本值记为 $X_1,X_2,\cdots,X_n$，样本均值 $\bar{X}$ 是总体均值 μ 的一个很好的估计量，利用 $\bar{X}$ 的分布，可以得出总体均值 μ 的置信度为 $1-\alpha$ 的置信

区间(通常取 $\alpha=0.05$)。

由于 $\bar{X} \sim N(\mu,\sigma^2)$，因此有 $Z = \dfrac{\bar{X}-\mu}{\sigma/\sqrt{n}} \sim N(0,1)$。

由 $P(-z_{1-\alpha/2} < Z < z_{1-\alpha/2}) = 1-\alpha$，即得 $P\left(\bar{X} - \dfrac{\sigma}{\sqrt{n}}z_{1-\alpha/2} < \mu < \bar{X} + \dfrac{\sigma}{\sqrt{n}}z_{1-\alpha/2}\right) = 1-\alpha$。

所以对于单个正态总体 $N(\mu,\sigma^2)$，当 $\sigma_0 = \sigma$ 已知时，μ 的置信度为 $1-\alpha$ 的置信区间为

$$\left(\bar{X} - \dfrac{\sigma}{\sqrt{n}}z_{1-\alpha/2},\ \bar{X} + \dfrac{\sigma}{\sqrt{n}}z_{1-\alpha/2}\right)。$$

同理可求得 μ 的置信度为 $1-\alpha$ 的置信上限为 $\bar{X} + \dfrac{\sigma}{\sqrt{n}}z_{1-\alpha}$。

μ 的置信度为 $1-\alpha$ 的置信下限为 $\bar{X} - \dfrac{\sigma}{\sqrt{n}}z_{1-\alpha}$。

例 8-3：某车间生产的滚珠直径 x 服从正态分布 $N(\mu,0.6)$。现从某天的产品中抽取 6 个样本，测得直径如下(单位：mm)：14.6，15.1，14.9，14.8，15.2，15.1。

试求平均直径置信度为 95% 的置信区间。

解：置信度 $1-\alpha=0.95$，$\alpha=0.05$，$\alpha/2=0.025$，查表可得 $Z_{0.025}=1.96$，又由样本值得 $\bar{x}=14.95$，$n=6$，$\sigma=\sqrt{0.6}$。由上式有：

置信下限 $\bar{x} - Z_{1-\alpha/2}\dfrac{\sigma_0}{\sqrt{n}} = 14.95 - 1.96 \times \sqrt{\dfrac{0.6}{6}} = 14.330\ 2$

置信上限 $\bar{x} + Z_{1-\alpha/2}\dfrac{\sigma_0}{\sqrt{n}} = 14.95 + 1.96 \times \sqrt{\dfrac{0.6}{6}} = 15.569\ 8$

所以均值的置信区间为 (14.330 2, 15.569 8)。

为此，编写的 Python 程序如下：

```
import numpy as np
import scipy.stats as ss
n = 6; p = 0.025; sigma = np.sqrt(0.6)
x=[14.6,15.1,14.9,14.8,15.2,15.1]
xbar=np.mean(x)
low = xbar - ss.norm.ppf(q = 1 - p) * (sigma / np.sqrt(n))
up = xbar + ss.norm.ppf(q = 1 - p) * (sigma / np.sqrt(n))
print ('low=',low)
print ('up=',up)
```

得到如下结果。

```
low= 14.330204967695439
up= 15.569795032304564
```

2. 方差 σ^2 未知时 μ 的置信区间

由于 $Z = \dfrac{\bar{X}-\mu}{\sigma/\sqrt{n}} \sim N(0,1)$，$\dfrac{(n-1)S^2}{\sigma^2} \sim \chi^2(n-1)$，且二者独立，所以有 $T = \dfrac{\bar{X}-\mu}{S/\sqrt{n}} \sim t(n-1)$。

同样由 $P(-t_{1-\alpha/2}(n-1) < T < t_{1-\alpha/2}(n-1)) = 1-\alpha$ 得到

$$P\left(\bar{X} - \dfrac{S}{\sqrt{n}}t_{1-\alpha/2}(n-1) < \mu < \bar{X} + \dfrac{S}{\sqrt{n}}t_{1-\alpha/2}(n-1)\right) = 1-\alpha$$

所以方差 σ^2 未知时 μ 的置信度为 $1-\alpha$ 的置信区间为

$$(\overline{X}-\frac{S}{\sqrt{n}}t_{1-\alpha/2}(n-1),\overline{X}+\frac{S}{\sqrt{n}}t_{1-\alpha/2}(n-1))$$

其中，$t_p(n)$ 为自由度为 n 的 t 分布的下侧 p 分位数。

同理，可求得 μ 的置信度为 $1-\alpha$ 的置信上限为 $\overline{X}+\frac{S}{\sqrt{n}}t_{1-\alpha}(n-1)$。

μ 的置信度为 $1-\alpha$ 的置信下限为 $\overline{X}-\frac{S}{\sqrt{n}}t_{1-\alpha}(n-1)$。

$$S=\sqrt{\frac{1}{n-1}\sum_{i=1}^{n}(X_i-\overline{X})^2}$$

例 8-4： 某糖厂自动包装机装糖，设各包重量服从正态分布 $N(\mu,\sigma^2)$。某日开工后测得 9 包重量为(单位：kg)：99.3，98.7，100.5，101.2，98.3，99.7，99.5，102.1，100.5。试求 μ 的置信度为 95% 的置信区间。

解：置信度 $1-\mu=0.95$，查表得 $t_{1-\alpha/2}(n-1)=t_{0.025}(8)=2.306$。由样本值算 $\overline{x}=99.978$，$s^2=1.47$，故：

置信下限 $\overline{x}-t_{1-\alpha/2}(n-1)\frac{s}{\sqrt{n}}=99.978-2.306\times\sqrt{\frac{1.47}{9}}=99.046$；

置信上限 $\overline{x}+t_{1-\alpha/2}(n-1)\frac{s}{\sqrt{n}}=99.978+2.306\times\sqrt{\frac{1.47}{9}}=100.91$。

所以 μ 的置信度为 95% 的置信区间为 (99.046,100.91)。

为此，编制 Python 程序如下。

```
import numpy as np
import scipy.stats as ss
from scipy.stats import t
n = 9; p = 0.025; s = np.sqrt(1.47)
x=[99.3,98.7,100.5,101.2,98.3,99.7,99.5,102.1,100.5]
xbar=np.mean(x)
low = xbar - ss.t.ppf(1-p,n-1) * (s / np.sqrt(n))
up = xbar + ss.t.ppf(1-p,n-1) * (s / np.sqrt(n))
print ('low=',low)
print ('up=',up)
```

得到如下结果。

```
low= 99.04581730209804
up= 100.9097382534575
```

8.4 Python 单正态总体方差区间估计

此时虽然可以就均值是否已知分两种情况讨论方差的区间估计，但在实际中 μ 已知的情形是极罕见的，所以只讨论在 μ 未知的条件下方差 σ^2 的置信区间。

由于 $\chi^2=(n-1)S^2/\sigma^2 \sim \chi^2(n-1)$，所以由 $P(\chi^2_{\alpha/2}(n-1)<\frac{(n-1)S^2}{\sigma^2}<\chi^2_{1-\alpha/2}(n-1))=1-\alpha$，

可以得出 σ^2 的置信水平为 $1-\alpha$ 的置信区间：

$$\left(\frac{(n-1)S^2}{\chi^2_{\alpha/2}(n-1)}, \frac{(n-1)S^2}{\chi^2_{1-\alpha/2}(n-1)}\right)$$

例 8-5：从某车间加工的同类零件中抽取了 16 件样本，测得样本零件的平均长度为 12.8cm，方差为 0.002 3。假设零件的长度服从正态分布，试求总体方差及标准差的置信区间(置信度为 95%)。

解：已知：$n=16$，$S^2=0.0023$，$1-\alpha=0.95$，

查表得

$$\chi^2_{1-\alpha/2}(n-1) = \chi^2_{0.975}(15) = 6.262$$

$$\chi^2_{\alpha/2}(n-1) = \chi^2_{0.025}(15) = 27.488$$

代入数据，可算得所求的总体方差的置信区间为(0.0013,0.0055)，总体标准差的置信区间为(0.0354,0.0742)。

为此，编制 Python 程序如下。

```
from scipy.stats import chi2
n=16;sq=0.0023;p=0.025
low = ((n-1)*sq)/ chi2.ppf(1-p, n-1)
up = ((n-1)*sq)/ chi2.ppf(p, n-1)
print ('low=',low)
print ('up=',up)
```

得到如下结果。

```
low= 0.0012550751937877682
up= 0.005509300678006194
```

由运行显示可知总体方差的区间估计为

(0.0012550751937877682,0.005509300678006194)

8.5 Python 双正态总体均值差区间估计

本节讨论两个正态总体均值差的区间估计问题。

1. 两方差已知时两均值差的置信区间

假设 σ_1^2、σ_2^2 都已知，要求 $\mu_1-\mu_2$ 置信水平为 $1-\alpha$ 的置信区间。

由于 $\bar{X} \sim N(\mu_1, \sigma_1^2)$，$\bar{Y} \sim N(\mu_2, \sigma_2^2)$，且两者独立，得到

$$\bar{X}-\bar{Y} \sim N(\mu_1-\mu_2, \sigma_1^2/n_1+\sigma_2^2/n_2)$$

因此有 $Z = \dfrac{(\bar{X}-\bar{Y})-(\mu_1-\mu_2)}{\sqrt{\sigma_1^2/n_1+\sigma_2^2/n_2}} \sim N(0,1)$。

由 $P(-z_{1-\alpha/2} < Z < z_{1-\alpha/2}) = 1-\alpha$ 得

$$P(\bar{X}-\bar{Y}-z_{1-\alpha/2}\sqrt{\sigma_1^2/n_1+\sigma_2^2/n_2} < \mu_1-\mu_2 < \bar{X}-\bar{Y}+z_{1-\alpha/2}\sqrt{\sigma_1^2/n_1+\sigma_2^2/n_2}) = 1-\alpha$$

所以两均值差的置信区间为

$$\left(\overline{X}-\overline{Y}-z_{1-\alpha/2}\sqrt{\sigma_1^2/n_1+\sigma_2^2/n_2},\overline{X}-\overline{Y}+z_{1-\alpha/2}\sqrt{\sigma_1^2/n_1+\sigma_2^2/n_2}\right)$$

同理可求得两均值差的置信度为 $1-\alpha$ 的置信上限为 $\overline{X}-\overline{Y}+z_{1-\alpha}\sqrt{\sigma_1^2/n_1+\sigma_2^2/n_2}$，两均值差的置信度为 $1-\alpha$ 的置信下限为 $\overline{X}-\overline{Y}-z_{1-\alpha}\sqrt{\sigma_1^2/n_1+\sigma_2^2/n_2}$。

下面看一个例子。

例 8-6：为比较两种农产品的产量，选择 18 块条件相似的试验田，采用相同的耕作方法做试验。播种甲品种的 8 块试验田的单位面积产量和播种乙品种的 10 块试验田的单位面积产量分别见表 8-2。

表 8-2 两种农产品的产量

单位：斤

产品	单位面积产量
甲品种	628 583 510 554 612 523 530 615
乙品种	535 433 398 470 567 480 498 560 503 426

假定每个品种的单位面积产量均服从正态分布，甲品种产量的方差为 2 140，乙品种产量的方差为 3 250，试求这两个品种平均面积产量差的置信区间（取 α =0.05）。

为此，编制 Python 程序如下。

```
import numpy as np
import scipy.stats as ss
x=[628,583,510,554,612,523,530,615]
y=[535,433,398,470,567,480,498,560,503,426]
n1=len(x);n2=len(y)
xbar=np.mean(x);ybar=np.mean(y)
sigmaq1=2140;sigmaq2=3250;p = 0.025
low = xbar - ybar-ss.norm.ppf(q = 1 - p) * np.sqrt(sigmaq1/n1+sigmaq2/n2)
up = xbar - ybar+ss.norm.ppf(q = 1 - p) * np.sqrt(sigmaq1/n1+sigmaq2/n2)
print ('low=',low)
print ('up=',up)
```

得到如下结果。

```
low= 34.66688380095825
up= 130.08311619904174
```

2. 两方差都未知时两均值的置信区间

设两方差均未知，但 $\sigma_1^2=\sigma_2^2=\sigma^2$，此时由于 $Z=\dfrac{\overline{X}-\overline{Y}-(\mu_1-\mu_2)}{\sqrt{\sigma_1^2/n_1+\sigma_2^2/n_2}}\sim N(0,1)$ 和 $\dfrac{(n_1-1)S_1^2}{\sigma^2}\sim\chi^2(n_1-1)$，$\dfrac{(n_2-1)S_2^2}{\sigma^2}\sim\chi^2(n_2-1)$，所以 $\dfrac{(n_1-1)S_1^2}{\sigma^2}+\dfrac{(n_2-1)S_2^2}{\sigma^2}\sim\chi^2(n_1+n_2-2)$。

由此可得

$$T=\dfrac{\overline{X}-\overline{Y}-(\mu_1-\mu_2)}{\sqrt{(1/n_1+1/n_2)\,S^2}}\sim t(n_1-n_2-2)$$

其中 $S^2=\dfrac{(n_1-1)S_1^2+(n_2-1)S_2^2}{(n_1-1)+(n_2-1)}$。

同样由 $P(-t_{1-\alpha/2}(n_1+n_2-2)<T<t_{1-\alpha/2}(n_1+n_2-2))=1-\alpha$，解不等式即得两均值差的置

信水平为 $1-\alpha$ 的置信区间。

$$(\bar{X}-\bar{Y}\pm t_{1-\alpha/2}(n_1+n_2-2)\sqrt{(1/n_1+1/n_2)\ S^2})$$

同理可求得两均值差的置信度为 $1-\alpha$ 的置信上限为

$$(\bar{X}-\bar{Y}+ t_{1-\alpha/2}(n_1+n_2-2)\sqrt{(1/n_1+1/n_2)\ S^2})$$

两均值差的置信度为 $1-\alpha$ 的置信下限为

$$(\bar{X}-\bar{Y}- t_{1-\alpha/2}(n_1+n_2-2)\sqrt{(1/n_1+1/n_2)\ S^2})$$

例 8-7：在例 8-4 中，如果不知道两种品种产量的方差，但已知两者相同，求置信区间。为此，编制 Python 程序如下。

```
import numpy as np
import scipy.stats as ss
x=[628,583,510,554,612,523,530,615]
y=[535,433,398,470,567,480,498,560,503,426]
n1=1.0*len(x);n2=1.0*len(y)      #转为小数
s1=np.var(x);s2=np.var(y)
xbar=np.mean(x);ybar=np.mean(y)
p = 0.025
sq=((n1-1)*s1+(n2-1)*s2)/(n1-1+n2-1)
low = xbar - ybar-ss.t.ppf(1-p,n1+n2-2)*np.sqrt(sq*(1/n1+1/n2))
up = xbar - ybar+ss.t.ppf(1-p,n1+n2-2)*np.sqrt(sq*(1/n1+1/n2))
print ('low=',low)
print ('up=',up)
```

得到如下结果。

```
low= 32.42092781838556
up= 132.32907218161444
```

可见，这两个品种的单位面积产量之差的置信水平为 0.95 的置信区间为

```
(32.42092781838556,132.32907218161444)
```

8.6 Python 双正态总体方差比区间估计

此时虽然可以就均值是否已知分两种情况讨论方差的区间估计，但在实际中 μ 已知的情形是极罕见的，所以只讨论在 μ 未知的条件下方差 σ^2 的置信区间。

由于 $(n_1-1)S_1^2/\sigma^2 \sim \chi^2(n_1-1)$，$(n_2-1)S_2^2/\sigma^2 \sim \chi^2(n_2-1)$，且 S_1^2 与 S_2^2 相互独立，故

$$F = (S_1^2/\sigma_1^2)/(S_2^2/\sigma_2^2) \sim F(n_1-1, n_2-1)$$

所以对于给定的置信水平 $1-\alpha$，由

$$P(F_{\alpha/2}(n_1-1,n_2-1) < (S_1^2/\sigma_1^2)/(S_2^2/\sigma_2^2) < F_{1-\alpha/2}(n_1-1,n_2-1)) = 1-\alpha$$

就可以得出两方差比的置信水平为 $1-\alpha$ 的置信区间

$$\left[\frac{S_1^2}{S_2^2}\frac{1}{F_{1-\alpha/2}(n_1-1,n_2-1)}, \frac{S_1^2}{S_2^2}\frac{1}{F_{\alpha/2}(n_1-1,n_2-1)}\right]$$

其中 $F_p(m,n)$ 为自由度为 (m,n) 的 F 分布的下侧 p 分位数。

例 8-8：甲、乙两台机床分别加工某种轴承，轴承的直径分别服从正态分布 $N(\mu_1,\sigma_1^2)$，$N(\mu_2,\sigma_2^2)$，

从两台机床加工的轴承中分别抽取若干个轴承测其直径，结果见表 8-3。

表 8-3 机床轴承直径

单位：毫米

总 体	样本容量	直 径
X(机床甲)	8	20.5,19.8,19.7,20.4,20.1,20.0,19.0,19.9
X(机床乙)	7	20.7,19.8,19.5,20.8,20.4,19.6,20.2

试求两台机床加工轴承直径方差比的 0.95 的置信区间。

```
import numpy as np
from scipy.stats import f
x=[20.5,19.8,19.7,20.4,20.1,20.0,19.0,19.9]
y=[20.7,19.8,19.5,20.8,20.4,19.6,20.2]
sq1=np.var(x);sq2=np.var(y)
n1=8;n2=7;p=0.025
f.ppf(0.025, n1-1, n2-1)
low = sq1/sq2*1/f.ppf(1-p, n1-1, n2-1)
up = sq1/sq2*1/f.ppf(p, n1-1, n2-1)
print ('low=',low)
print ('up=',up)
low= 0.1421688673708112
up= 4.144622814076891
```

由上面的代码运行显示可见，两台机床加工轴承直径方差比的 0.95 置信区间为 (0.1421688673708112,4.144622814076891)。

练 习 题

对本章例题，使用 Python 重新操作一遍。

第 9 章 Python 参数假设检验

参数假设检验是指对参数的平均值、方差、比率等特征进行的统计检验。参数假设检验一般假设统计总体的具体分布是已知的,但是其中一些参数或者取值范围不确定,分析的主要目的是估计这些未知参数的取值,或者对这些参数进行假设检验。参数假设检验不仅能够对总体的特征参数进行推断,还能够对两个或多个总体的参数进行比较。常用的参数假设检验包括单一样本 t 检验、两个总体均值差异的假设检验、总体方差的假设检验、总体比率的假设检验等。本章先介绍假设检验的基本理论,然后通过实例来说明 Python 语言在参数假设检验中的具体应用。

9.1 参数假设检验的基本理论

9.1.1 p-value 决策

下面给出相关的内容介绍来帮助理解 p-value 的概念。

1. 抛硬币

随机抛硬币,如果硬币的质量是均匀分布的,通常称为公平的硬币(fair coin),那么正面和反面出现的概率均是 1/2。

2. p-value 的概念

抛一个硬币若干次,根据结果来判断硬币是否公平。
情况 0:硬币公平。
情况 1:硬币不公平。
通常,情况 0 是没有意外情况发生,而情况 1 是有意外情况发生。
p-value 就是假设:在情况 0 为真时观测结果发生的概率,即硬币公平时观测结果发生的概率。

3. 做试验:p-value

牢记:p-value 就是硬币公平时观测结果发生的概率。
第 1 次硬币是反面,p-value 值见如表 9-1。

表 9-1 第 1 次硬币是反面的概率

次 数	观测结果	p-value
1	反面	50%

当硬币公平时,丢 1 次出现反面有 50 的概率。
第 2 次硬币又是反面,p-value 值见表 9-2。

第 9 章　Python 参数假设检验

表 9-2　第 2 次硬币是反面的概率

次　数	观测结果	p-value
1	反面	50%
2	反面	25%

当硬币公平时，丢 2 次出现反面有 25%的概率（$(50\%)^2 = 25\%$）。

第 3 次硬币又是反面，p-value 值见表 9-3。

表 9-3　第 3 次硬币是反面的概率

次　数	观测结果	p-value
1	反面	50%
2	反面	25%
3	反面	12.5%

当硬币公平时，丢 3 次出现反面有 12.5%的概率（$(50\%)^3 = 12.5\%$）。

第 4 次硬币又是反面，p-value 值见表 9-4。

表 9-4　第 4 次硬币是反面的概率

次　数	观测结果	p-value
1	反面	50%
2	反面	25%
3	反面	12.5%
4	反面	6.25%

当硬币公平时，丢 4 次出现反面只有 6.25%的概率（$(50\%)^4 = 6.25\%$）。

第 5 次硬币又是反面，p-value 值见表 9-5。

表 9-5　第 5 次硬币是反面的概率

次　数	观测结果	p-value
1	反面	50%
2	反面	25%
3	反面	12.5%
4	反面	6.25%
5	反面	3.125%

当硬币公平时，丢 5 次出现反面只有 3.125%的概率（$(50\%)^5 = 3.125\%$）。

这里实际上就是用了一个两边都是反面的硬币来做试验的。

4. 回顾一下

回顾：p-value 就是硬币公平时观测结果发生的概率。

丢了 5 次硬币都是反面，如果硬币公平，计算出来的 p-value 是 3.125%，非常不可能在硬币公平时随机发生。因此我们改变原先的假设，认为硬币公平是不成立的，进而认为硬币不公平。

要推翻硬币公平的假设，还需要一个基准，统计上叫作显著性水平，这里把它叫作"搞笑阈值"。若 p-value 小于这个"搞笑阈值",那原假设明显就搞笑了。

5. 总结

将上面的描述进行总结,见表 9-6。

表 9-6 比较现实决策和统计决策

现实决策	严谨统计决策
情况 0	无效假设
情况 1	备择假设
搞笑阈值	显著性水平
判断硬币是否公平	假设检验

在现实中,永远不可能 100%地确定假设的真假,因为假设检验的总体参数(population parameter)不可能在总体上做试验,只可能在样本上做试验,只能通过计算样本统计(sample statistics)来判断假设的真假。

就像丢硬币试验一样,只要不给你看硬币,你就不可能 100% 确认这是个不公平的硬币。但是通过做试验(收集一系列样本观测结果),计算 p-value,当 p-value 小于设定好的足够小的"搞笑阈值"的时候,你就有充足信心认为硬币是不公平的,当然,也有可能(possible)会错,但概率比较小!

9.1.2 假设检验

1. 问题的提出

从字面上看,假设检验(hypothesis testing)由"假设"和"检验"组成(假设 + 检验)。假设是基于总体参数,而检验是在样本上完成。

例如,调查中国成年男性平均身高,全国的成年男性就是总体,每个成年男性是个体。普查所有成年男性的金钱花费和时间成本都太高,通常我们会抽取若干成年男性作为样本,而计算样本里成年男性平均身高作为总体里所有成年男性平均身高的推断,如图 9-1 所示。

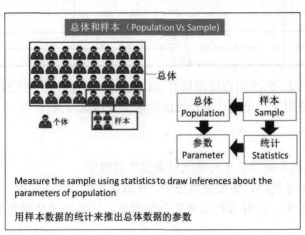

图 9-1 总体和样本

现在来检验一下这个问题：根据 2010 年的统计，中国所有成年男性平均身高为 1.72m，在 2020 年他们是否平均长高了？

2. 无效假设(H0)与备择假设(HA)

要检验某种观点(还不知真伪)，需要创建两个互相排斥的假设，它们是：
无效假设(null hypothesis)，用 H0 表示，发音为 H0；
备择假设(alternative hypothesis)，用 HA 表示，发音为 HA。
H0 通常是常见且无聊的假设，而 HA 是罕见带惊喜的假设，根据上述问题，列出 H0、HA：
H0：平均身高等于 1.72m；
HA：平均身高大于 1.72 m。
定义 μ 为总体成年男性的平均身高，用数学符号表示 H0、HA：
H0：$\mu = 1.72$；
HA：$\mu > 1.72$。
这里我们只关心成年男性是否变高，而不关心是否变矮，属于单边检验。
注意：在写 H0、HA 时，里面出现的数学符号一定是总体参数(比如例子里的 μ，它是未知的)，千万不要写成样本统计。

3. Null 模型

写完 H0、HA 后，假设 H0 是对的。下面就围绕 H0 为真时来创建模型，称为 Null 模型。
回到上面平均身高的例子，当认为 H0 为真时，即认为成年男性平均身高为 1.72m，开始做试验，即随机收集若干组样本，求每组的平均身高，这个叫作样本均值(sample mean)。
第一组随机采样并计算样本均值为 1.73，和总体均值 1.72 比较近，如图 9-2 所示。

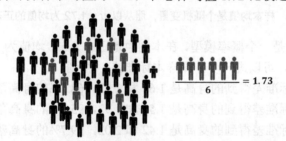

图 9-2　第一组随机采样并计算样本均值为 1.73

第二组随机采样并计算样本均值为 1.9，远大于总体均值 1.72，如图 9-3 所示。

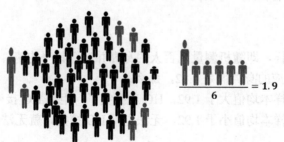

图 9-3　第二组随机采样并计算样本均值为 1.9

第三组随机采样并计算样本均值为 1.68，小于总体均值 1.72，如图 9-4 所示。

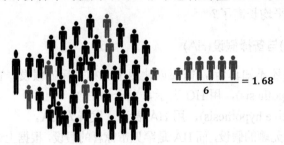

图 9-4　第三组随机采样并计算样本均值为 1.68

根据中心极限定理(central limit theorem)，只要是随机取样，且选择样本的组数足够大，那么样本均值(采样了很多组，因此样本均值是个随机变量)服从以 $\mu = 1.72$ 为均值的正态分布。因此，根据上面随机采样所计算的样本均值画出如图 9-5 所示的正态分布图形。

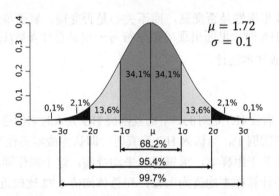

图 9-5　样本均值是个随机变量，服从以 $\mu = 1.72$ 为均值的正态分布

Null 模型本质就是一个概率模型，在本例中是正态分布，均值为 1.72，标准差为 0.1(N 个样本均值算出来后，可以进一步计算样本标准差)，得到：

1.72 加减 1 个标准差得到的身高是 1.62 和 1.82，68.2%的身高落在[1.62, 1.82]。
1.72 加减 2 个标准差得到的身高是 1.52 和 1.92，95.4%的身高落在[1.52, 1.92]。
1.72 加减 3 个标准差得到的身高是 1.42 和 2.02，99.7%的身高落在[1.42, 2.02]。

4．随机采样 + 计算均值

有了 Null 模型，再回顾一下 H0、HA：
H0：μ =1.72；
HA：μ > 1.72。

现在只需随机采样，即随机测量几百人的身高并计算其平均值，事先设定搞笑阈值(显著性水平)为 5%，对应的身高值是 1.92，那么：
如果计算出来的样本均值大于 1.92，H0 就搞笑了，拒绝 H0 接受 HA。
如果计算出来的样本均值小于 1.92，无法觉得 H0 搞笑，就无法拒绝它。
如图 9-6 所示。

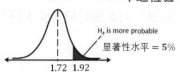

图 9-6　右边检验

如果将上述要检验的问题改为：

根据 2010 年的统计，中国所有成年男性平均身高为 1.72m，在 2020 年他们是否平均降低了？那么 H0、HA 变成：

H0：μ = 1.72；

HA：μ < 1.72。

如图 9-7 所示。

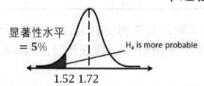

图 9-7　左边检验

如果将上述要检验的问题改为：

根据 2010 年的统计，中国所有成年男性平均身高为 1.72m，在 2020 年他们平均身高是否改变了？

那么 H0、HA 变成：

H0：μ = 1.72

HA：$\mu \neq$ 1.72

如图 9-8 所示。

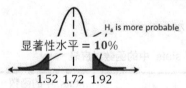

图 9-8　双边检验

是否用单边(左/右)或双边检验完全根据问题导向，读懂问题之后，列出 H0、HA，创建 Null 模型，计算统计量(加查表)就完成了。

5. 总结

假设检验大体分以下三步。

(1) 写出 H0、HA，H0 是需要假设的，HA 是想要证明的。
(2) 建立 Null 模型，即认为"无效假设"为真的时候的概率模型。
(3) 计算统计量。

6. 提升

(1) 在本例中，我们想检验的是总体均值 μ 是否大于一个给定值(1.72)。我们用的 Null 模型是正态模型，如果样本中的数据不够，Null 模型是学生 t 模型。

此外，还可以做各种各样的假设检验，见表 9-7。

表 9-7 H0 与 Null 模型的比较

H0	Null 模型
两变量的均值相等	student-t
两样本方差相等	chi-square
多样本方差相等	F
多随机变量不相关	beta

做什么样的检验要看具体的问题，核心思路还是先列出 H0、HA(H0 是无聊假设，HA 是惊喜假设)，再建 Null 模型(就是各种概率分布模型)，计算统计量，然后和"搞笑阈值"对应的值相比，看看是否拒绝 H0。

(2) 对于那些喜欢哲学的读者，索罗斯在他的反身性(reflexivity)论文中提到他老师波普说的一段话：

The empirical truth cannot be known with absolute certainty. Even scientific laws can't be verified beyond a shadow of a doubt: they can only be falsified by testing. One failed test is enough to falsify, but no amount of conforming instances is sufficient to verify.

意思就是，无论试验结论多么的和归纳出来的规律相符，都无法证明该规律是正确的。一次失败的试验就能证伪。

塔勒布也举过黑天鹅的例子。无论我们看见过多少只白天鹅，也不能证明所有的天鹅都是白色的，因为只要看到一只黑天鹅就能证明不是所有天鹅都是白色的。

(3) 对那些喜欢编程的读者，用 SciPy 工具包的 stats 可以做假设检验。命令如下：

```
from scipy import stats
```

Null 模型使用 stats 中的函数如表 9-8 所示。

表 9-8 Null 模型使用 stats 中的函数对应表

Null 模型	stats 中的函数
总体均值等于给定值	ttest_1samp
两变量 均值相等	ttest_ind ttest_rel
两样本方差相等	chi2_contingency
多样本 方差相等	barlett levene

续表

Null 模型	stats 中的函数
多变量总体均值相等	f_oneway kruskal
多变量不相关	pearsonr spearmanr
总体均值等于给定值	ttest_1samp
两变量均值相等	ttest_ind ttest_rel

9.2 Python 单样本 t 检验

单样本 t 检验是假设检验中最基本、最常用的方法之一。与所有的假设检验一样，其依据的基本原理也是统计学中的"小概率反证法"原理。通过单个样本 t 检验，可以实现样本均值和总体均值的比较。检验的基本步骤是：首先提出原假设和备择假设，规定好检验的显著性水平，然后确定适当的检验统计量，并计算检验统计量的值，最后依据计算值和临界值的比较作出统计决策。

例 9-1: 某计算机公司销售经理人均月销售 500 台计算机，现采取新的广告政策，半年后，随机抽取该公司 20 名销售经理的人均月销售量数据，具体数据见表 9-9。问广告策略是否能够影响销售经理的人均月销售量？

表 9-9 人均月销售量

单位：台

编号	人均月销售量	编号	人均月销售量
1	506	11	510
2	503	12	504
3	489	13	512
4	501	14	499
5	498	15	487
6	497	16	507
7	491	17	503
8	502	18	488
9	490	19	521
10	511	20	517

在目录 F:\2glkx\data2 下建立 a19-1.xls 数据文件后，使用如下代码取数。

```
import pandas as pd
import numpy as np
#读取数据并创建数据表，名称为data
data=pd.DataFrame(pd.read_excel('F:\\2glkx\\data2\\a19-1.xls '))
#查看数据表前 5 行的内容
data.head()
```

得到前 5 条记录的数据如下。

```
    sale
0   506
1   503
2   489
3   501
4   498
#取 sale 数据
x = np.array(data[['sale']])
mu=np.mean(x)
from scipy import stats as ss
print (mu,ss.ttest_1samp(a = x,popmean =500))
501.8 Ttest_1sampResult(statistic=array([0.83092969]), pvalue=array
([0.41633356]))
```

通过观察上面的分析结果,可以看出样本均值是 501.8,样本的 t 值为 0.83092969,p 值为 0.41633356,远大于 0.05,因此不能拒绝原假设($H_0: \mu = \mu_0$ =500),也就是说,广告策略不能影响销售经理的人均月销售量。

9.3 Python 两个独立样本 t 检验

Python 的独立样本 t 检验是假设检验中最基本、最常用的方法之一。与所有的假设检验一样,其依据的基本原理也是统计学中的"小概率反证法"原理。通过独立样本 t 检验,可以实现两个独立样本的均值比较。两个独立样本 t 检验的基本步骤是首先提出原假设和备择假设,规定好检验的显著性水平,然后确定适当的检验统计量,并计算检验统计量的值,最后依据计算值和临界值的比较作出统计决策。

例 9-2:表 9-10 给出了 a、b 两个基金公司各管理 40 只基金的价格。试用独立样本 t 检验方法研究两个基金公司所管理的基金价格之间有无明显的差别(设定显著性水平为 5%)。

表 9-10 a、b 两个基金公司各管理基金的价格

单位:元

编 号	基金 a 价格	基金 b 价格
1	145	101
2	147	98
3	139	87
4	138	106
5	145	101
…	…	…
38	138	105
39	144	99
40	102	108

虽然两只基金的样本相同,但要注意的是:两个独立样本 t 检验并不需要两样本数相同。在目录 F:\2glkx\data2 下建立 al9-2.xls 数据文件后,取数的代码如下:

```
import pandas as pd
import numpy as np
#读取数据并创建数据表,名称为 data
```

```
data=pd.DataFrame(pd.read_excel('F:\\2glkx\\data2\\al9-2.xls '))
#查看数据表前 5 行的内容
data.head()
    fa   fb
0  145  101
1  147   98
2  139   87
3  138  106
4  135  105
x = np.array(data[['fa']])
y = np.array(data[['fb']])
from scipy.stats import ttest_ind
t,p=ttest_ind(x,y)
print ('t=',t)
print ('p=',p)
```

得到如下结果。

```
t= [14.04978844]
p= [4.54986161e-23]
```

通过观察上面的分析结果,可以看出:t 值为 14.049 788 44;p 值为 4.549 861 61e-23,远小于 0.05,因此需要拒绝原假设($H_0: \mu_1 = \mu_2$),也就是说,两家基金公司被调查的基金价格之间存在明显的差别。

9.4　Python 配对样本 t 检验

Python 的配对样本 t 检验过程也是假设检验中的方法之一。与所有的假设检验一样,其依据的基本原理也是统计学中的"小概率反证法"原理。通过配对样本 t 检验,可以实现对称成对数据的样本均值比较。与独立样本 t 检验的区别是:两个样本来自于同一总体,而且数据的顺序不能调换。配对样本 t 检验的基本步骤是首先提出原假设和备择假设,规定检验的显著性水平,然后确定适当的检验统计量,并计算检验统计量的值,最后依据计算值和临界值的比较作出统计决策。

例 9-3:为了研究一种政策的效果,特抽取了 50 只股票进行了试验,实施政策前后股票的价格见表 9-11。试用配对样本 t 检验方法判断该政策能否引起股票价格的明显变化(设定显著性水平为 5%)。

表 9-11　政策实施前后的股票价格

单位:元

编　号	政策前价格	政策后价格
1	88.60	75.60
2	85.20	76.50
3	75.20	68.20
…	…	…
48	82.70	78.10
49	82.40	75.30
50	75.60	69.90

在目录 F:\2glkx\data2 下建立 al9-3.xls 数据文件后,取数的代码如下:

```
import pandas as pd
import numpy as np
#读取数据并创建数据表,名称为data
data=pd.DataFrame(pd.read_excel('F:\\2glkx\\data2\\al9-3.xls '))
#查看数据表前5行的内容
data.head()
  qian       hou
0 88.599998  75.599998
1 85.199997  76.500000
2 75.199997  68.199997
3 78.400002  67.199997
4 76.000000  69.900002
x = np.array(data[['qian']])
y = np.array(data[['hou']])
from scipy.stats import ttest_rel
t,p=ttest_rel(x,y)
print ('t=',t)
print ('p=',p)
```

得到如下结果:

```
t= [12.43054293]
p= [9.13672682e-17]
```

通过观察上面的分析结果,可以看出:t 值为 12.430 542 93。p 值为 9.136 726 82e-17,远小于 0.05,因此需要拒绝原假设($H_0: \mu_1 = \mu_2$),也就是说,该政策能引起股票价格的明显变化。

9.5 Python 单样本方差假设检验

方差是用来反映波动情况的,经常用在金融市场波动等情形。单一总体方差的假设检验的基本步骤是首先提出原假设和备择假设,规定好检验的显著性水平,然后确定适当的检验统计量,并计算检验统计量的值,最后依据计算值和临界值的比较作出统计决策。

例 9-4:为了研究某基金的收益率波动情况,某课题组对该只基金连续 50 天的收益率情况进行了调查研究,调查得到的数据经整理后见表 9-12。试应用 Python 假设检验该数据资料的方差(收益率波动)是否等于 1%(设定显著性水平为 5%)。

表 9-12 某基金的收益率波动情况

编 号	收 益 率
1	0.564 409 196
2	0.264 802 098
3	0.947 742 641
4	0.276 915 401
5	0.118 015 848
…	…
48	−0.967 873 454
49	0.582 328 379
50	0.795 299 947

在目录 F:\2glkx\data2 下建立 al9-4.xls 数据文件后，取数的代码如下：

```
import pandas as pd
import numpy as np
#读取数据并创建数据表，名称为data
data=pd.DataFrame(pd.read_excel('F:\\2glkx\\data2\\al9-4.xls '))
#查看数据表前 5 行的内容
data.head()
 bh       syl
0   1   0.564409
1   2   0.264802
2   3   0.947743
3   4   0.276915
4   5   0.118016
#取收益率数据
import numpy as np
x = np.array(data[['syl']])
n=len(x)
#计算方差
s2=np.var(x)
#计算卡方值
chisquare=(n-1)*s2/0.01
print (chisquare)
1074.950717665163
```

查表 $\chi^2_{0.025} = 56$ （卡方关键值）

卡方统计值 1 074.950 717 67>卡方关键值 56，卡方统计值落在拒绝区域，因此我们拒绝原假设($H_0: \sigma^2 = \sigma_0^2 = 1\%$)，即该股票的方差显著地不等于 1%。

单样本方差假设检验也可以用 chisquare 函数来实现。

例 9-5：Python 实现卡方分布。某科学家预言抛一个色子，各面向上的概率都相同。为了验证自己理论的正确性，该科学家抛了 600 次硬币，结果为一点 102 次，二点 102 次，三点 96 次，四点 105 次，五点 95 次，六点 100 次。显然这个结果和理论预期并不完全一样。那么，科学家的理论有错吗？下面用 Python 来验证。

```
from scipy import stats
obs = [102, 102, 96, 105, 95, 100]
exp = [100, 100, 100, 100, 100, 100]
stats.chisquare(obs, f_exp = exp)
```

输出

(0.73999999999999999, 0.98070147251964801)

从验证结果来看，p 值为 0.98，大于给定的显著性水平，拒绝原假设(科学家有错！)。因此，可以认为观测到的值和预期值是相近(即"合适")的。科学家的理论没有错，观测值和理论值的不同是由偶然误差造成的(一般 p 值大于 0.95 即可)。

9.6 Python 双样本方差假设检验

双样本方差的假设检验用来判断两个样本的波动情况是否相同，在金融市场领域中应用相当广泛。其基本步骤是首先提出原假设和备择假设，规定好检验的显著性水平，然后确定适当的检验统计量,并计算检验统计量的值,最后依据计算值和临界值的比较作出统计决策。

例 9-6:为了研究某两只基金的收益率波动情况是否相同,某课题组对这两只基金连续 20 天的收益率情况进行了调查研究,调查得到的数据经整理后见表 9-13。试使用 Python 对该数据资料进行假设检验,验证其方差是否相同(设定显著性水平为 5%)。

表 9-13 某两只基金的收益率波动情况

编 号	基金 A 收益率	基金 B 收益率
1	0.424 156	0.261 075
2	0.898 346	0.165 021
3	0.521 925	0.760 604
4	0.841 409	0.371 38
5	0.211 008	0.379 541
…	…	
18	0.564 409	0.967 873
19	0.264 802	0.582 328
20	0.947 743	0.795 3

准备工作如下。

```
import pandas as pd
import numpy as np
from scipy import stats
from statsmodels.formula.api import ols
from statsmodels.stats.anova import anova_lm
```

在目录 F:\2glkx\data2 下建立 al9-5.xls 数据文件后,取数的代码如下。

```
#读取数据并创建数据表,名称为data
df=pd.DataFrame(pd.read_excel('F:\\2glkx\\data2\\al9-5.xls'))
#查看数据表前 5 行的内容
df.head()
     returnA   returnB
0   0.424156  0.261075
1   0.898346  0.165021
2   0.521925  0.760604
3   0.841409  0.371380
4   0.211008  0.379541
```

Python 中的 anova_lm()函数可完成两样本的 F 检验,即双样本方差的假设检验。

```
formula = 'returnA~returnB'     #~ 隔离因变量和自变量(左边因变量,右边自变量)
model = ols(formula,df).fit()   # 根据公式数据建模,拟合
results = anova_lm(model)       # 计算 F 和 P
print (results)
```

输入完后,按 Enter 键,得到如下分析结果。

```
           df   sum_sq    mean_sq         F    PR(>F)
returnB   1.0   0.000709  0.000709  0.007744  0.93085
Residual 18.0   1.648029  0.091557       NaN       NaN
```

通过观察上面的分析结果,可以看出:F=0.007 744,p=0.930 85,远大于 0.05,因此需要接受原假设($H_0: \sigma_1^2 = \sigma_2^2$),也就是说,两只基金的收益率方差(波动)相同是显著的。

练 习 题

对本章例题数据文件,使用 Python 重新操作一遍,并理解命令结果的统计意义。

第 10 章　Python 相关分析与回归分析

10.1　Python 相关分析

1. 相关系数的概念

相关性经常用来度量两个变量的相关关系，本节将对相关系数作讨论。

诺贝尔经济学奖得主马科维茨曾说过："资产配置多元化是投资的唯一免费午餐。"投资界有句谚语，不要把鸡蛋放在一个篮子里。实际上讲的就是选择相关性不高的资产进行配置。资产之间的相关性用什么指标衡量呢？著名统计学家卡尔·皮尔逊设计了统计指标——相关系数，相关系数就是用以反映变量之间相关关系密切程度的统计指标。

两个变量 X、Y 的相关系数可以用 ρ_{XY} 表示。ρ_{XY} 的计算公式为

$$\rho_{XY} = \frac{\operatorname{cov}(X,Y)}{\sigma_X \sigma_Y} = \frac{E[(X-\mu_X)(Y-\mu_Y)]}{\sigma_X \sigma_Y}$$

其中，σ_X 表示 X 的方差，σ_Y 表示 Y 的方差，$\operatorname{cov}(X,Y)$ 表示变量 X 与变量 Y 的协方差，μ_X 表示 X 的均值，μ_Y 表示 Y 的均值。

相关系数 ρ_{XY} 取值在 -1 到 1 之间，$\rho_{XY}=0$ 时，称 X,Y 不相关；$|\rho_{XY}|=1$ 时，称 X,Y 完全相关，此时，X,Y 之间具有线性函数关系；$|\rho_{XY}|<1$ 时，X 的变动会引起 Y 的部分变动，$|\rho_{XY}|$ 的绝对值越大，X 的变动引起 Y 的变动就越大；$|\rho_{XY}|>0.8$ 时称为高度相关，$|\rho_{XY}|<0.3$ 时称为低度相关，其他时候为中度相关。$\rho_{XY}>0$ 时，称其为正相关，$\rho_{XY}<0$ 时，称其为负相关。

2. 使用 Python 计算变量之间的相关系数和绘图

```
# 导入包
import numpy as np
import statsmodels.tsa.stattools as sts
import matplotlib.pyplot as plt
import pandas as pd
import seaborn as sns
import statsmodels.api as sm
```

1) 生成随机变数并绘制图形

```
X = np.random.randn(1000)
Y = np.random.randn(1000)
plt.scatter(X,Y)
plt.show()
print("correlation of X and Y is ")
np.corrcoef(X,Y)[0,1]
```

可以得到图 10-1 所示的图形和计算结果。

```
correlation of X and Y is
0.010505052938688659
```

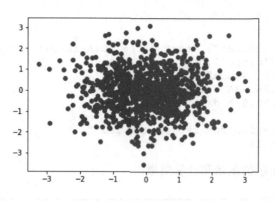

图 10-1 变量不相关

可以看出，随机变量几乎不相关。
2) 使用生成的相关序列，并加入正态分布的噪声

```
X = np.random.randn(1000)
Y = X + np.random.normal(0,0.1,1000)

plt.scatter(X,Y)
plt.show()
print("correlation of X and Y is ")
np.corrcoef(X,Y)[0,1]
```

可以得到图 10-2 所示的图形和计算结果。

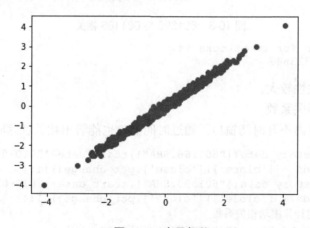

图 10-2 变量相关

```
correlation of X and Y is
0.9946075329656785
```

3) 实际数据相关的例子

在金融市场上，对价格的分析较少，而对收益率的关注较多，因此探索两只股票相关关系也是从收益率的角度来看的。

```
#计算两只股票的日收益率
#中国铁建数据
Stock1 =
D.history_data(["601186.SHA"],start_date='2016-12-01',end_date='2017-05-01',
fields = ['close'])['close'].pct_change()[1:]
```

```
#中国中铁数据
Stock2 = 
D.history_data(["601390.SHA"],start_date='2016-12-01',end_date='2017-05-01',
fields = ['close'])['close'].pct_change()[1:]
    plt.scatter(Stock1,Stock2)
    plt.xlabel("601186.SHA daily return")
    plt.ylabel("601390.SHA daily return")
    plt.show()
    print("the corrlation for two stocks is: ")
    Stock2.corr(Stock1)
```

可以得到图 10-3 所示的图形和计算结果。

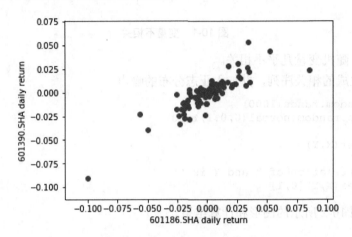

图 10-3   601390 与 601186 相关

```
the corrlation for two stocks is: 
0.85911029840323649
```

可见两者的相关性较大。

4) 计算滚动相关系数

相关关系的计算离不开时间窗口，通过时间窗口也能看出相关性随时间的变动情况。

```
    Stock1 = D.history_data(["601186.SHA"],start_date='2010-01-01',end_date=
'2017-05-01',fields = ['close'])['close'].pct_change()[1:]
    Stock2 = D.history_data(["601390.SHA"],start_date='2010-01-01',end_date=
'2017-05-01',fields = ['close'])['close'].pct_change()[1:]
    # 借助 Pandas 包计算滚动相关系数
    rolling_corr = pd.rolling_corr(Stock1,Stock2,60)
    rolling_corr.index = D.trading_days(start_date='2010-01-01',end_date=
'2017-05-01').date[1:]
    plt.plot(rolling_corr)
    plt.xlabel('Day')
    plt.ylabel('60-day Rolling Correlation')
    plt.show()
```

得到图 10-4 所示的图形。

第 10 章　Python 相关分析与回归分析

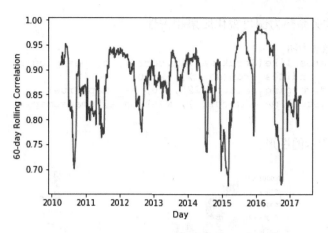

图 10-4　滚动相关

但是面对成百上千只股票，怎样才能找到高度相关的股票呢？

```
# 以 10 只股票举例
instruments = D.instruments()[:10]
Stock_matrix = D.history_data(instruments,start_date='2016-01-01',
end_date='2016-09-01',fields=['close'])
# 不用收盘价数据，而是用收益率数据
# 通过 pivot_table 函数将 Stock_matrix 整理成一个以股票日收益率为列的 df
Stock_matrix = pd.pivot_table(Stock_matrix,values='close',index=['date'],
columns=['instrument']).apply(lambda x:x.pct_change())
Stock_matrix.head()
```

instrument date	000001.SZA	000002.SZA	000004.SZA	000005.SZA	000006.SZA	000007.SZA	000008.SZA	000009.SZA	000010.SZA	000011.SZA
2016-01-04	NaN	NaN	NaN	NaN	NaN	NaN	NaN	NaN	NaN	NaN
2016-01-05	0.006178	0.0	-0.063665	-0.015487	-0.032755	0.0	0.018850	-0.047030	-0.056044	-0.042081
2016-01-06	0.011404	0.0	0.012926	0.031461	0.025897	0.0	0.013876	0.036364	0.040745	0.022364
2016-01-07	-0.051171	0.0	-0.100051	-0.099129	-0.100000	0.0	-0.088504	-0.100251	-0.099553	-0.100000
2016-01-08	0.016453	0.0	0.006239	0.003628	0.009709	0.0	-0.002002	0.009749	0.001242	0.006944

```
# 相关系数矩阵
Stock_matrix.corr()
```

instrument instrument	000001.SZA	000002.SZA	000004.SZA	000005.SZA	000006.SZA	000007.SZA	000008.SZA	000009.SZA	000010.SZA	000011.SZA
000001.SZA	1.000000	0.018993	0.595322	0.600269	0.622749	0.027863	0.531736	0.657898	0.591505	0.458707
000002.SZA	0.018993	1.000000	0.000170	0.050937	0.138133	0.169131	0.026653	0.018328	0.054138	0.072238
000004.SZA	0.595322	0.000170	1.000000	0.597882	0.659429	-0.000203	0.528496	0.621535	0.642140	0.544813
000005.SZA	0.600269	0.050937	0.597882	1.000000	0.665327	0.060434	0.590306	0.681779	0.665582	0.568800
000006.SZA	0.622749	0.138133	0.659429	0.665327	1.000000	0.055961	0.507439	0.681861	0.670731	0.777092
000007.SZA	0.027863	0.169131	-0.000203	0.060434	0.055961	1.000000	0.054658	0.043501	0.032836	0.002523
000008.SZA	0.531736	0.026653	0.528496	0.590306	0.507439	0.054658	1.000000	0.554532	0.562442	0.421347
000009.SZA	0.657898	0.018328	0.621535	0.681779	0.681861	0.043501	0.554532	1.000000	0.672703	0.523347
000010.SZA	0.591505	0.054138	0.642140	0.665582	0.670731	0.032836	0.562442	0.672703	1.000000	0.591624
000011.SZA	0.458707	0.072238	0.544813	0.568800	0.777092	0.002523	0.421347	0.523347	0.591624	1.000000

5) 通过相关关系热力图可视化股票相关性

```
# 绘制相关系数热力图
mask = np.zeros_like(Stock_matrix.corr(), dtype=np.bool)
mask[np.triu_indices_from(mask)] = True
cmap = sns.diverging_palette(220, 10, as_cmap=True)
sns.heatmap(Stock_matrix.corr(), mask=mask, cmap=cmap)
plt.show()
```

得到图 10-5 所示的图形。

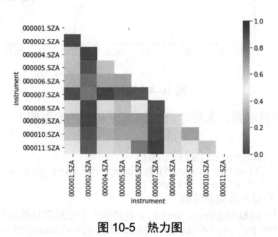

图 10-5　热力图

10.2　Python 一元线性回归分析的 statsmodels 应用

1. 基本知识

一元线性回归模型的最大特点就是简单高效，本章将对线性回归作介绍。

线性回归是衡量两个变量之间线性关系的一种建模技术。如果有一个变量 X 和一个依赖变量 X 的变量 Y，则线性回归可以确定哪个线性模型 $Y = \alpha + \beta X$ 能够更好地解释数据。

例如，考虑浦发银行和沪深 300 的价格指数，想知道浦发银行如何随着沪深 300 的变化而变化，因此可对这两个标的的日收益率进行回归。

Python 的 statsmodels 库具有内置的线性回归功能，它将给出最能够拟合数据的一条直线，并且能够决定该线性关系是否显著。线性回归的输出还包括一些有关模型的数值统计信息，如 R^2 和 F 值，可以量化模型的实际解释能力。

2. 一元线性回归的使用

```
# 导入库
import numpy as np
from statsmodels import regression
import statsmodels.api as sm
import matplotlib.pyplot as plt
import math
# 编辑线性回归函数
def linreg(X,Y):
    # 运行线性回归
```

```
        X = sm.add_constant(X)
        model = regression.linear_model.OLS(Y, X).fit()
        a = model.params[0]
        b = model.params[1]
        X = X[:, 1]

        # 返回信息并绘图
        X2 = np.linspace(X.min(), X.max(), 100)
        Y_hat = X2 * b + a
        plt.scatter(X, Y, alpha=0.3)  # 显示原始数据
        plt.plot(X2, Y_hat, 'r', alpha=0.9);  # 添加拟合直线
        plt.xlabel('X Value')
        plt.ylabel('Y Value')
        return model.summary()
start_date = '2016-01-01'
end_date = '2017-04-11'
# 获取浦发银行的价格数据
asset = D.history_data('600000.SHA',start_date,end_date,fields=['close']).
set_index('date')['close']
        benchmark = D.history_data('000300.SHA',start_date,end_date,fields=['close']).
set_index('date')['close']

# 通过价格数据计算收益率数据并删除第一个元素，因为其为缺失值
r_a = asset.pct_change()[1:]
r_b = benchmark.pct_change()[1:]

linreg(r_b.values, r_a.values)
```

图 10-6 中的每个点表示每一个交易日，x 坐标是沪深 300 的收益率，y 坐标是浦发银行的收益率。可以看到，拟合度最好的线条告诉我们，沪深 300 收益每增加 1 个百分点，浦发银行会增加 0.42%。这由参数 β 表示，估计值为 0.425 3。当然，对于收益下降，我们也会看到浦发银行的损失大约不到一半，所以，浦发银行比沪深 300 还稳定。

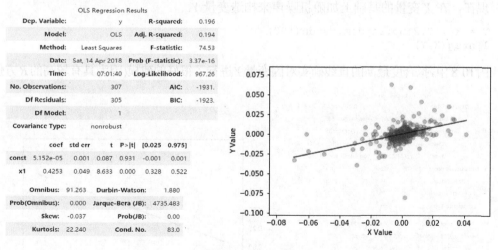

图 10-6　回归分析

3．了解参数与估计值

非常重要的是，通过线性回归得出的 α 和 β 参数只是估计值，除非知道数据产生的真实过程，否则永远不会知道真实的参数。今天得到的估计值和明天得到的估计值很可能不

一样，即使使用相同的分析方法，真实参数可能也在不断地变化。因此，在进行实际分析时关注参数估计的标准误差是非常重要的。 关于标准误差的更多资料将在后文中介绍。了解估计值的稳定性的一种方法是使用滚动数据窗口。

现在看看如果对两个随机变量进行回归会发生什么。

```
X = np.random.rand(100)
Y = np.random.rand(100)
linreg(X, Y)
```

图 10-7 显示了一个具有正态分布的云点。需要注意的是，即使有 100 个随机样本，拟合的直线依然具有可见的斜率。这就是为什么使用统计数据而不是可视化来验证结果的重要性。

OLS Regression Results

Dep. Variable:	y	R-squared:	0.027
Model:	OLS	Adj. R-squared:	0.017
Method:	Least Squares	F-statistic:	2.743
Date:	Sat, 14 Apr 2018	Prob (F-statistic):	0.101
Time:	07:07:50	Log-Likelihood:	-14.052
No. Observations:	100	AIC:	32.10
Df Residuals:	98	BIC:	37.32
Df Model:	1		
Covariance Type:	nonrobust		

	coef	std err	t	P>|t|	[0.025	0.975]
const	0.5496	0.061	9.032	0.000	0.429	0.670
x1	-0.1630	0.098	-1.656	0.101	-0.358	0.032

Omnibus:	8.048	Durbin-Watson:	1.902
Prob(Omnibus):	0.018	Jarque-Bera (JB):	3.529
Skew:	0.168	Prob(JB):	0.171
Kurtosis:	2.143	Cond. No.	4.62

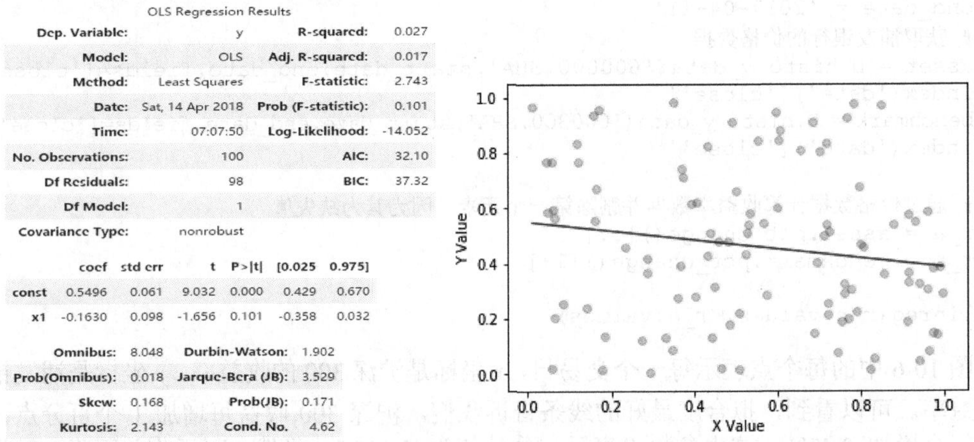

图 10-7 回归分析

现在，在 X 变量的基础上加随机噪声来构造变量 Y。

```
Y = X + 0.2*np.random.randn(100)
linreg(X,Y)
```

图 10-8 中，拟合度最高的直线确实对因变量 Y 进行了很好的建模(因为具有较高的 R 方值)。

OLS Regression Results

Dep. Variable:	y	R-squared:	0.614
Model:	OLS	Adj. R-squared:	0.610
Method:	Least Squares	F-statistic:	156.0
Date:	Sat, 14 Apr 2018	Prob (F-statistic):	5.56e-22
Time:	07:12:06	Log-Likelihood:	10.778
No. Observations:	100	AIC:	-17.56
Df Residuals:	98	BIC:	-12.35
Df Model:	1		
Covariance Type:	nonrobust		

	coef	std err	t	P>|t|	[0.025	0.975]
const	0.0268	0.047	0.565	0.574	-0.067	0.121
x1	0.9586	0.077	12.488	0.000	0.806	1.111

Omnibus:	0.093	Durbin-Watson:	1.564
Prob(Omnibus):	0.955	Jarque-Bera (JB):	0.266
Skew:	0.016	Prob(JB):	0.875
Kurtosis:	2.749	Cond. No.	4.62

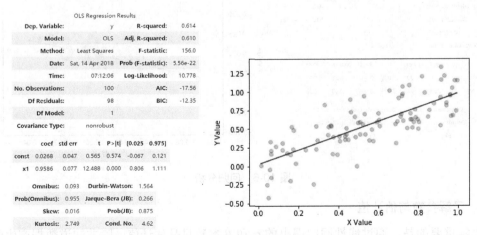

图 10-8 回归分析

基于模型进行预测时，不仅输出预测值，而且还输出置信区间，这通常是非常有用的。可以使用 Python 的 seaborn 库来进行可视化，不仅绘制拟合直线，还会突出显示拟合直线的 95%(默认)置信区间。

```
import seaborn
start_date = '2016-01-01'
end_date = '2017-05-08'
asset = D.history_data('600000.SHA',start_date,end_date,fields=
['close']).set_index('date')['close']
benchmark = D.history_data('000300.SHA',start_date,end_date,fields=
['close']).set_index('date')['close']
# 删除第一个元素(0th)，因为其为缺失值
r_a = asset.pct_change()[1:]
r_b = benchmark.pct_change()[1:]
seaborn.regplot(r_b.values, r_a.values)
```

结果如图 10-9 所示。

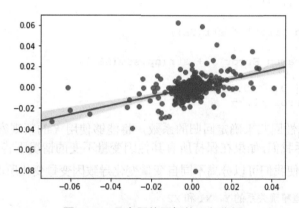

图 10-9　具有置信区间的回归分析

10.3　Python 多元线性回归分析

1. 基本理论

多元线性回归的实际应用比较普遍，本章将对其作相关介绍。

金融理论从资本资产定价模型(CAPM)发展到套利定价理论(APT)，在数理统计方面从应用一元线性回归发展到应用多元线性回归，在实际运用中，多元线性回归比较普遍。

一元线性回归研究的是一个因变量和一个自变量的线性关系的模型，多元线性回归研究的是一个因变量和多个自变量的线性关系的模型，多元线性回归模型表示为

$$Y_i = \beta_0 + \beta_1 X_{1i} + \beta_2 X_{2i} + \cdots + \beta_K X_{Ki} + u_i$$

其中，$i=1,2,\cdots,n$，n 表示样本容量，K 表示自变量的个数。

与一元线性回归分析相同，其基本思想是根据普通最小二乘(OLS)原理，求解 β_0、β_1、β_2、$\cdots$、β_K，使得全部观测值 Y_i 与回归值 $\hat{Y}_i$ 的残差平方和达到最小值。该方法旨在最小化预测和观测之间的平方误差，$\sum_{i=0}^{n}\hat{u}_i^2$ 平方项使得正的残差和负的残差同样被认为是糟糕的，并且将其放大。残差平方和表示如下：

$$Q = \sum_{i=1}^{n}(Y_i - \hat{Y}_i)^2 = \sum_{i=1}^{n}(Y_i - (\hat{\beta}_0 + \hat{\beta}_1 X_{1i} + \cdots + \hat{\beta}_K X_{Ki}))^2$$

本章将介绍多元线性回归模型的相关理论和实际运用。

2. 多元线性回归的使用

```
import numpy as np
import pandas as pd
import statsmodels.api as sm
from statsmodels import regression
import matplotlib.pyplot as plt
Y = np.array([1, 3.5, 4, 8, 12])
Y_hat = np.array([1, 3, 5, 7, 9])

print('Error ' + str(Y_hat - Y))

# 计算残差平方
SE = (Y_hat - Y) ** 2
# 残差平方
print('Squared Error' + str(SE))
# 残差平方和
print('Sum Squared Error ' + str(np.sum(SE)))
Error [ 0.  -0.5  1.  -1.  -3. ]
Squared Error[ 0.   0.25  1.   1.   9. ]
Sum Squared Error 11.25
```

一旦使用多元线性回归来确定回归的系数,将能够使用 X 的新观察值来预测 Y 的值。每个系数 β_j 告诉我们,如果在保持所有其他因变量不变的情况下将 X_j 改变 1 个百分比,Y_i 将会改变多少。这使我们可以分离不同自变量变化导致因变量变化所产生的边际贡献。

```
#首先构建一个知道精确关系的 Y,X1 和 X2
X1 = np.arange(100)
#  X2 = X1^2 + X1
X2 = np.array([i ** 2 for i in range(100)]) + X1
Y = X1 + X2

plt.plot(X1, label='X1')
plt.plot(X2, label='X2')
plt.plot(Y, label='Y')
plt.legend();
# 使用 column_stack 连接 X1 和 X2 这两个变量,然后将单位向量作为截距项
X = sm.add_constant( np.column_stack((X1, X2)))

# 运行回归模型
results = regression.linear_model.OLS(Y, X).fit()

print('Beta_0:', results.params[0])
print('Beta_1:', results.params[1])
print('Beta_2:', results.params[2])
Beta_0: 2.55795384874e-13
Beta_1: 1.0
Beta_2: 1.0
```

得出的回归分析如图 10-10 所示。

第 10 章　Python 相关分析与回归分析

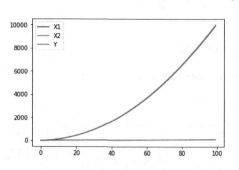

图 10-10　回归分析

可以看出，X1 的系数为 1，这是因为如果在保持 X2 不变的情况下将 X1 增加 1%，则 Y 也增加 1%。可以看出，多元线性回归能够分析不同变量的边际贡献。

如果使用一元线性回归来分析两个变量的关系，我们很可能会得到一个比较高的 β 值，这样的分析是有失偏颇的，因此需要加入另外一个变量。

```
# 获得贵州茅台、中国平安、沪深 300 的数据
start_date = '2017-01-01'
end_date = '2018-01-01'

asset1 = D.history_data('600519.SHA',start_date,end_date,fields=
['close']).set_index('date')['close']
asset2 = D.history_data('000001.SZA',start_date,end_date,fields=
['close']).set_index('date')['close']
benchmark = D.history_data('000300.SHA',start_date,end_date,fields=
['close']).set_index('date')['close']
# First, run a linear regression on the two assets
slr = regression.linear_model.OLS(asset1, sm.add_constant(asset2)).fit()
print('SLR beta of asset2:', slr.params[1])
```

得到如下结果：

```
SLR beta of asset2: 3.92434836702
# 将 asset2 和 benchmark 两个变量都看成自变量，然后进行多元回归
mlr = regression.linear_model.OLS(asset1,
sm.add_constant(np.column_stack((asset2, benchmark)))).fit()

prediction = mlr.params[0] + mlr.params[1]*asset2 + mlr.params[2]*benchmark
prediction.name = 'Prediction'

print('MLR beta of asset2:', mlr.params[1], '\nMLR beta of 000300:', mlr.params[2])
```

得到如下结果：

```
MLR beta of asset2: -0.162039221282
MLR beta of 000300: 2.99864058519
```

可以看出，之前只是一元线性回归的时候获取了一个较高的 β（贝塔值）。

得到了分析结果以后，下一步看看是否可以相信结果。一个简单有效的方法就是将变量值和预测值绘制在图表中进行观察。

```
asset1.name = 'asset1'
asset2.name = 'asset2'
benchmark.name = 'benchmark'
asset1.plot()
```

```
asset2.plot()
benchmark.plot()
prediction.plot(color='y')
plt.xlabel('Price')
plt.legend(bbox_to_anchor=(1,1), loc=2);
```

结果如图 10-11 所示。

图 10-11 价格序列

```
# 只看观测值和预测值,可以看出预测的走势还是比较接近的
asset1.plot()
prediction.plot(color='y')
plt.xlabel('Price')
plt.legend();
```

结果如图 10-12 所示。

图 10-12 观测值和预测值

可以从回归返回的结果中得到详细统计信息。

```
mlr.summary()
```

练 习 题

现代投资分析的特征线涉及如下回归方程:$r_t = \beta_0 + \beta_1 r_{mt} + u_t$;其中 r 表示股票或债券的收益率;r_m 表示有价证券的收益率(用市场指数表示,如标准普尔 500 指数);t 表示时间。在投资分析中,β_1 被称为债券的安全系数 β,是用来度量市场的风险程度的,即市场的发展对公司的财产有何影响。依据 1956—1976 年间 240 个月的数据,Fogler 和 Ganpathy 得到 IBM 股票的回归方程;市场指数是在芝加哥大学建立的市场有价证券指数:

$$\hat{r}_t = 0.726\,4 + 1.059\,8 r_{mt} \quad r^2 = 0.471\,0$$
$$(0.300\,1) \quad (0.072\,8)$$

要求:
(1) 解释回归参数的意义;
(2) 如何解释 r^2?
(3) 安全系数 $\beta > 1$ 的证券称为不稳定证券,建立适当的零假设及备选假设,并用 t 检验进行检验($\alpha = 5\%$)。

练 习 题

现代消费方程的基本理论模型如下(为方便计,略去了误差项):$c_i = \beta_0 + \beta_1 x_i + \beta_2 c_{i-1}$,其中,$c$ 表示家庭消费水平,x 表示家庭可支配收入。β_1 为边际消费倾向(即市场均衡条件下,如果增加 1 元的收入,消费者愿意用于消费的那部分比例);β_2 称为惰性系数,反映消费者的社会心理因素,又叫大尼苏的短期消费倾向。下面对美国居民消费的研究表明,根据 1950—1976 年间 240 个月数据,Foghr 和 Cauudry 估计 IBM 模型的回归方程:在消费模式无本质变化的条件下 美国居民的短期消费

$$c = 0.726 x + 1.059 c_{-1}, \quad r = 0.9710$$

$$(0.300 1) \quad (0.072 5)$$

要求:

(1) 解释回归参数的意义;

(2) 如何解释 r;

(3) 如果美国人均收入水平不变,那么根据该消费模式,在长期内,消费者消费的增长速度。

短期消费倾向 $(x \to \infty)$。

第 3 篇

Python 基本计量经济分析

第 11 章　Python 多重共线性处理

11.1　多重共线性的概念

多重共线性，是指线性回归模型中的若干解释变量或全部解释变量的样本观测值之间具有某种线性关系。

对于多元线性回归模型

$$y_i = \beta_0 + \beta_1 x_{i1} + \beta_2 x_{i2} + \cdots + \beta_p x_{ip} + \varepsilon_i, i = 1, 2, \cdots, N$$

即

$$Y = X\beta + \varepsilon$$

其参数 β 的最小二乘法估计为

$$\hat{\beta} = (X^\mathrm{T} X)^{-1} X^\mathrm{T} Y \tag{11-1}$$

式(11-1)要求解释变量的观察值矩阵

$$X = \begin{pmatrix} 1 & x_{11} & x_{12} & \cdots & x_{1p} \\ 1 & x_{21} & x_{22} & \cdots & x_{2p} \\ & & \cdots & & \\ 1 & x_{N1} & x_{N2} & \cdots & x_{Np} \end{pmatrix}, \text{其中 } N \geqslant p+1$$

必须是满秩的，即要求

$$\mathrm{rank}(X) = p+1 \tag{11-2}$$

即要求 X 的 $p+1$ 个列向量是线性无关的。

1. 完全多种共线性

若 $\mathrm{rank}(X) < p+1$，即 p 个解释变量的观察值数据之间存在线性关系，就称为完全多重共线性。此时，$\mathrm{rank}(X^\mathrm{T} X) < p+1$，$X^\mathrm{T} X$ 是奇异矩阵，不存在逆矩阵 $(X^\mathrm{T} X)^{-1}$，也就是无法由式(11-1)求得 β 的最小二乘法估计 $\hat{\beta}$。完全多重共线性的情况在实际样本中是极为罕见的，因此不是本节讨论的重点。

2. 不完全多重线性

在经济计量模型中，比较常见的是各解释变量存在近似的线性关系，即存在一组不全为 0 的常数 λ_j，$j = 0, 1, 2, \cdots, p$，使

$$\lambda_0 + \lambda_1 x_{i1} + \lambda_2 x_{i2} + \cdots + \lambda_p x_{ip} \approx 0, \quad i = 1, 2, \cdots, N \tag{11-3}$$

这种情况称为不完全多重共线性。

完全多重共线性和不完全多重共线性统称为多重共线性。本节主要讨论不完全多重共线性。

11.2　多重共线性的后果

由式(11-1)知，当存在完全多重共线性时，是无法得到模型的参数估计的，自然也就无法得到所要的回归方程，除非在建模时错误地将两个本质上完全相同的经济指标(价格不变条件下的销售量和销售额)同时引入模型，否则不大可能出现完全多重共线性情况。故以下仅讨论不完全多重共线性问题。当样本中的解释变量之间存在较高的线性相关时，就会产生以下严重后果。

(1) 参数 β 虽然是可估计的，但是它们的方差随各 x_i 间的线性相关程度的提高而迅速增大，使估计的精度大大降低。

(2) 参数的估计值 $\hat{\beta}$ 对样本数据非常敏感，所用的样本数据稍有变化，就可能引起 $\hat{\beta}$ 值的较大变化，使得到的回归方程处于不稳定状态，也就失去了应用的价值。

(3) 当解释变量间存在较高程度的线性相关时，必然导致存在不显著的回归系数，这就必须从模型中剔除某个或若干个解释变量。由于计量经济模型中的数据都是被动取得的，人们无法通过不同的试验条件加以控制，被剔除的变量很可能是某个较重要的经济变量，因此会引起模型的设定不当。

(4) 由于参数估计量的方差增大，使预测和控制的精度大大降低，失去应用价值。

11.3　产生多重共线性的原因

多重共线性是计量经济模型中普遍存在的问题，其产生的原因主要有以下几个方面。

1. 各经济变量之间存在着相关性

在经济领域中，许多经济变量之间普遍存在着相关性，当同时以某些高度相关的经济变量作为模型的解释变量时，就会产生多重共线性问题。

例如，在研究企业生产函数模型时，资本投入量和劳动投入量是两个解释变量。通常在相同时期的同一行业中，规模大的企业其资本和劳动的投入都会较多，反之亦然，因此所取得的资本和劳动投入的样本数据就可能是高度线性相关的。特别是当样本数据所取自地区的经济发展水平大致相当时，这种情况就更明显，由此可能产生严重的多重共线性。

又如，在研究农业生产函数时，建立了如下模型

$$Y = \beta_0 + \beta_1 X_1 + \beta_2 X_2 + \beta_3 X_3 + \beta_4 X_4 + \varepsilon$$

式中：Y——产量；

　　　X_1——种植面积；

　　　X_2——肥料用量；

　　　X_3——劳动力投入；

　　　X_4——水利投入。

通常种植面积和肥料用量、劳动力投入之间存在较高的线性相关性。

2. 某些经济变量存在着相同的变动趋势

在时间序列的计量经济模型中,作为解释变量的多个经济变量往往会存在同步增长或同步下降的趋势。例如,在经济繁荣时,各种基本的经济变量,如收入、消费、储蓄、投资、物价、就业、对外贸易等都会呈现同步增长趋势;而在经济衰退期这些变量会几乎一致地放慢增长速度,于是这些变量在时间序列的样本数据中就会存在近似的比例关系。当模型中含有多个有相同变化趋势的解释变量时,就会产生多重共线性。

3. 模型中引入了滞后解释变量

在不少计量经济模型中,都需要引入滞后解释变量。例如,居民本期的消费不仅与本期的收入有关,而且和以前各期的收入也有很大关系;又如,经济的发展速度不仅与本期的投资有关,而且和前期的投资有很大关系。而同一经济变量前后期的数据之间往往是高度相关的,这会使模型产生多重共线性问题。

11.4 多重共线性的识别和检验

样本数据是否存在显著的多重共线性,通常可采用以下方法进行识别或检验。

1. 使用简单相关系数进行判别

当模型中仅含有两个解释变量 x_1 和 x_2 时,可计算它们的简单相关系数,记为 r_{12}。

$$r_{12} = \frac{\sum(x_{i1}-\bar{x}_1)(x_{i2}-\bar{x}_2)}{\sqrt{\sum(x_{i1}-\bar{x}_1)^2}\sqrt{\sum(x_{i2}-\bar{x}_2)^2}} \quad (i=1,2,\cdots,N)$$

其中,N 为样本容量,$\bar{x}_1, \bar{x}_2$ 分别为 x_1 和 x_2 的样本均值。简单相关系数 $|r|$ 反映了两个变量之间的线性相关程度。$|r|$ 越接近 1,说明两个变量之间的线性相关程度越高,因此可以用来判别是否存在多重共线性。但这一方法有很大的局限性,原因如下。

(1) 很难根据 r 的大小来判定两个变量之间的线性相关程度到底有多高。因为它还和样本容量 N 有关。不难验证,当 $N=2$ 时,总有 $|r|=1$,但这并不能说明两个变量是完全线性相关的。

(2) 当模型中有多个解释变量时,即使所有的两两解释变量之间的简单相关系数 $|r|$ 都不大,也不能说明解释变量之间不存在多重共线性。这是因为多重共线性并不仅仅表现为解释变量两两间的线性相关性,还包括多个解释变量之间的线性相关,见式(11-3)。

2. 回归检验法

我们知道,线性回归模型是用来描述变量之间的线性相关关系的,因此可以通过分别以某一解释变量 X_k 对其他解释变量进行线性回归,来检验解释变量之间是否存在多重共线性,即可以建立如下 p 个 $p-1$ 元的线性回归模型:

$$X_k = b_{0k} + \sum_{j\ne k} b_{ik}X_j + \varepsilon_k, \quad k=1,2,\cdots,p \tag{11-4}$$

并分别对这 p 个回归模型进行逐步回归,若存在显著的回归方程,则说明存在多重共线性。如果有多个显著的回归方程,则取临界显著性水平最高的回归方程,该回归方程就反映了解释变量之间线性相关的具体形式。如果所有的回归方程都不显著,则说明不存在多重共线性。

由此可见,如果存在多重共线性,回归检验法还可以确定究竟是哪些变量引起了多重共线性,这对消除多重共线性的影响是有用的。

3. 通过对原模型回归系数的检验来判定

其实,最简单的方法是通过对原模型回归系数的检验结果来判定是否存在多重共线性。如果回归方程检验是高度显著的,但各回归系数检验时 t 统计量的值都偏小,且存在不显著的变量,而且当剔除了某个或若干不显著变量后其他回归系数的 t 统计量的值有很大的提高,就可以判定存在多重共线性。这是由于当某些解释变量之间高度线性相关时,其中某个解释变量就可以由其他解释变量近似线性表示。剔除该变量后,该变量在回归中的作用就转移到与它线性相关的其他解释变量上,因此会引起其他解释变量的显著性水平明显提高。但如果在剔除不显著的变量后对其余解释变量回归系数的 t 统计量并无明显影响,则并不能说明原模型中存在多重共线性问题。此时说明被剔除的解释变量与被解释变量之间并无线性关系。

如果经检验所有的回归系数都是显著的,则可以判定不存在多重共线性问题。

4. 使用方差膨胀因子的大小来判定

方差膨胀因子 VIF 是指回归系数的估计量由于自变量共线性使得方差增加的一个相对度量。对于第 j 个回归系数($j=1,2,\cdots,m$),它的方差膨胀因子定义为

$$\text{VIF}_j = 第j个回归系数的方差/自变量不相关时第j个回归系数的方差$$

$$= \frac{1}{1-R_j^2} = \frac{1}{\text{TOL}_j}$$

其中,$1-R_j^2$ 是自变量 $1-R_j^2$ 对模型中其余自变量线性回归模型的 R^2,VIF_j 的倒数 TOL_j 也称容限。

一般来讲,若 $\text{VIF}_j > 10$,表明模型中有很强的共线性问题。

11.5 消除多重共线性的方法

通常可以采用以下方法消除多重共线性问题。

1. 剔除引起多重共线性的解释变量

由前述判定是否存在多重共线性的第 3 种方法可知,当存在多重共线性时,最简单的方法就是从模型中剔除不显著的变量,也可以采用逐步回归方法直接得到无多重共线性的回归方程。但采用此方法时应注意结合有关经济理论知识和分析问题的实际经济背景慎重进行。因为有时产生多重共线性的原因是样本数据的来源存在一定问题,而在许多计量经济模型中,人们往往只能被动地获得已有的数据,如果处理不当,就有可能从模型中剔除

了对被解释变量有重要影响的经济变量，从而会引起更严重的模型设定错误。故应注意从模型中剔除的应当是意义相对次要的经济变量。

2. 利用解释变量之间存在的某种关系

有时候，根据经济理论、统计资料或经验，可以掌握解释变量之间的某种关系，这些关系如能在模型中加以利用就有可能消除多重共线性的影响。

例如，对于生产函数模型

$$Y = AK^{\alpha}L^{\beta}e^{\varepsilon} \tag{11-5}$$

式中：Y——产量；
$\quad\quad K$——资金；
$\quad\quad L$——劳动。

将其线性化后为

$$\ln Y = \ln A + \alpha \ln K + \beta \ln L + \varepsilon \tag{11-6}$$

前面已经分析过，产量、资金通常和劳动之间是高度线性相关的，$\ln K$ 和 $\ln L$ 也会存在线性相关性，因此模型(11-6)就可能存在多重共线性。为解决这一问题，可利用经济学中关于规模报酬不变的假定，即

$$\alpha + \beta = 1 \tag{11-7}$$

将它代入(11-6)中，得到

$$\ln Y = \ln A + \alpha \ln K + (1-\alpha) \ln L + \varepsilon$$

经过整理后，可得到

$$\ln \frac{Y}{L} = \ln A + \alpha \ln \frac{K}{L} + \varepsilon \tag{11-8}$$

令 $Y^* = \ln \dfrac{Y}{L}$，$X^* = \ln \dfrac{K}{L}$，$\alpha_0 = \ln A$，则可以得到无多重共线性的一元线性回归模型

$$Y^* = \alpha_0 + \alpha_1 X^* + \varepsilon \tag{11-9}$$

显然，以上变换后并没有丢失 K 和 L 的信息。利用 OLS(普通最小二乘法)估计出 $\hat{\alpha}_0$ 和 $\hat{\alpha}$ 后，可由 $\hat{\beta} = 1 - \hat{\alpha}$ 得到原模型的 $\hat{\beta}$。

3. 改变模型的形式

当回归方程主要是用于预测和控制，而并不侧重于分析每一解释变量对被解释变量的影响程度时，可通过适当改变模型的分析方式，以消除多重共线性。

例如，设某商品的需求模型为

$$Y = \beta_0 + \beta_1 X_1 + \alpha_1 Z_1 + \alpha_2 Z_2 + \varepsilon \tag{11-10}$$

式中：Y——需求量；
$\quad\quad X_1$——居民家庭收入水平；
$\quad\quad Z_1$——该商品价格；
$\quad\quad Z_2$——替代商品价格。

则在 Z_1 和 Z_2 具有大约相同变化比例的条件下，模型(11-10)就可能存在多重共线性。但实际应用中人们显然更重视两种商品的价格比，因此可令

$$X_2 = Z_1 / Z_2 \tag{11-11}$$

从而可将上述需求模型改变为

$$Y = \beta_0 + \beta_1 X_1 + \beta_2 X_2 + \varepsilon \tag{11-12}$$

这就避免了原来模型中的多重共线性。

又如，设有如下消费模型

$$y_t = \beta_0 + \beta_1 x_t + \beta_2 x_{t-1} + \varepsilon_t \tag{11-13}$$

式中：y_t——t 期的消费支出；

x_t——t 期的收入；

x_{t-1}——$t-1$ 期的收入。

显然前后期的收入之间是高度相关的，因此模型(11-13)存在多重共线性。但是如果我们关心的主要不是前期收入对本期消费支出的影响，而主要是研究收入的增减变化对消费支出的影响，则可令 $\Delta x_t = x_t - x_{t-1}$，原模型就变为如下形式：

$$y_t = b_0 + b_1 x_t + b_2 \Delta x_t + \varepsilon_t \tag{11-14}$$

通常情况下，x_t 与 Δx_t 之间的相关程度要远低于 x_t 和 x_{t-1} 之间的相关程度。因此模型(11-14)基本上可消除多重共线性问题。此外，模型(11-13)与(11-14)的参数之间还有如下关系：

$$\beta_1 = b_1 + b_2, \quad \beta_2 = -b_2, \quad \beta_0 = b_0$$

因此求得式(11-14)的参数估计后，也就得到式(11-13)的参数估计。

再如，设时间序列的计量经济模型为

$$y_t = \beta_0 + \beta_1 x_{t1} + \beta_2 x_{t2} + \varepsilon_t \tag{11-15}$$

设 X_1 和 X_2 是高度线性相关的，由式(11-15)有

$$y_{t-1} = \beta_0 + \beta_1 x_{t-1,1} + \beta_2 x_{t-1,2} + \varepsilon_{t-1} \tag{11-16}$$

将式(11-16)减去式(11-15)，得

$$y_t - y_{t-1} = \beta_1(x_{t1} - x_{t-1,1}) + \beta_2(x_{t2} - x_{t-1,2}) + \varepsilon_t - \varepsilon_{t-1}$$

作如下差分变换，令

$$\begin{cases} y_t^* = y_t - y_{t-1} \\ x_{t1}^* = x_{t1} - x_{t-1,1} \\ x_{t2}^* = x_{t2} - x_{t-1,2} \\ V_t = \varepsilon_t - \varepsilon_{t-1} \end{cases} \tag{11-17}$$

则可得原模型的差分模型

$$y_t^* = \beta_1 x_{t1}^* + \beta_2 x_{t2}^* + V_t, \quad t = 1, 2, \cdots, N \tag{11-18}$$

通常，经差分变换后数据的相关程度较低，有可能消除多重共线性。但需要指出的是，经过上述变换后，式(11-18)中的随机误差序列 V_t 可能会产生自相关性。然而，当 ε_t 本身是一阶高度正相关时，即

$$\varepsilon_t = \rho \varepsilon_{t-1} + V_t$$

且 $\rho \approx 1$，则

$$\varepsilon_t - \varepsilon_{t-1} \approx V_t$$

反而比较好地消除了自相关性。

4. 增加样本容量

在前面的分析中已经指出，计量经济模型中存在的共线性现象有可能是因为样本数据来源存在一定的局限性，如果能增加样本容量，则有可能降低甚至消除多重共线性问题。数理统计理论告诉我们，样本容量越大，则参数估计的方差就越小，而多重共线性的不良后果都是因为参数估计的方差增大所致的，因此增加样本容量是解决多重共线性问题的最佳途径。但由于计量经济模型中的许多数据的来源受到很大限制，因此要增加样本容量是有一定难度的。

11.6 Python 多重共线性诊断

例 11-1：某企业在技术创新过程中，新产品的利润往往受到开发人力、财力和以往技术水平的影响，以该企业历年专利申请量累计作为技术水平，各项指标的数据见表 11-1，试对自变量的共线性进行诊断。

表 11-1 各项指标的数据

利润 run/万元	开发人力 z1/人	专利申请 z2/件	开发财力 z3/万元
1 178	47	230	49
902	31	164	38
849	24	102	67
386	10	50	38
...	...	...	...

在目录 F:\2glkx\data 下建立 al11-1.xls 数据文件后，使用的代码如下。

```
import pandas as pd
import numpy as np
#读取数据并创建数据表，名称为data
data = pd.DataFrame()
data=pd.DataFrame(pd.read_excel('F:\\2glkx\\data\\al11-1.xls'))
#查看数据表前5行的内容
data.head()
   run  z1   z2  z3
0 1178  47  230  49
1  902  31  164  38
2  849  24  102  67
3  386  10   50  38
4 2024  74  365  63
```

下面计算相关系数矩阵。

```
vars = ['run','z1','z2','z3']
df=data[vars]
df.corr()
         run        z1        z2        z3
run  1.000000  0.959255  0.946914  0.291139
z1   0.959255  1.000000  0.968524  0.449026
z2   0.946914  0.968524  1.000000  0.429102
```

```
z3   0.291139  0.449026  0.429102  1.000000
```

从上面的相关系数矩阵可见，该数据模型存在多重共线性。

下面作回归分析。

在 data 数据表中，将 z1、z2、z3 设置为自变量 X，将 run 设置为因变量 y。

下面生成设计矩阵。由于要建立的模型是 $y=BX$，因此需要分别求得 y 和 X 矩阵，而 dmatrices 就是做这个的，命令如下：

```
from patsy import dmatrices
y,X=dmatrices('run~z1+z2+z3',data=df,return_type='dataframe')
print (y.head())
print (X.head())
```

得到如下结果。

```
     run
0  1178.0
1   902.0
2   849.0
3   386.0
4  2024.0
   Intercept    z1     z2    z3
0        1.0  47.0  230.0  49.0
1        1.0  31.0  164.0  38.0
2        1.0  24.0  102.0  67.0
3        1.0  10.0   50.0  38.0
4        1.0  74.0  365.0  63.0
```

下面用 OLS 作普通最小二乘，用 fit 方法对回归方程进行估计，用 summary 保存计算的结果。

```
import statsmodels.api as sm
model = sm.OLS(y, X)
fit = model.fit()
print (fit.summary())
```

得到如下结果。

```
                            OLS Regression Results
==============================================================================
Dep. Variable:                    run   R-squared:                       0.949
Model:                            OLS   Adj. R-squared:                  0.940
Method:                 Least Squares   F-statistic:                     99.56
Date:                Thu, 22 Feb 2018   Prob (F-statistic):           1.46e-10
Time:                        09:42:13   Log-Likelihood:                -120.12
No. Observations:                  20   AIC:                             248.2
Df Residuals:                      16   BIC:                             252.2
Df Model:                           3
Covariance Type:            nonrobust
==============================================================================
                 coef    std err          t      P>|t|      [95.0% Conf. Int.]
------------------------------------------------------------------------------
Intercept    185.3854     63.250      2.931      0.010      51.302     319.469
z1            18.0136      5.333      3.377      0.004       6.707      29.320
z2             1.1559      0.963      1.201      0.247      -0.885       3.197
z3            -1.2557      0.458     -2.739      0.015      -2.228      -0.284
==============================================================================
Omnibus:                        0.126   Durbin-Watson:                   2.447
Prob(Omnibus):                  0.939   Jarque-Bera (JB):                0.241
```

```
Skew:                       0.158   Prob(JB):                     0.887
Kurtosis:                   2.565   Cond. No.                     687.0
===============================================================================
```

由此可见，在 0.05 的水平下，仅有变量 z2 的系数是不显著的，其他变量的系数都是显著的。

下面看一下 z1、z2、z3 的方差膨胀因子，Python 代码如下。

```
##计算 z1 方差膨胀因子
y,X=dmatrices('z1~z2+z3',data=df,return_type='dataframe')
model = sm.OLS(y, X)
fit1 = model.fit()
vif1= (1- fit1.rsquared)**(-1)
##计算 z2 方差膨胀因子
y,X=dmatrices('z2~z1+z3',data=df,return_type='dataframe')
model = sm.OLS(y, X)
fit2 = model.fit()
vif2= (1- fit2.rsquared)**(-1)
##计算 z3 方差膨胀因子
y,X=dmatrices('z3~z1+z2',data=df,return_type='dataframe')
model = sm.OLS(y, X)
fit3 = model.fit()
vif3= (1- fit3.rsquared)**(-1)
##输出 z1、z2、z3 方差膨胀因子
print (vif1,vif2,vif3)
```

得到 z1、z2、z3 膨胀因子结果如下。

```
16.5039264653 16.1500076459 1.25339314669
```

从上面输出结果可见，z1、z2 方差膨胀因子分别为 16.503 926 465 3、16.150 007 645 9，所以模型存在严重的多重共线性。

11.7　Python 多重共线性消除

从例 11-1 的相关系数矩阵可以看到，企业利润 run 和 z1、z2 多个变量之间存在着较强的相关性，而 z1 和 z2 的相关系数则达到了 0.968 524，这违背了多元回归中的一个假设：自变量之间无共线性。自变量共线性会导致我们的结果不能反映真实情况，这也是上面的回归分析模型中 z2 的系数不显著的原因。所以，本节剔除 z2 变量，对该模型重新进行回归分析，因此执行如下代码。

```
y,X=dmatrices('run~z1+z3',data=df,return_type='dataframe')
model = sm.OLS(y, X)
fit4 = model.fit()
print (fit4.summary())
```

得到如下结果。

```
                           OLS Regression Results
===============================================================================
Dep. Variable:                   run   R-squared:                       0.945
Model:                           OLS   Adj. R-squared:                  0.938
Method:                Least Squares   F-statistic:                     144.9
```

```
Date:              Fri, 02 Mar 2018   Prob (F-statistic):        2.10e-11
Time:                    16:10:46     Log-Likelihood:             -120.98
No. Observations:              20     AIC:                          248.0
Df Residuals:                  17     BIC:                          251.0
Df Model:                       2
Covariance Type:         nonrobust
==============================================================================
                 coef    std err       t      P>|t|      [0.025     0.975]
------------------------------------------------------------------------------
Intercept     178.1580    63.775     2.794    0.012      43.605    312.711
z1             24.1689     1.488    16.240    0.000      21.029     27.309
z3             -1.2700     0.464    -2.736    0.014      -2.249     -0.291
==============================================================================
Omnibus:                   1.335    Durbin-Watson:              2.701
Prob(Omnibus):             0.513    Jarque-Bera (JB):           0.975
Skew:                     -0.255    Prob(JB):                   0.614
Kurtosis:                  2.046    Cond. No.                   286.0
==============================================================================
```

上面的结果说明如下关系式成立。

利润 run= 178.1580 + 24.1689 *开发人力 z1-1.2700*开发财力 z3

下面计算 z1、z3 的方差膨胀因子，Python 代码如下。

```
y,X=dmatrices(' z1~z3',data=df,return_type='dataframe')
model = sm.OLS(y, X)
fit1 = model.fit()
vif1= (1- fit1.rsquared)**(-1)

y,X=dmatrices(' z3~z1',data=df,return_type='dataframe')
model = sm.OLS(y, X)
fit3= model.fit()
vif3= (1- fit3.rsquared)**(-1)
print (vif1,vif3)
```

得到如下 z1、z3 的方差膨胀因子结果。

1.25254357511 1.25254357511

两个变量的方差膨胀因子都小于 10，因此，消除了多重共线性的影响。

练 习 题

1. 对本章例题的数据文件，使用 Python 重新操作一遍。

2. 理论上认为影响能源消费需求总量的因素主要有经济发展水平、收入水平、产业发展、人民生活水平提高、能源转换技术等。为此，收集了中国能源消费总量 y(万吨标准煤)、国内生产总值 GDP (亿元)X_1(代表经济发展水平)、国民总收入(亿元)X_2(代表收入水平)、工业增加值(亿元)X_3、建筑业增加值(亿元)X_4、交通运输邮电业增加值(亿元)X_5(代表产业发展水平及产业结构)、人均生活电力消费(千瓦时)X_6(代表人民生活水平提高)、能源加工转换效率(%)X_7(代表能源转换技术)等在 1985—2002 年期间的统计数据，具体如表 11-2 所示。

第11章 Python 多重共线性处理

表 11-2 统计数据

年份	能源消费 y	GDP X_1	国民总收入 X_2	工业 X_3	建筑业 X_4	交通运输邮电 X_5	人均生活电力消费 X_6	能源加工转换效率 X_7
1985	76 682	8 989.1	8 964.4	3 448.7	417.9	406.9	21.3	68.29
1986	80 850	10 201.4	10 202.2	3 967.0	525.7	475.6	23.2	68.32
1987	86 632	11 954.5	11 962.5	4 585.8	665.8	544.9	26.4	67.48
1988	92 997	14 922.3	14 928.3	5 777.2	810.0	661.0	31.2	66.54
1989	96 934	16 917.8	16 909.2	6 484.0	794.0	786.0	35.3	66.51
1990	98 703	18 598.4	18 547.9	6 858.0	859.4	1 147.5	42.4	67.2
1991	103 783	21 662.5	21 617.8	8 087.1	1 015.1	1 409.7	46.9	65.9
1992	109 170	26 651.9	26 638.1	10 284.5	1 415.0	1 681.8	54.6	66
1993	115 993	34 560.5	34 634.4	14 143.8	2 284.7	2 123.2	61.2	67.32
1994	122 737	46 670.0	46 759.4	19 359.6	3 012.6	2 685.9	72.7	65.2
1995	131 176	57 494.9	58 478.1	24 718.3	3 819.6	3 054.7	83.5	71.05
1996	138 948	66 850.5	67 884.6	29 082.6	4 530.5	3 494.0	93.1	71.5
1997	137 798	73 142.7	74 462.6	32 412.1	4 810.6	3 797.2	101.8	69.23
1998	132 214	76 967.2	78 345.2	33 387.9	5 231.4	4 121.3	106.6	69.44
1999	130 119	80 579.4	82 067.5	35 087.2	5 470.6	4 460.3	118.1	70.45
2000	130 297	88 254.0	89 468.1	39 047.3	5 888.0	5 408.6	132.4	70.96
2001	134 914	95 727.9	97 314.8	42 374.6	6 375.4	5 968.3	144.6	70.41
2002	148 222	103 935.3	105 172.3	45 975.2	7 005.0	6 420.3	156.3	69.78

要求:

(1) 建立对数线性多元回归模型。

(2) 如果决定用表中全部变量作为解释变量,你预料会遇到多重共线性的问题吗?为什么?

(3) 如果有多重共线性,你准备怎样解决这个问题?明确你的假设并说明全部计算。

第 12 章 Python 异方差处理

12.1 异方差的概念

设线性回归模型为

$$y_i = \beta_0 + \beta_1 x_{i1} + \beta_2 x_{i2} + \cdots + \beta_p x_{ip} + \varepsilon_i, \quad i = 1, 2, \cdots, N$$

假定模型中的随机误差项序列满足 $\varepsilon_i = N(0, \sigma^2)$，且相互独立，$i=1,2,\cdots,N$，即要求各 ε_i 是同方差的。

例如，储蓄与收入的关系模型为：$y_i = \beta_1 + \beta_2 x_i + \varepsilon_i$，其中 y_i 是储蓄，x_i 是收入，其同方差如图 12-1 所示。

但在计量模型中经常会出现违背上述同方差假定的情况，其中各 σ_i^2 不完全相同，此时就称该回归模型具有异方差性，如图 12-2 所示。

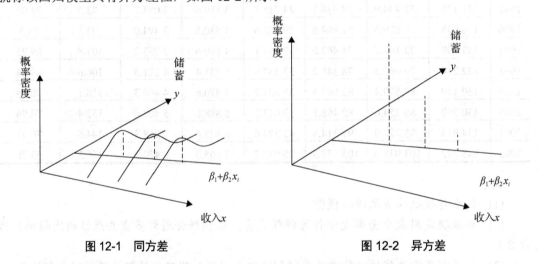

图 12-1 同方差　　　　　　　　　　图 12-2 异方差

例 12-1：使用横截面资料(指同一时期)研究居民家庭的储蓄模型

$$y_i = \beta_0 + \beta_1 x_i + \varepsilon_i, \quad i = 1, 2, \cdots, N$$

其中，y_i 为第 i 个家庭的年储蓄额，x_i 为第 i 个家庭的年可支配收入，ε_i 为除收入外影响储蓄的其他因素，如家庭人口及其构成情况、消费观念和偏好、文化背景、过去的收入水平、对将来的收入预期和支出预期、社会的经济景气状况、存款利率、股市状况、社会保险和社会福利状况等。

显然在这一模型中，随机误差项 ε_i 序列是同方差的假定是无法满足的。这是因为对于高收入家庭而言，在满足基本生活费支出后，尚有很大剩余，因此在改善生活质量等方面有很大的可选择空间。其中有些家庭倾向于购置高档商品住宅、家庭轿车、高档家用电器和生活用品，以及出门旅游、上餐馆、玩保龄球、上舞厅、去夜总会、听歌剧等文化娱乐活动，也有的热衷于证券投资等。这些高收入家庭的储蓄额占其收入的比例相对较低，甚至通过贷款途径实现超前消费。而另一些高收入家庭则或者由于工作繁忙,或者由于文化素质较高、生活上一贯俭朴等原因,因而很少涉足高消费领域,他们的储蓄额就必然较高。由此可见,对于收入越高的家庭,家庭储蓄之间的差异也越大,反映在模型中就是ε_i的方差越大。而对于低收入家庭,其收入除去必要的生活费开支之外就所剩无几,他们会为了预防或准备今后的特殊需要而参加储蓄,故储蓄较有规律,差异必然较小,即ε_i的方差较小。

例 12-2:以某一时间截面上不同地区的数据为样本,研究某行业的产出随投入要素的变化关系,建立如下生产函数模型

$$y_i = f(K_i, L_i) + \varepsilon_i, \quad i = 1, 2, \cdots, N$$

其中,ε_i包含了除资本K与劳动L以外的其他因素对产出y_i的影响,如采用的技术水平、管理水平、创新能力、地理交通条件、市场信息、人才素质以及政府的政策因素等。显然,资本规模K大的企业,其采用的工艺装备水平、R&D(研究与开发)的投入及管理水平、营销网络等都会存在较大的差异,因而其产出也就必然存在较大的差异性,反映在模型中随机误差项ε_i的方差通常就会随K_i的增大而增加,产生异方差性。

例 12-3:以分组的平均值作为各组的样本数据时,如果对不同组别的抽样数$n_i(i=1,2,\cdots,N)$不完全相同,则由样本均值方差的性质可知,数据量越多的组,平均值的方差就越小。设y_{ij}为第i组中抽取的第j个观察值,并设各y_{ij}是同方差的,即$D(y_{ij}) = \sigma^2$,$i = 1, 2, \cdots, N$,$j = 1, 2, \cdots, n$,则$D(\bar{y}_i) = D(\frac{1}{n}\sum_{i=1}^{n_i} y_{ij}) = \frac{\sigma^2}{n_i}$,故在以组内平均值作为样本数据时,如果各组所含观察值数量不相同,也会导致异方差性。

12.2 异方差产生的原因

了解异方差产生的原因,就可以在研究计量经济模型时,有针对性地对样本数据进行检验,发现存在异方差后,采取有效措施消除模型中的异方差,使模型的参数估计更精确,显著性检验结果更具有说服力,预测和控制分析更有使用价值。

异方差产生的原因主要有以下几项。

1. 由问题的经济背景所产生的异方差

例 12-1 和例 12-2 就是产生异方差最主要的原因。

2. 由于模型中忽略了某些重要的解释变量

例如,假定实际问题的回归模型应当为

$$y_i = \beta_0 + \beta_1 x_{i1} + \beta_2 x_{i2} + \beta_3 x_{i3} + \varepsilon_i, \quad i = 1, 2, \cdots, N$$

但在建立模型时忽略了对Y有重要影响的解释变量x_3,所建模型为

$$y_i = \beta_0 + \beta_1 x_{i1} + \beta_2 x_{i2} + \varepsilon_i, \quad i = 1, 2, \cdots, N$$

则随机误差项ε_i中就含有x_3的不同取值x_{i3}对y_i的影响部分,当对应于各样本数据中的x_3呈有规律性的变化时,随机误差项ε_i也就会呈现相应的有规律性的变化,使ε_i出现异方

差现象。

3. 因模型的函数形式设定不当而产生的异方差

例如,假定两个变量之间正确的相关关系为指数函数形式,回归模型应设定为

$$y_i = \beta_0 e^{\beta_1 x_i} \varepsilon_i, \quad i = 1, 2, \cdots, N$$

但在建立模型时错误地将其设为线性模型

$$y_i = \beta_0 + \beta_1 x_i + \varepsilon_i, \quad i = 1, 2, \cdots, N$$

则用线性回归方程对样本数据进行拟合时将产生系统性偏差,从而导致异方差现象。

4. 经济结构的变化所引起异方差性

由于经济结构的变化,使经济变量之间的关系在不同时期有较大的差异。例如,设经济变量 y 和 x 在计划经济时期和市场经济时期的关系有所不同,应分别建立两个模型:

$$y_t = \beta_0^{(1)} + \beta_1^{(1)} x_t + \varepsilon_t^{(1)}, \quad 1 \leq t \leq t_0$$
$$y_t = \beta_0^{(2)} + \beta_1^{(2)} x_t + \varepsilon_t^{(2)}, \quad t_0 \leq t \leq T$$

即使两个模型中的随机误差项 $\varepsilon_t^{(1)}$ 和 $\varepsilon_t^{(2)}$ 是同方差的,但若将它们统一在一个模型中处理,也会引起异方差现象。

12.3 异方差的后果

当存在异方差时,如果仍使用普通最小二乘法(OLS)估计模型中的参数,将会引起以下后果。

1. 参数的 OLS 估计不再具有最小方差性

由于在异方差条件下,OLS 不再具有最小方差性,因此也就不是参数 β 的优良估计。如果仍使用 OLS 进行参数估计,就将导致估计的误差增大。

2. 显著性检验失效

在建立回归模型时,我们是在各 $\varepsilon_i \sim N(0, \sigma^2)$,且相互独立的条件下,得到用以检验回归方程的 F 统计量和检验回归系数的 t 统计量的分布。当存在异方差时,在原假设为真时统计量就不再服从原来的分布,从而使假定的显著性检验方法失效。

3. 预测的精度降低

由于异方差使普通最小二乘法估计所得到的 $\hat{\beta}_j (j = 0, 1, 2, \cdots, p)$ 的方差增大,估计精度降低,因此在使用由 OLS 方法所得回归方程进行预测时,必然降低点预测和区间预测的精度,使预测结果变得不可靠,也就失去了应用价值。基于同样的原因,将回归方程应用于控制时,也会产生同样的不良后果。

12.4 异方差的识别检验

异方差的存在导致了上述不良后果，所以对于计量经济模型，在进行参数估计之前就应当对其是否存在异方差进行识别。若确实存在异方差，就需要采取措施消除数据中的异方差性。异方差的识别与检验主要有以下几类方法。

根据问题的经济背景，分析是否可能存在异方差。

例 12-1 和例 12-2 就是运用经济常识来判断模型中将会出现异方差。这通常是判断是否存在异方差的第一个步骤，具体确认还需要进一步借助以下方法。

12.4.1 图示法

通常可以借助以下两种图示法判断模型中是否存在异方差。

(1) 分别对各解释变量 $x_j(j=1,2,\cdots,p)$，作出 (x_j,y) 的散点图。这一方法可以分析异方差与哪些解释变量有关。如果 y_i 的离散程度基本上不随 x_j 的取值不同而改变，则说明不存在异方差；如果 y_i 的离散程度随 x_j 的取值不同而呈现有规律性的变化，则说明存在异方差。

(2) 分别作出各解释变量 x_j 与残差平方 (x_j, e_i^2) 的散点图。其中 $e_i^2 = (y_i - \hat{y}_i)^2$ 称为残差平方项，可将残差平方项 e_i^2 视为 σ_i^2 的估计，具体步骤如下。

① 用 OLS 对模型进行参数估计，求出回归方程，并计算各残差平方项 $e_i^2 = (y_i - \hat{y}_i)^2$；
② 作 (x_j, e_i^2) 的散点图。

如果残差平方项的大小基本上不随 x_j 的取值不同而变化，则说明不存在异方差；如果残差平方项的大小随 x_j 的增减而呈现有规律性的变化，则可以判定存在异方差。

图示法简单直观，在 SPSS 软件中能很方便地根据要求作出各种散点图。但图示法也有其局限性，在多元回归模型中，考察 σ_i^2 是否随某一解释变量 x_j 而变化时，当 x_j 取不同值，其他解释变量的取值也会变化，因而显示的异方差性并不一定就是该 x_j 所引起的。此外，图示法也难以反映由于两个或多个解释变量的共同作用所产生的异方差。

12.4.2 统计检验方法

检验是否存在异方差最有效的方法是统计检验方法，以下介绍的两种检验方法的基本思想都是相同的。所谓异方差，是指对于不同的样本观察值 ε_i 具有不同的方差 σ_i^2，即随机误差项 ε_i 与某些解释变量之间存在相关性。各种统计检验方法都是检验 σ_i^2 与解释变量是否存在显著的相关性。由于 σ_i^2 未知，故都采用其点估计残差平方项 e_i^2 近似替代 σ_i^2 进行检验。

1. Park(伯克)检验

Park 认为，如果存在异方差，则 σ_i^2 应是某个解释变量的函数，因而可以假定

$$\sigma_i^2 = \sigma^2 x_{ij}^\beta e^{V_i}, \quad i=1,2,\cdots,N \tag{12-1}$$

将其线性化后，可得

$$\ln \sigma_i^2 = \ln \sigma^2 + \beta \ln x_{ij} + V_i, \quad i=1,2,\cdots,N \tag{12-2}$$

由于 σ_i^2 未知，可用其估计值 e_i^2 代替。具体检验步骤如下。

(1) 用 OLS 对原模型进行回归，并求得各 e_i^2 (统计软件都有返回残差 e_i 的功能)。

(2) 将 e_i^2 对各解释变量分别进行如下一元回归

$$\ln e_i^2 = \ln \sigma^2 + \beta \ln x_{ij} + V_i = \alpha + \beta x_{ij}, \quad i=1,2,\cdots,N \tag{12-3}$$

(3) 检验假设 $H_0: \beta = 0$。若结果为显著的，则判定存在异方差；如果有多个显著的回归方程，则取临界显著性水平最高的作为 σ_i^2 与解释变量之间的相关关系，并由此得到 σ_i^2 的具体形式。

由式(12-1)可知，Park 检验所采取的函数形式可以是解释变量的任意次幂，因此适应性很广，同时还可得到 σ_i^2 的具体形式

$$\sigma_i^2 = \sigma^2 f(x_{ij}) \tag{12-4}$$

这对消除异方差将是非常有用的。

2. White(怀特)检验

这一方法是由怀特(H.White)在 1980 年提出的，其步骤如下。

(1) 用 OLS 对原模型进行回归，并求得各 e_i^2。

(2) 将 e_i^2 对各解释变量、它们的平方项及交叉乘积项进行一元线性回归，并检验各回归方程的显著性。

(3) 若存在显著的回归方程，则认为存在异方差，并取临界显著水平最高的回归方程作为 σ_i^2 与解释变量之间的相关关系。

例如，设原模型为

$$y_i = \beta_0 + \beta_1 x_{i1} + \beta_2 x_{i2} + \beta_3 x_{i3} + \varepsilon_i$$

则将 e_i^2 分别对 $x_{i1}, x_{i2}, x_{i3}, x_{i1}^2, x_{i2}^2, x_{i3}^2, x_{i1}x_{i2}, x_{i1}x_{i3}, x_{i2}x_{i3}$ 进行一元回归。White 检验可适用于 σ_i^2 与两个解释变量同时相关的情况。

3. Spearman 等级相关系数检验

检验模型是否存在异方差问题，除了使用残差图外，Spearman 等级相关系数也是常用的检验方法。Spearman 等级相关系数的检验步骤如下。

(1) 使用最小二乘对回归模型进行拟合，求出残差 ε_i，$i=1,\cdots,n$。

(2) 针对每个 X_i，将 X_i 的 n 个观察值和 ε_i 的绝对值按照递增或递减顺序求出相对应的秩。

(3) 针对每个 X_i，计算 Spearman 等级相关系数的 r_i^s，$i=1,\cdots,p$。

(4) 检验 Spearman 等级相关系数 r_i^s 的显著性，$i=1,2,\cdots,p$。

若在 $r_i^s (i=1,\cdots,p)$ 中存在一个 r_i^s 显著相关，则回归方程存在异方差。

4. Goldfeld-Quandt 检验

Goldfeld-Quandt 检验方法是 Goldfeld 和 Quandt 于 1965 年提出的，可用于检验递增性或递减性异方差。此检验的基本思想是将样本分为两部分，然后分别对两个样本进行回归，并计算比较两个回归的剩余平方和是否有明显差异，以此判断是否存在异方差。

检验的前提条件是：此检验只适用于大样本；除了同方差假定不成立外，其他假定均满足。检验的具体步骤如下。

(1) 将观测值按解释变量 X_i 的大小顺序排序。

(2) 将排序在中间的 c 个(约 1/4)观察值删除，再将剩余的观测值分为两个部分，每部分观测值的个数为：$(n-c)/2$。

(3) 提出假设，即 H0：两部分数据的方差相等；H1：两部分数据的方差不相等。

(4) 构造 F 统计量。分别对上述两个部分的观察值作回归，由此得到两个部分的残差平方和，以 $\sum e_{1i}^2$ 表示前一部分样本回归产生的残差平方和，以 $\sum e_{2i}^2$ 表示后一部分样本回归产生的残差平方和，它们的自由度均为 $[(n-c)/2]-k$，k 为参数的个数。在原假设成立的条件下，因 $\sum e_{1i}^2$ 和 $\sum e_{2i}^2$ 分别服从自由度均为 $[(n-c)/2]-k$ 的 χ^2 分布，可导出

$$F^* = \frac{\sum e_{2i}^2 \Big/ \left[\frac{n-c}{2}-k\right]}{\sum e_{1i}^2 \Big/ \left[\frac{n-c}{2}-k\right]} = \frac{\sum e_{2i}^2}{\sum e_{1i}^2} \sim F\left(\frac{n-c}{2}-k, \frac{n-c}{2}-k\right)$$

(5) 判断，给定显著性水平 α，查 F 分布表，得到临界值

$$F_{(\alpha)} = F_{(\alpha)}\left(\frac{n-c}{2}-k, \frac{n-c}{2}-k\right)$$

计算统计量 F^*，如果 $F^* > F_{(\alpha)}$，则拒绝原假设，不拒绝备择假设，即认为模型中的随机误差存在异方差；反之，如果 $F^* < F_{(\alpha)}$，则不拒绝原假设，认为模型中的随机误差不存在异方差。Goldfeld-Quandt 检验的功效与对观测值的正确排序和删除数据个数 c 的大小有关。经验认为，当 $n=30$ 时，可以取 $c=4$；当 $n=60$ 时，可以取 $c=10$。该方法得到的只是异方差是否存在的判断，在多个解释变量的情况下，对于判断是由哪一个变量引起的异方差还存在局限。

除了以上介绍的检验方法外，还有其他检验异方差的方法，在此不一一介绍了。

12.5 消除异方差的方法

当使用某种方法确定存在异方差后，就不能简单地采用 OLS 进行参数估计了，否则将产生严重后果。

如果是由于模型设定不当而产生的异方差现象，则应根据问题的经济背景和有关经济学理论，重新建立更合理的回归模型，否则即使采用了以下介绍的方法进行处理，从表面上消除了现有样本数据的异方差，但由于模型自身存在的缺陷，所得到的回归方程仍不可能正确反映经济变量之间的关系，用它来进行预测和控制，仍会产生较大的误差。以下介

绍的消除异方差的方法是以模型设定正确为前提的。

1. 模型(数据)变换法

设原模型存在异方差，为

$$y_i = \beta_0 + \beta_1 x_{i1} + \beta_2 x_{i2} + \cdots + \beta_p x_{ip} + \varepsilon_i \tag{12-5}$$

$\varepsilon_i \sim N(0, \sigma_i^2)$，且相互独立，$i=1,2,\cdots,N$。

如果经由 Park 检验或其他方法，已经得到 σ_i^2 随解释变量变化的基本关系：

$$\sigma_i^2 = \sigma^2 f(x_{i1}, x_{i2}, \ldots, x_{ip}) = \sigma^2 z_i \tag{12-6}$$

其中 $z_i = f(x_{i1}, x_{i2}, \cdots, x_{ip}) > 0$，$\sigma^2$ 为常数。用 $\sqrt{z_i}$ 去除式(12-12)两边，得

$$\frac{y_i}{\sqrt{z_i}} = \beta_0 \frac{1}{\sqrt{z_i}} + \beta_1 \frac{x_{i1}}{\sqrt{z_i}} + \beta_2 \frac{x_{i2}}{\sqrt{z_i}} + \cdots + \beta_p \frac{x_{ip}}{\sqrt{z_i}} + \frac{\varepsilon_i}{\sqrt{z_i}} \tag{12-7}$$

显然式(12-7)与式(12-5)是等价的。令

$$\begin{cases} y_i' = y_i/\sqrt{z_i}, \quad x_{i0}' = 1/\sqrt{z_i} \\ x_{ij}' = x_{ij}/\sqrt{z_i}, \quad j=1,2,\cdots,p \\ V_i = \varepsilon_i/\sqrt{z_i} \end{cases} \tag{12-8}$$

则式(12-7)可以表示为

$$y_i' = \beta_0 x_{i0}' + \beta_1 x_{i1}' + \beta_2 x_{i2}' + \cdots + \beta_p x_{ip}' + V_i, \quad i=1,2,\cdots,N \tag{12-9}$$

此时

$$D(V_i) = D(\varepsilon_i/\sqrt{Z_i}) = \frac{1}{Z_i} D(\varepsilon_i) = \frac{1}{Z_i} \sigma^2 Z_i = \sigma^2, i=1,2,\cdots,N \tag{12-10}$$

式(12-10)说明模型(12-7)或(12-9)已是同方差的，因此可以用普通最小二乘法(OLS)进行参数估计，得到线性回归方程

$$\hat{y}_i' = \hat{\beta}_0 x_0' + \hat{\beta}_1 x_1' + \hat{\beta}_2 x_2' + \cdots + \hat{\beta}_p x_p' \tag{12-11}$$

若对式(12-11)的回归方程和回归系数显著性检验结果都是显著的，就可以用来进行预测和控制。但要指出的是，在进行预测和控制时，必须将数据按式(12-8)进行变换后使用式(12-11)的回归方程得到预测或控制结论后再由式(12-8)的关系变换为原来的数值。

2. 加权最小二乘法(WLS)

对于多元回归模型

$$Y_i = \beta_0 + \beta_1 X_{i1} + \cdots + \beta_p X_{ip} + \varepsilon_i, \quad i=1,\cdots,n$$

最小二乘法是寻找参数 $\beta_0,\cdots,\beta_p$ 的估计值 $\hat{\beta}_0,\cdots,\hat{\beta}_p$，使离差平方和达到最小值，即找出 $\hat{\beta}_0,\cdots,\hat{\beta}_p$，满足 $Q(\hat{\beta}_0,\cdots,\hat{\beta}_p) = \sum_{i=1}^{n}(y_i - \hat{\beta}_0 - \hat{\beta}_1 x_{i1} - \cdots - \hat{\beta}_p x_{ip})^2 = \min$。

当模型存在异方差问题时，上述平方和中每一项的地位都是不同的，随机误差 ε_i 方差较大的项在平方和中的作用较大。为了调整各平方和的作用，使其离差平方和的贡献基本相同，常采用加权的方法，即对每个样本的观察值构造一个权 w_k，$k=1,\cdots,n$，找出

$\hat{\beta}_{w0},\cdots,\hat{\beta}_{wp}$,满足 $Q(\hat{\beta}_{w0},\cdots,\hat{\beta}_{wp}) = \sum_{i=1}^{n} w_i(y_i - \hat{\beta}_0 - \hat{\beta}_1 x_{i1} - \cdots - \hat{\beta}_p x_{ip})^2 = \min$。

令 $\hat{\beta}_w = (\hat{\beta}_{w0},\cdots,\hat{\beta}_{wp})'$,$W = \text{diag}(w_1,\cdots,w_n)$,则 $\hat{\beta}_w = (\hat{\beta}_{w0},\cdots,\hat{\beta}_{wp})'$ 的加权最小二乘估计公式为

$$\hat{\beta}_w = (x'Wx)^{-1} x'Wy$$

如何确定权系数呢？检验异方差时，计算 Spearman 等级相关系数的 $r_i^s(i=1,\cdots,p)$,选取最大 $r_i^s(i=1,\cdots,p)$ 对应的变量 X_i 所对应的观察值序列 $x_{i1},\cdots,x_{in}$ 构造权数，即令 $w_k = 1/x_{ik}^m$,其中 m 为待定参数。

12.6　Python 异方差诊断

例 12-4：随机抽取 15 家企业的人力和财力投入对企业产值的影响，具体数据见表 12-1。

表 12-1　企业产值、人力和财力投入数据

产值 y1/万元	人力 z1/人	财力 z2/万元
244	170	287
123	136	73
51	41	61
1 035	6 807	169
418	3 570	133
93	48	54
540	3 618	232
212	510	94
52	272	70
128	1 272	54
1249	5 610	272
205	816	65
75	190	42
365	830	73
1291	503	287

在目录 F:\2glkx\data 下建立 al12-1.xlsx 数据文件后，使用的代码如下。

```
import pandas as pd
import numpy as np
#读取数据并创建数据表，名称为 df
df=pd.DataFrame(pd.read_excel('F:/2glkx/data/al12-1.xlsx'))
#查看数据表前 5 行的内容
df.head()
```

得到如下结果。

```
     y1   z1   z2
0   244  170  287
```

```
1    123    136     73
2     51     41     61
3   1035   6807    169
4    418   3570    133
```

下面生成设计矩阵。由于要建立的模型是 $y=BX$，因此需要分别求得 y 和 X 矩阵，而 dmatrices 就是做这个的，代码如下：

```
from patsy import dmatrices
y,X=dmatrices('y1~z1+z2',data=df,return_type='dataframe')
print (y.head())
print (X.head())
```

得到如下结果：

```
      y1
0   244.0
1   123.0
2    51.0
3  1035.0
4   418.0
   Intercept      z1     z2
0        1.0   170.0  287.0
1        1.0   136.0   73.0
2        1.0    41.0   61.0
3        1.0  6807.0  169.0
4        1.0  3570.0  133.0
```

下面用 OLS 作普通最小二乘，得到如下结果。

```
import statsmodels.api as sm
y,X=dmatrices('y1~z1+z2',data=df,return_type='dataframe')
model = sm.OLS(y, X)
fit1= model.fit()
res=fit1.resid
cc=abs(res)
Df1 = pd.DataFrame()
Df1[['z1', 'z2']] = df[['z1','z2']]
Df1['cc'] = cc
print(Df1.corr())
           z1        z2        cc
z1   1.00000  0.439980  0.029810
z2   0.43998  1.000000  0.822974
cc   0.02981  0.822974  1.000000
```

根据上面的相关系数矩阵，财力投入 z2 和残差绝对值 cc 相关系数为 0.822 974，显著相关，因此该回归模型存在异方差问题。

12.7　Python 异方差消除

根据相关系数，选取 z2 构造权重矩阵，假定 m=2.5。在 Python 中，输入如下代码。

```
from patsy import dmatrices
y,X=dmatrices('y1~z1+z2',data=df,return_type='dataframe')
import statsmodels.api as sm
wk = 1/(df[['z2']]**2.5)
```

```
wls_model = sm.WLS(y,X, weights=wk)
results = wls_model.fit()
print(results.summary())
```

得到如下结果：

```
                            WLS Regression Results
==============================================================================
Dep. Variable:                     y1   R-squared:                       0.748
Model:                            WLS   Adj. R-squared:                  0.707
Method:                 Least Squares   F-statistic:                     17.85
Date:                Sat, 03 Mar 2018   Prob (F-statistic):           0.000253
Time:                        09:39:58   Log-Likelihood:                -92.359
No. Observations:                  15   AIC:                             190.7
Df Residuals:                      12   BIC:                             192.8
Df Model:                           2
Covariance Type:            nonrobust
==============================================================================
                 coef    std err          t      P>|t|      [0.025      0.975]
------------------------------------------------------------------------------
Intercept    -59.0349     53.822     -1.097      0.294    -176.302      58.232
z1             0.0815      0.030      2.706      0.019       0.016       0.147
z2             2.4887      0.931      2.672      0.020       0.459       4.518
==============================================================================
Omnibus:                        2.626   Durbin-Watson:                   1.165
Prob(Omnibus):                  0.269   Jarque-Bera (JB):                1.438
Skew:                           0.758   Prob(JB):                        0.487
Kurtosis:                       2.969   Cond. No.                     2.64e+03
==============================================================================
```

根据上面 Python 的输出结果，变量 z1、z2 的系数显著，异方差问题得到解决。

练 习 题

1. 对本章例题的数据文件，使用 Python 重新操作一遍。
2. 表 12-2 是对某地区 1998 年 30 个家庭的人均年收入 X 与人均年服装费支出 Y 的调查数据。

表 12-2　人均收入与人均服装费支出数据

单位：元

人均收入	人均服装费	人均收入	人均服装费	人均收入	人均服装费
3 280	418	6 500	860	18 600	1 260
3 300	522	7 900	910	20 000	880
3 480	480	8 950	850	22 300	1 580
3 890	640	9 700	760	25 000	1 120
4 050	590	11 500	1 320	26 750	1 800
4 189	760	12 300	915	28 000	1 200
4 560	720	14 800	735	29 000	1 050
5 260	886	15 400	876	30 000	860
5 890	890	16 500	1 100	35 500	2 200
6 250	820	17 200	930	38 000	3 450

现建立该地区人均服装费支出 y_i 与人均年收入 x_i 之间的线性回归模型如下：
$$y_i = \beta_0 + \beta_1 x_i + \varepsilon, \quad i=1,2,\cdots,30$$
使用 R 语言对该模型进行如下分析。

(1) 用图示法判断该模型是否存在异方差。

(2) 用 Park 检验法检验该模型是否存在异方差。

(3) 若存在异方差，以残差序列 e_i^2 项作为加权变量，采用加权最小二乘法对原模型进行参数估计。

(4) 比较 WLS 与 OLS 两种方法的参数估计精度(即比较两种方法的 $\sqrt{D(\hat{\beta}_0)}$ 和 $\sqrt{D(\hat{\beta}_1)}$ 的大小)。

第 13 章　Python 自相关处理

13.1　自相关的概念

在经典回归模型中,我们假定随机误差项满足
$\varepsilon_i \sim N(0,\sigma^2)$,且相互独立,$i=1,2,\cdots,N$,但在实际问题中,若各 ε_i 之间不独立,即
$$\text{cov}(\varepsilon_i,\varepsilon_j) \neq 0 ,\ i \neq j,\ i,j = 1,2,\cdots,N \tag{13-1}$$
则称随机误差项 ε_i 序列之间存在自相关,也称为序列相关。

在计量经济模型中,自相关现象是普遍存在的。如果模型中存在自相关,则用普通最小二乘法进行参数估计同样会产生严重的不良后果。因此在研究计量经济模型时必须对自相关现象进行有效的识别,并采取适当的方法消除模型中的自相关性。

13.2　产生自相关的原因

了解自相关产生的原因,有助于我们在研究计量经济模型时,有针对性地对样本数据进行识别和检验,避免自相关性对分析结果的不良影响。产生自相关的原因主要有以下几个方面。

1. 经济惯性所导致的自相关

由于许多经济变量的发展变化往往在时间上存在一定的趋势性,使某些经济变量在前后期之间存在明显的相关性,因此,在以时间序列数据为样本建立计量经济模型时,就可能存在自相关性。例如:

(1) 在时间序列的消费模型中,由于居民的消费需求与以往的消费水平之间有很大关系,因此本期的消费量与上期消费量之间会存在正相关性。

(2) 在以时间序列数据研究投资规模的计量经济模型时,由于大量基本建设投资是需要跨年度实施的,因此本期投资规模不仅与本期的市场需求、利率以及宏观经济景气指数等因素有关,而且与前期甚至前几期的投资规模有关,这就会导致各期投资规模之间的自相关性。

(3) 在以时间序列数据研究农业生产函数的计量经济模型中,由于当期许多农产品的价格在很大程度上取决于前期这些农产品的产量,从而会影响当期该农产品的播种面积。因此当期农产品产量必然会受到前期农产品产量的负面影响,使某些农产品产量在前后之间出现负相关性。

(4) 在宏观经济领域中,由于社会经济发展过程中不可避免地存在着周期性发展趋势,从而使国民生产总值、价格指数、就业水平等宏观经济指标也就必然存在周期性的前后相关性。因此,在时间序列的许多宏观计量经济模型中会产生自相关性。

经济惯性是使时间序列的计量经济模型产生自相关性的最主要的原因。因此对于这类

模型要特别注意识别是否存在显著的自相关性。自相关的线性回归模型通常表示为

$$y_t = \beta_0 + \beta_1 x_{t1} + \beta_2 x_{t2} + \cdots + \beta_p x_{tp} + \varepsilon_t$$
$$\text{cov}(\varepsilon_t, \varepsilon_{t-s}) \neq 0, \quad t = 1, 2, \cdots, N, \quad s = 1, 2, \cdots, t-1 \tag{13-2}$$

2. 由于模型设定不当而产生的自相关

1) 模型中遗漏了重要的解释变量

例如：在实际问题的正确模型应当为

$$y_t = \beta_0 + \beta_1 x_{t1} + \beta_2 x_{t2} + \varepsilon_t$$
$$\text{cov}(\varepsilon_t, \varepsilon_{t-s}) \neq 0, \quad t = 1, 2, \cdots, N, \quad s = 1, 2, \cdots, t-1$$

但建立模型时仅考虑了一个解释变量：

$$y_t = \beta_0 + \beta_1 x_{t1} + V_t$$

这样 $V_t = \beta_2 x_{t2} + \varepsilon_t$，使解释变量 $X2$ 对 Y 产生的影响归入了随机误差项 V_t 中，此时如果 $X2$ 在不同时期之间的值是高度相关的，就会导致上述模型中的 V_t 出现自相关性。例如在时间序列的生产函数模型中，设 $X2$ 为劳动量的投入，则无论是对单个企业还是多个行业或地区，劳动要素的投入量在相邻年份之间是高度相关的。

2) 模型的数学形式设定不当

例如：设正确的模型应当为

$$y_t = \beta_0 + \beta_1 x_t + \beta_2 x_t^2 + \varepsilon_t$$
$$\text{cov}(\varepsilon_t, \varepsilon_{t-s}) \neq 0, \quad t = 1, 2, \cdots, N, \quad s = 1, 2, \cdots, t-1$$

但建立模型时却将 Y 与 X 之间的相关关系表示为线性模型

$$y_t = \beta_0 + \beta_1 x_t + V_t$$

则 $V_t = \beta_2 x_t^2 + \varepsilon_t$，$V_t$ 中含有 x_t^2 项对 y_t 产生的影响，随着 t 的变化，x_t^2 项会引起 V_t 呈现某种系统性的变化趋势，导致该线性回归模型出现自相关现象。

3. 某些重大事件所引起的自相关

通常在建立计量经济模型时，往往将一些难以定量化的环境因素对被解释变量的影响都归入随机误差项中。但当发生重大自然灾害、战争、地区或全球性的经济金融危机，以及政府的重大经济政策调整时，这些环境因素对被解释变量的影响通常会在同一方向上延续很长时期。当以时间序列为样本数据的计量经济模型中含有发生重大事件年份中的数据时，就会使随机误差项产生自相关。例如 20 世纪 90 年代末的亚洲金融危机就对亚洲各国的经济产生了长期影响。

13.3 自相关的后果

与存在异方差的情况类似，当模型中存在自相关时，若仍使用普通最小二乘法进行参数估计，同样会产生严重的不良后果。

(1) 参数的 OLS 估计不再具有最小方差性，从而不再是参数 β 的有效估计，使估计的精度大大降低。

(2) 显著性检验方法失效。这是由于第 1 章给出的对回归方程和回归系数的显著性检验的统计量分布时,是以各 $\varepsilon_i \sim N(0,\sigma^2)$,且相互独立为依据的。当存在自相关时,各 ε_i 之间不再独立,因而原来导出的统计量的分布也就不再成立。

(3) 预测和控制的精度降低,由于 OLS 估计不再具有最小方差性,使参数估计的误差增大,就必然导致预测和控制的精度降低,失去应用价值。

13.4 自相关的识别和检验

当存在自相关时,就不能再用 OLS 进行参数估计,否则会产生严重的不良后果。因此,对时间序列的计量经济模型,应特别注意模型中是否存在自相关性。识别和检验自相关性主要有以下方法。

1. 图示法

由于 ε_i 是不可观察的随机误差,与检验异方差类似,可以利用残差序列 e_t 来分析 ε_i 之间是否存在自相关,方法如下。

(1) 用 OLS 对原模型进行回归,求出残差 e_t ($t=1,2,\cdots,N$);

(2) 作关于(e_{t-1}, e_t),$t=2,3,\cdots,N$ 或(t, e_t),$t=1,2,\cdots,N$ 的散点图。

在(e_{t-1}, e_t)的散点图中,如果(e_{t-1}, e_t)的大部分点落在 1、3 象限中,就说明 e_t 与 e_{t-1} 之间存在正相关性;若大部分点落在 2、4 象限中,则说明 e_t 与 e_{t-1} 之间存在负相关性;若各点比较均匀地散布于 4 个象限中,则说明不存在自相关。

在(t, e_t)的散点图中,如果 e_t 随时间 t 呈某种周期性的变化趋势,说明存在正相关;若呈现锯齿形的震荡变化规律,则说明存在负相关。

2. DW(Durbin-Watson)检验法

检验模型是否存在自相关问题,除了使用残差图外,DW 检验是常用的检验方法,DW 检验方法的基本思想如下。

DW 检验适用于检验随机误差项之间是否存在一阶自相关的情况。所谓一阶自相关,是指 ε_t 序列之间有如下相关关系:

$$\varepsilon_t = \rho \varepsilon_{t-1} + V_t, \quad t=2,3,\cdots,N \tag{13-3}$$

其中,$|\rho| \leqslant 1$ 为自相关系数,它反映了 ε_t 与 ε_{t-1} 之间的线性相关程度。$\rho > 0$ 为正相关,$\rho < 0$ 为负相关,$\rho = 0$ 为无自相关。V_t 是满足经典假设条件的随机误差项,即 $V_t \sim N(0, \sigma_V^2)$,且相互独立;而且 $\text{cov}(\varepsilon_{t-1}, V_t) = 0$。由式(13-3)知,要检验是否存在一阶自相关,即要检验假设

$$H_0: \rho=0, \quad H_1: \rho \neq 0$$

杜宾和瓦森构造了检验一阶自相关的杜宾-瓦森统计量 DW:

$$DW = \frac{\sum_{t=2}^{N}(e_t - e_{t-1})^2}{\sum_{t=1}^{N} e_t^2} \tag{13-4}$$

为什么式(13-4)能检验 ε_t 的一阶自相关性呢？从直观上分析，如果存在一阶正自相关，则相邻两个样本点的 $(e_t - e_{t-1})^2$ 就较小，从而 DW 值也就较小；若存在一阶负相关，则 $(e_t - e_{t-1})^2$ 就较大，DW 值也就较大；若无自相关，则 e_t 与 e_{t-1} 之间就呈随机关系，DW 值就应采取一个较为适中的值。可以证明

$$DW \approx 2(1 - \hat{\rho}) \tag{13-5}$$

其中

$$\hat{\rho} = \frac{\sum_{t=2}^{N} e_t e_{t-1}}{\sum_{t=1}^{N} e_t^2} \tag{13-6}$$

由式(13-5)知
(1) 若存在一阶完全正自相关，即 $\hat{\rho} \approx 1$，则 $DW \approx 0$。
(2) 若存在一阶完全负自相关，即 $\hat{\rho} \approx -1$，则 $DW \approx 4$。
(3) 若不存在自相关，即 $\hat{\rho} \approx 0$，则 $DW \approx 2$。

以上分析说明，DW 值越接近 2，ε_t 序列的自相关性就越小；DW 值越接近 0，ε_t 序列就越呈现正相关；DW 值越接近 4，ε_t 序列就越呈负相关。杜宾-瓦森根据不同的样本容量 N 和解释变量的个数 P，在给定的不同显著性水平 α 下，建立了 DW 统计量的下临界值 d_L 和上临界值 d_U 的 DW 统计量临界值表。

检验方法如下。
(1) $DW < d_L$，则在显著性水平 α 下判定存在正自相关。
(2) $DW > 4 - d_L$，则在显著性水平 α 下判定存在负自相关。
(3) $d_U < DW < 4 - d_U$，则在显著性水平 α 下判定不存在自相关。
(4) $d_L < DW < d_U$ 或 $4 - d_U < DW < 4 - d_L$，则在显著性水平 α 下不能判定是否存在自相关。

可以证明 DW 的取值范围为 $0 \leq DW \leq 4$。

根据样本容量 n，指标数量 p、显著性水平 α 和 DW 统计分布表，可以确定临界值的上界和下界 d_L、d_U，然后根据表 13-1 可以确定回归模型的自相关情况。

表 13-1 使用 DW 统计量判断自相关

DW 范围	残差项存在正相关关系
$0 \leq DW \leq d_L$	存在正相关
$d_L \leq DW \leq d_U$ 或 $4 - d_U \leq DW \leq 4 - d_L$	无法确定
$d_U < DW < 4 - d_U$	不存在相关
$4 - d_L \leq DW \leq 4$	存在负相关

DW 检验具有计算简单的优点，因而是最常用的自相关检验方法，但在应用时存在一定的局限性。这主要是由于 DW 统计量的精确分布未知，DW 是用某种 β 分布加以近似的，

因此运用时需要满足一定的条件。

(1) 只适用于一阶自相关检验，不适合具有高阶自相关的情况。

(2) 存在两个不能判定的区域。当样本容量 N 较小时，这两个区域就较大，反之这两个区域就较小。例如当 $P=1$、$N=15$、$\alpha=0.05$ 时，$d_L=1.08$，$d_U=1.36$；而当 $N=50$ 时，$d_L=1.50$，$d_U=1.59$；故当 DW 落在不能判定区域时，如能增加样本容量，通常就可以得到解决。

(3) 当模型中含有滞后被解释变量时，DW 检验失效。例如
$$y_t = \beta_0 + \beta_1 x_t + \beta_2 y_{t-1} + \varepsilon_t$$

(4) 需要比较大的样本容量($N \geq 15$)。

3. 回归检验法

由于自相关就是模型中的随机误差项之间存在某种相关关系，而回归分析就是用来研究变量之间相关关系的方法，因此可以用回归分析方法来检验随机误差项之间是否存在自相关。虽然 ε_t 是不可观察的，但可以用残差序列 e_t 来近似代替。回归检验法的步骤如下。

(1) 用 OLS 对原模型进行参数估计，并求出各 e_t。

(2) 根据经验或通过对残差序列的分析，采用相应的回归模型对自相关的形式进行拟合，常用的模型有
$$e_t = \rho e_{t-1} + V_t$$
$$e_t = \rho e_{t-1}^2 + V_t$$
$$e_t = \rho_1 e_{t-1} + \rho_2 e_{t-2} + V_t$$
……

以上第一个模型就是一阶线性自回归模型；而第三个模型就是二阶线性自回归模型。

(3) 对所有自回归方程及其回归系数进行显著性检验。若存在显著性的回归形式，则可以认为存在自相关；当有多个形式的回归均为显著时，则取最优的拟合形式(临界显著性水平最高者)作为自相关的形式。若各个回归形式都不显著，则可以判定原模型不存在自相关。

由上可知，回归检验方法比 DW 检验方法的适用性要广，它适用于各种自相关的情况，而且检验方法也具有理论依据，但计算量要大一些。

13.5 自相关的处理方法

如果是由于模型设定不当而产生的自相关现象，则应根据问题的经济背景和有关经济理论知识，重新建立更合理的计量经济模型。以下介绍的消除模型中的自相关的方法，是以模型设定正确为前提的。

由前所述，如果模型的随机误差项间存在自相关，就不能直接使用 OLS 进行参数估计，否则将产生严重的不良后果。此时必须采用适当的方法消除模型中的自相关性。

1. 广义差分法

设原模型存在一阶自相关

$$y_t = \beta_0 + \beta_1 x_t + \varepsilon_t, \quad t=1,2,\cdots,N \tag{13-7}$$

$\varepsilon_t = \rho \varepsilon_{t-1} + V_t$, $V_t \sim N(0, \sigma_v^2)$，且相互独立。

其中相关系数 ρ 为已知(可用式(13-6)估计，或由回归检验法得到)，由式(13-7)可得

$$\rho y_{t-1} = \rho \beta_0 + \rho \beta_1 x_{t-1} + \rho \varepsilon_{t-1} \tag{13-8}$$

将式(13-7)减去式(13-8)，得

$$\begin{aligned} y_t - \rho y_{t-1} &= \beta_0(1-\rho) + \beta_1(x_t - \rho x_{t-1}) + \varepsilon_t - \rho \varepsilon_{t-1} \\ &= \beta_0(1-\rho) + \beta_1(x_t - \rho x_{t-1}) + V_t, \quad t=2,3,\cdots,N \end{aligned} \tag{13-9}$$

作如下广义差分变换，令

$$\begin{cases} y_t^* = y_t - \rho y_{t-1} \\ x_t^* = x_t - \rho x_{t-1} \end{cases} \quad t=2,3,\cdots,N \tag{13-10}$$

则式(13-9)可改写为

$$y_t^* = \beta_0(1-\rho) + \beta_1 x_t^* + V_t \tag{13-11}$$

$V_t \sim N(0, \sigma_v^2)$，且相互独立，$t=2,3,\cdots,N$。

式(13-9)或式(13-11)就称为广义差分模型。由于模型中的随机误差项 V_t 满足经典假设条件，不存在自相关，因此可以用 OLS 进行参数估计。上述通过对原模型进行广义差分变换后再进行参数估计的方法，就称为广义差分法。

由于式(13-9)和式(13-11)中的 t 是从 2 开始的，故经过广义差分变换后将损失一个观察值，为了不减少自由度，可对 y_1 和 x_1 作如下变换，令

$$y_1^* = \sqrt{1-\rho^2}\, y_1, \quad x_1^* = \sqrt{1-\rho^2}\, x_1 \tag{13-12}$$

则式(13-11)变为

$$y_t^* = \beta_0(1-\rho) + \beta_1 x_t^* + V_t, \quad t=1,2,3,\cdots,N \tag{13-13}$$

以上是以一元线性回归模型为例来讨论的。对于多元线性回归模型，处理方法是完全相同的。

2. 杜宾两步法

广义差分法要求 ρ 是已知的，但实际应用中 ρ 往往是未知的。杜宾两步法的基本思想是先求出 ρ 的估计值 $\hat{\rho}$，然后再用广义差分法求解，其步骤如下。

(1) 将式(13-9)改写为

$$y_t = \beta_0(1-\rho) + \rho y_{t-1} + \beta_1 x_t - \beta_1 \rho x_{t-1} + V_t \tag{13-14}$$

令 $b_0 = \beta_0(1-\rho)$，$b_1 = \beta_1$，$b_2 = -\beta_1 \rho$，则式(13-14)可改写为

$$y_t = b_0 + \rho y_{t-1} + b_1 x_t + b_2 x_{t-1} + V_t, \quad t=2,3,\cdots,N \tag{13-15}$$

用 OLS 对式(13-15)进行参数估计，求得 ρ 的估计值 $\hat{\rho}$。

(2) 用 $\hat{\rho}$ 代替 ρ，对原模型作广义差分变换，令

$$\begin{cases} y_t^* = y_t - \hat{\rho} y_{t-1} \\ x_t^* = x_t - \hat{\rho} x_{t-1}, \quad t=2,3,\cdots,N \\ y_1^* = \sqrt{1-\hat{\rho}^2}\, y_1, \quad x_1^* = \sqrt{1-\hat{\rho}^2}\, x_1 \end{cases}$$

得广义差分模型

$$y_t^* = b_0 + \beta_1 x_t^* + V_t, \quad t = 1, 2, \cdots, N \tag{13-16}$$

用 OLS 求得式(13-16)的参数估计 $\hat{b}_0$ 和 $\hat{\beta}_1$，再由 $\hat{\beta}_0 = \hat{b}/(1-\hat{\rho})$ 求得 $\hat{\beta}_0$。

杜宾两步法的优点是能应用于高阶自相关的场合，例如：

$$\varepsilon_t = \rho_1 \varepsilon_{t-1} + \rho_2 \varepsilon_{t-2} + V_t \tag{13-17}$$

完全类似地可以先求得 $\hat{\rho}_1$ 和 $\hat{\rho}_2$，然后再用广义差分法求得原模型的参数估计。

由式(13-5)，还可以得到

$$\hat{\rho} \approx 1 - \mathrm{DW}/2 \tag{13-18}$$

它也可替代杜宾两步法中的第一步作为 ρ 的估计，并应用于广义差分模型。

3. 科克兰内-奥克特(Cochrance-Orcutt)法

以上介绍的各种求 $\hat{\rho}$ 的方法的缺点是精度较低，有可能无法完全消除广义差分模型中的自相关性。科克兰内-奥克特提出的方法实际上是一种迭代的广义差分方法，它能有效地消除自相关性，其步骤如下。

(1) 用 OLS 对原模型进行参数估计，求得残差序列 $e_t^{(1)}$，$t = 1, 2, \cdots, N$。

(2) 对残差求一阶自回归模型

$$e_t^{(1)} = \rho e_{t-1}^{(1)} + V_t, \quad t = 2, 3, \cdots, N \tag{13-19}$$

用 OLS 进行参数估计，得到 ρ 的初次估计值 $\hat{\rho}^{(1)}$。

(3) 用 $\hat{\rho}^{(1)}$ 对原模型进行广义差分模型变换，得广义差分模型

$$y_t^* = b_0 + \beta_1 x_t^* + \varepsilon_t^* \tag{13-20}$$

其中 $b_0 = \beta_0(1 - \hat{\rho}^{(1)})$。

(4) 用 OLS 对式(13-20)进行参数估计，得到 $\hat{\beta}_0^{(1)}, \hat{\beta}_1^{(1)}, \hat{y}_t^{(1)}$；并计算残差序列 $e_t^{(2)}$，$e_t^{(2)} = y_t - \hat{y}_t^{(1)}$，$t = 1, 2, \cdots, N$。

(5) 利用 $e_t^{(2)}$ 序列对式(13-20)进行自相关检验，若无自相关，则迭代结束，已得原模型的一致最小方差无偏估计 $\hat{\beta}_0^{(1)}$、$\hat{\beta}_1^{(1)}$。若仍存在自相关，则进行第二次迭代，返回步骤(2)，用 $e_t^{(2)}$ 代替式(13-19)中的 $e_t^{(1)}$，求得 ρ 的第二次估计值 $\hat{\rho}^{(2)}$，再利用 $\hat{\rho}^{(2)}$ 对原模型进行广义差分变换，进而用 OLS 求得 $\hat{\beta}_0^{(2)}$、$\hat{\beta}_1^{(2)}$，并计算残差序列 $e_t^{(3)}$ 后再次进行自相关检验，如仍存在自相关，则再重复上述迭代过程，直至消除自相关为止。

通常情况下，只需进行二次迭代即可消除模型中的自相关性，故科克兰内-奥克特法又称为二步迭代法。该方法能有效地消除自相关性，提高模型参数估计的精度。

13.6　Python 自相关性诊断与消除

例 13-1：某公司 1991—2005 的开发经费和新产品利润数据见表 13-2，分析开发经费对新产品利润的影响。

表 13-2　开发经费和新产品利润数据

开发费用/万元	新产品利润/万元
35	690
38	734
42	788
45	870
52	1 038
...	...

在目录 G:\2glkx\data 下建立 a13-1.xls 数据文件后，使用如下命令读取数据。

```
import statsmodels.api as sm
import pandas as pd
import numpy as np
#读取数据并创建数据表，名称为data
data=pd.DataFrame(pd.read_excel('F:\\2glkx\\data\\a13-1.xls'))
data.head()
data.head()
   kf    lr
0  35   690
1  38   734
2  42   788
3  45   870
4  52  1038
```

做 OLS 一元线性回归分析

```
x = np.array(data[['lr']])
y = np.array(data[['kf']])
# model matrix with intercept
X = sm.add_constant(x)
#least squares fit
model = sm.OLS(y, X)
fit = model.fit()
print(fit.summary())
```

得到如下结果。

```
                            OLS Regression Results
==============================================================================
Dep. Variable:                      y   R-squared:                       0.998
Model:                            OLS   Adj. R-squared:                  0.997
Method:                 Least Squares   F-statistic:                     5535.
Date:                Sat, 29 Oct 2016   Prob (F-statistic):           1.74e-18
Time:                        15:05:28   Log-Likelihood:                -37.996
No. Observations:                  15   AIC:                             79.99
Df Residuals:                      13   BIC:                             81.41
Df Model:                           1
Covariance Type:            nonrobust
==============================================================================
                 coef    std err          t      P>|t|      [95.0% Conf. Int.]
------------------------------------------------------------------------------
const          9.2478      1.495      6.186      0.000         6.018     12.477
x1             0.0433      0.001     74.400      0.000         0.042      0.045
==============================================================================
Omnibus:                        1.182   Durbin-Watson:                   0.474
Prob(Omnibus):                  0.554   Jarque-Bera (JB):                1.011
```

```
Skew:                           0.515   Prob(JB):                       0.603
Kurtosis:                       2.255   Cond. No.                    4.54e+03
==============================================================================
```

从上可见，Durbin-Watson 统计量为 0.474，所以存在自相关。

下面使用差分法来解决自相关问题，具体计算过程如下。

令 $\Delta y_i = y_i - y_{i-1}$，$\Delta x_{ij} = x_{ij} - x_{i-1,j}$，$i=1,\cdots,n$，$j=1,\cdots,p$。利用 Δy_i 和 Δx_{ij} 数据，采取最小二乘法对下述回归模型的参数进行拟合，可以求出经验回归参数 β_j，$j=1,\cdots,p$。

$$\Delta y_i = \beta_0 + \beta_1 \Delta x_{i1} + \cdots + \beta_p \Delta x_{ip} + \varepsilon_i, \quad i=1,\cdots,n$$

下面给出差分法消除自相关的 Python 代码。

```python
data=data.diff()
data=data.dropna()
x = np.array(data[['lr']])
y = np.array(data[['kf']])
# model matrix with intercept
X = sm.add_constant(x)
#least squares fit
model = sm.OLS(y, X)
fit = model.fit()
print (fit.summary())
```

得到如下结果。

```
                            OLS Regression Results
==============================================================================
Dep. Variable:                      y   R-squared:                       0.985
Model:                            OLS   Adj. R-squared:                  0.984
Method:                 Least Squares   F-statistic:                     777.9
Date:                Sat, 29 Oct 2016   Prob (F-statistic):           2.79e-12
Time:                        15:09:18   Log-Likelihood:                -29.448
No. Observations:                  14   AIC:                             62.90
Df Residuals:                      12   BIC:                             64.17
Df Model:                           1
Covariance Type:            nonrobust
==============================================================================
                 coef    std err          t      P>|t|      [95.0% Conf. Int.]
------------------------------------------------------------------------------
const          0.8469      0.791      1.071      0.305      -0.876       2.570
x1             0.0410      0.001     27.890      0.000       0.038       0.044
==============================================================================
Omnibus:                       12.469   Durbin-Watson:                   2.194
Prob(Omnibus):                  0.002   Jarque-Bera (JB):                8.230
Skew:                           1.508   Prob(JB):                       0.0163
Kurtosis:                       5.239   Cond. No.                         743.
==============================================================================
```

从上可见，Durbin-Watson 统计量为 2.194，自相关问题消除，说明采取差分法能够解决自相关问题。

练 习 题

对本章例题的数据文件，使用 Python 重新操作一遍。

第 4 篇

Python 金融时间序列分析

第 14 章 Python 金融时间序列分析的日期处理

14.1 引　　言

时间序列是金融量化分析中最常见的数据类型，用来记录某一变量或特征沿着时间轴而取值，比如，某只股票 2010—2020 年日收盘价。量化分析的一个重要环节之一是基于历史数据进行分析和挖掘，试图从历史的维度探究某一事物的变化规律或发展趋势(作预测)。目前，时间序列分析理论已经相对成熟，包括一般统计分析(如平稳性、自相关、谱分析等)、统计建模和推断、时间序列预测(包括流行的机器学习、深度学习，如 LSTM 模型)和滤波控制等。在使用 Python 分析时间序列时，经常会碰到时间日期格式处理和转换问题，尤其在可视化分析和分时期统计方面。本章作为时间序列分析的入门之一，将着重介绍如何利用 Python 处理日期和分时期统计分析，希望能起到抛砖引玉的作用。

先引入数据分析和画图常用库，pandas、numpy、matplotlib 以及中文乱码处理，画图也可以使用 pyecharts、seaborn、bokeh 等，以下代码均使用 Jupyter notebook(python3.7)编译。

```python
import pandas as pd
import numpy as np
import matplotlib.pyplot as plt
%matplotlib inline
#正常显示画图时出现的中文和负号
from pylab import mpl
mpl.rcParams['font.sans-serif']=['SimHei']
mpl.rcParams['axes.unicode_minus']=False
```

1. datetime 处理日期

Python 常用的处理时间的库有 datetime、time、calendar。datetime 库包括了 date(储存日期：年、月、日)、time(储存时间：小时、分、秒和微秒)、datetime(同时包含了 data 和 time)、timedelta(代表两个 datetime 之间的差，天、秒、微秒)。

```python
from datetime import datetime
now=datetime.now()
print(f'当前时间：{now}')
print(f'{now.year}年{now.month}月{now.day}日')
```

输出结果：

```
当前时间：2019-09-15 08:54:06.655011
2019 年 9 月 15 日
now.strftime('%Y-%m-%d')
```

输出结果：

```
'2019-09-15'
delta=datetime(2019,1,10)-datetime(2019,1,1,12,30)
delta
```

输出结果：

```
datetime.timedelta(8, 41400)

from datetime import timedelta
start=datetime(2018,1,1)
#计算50天后是哪一天
start+timedelta(50)
```

输出结果：

```
datetime.datetime(2018, 2, 20, 0, 0)
#字符串和时间的转化
#比如想要知道列表里两个时间字符串之间相差多少天
datestr=['12/20/2018','12/11/2018']
new_date=[datetime.strptime(d,'%m/%d/%Y') for d in datestr]
new_date[0]-new_date[1]
```

输出结果：

```
datetime.timedelta(9)
#将datetime格式转换为常见的年(Y)月(m)日(d)格式表示
[date.strftime('%Y-%m-%d') for date in new_date]
```

输出结果：

```
['2018-12-20', '2018-12-11']
```

datetime.strptime 只能根据设定的时间格式来处理指定的字符串，如果列表里(list)包含不止一种格式的字符串，如 datestr=['12/20/2018','12/11/2018','2018-10-18']，使用 datetime.strptime 就很难处理了。遇到这种情况可以引入第三方时间处理包 dateutil，可以处理任意格式字符串。

```
from dateutil.parser import parse
datestr=['12/20/2018','20180210','2019-01-10']
#转换成datetime格式
new_d=[parse(d) for d in datestr]
#统一为12/20/2018格式
d1=[d.strftime('%m/%d/%Y') for d in new_d]
d2=[d.strftime('%Y%m%d') for d in new_d]
d3=[d.strftime('%Y-%m-%d') for d in new_d]
d4=[d.strftime('%y-%m-%d') for d in new_d]
print(f'datetime格式：\n{new_d}')
print(f'"月/日/年"格式：\n {d1}')
print(f'"年月日"格式：\n{d2}')
print(f'"年-月-日格式"：\n{d3}')
print(f'"年(后两位)-月-日"格式：\n{d4}')
```

输出结果：

```
datetime格式：
 [datetime.datetime(2018, 12, 20, 0, 0), datetime.datetime(2018, 2, 10, 0, 0), datetime.datetime(2019, 1, 10, 0, 0)]
"月/日/年"格式：
```

```
['12/20/2018', '02/10/2018', '01/10/2019']
```
"年月日"格式：
```
['20181220', '20180210', '20190110']
```
"年-月-日格式"：
```
['2018-12-20', '2018-02-10', '2019-01-10']
```
"年(后两位)-月-日"格式：
```
['18-12-20', '18-02-10', '19-01-10']
```

2. 使用 numpy 库处理日期

numpy 库主要用于数组操作(线性代数分析)，但在处理日期和时间数据上功能也很强大，其时间格式是 datetime64。

```
#将字符串转换成 numpy 格式时间
#注意个位前补 0，如 1 月写成 01
nd=np.datetime64('2019-01-10')
nd
```

输出结果：

```
numpy.datetime64('2019-01-10')
#转化为字符串
np.datetime_as_string(nd)
```

输出结果：

```
'2019-01-10'
np.datetime64('1901')
```

输出结果：

```
numpy.datetime64('1901')
#转化为 datetime 格式
nd.astype(datetime)
```

输出结果

```
datetime.date(2019, 1, 10)
#生成时间序列
#默认以日为间隔，算头不算尾
np.arange('2019-01-05','2019-01-10',dtype='datetime64')
```

输出结果

```
array(['2019-01-05', '2019-01-06', '2019-01-07', '2019-01-08',
       '2019-01-09'], dtype='datetime64[D]')
#以月为间隔，生成 2018 年 12 个月
np.arange('2018-01-01','2019-01-01',dtype='datetime64[M]')
```

输出结果：

```
array(['2018-01', '2018-02', '2018-03', '2018-04', '2018-05', '2018-06',
       '2018-07', '2018-08', '2018-09', '2018-10', '2018-11', '2018-12'],
       dtype='datetime64[M]')
#以年为间隔
np.arange('2015-01-01','2019-01-20',dtype='datetime64[Y]')
```

输出结果：

```
array(['2015', '2016', '2017', '2018'], dtype='datetime64[Y]')
```

```
#以周为间隔
np.arange('2018-12-01','2018-12-20',dtype='datetime64[W]')
```

输出结果：

```
array(['2018-11-29', '2018-12-06', '2018-12-13'], dtype='datetime64[W]')
#设定随机种子(括号里的数字只是起标记作用)
np.random.seed(1)
#h:小时，m:分，s:秒，ms 微秒
#生成分时
x=np.arange('2019-01-10T00:00:00','2019-01-10T23:00:00',dtype='datetime64[m]')
#生成标准正态分布时间序列
y=np.random.standard_normal(len(x))
#设置图片大小
fig=plt.figure(figsize=(12,6))
#将 x 的 np.datetime 转换为 datetime.datetime
plt.plot(x.astype(datetime),y)
fig.autofmt_xdate()
plt.title('模拟 23 小时内每分钟正态分布的随机数分布')
# 将右边、上边的两条边颜色设置为空，其实就相当于抹掉这两条边
ax = plt.gca()
ax.spines['right'].set_color('none')
ax.spines['top'].set_color('none')
plt.show()
```

得到如下结果：

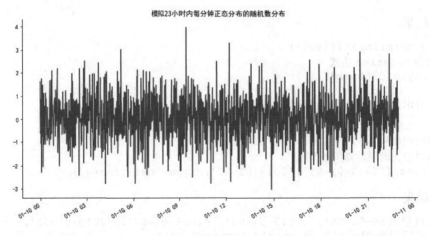

3. pandas 库处理日期

pandas 库是处理时间序列的利器，有着强大的日期数据处理功能，可以按日期筛选数据、显示数据、统计数据。pandas 的实际类型主要分为 timestamp(时间戳)、period(时期)和时间间隔(timedelta)；常用的日期处理函数有 pd.to_datetime(),pd.to_period()、pd.date_range()、pd.period_range；pandas 的 resample 函数还提供了对日期样本的转换，如高低频数据转化等。

定义时间格式和不同格式之间相互转换，常用函数：pd.Timestamp()、pd.Period()、pd.to_timestamp()、pd.to_datetime()、pd.to_period()。

```
#定义 timestamp
t1=pd.Timestamp('2019-01-10')
```

```
t2=pd.Timestamp('2018-12-10')
print(f't1= {t1}')
print(f't2= {t2}')
print(f't1 与 t2 时间间隔：{(t1-t2).days}天')
```

输出结果：

```
t1= 2019-01-10 00:00:00
t2= 2018-12-10 00:00:00
t1 与 t2 时间间隔：31 天
```

```
#获取当前时间
now=pd.datetime.now()
print(now)
print(now.strftime('%Y-%m-%d'))
```

输出结果：

```
2019-09-15 09:10:15.378571
2019-09-15
```

```
#时间间隔
pd.Timedelta(days=5, minutes=50, seconds=20,milliseconds=10, microseconds=10,
nanoseconds=10)
```

输出结果：

```
Timedelta('5 days 00:50:20.010010')
#计算当前时间往后 100 天的日期
dt=now+pd.Timedelta(days=100)
#只显示年月日
dt.strftime('%Y-%m-%d')
```

输出结果：

```
'2019-12-24'
#定义时期 period，默认是 A-DEC，代表年份，以 12 月作为最后一个月
p1=pd.Period('2019')
p2=pd.Period('2018')
print(f'p1={p1}年')
print(f'p2={p2}年')
print(f'p1 和 p2 间隔{p1-p2}年')
#可以直接+、-整数(代表年)
print(f'十年前是{p1-10}年')
```

输出结果：

```
p1=2019 年
p2=2018 年
p1 和 p2 间隔 1 年
十年前是 2009 年
```

```
#通过 asfreq 转换时期频率
#以第一个月算，p1 前面已赋值为 2019 年
p1.asfreq('M','start')
```

输出结果：

```
Period('2019-01', 'M')
```

```
#以最后一个月算
p1.asfreq('M','end')
```

输出结果：

```
Period('2019-12', 'M')
#财报季度
p=pd.Period('2019Q3',freq='Q-DEC')
#起始月日
print(p.asfreq('D','start'))
#结束月日
print(p.asfreq('D','end'))
```

结果输出：

```
2019-07-01
2019-09-30
#时间戳和时期相互转换
print(p1.to_timestamp(how='end'))
print(p1.to_timestamp(how='start'))
```

输出结果：

```
2019-12-31 00:00:00
2019-01-01 00:00:00

#t1 前面赋值为'2019-1-10'
#转换为月时期
print(t1.to_period('M'))
#转换为日时期
print(t1.to_period('D'))
print(t1.to_period('W'))
```

输出结果：

```
2019-01
2019-01-10
2019-01-07/2019-01-13
```

14.2 生成日期序列

常用函数 pd.date_range()，生成的是 DatetimeIndex 格式的日期序列；pd.period_range()，生成 PeriodIndex 的时期日期序列。

```
#使用 date_range 生成日期序列
#如要详细了解该函数，可以使用 help(pd.date_range)
#参数四选三：起始时间，结束时间，freq, periods
#freq='M'月, 'D'天, 'W'周, 'Y'年
#生成月时间序列
dm = pd.date_range('2018/01/01', freq='M', periods=12)
print(f'生成月时间序列：\n{dm}')
#算头不算尾
#生成年时间序列，默认是以 12 月结尾，freq='Y-DEC'
dy=pd.date_range('2008-01-01','2019-01-10',freq='Y')
print(f'生成年时间序列：\n{dy}')
```

```
#生成日时间序列
dd=pd.date_range('2018-01-01',freq='D',periods=10)
print(f'生成日时间序列：\n{dd}')
#生成周时间序列，默认以sunday(周日)作为一周最后一日
#如要改成周一作为第一天，freq='W-SAT'
dw=pd.date_range('2018-01-01',freq='W',periods=10)
print(f'生成周时间序列：\n{dw}')
```

输出结果：

```
生成月时间序列：
DatetimeIndex(['2018-01-31', '2018-02-28', '2018-03-31', '2018-04-30',
               '2018-05-31', '2018-06-30', '2018-07-31', '2018-08-31',
               '2018-09-30', '2018-10-31', '2018-11-30', '2018-12-31'],
              dtype='datetime64[ns]', freq='M')
生成年时间序列：
DatetimeIndex(['2008-12-31', '2009-12-31', '2010-12-31', '2011-12-31',
               '2012-12-31', '2013-12-31', '2014-12-31', '2015-12-31',
               '2016-12-31', '2017-12-31', '2018-12-31'],
              dtype='datetime64[ns]', freq='A-DEC')
生成日时间序列：
DatetimeIndex(['2018-01-01', '2018-01-02', '2018-01-03', '2018-01-04',
               '2018-01-05', '2018-01-06', '2018-01-07', '2018-01-08',
               '2018-01-09', '2018-01-10'],
              dtype='datetime64[ns]', freq='D')
生成周时间序列：
DatetimeIndex(['2018-01-07', '2018-01-14', '2018-01-21', '2018-01-28',
               '2018-02-04', '2018-02-11', '2018-02-18', '2018-02-25',
               '2018-03-04', '2018-03-11'],
              dtype='datetime64[ns]', freq='W-SUN')
```

```
#使用period_range生成日期序列
#参数四选三：起始时间，结束时间，freq，periods
#freq='M'月，'D'天，'W'周，'Y'年
#生成月时期序列
dpm = pd.period_range('2019/01/01', freq='M', periods=12)
print(f'生成月时间序列：\n{dpm}')
#生成年时期序列，默认是以12月结尾，freq='Y-DEC'
dpy=pd.period_range('2008-01-01','2019-01-10',freq='Y')
print(f'生成年时间序列：\n{dpy}')
#生成日时期序列
dpd=pd.period_range('2018-01-01',freq='D',periods=10)
print(f'生成日时间序列：\n{dpd}')
#生成周时期序列，默认以sunday(周日)作为一周最后一日
#如要改成周一作为第一天，freq='W-SAT'
dpw=pd.period_range('2018-01-01',freq='W-SUN',periods=10)
print(f'生成周时间序列：\n{dpw}')
```

输出结果：

```
生成月时间序列：
PeriodIndex(['2019-01', '2019-02', '2019-03', '2019-04', '2019-05', '2019-06',
             '2019-07', '2019-08', '2019-09', '2019-10', '2019-11', '2019-12'],
            dtype='period[M]', freq='M')
生成年时间序列：
PeriodIndex(['2008', '2009', '2010', '2011', '2012', '2013', '2014', '2015',
             '2016', '2017', '2018', '2019'],
```

```
            dtype='period[A-DEC]', freq='A-DEC')
生成日时间序列:
PeriodIndex(['2018-01-01', '2018-01-02', '2018-01-03', '2018-01-04',
             '2018-01-05', '2018-01-06', '2018-01-07', '2018-01-08',
             '2018-01-09', '2018-01-10'],
            dtype='period[D]', freq='D')
生成周时间序列:
PeriodIndex(['2018-01-01/2018-01-07', '2018-01-08/2018-01-14',
             '2018-01-15/2018-01-21', '2018-01-22/2018-01-28',
             '2018-01-29/2018-02-04', '2018-02-05/2018-02-11',
             '2018-02-12/2018-02-18', '2018-02-19/2018-02-25',
             '2018-02-26/2018-03-04', '2018-03-05/2018-03-11'],
            dtype='period[W-SUN]', freq='W-SUN')

#画以时间为x轴的图，pandas的DataFrame自动将index列作为x轴
np.random.seed(2)
#生成日期序列
x=pd.date_range('2018/01/01','2019/12/31', freq='d')
#x=pd.period_range('2018/01/01','2019/12/31', freq='d')
#标准正态分布时间序列
y=np.random.standard_normal(len(x))
#将二者转换为pandas的数据格式
df=pd.DataFrame(y,columns=['标准正态分布'],index=x)
df.plot(figsize=(12,6))
plt.title('模拟标准正态分布随机数')
ax = plt.gca()
ax.spines['right'].set_color('none')
ax.spines['top'].set_color('none')
plt.show()
```

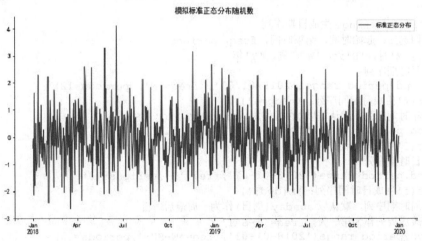

14.3 低频数据向高频数据转换

行情交易数据一般是高频，基本面一般是月度、季度、年度等低频数据，量化投资分析的时候，常常要将基本面数据和行情交易数据结合起来进行统计回归分析，这时候就要用到样本数据频率的转换了。主要函数是 df.resample()，df 代表 pandas 的 DataFrame 格式数据；resample 方法的参数中，freq 表示重采样频率，例如'M'、'5min'、Second(15)；用于产

第14章 Python 金融时间序列分析的日期处理

生聚合值的函数名或数组函数，例如'mean'、'ohlc'、np.max 等，默认是'mean'，其他常用的有'first'、'last'、'median'、'max'、'min'，xis=0 默认是纵轴，横轴设置 axis=1。

```
#导入沪深300指数数据
import pandas as pd
import numpy as np
df=pd.read_excel('F:/2glkx/000300.xls')
df.head()
#设置时间作为索引
df=df.set_index(df['Date'])
#画图,pandas 数据表自动将索引作为 x 轴
df['Close'].plot(figsize=(16,6))
plt.title('沪深300指数收盘价格图',fontsize=15)
plt.show()
```

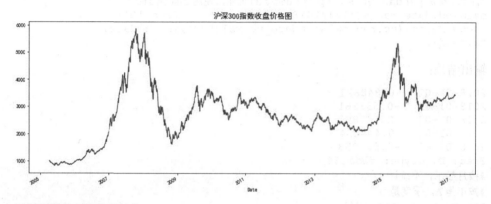

```
#低频数据向高频数据转换
#frq='W'代表周
df=pd.DataFrame(np.random.randn(5,4),
       index=pd.date_range('1/4/2019',periods=5,freq='W'),
       columns=['GZ','BJ','SH','SZ'])
df
```

输出结果：

```
                 GZ        BJ        SH        SZ
2019-01-06  0.547262 -0.266318  0.414104 -1.022988
2019-01-13  0.789523 -0.080748 -1.387169 -0.276666
2019-01-20  0.082822 -1.087395  0.702014 -0.356136
2019-01-27  0.431989 -1.017863  0.287747  0.704451
2019-02-03 -0.462866 -0.214453 -0.592967  0.311604
```

```
#将上述样本转换为日序列,缺失值使用前值补上
#如使用后值则用 bfill()
df_daily=df.resample('D').ffill()
df_daily.head()
#根据 period 来重采样
df1=pd.DataFrame(np.random.randn(2,4),
       index=pd.period_range('1-2017','12-2018',freq='A'),
       columns=['GZ','BJ','SH','SZ'])
df1.head()
            GZ        BJ        SH        SZ
2017  0.010034  0.478805 -0.080306 -1.292224
2018 -1.333404 -0.469841  0.440207  2.242663
#Q-DEC: Quarterly, decenber
```

```
df1.resample('Q-DEC').ffill()
```

输出结果:

```
           GZ         BJ         SH         SZ
2017Q1   0.010034   0.478805  -0.080306  -1.292224
2017Q2   0.010034   0.478805  -0.080306  -1.292224
2017Q3   0.010034   0.478805  -0.080306  -1.292224
2017Q4   0.010034   0.478805  -0.080306  -1.292224
2018Q1  -1.333404  -0.469841   0.440207   2.242663
2018Q2  -1.333404  -0.469841   0.440207   2.242663
2018Q3  -1.333404  -0.469841   0.440207   2.242663
2018Q4  -1.333404  -0.469841   0.440207   2.242663
```

```
#日期数据分组统计
#注意 pd 是 pandas 的简称, np 是 numpy 的简称, 使用之前先 import
date=pd.date_range('1/1/2018', periods=500, freq='D')
ts=pd.Series(np.random.standard_normal(500),index=date)
ts.head()
```

输出结果:

```
2018-01-01    0.848821
2018-01-02   -0.633261
2018-01-03   -2.045867
2018-01-04    0.494494
2018-01-05   -0.001953
Freq: D, dtype: float64
```

```
#按月显示, 不统计
#按年是 A, 季度是 Q
tsp=ts.to_period('D')
tsp.head()
```

输出结果:

```
2018-01-01    0.848821
2018-01-02   -0.633261
2018-01-03   -2.045867
2018-01-04    0.494494
2018-01-05   -0.001953
Freq: D, dtype: float64
```

```
#根据不同时期显示索引值
#按季度频率 Q, 月度 M, 年度 A
tsp.index.asfreq('Q')
```

输出结果:

```
PeriodIndex(['2018Q1', '2018Q1', '2018Q1', '2018Q1', '2018Q1', '2018Q1',
             '2018Q1', '2018Q1', '2018Q1', '2018Q1',
             ...
             '2019Q2', '2019Q2', '2019Q2', '2019Q2', '2019Q2', '2019Q2',
             '2019Q2', '2019Q2', '2019Q2', '2019Q2'],
            dtype='period[Q-DEC]', length=500, freq='Q-DEC')
```

```
#按工作日统计
tsp.index.asfreq('B')
```

输出结果:

```
PeriodIndex(['2018-01-01', '2018-01-02', '2018-01-03', '2018-01-04',
```

```
            '2018-01-05', '2018-01-08', '2018-01-08', '2018-01-08',
            '2018-01-09', '2018-01-10',
            ...
            '2019-05-06', '2019-05-07', '2019-05-08', '2019-05-09',
            '2019-05-10', '2019-05-13', '2019-05-13', '2019-05-13',
            '2019-05-14', '2019-05-15'],
           dtype='period[B]', length=500, freq='B')
#按周进行显示，求和汇总
#月：M，年：A，季度：Q
#sum()、mean(),first(),last()
print(ts.resample('W').sum().head())
```

输出结果：

```
2018-01-07   -1.693741
2018-01-14   -2.636311
2018-01-21    5.600612
2018-01-28   -4.345094
2018-02-04   -0.092976
Freq: W-SUN, dtype: float64
```

```
print(ts.resample('AS').sum())
# "AS"是每年第一天为开始日期，"A"是每年最后一天
```

输出结果：

```
2018-01-01   -4.138965
2019-01-01   -7.564975
Freq: AS-JAN, dtype: float64
```

```
# 按年统计并显示
print(ts.resample('AS').sum().to_period('A'))
```

输出结果：

```
2018   -4.138965
2019   -7.564975
Freq: A-DEC, dtype: float64
```

```
# 按季度统计并显示
print(ts.resample('Q').sum().to_period('Q'))
```

输出结果：

```
2018Q1    1.151878
2018Q2   -8.108358
2018Q3    2.989868
2018Q4   -0.172352
2019Q1  -15.194792
2019Q2    7.629817
Freq: Q-DEC, dtype: float64
#根据groupby进行resampling
#按月进行汇总求平均值
ts.groupby(lambda x:x.year).mean()
```

输出结果：

```
2018   -0.011340
2019   -0.056037
dtype: float64
```

```
#按周进行汇总求平均值
ts.groupby(lambda x:x.weekday).mean()
```

输出结果:

```
0    0.043434
1    0.022170
2   -0.174845
3    0.142401
4   -0.040789
5   -0.156724
6    0.001048
dtype: float64
```

练 习 题

对本章中的例题,使用 Python 重新操作一遍。

第 15 章 Python 金融时间序列的自相关性与平稳性

15.1 引　言

金融数据主要分为时间序列(时间维度)、横截面(个体维度)和面板数据(时间+截面)。比如上证综指 2019 年 1 月至今的日收盘价数据就是时间序列，而 2019 年 8 月 12 日所有的 A 股收盘价数据则是横截面数据，2018—2019 年 3 000 多只个股收盘价数据便是面板数据。金融时间序列分析是量化投资建模的重要基础，下面介绍时间序列的一些基础概念，包括自相关性、偏自相关性、白噪声和平稳性，以及 Python 的简单实现，为后续关于时间序列建模专题作一个铺垫。Python 中的 statsmodels 包提供了强大的统计和计量建模函数，其中子模块时间序列模型(time series analysis)专门用于时间序列分析，如图 15-1 所示。

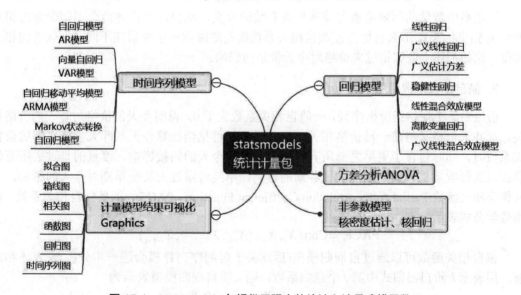

图 15-1　statsmodels 包提供了强大的统计和计量建模函数

15.2 自　相　关　性

相关性一般是指两个变量之间的统计关联性，自相关性则是指一个时间序列的两个不同时间点的变量是否相关联。时间序列具有自相关性是能够进行数据分析的前提，若时间序列的自相关性为 0，也就是说各个时点的变量不相互关联，那么未来与现在和过去就没有联系，根据过去信息来推测未来就变得毫无根据。时间序列的自相关性一般用时间序列的自协方差函数、自相关系数函数和偏自相关系数函数等统计量来衡量。

1. 自协方差函数

自协方差(Autocovariance Function,AF)是时间序列与其滞后项的协方差,假设 X 为随机变量(即随着时间变化取值随机的变量,比如股票价格),则 k 阶自协方差使用数学公式表示为

$$AF_k = E[(X_t - \mu_t)(X_{t-k} - \mu_{t-k})] = \text{cov}(X_t, X_{t-k}), \quad k = 0, 1, 2, \cdots$$

其中,E 表示求数学期望,μ 是随机变量 X 的均值,当 $k=0$ 时,可得

$$AF_0 = E[(X_t - \mu_t)^2]$$

即为随机变量 X 的方差。

2. 自相关系数函数

自协方差跟变量的单位有很大关系,比如 X 放大 10 倍,则自协方差将放大 100 倍,因此其值大小并不能反映相关性的大小。为了消除量纲(单位)的影响,使用自相关系数来刻画变量与其滞后项的相关性。自相关系数(Autocorrelation Coefficient Function,ACF)本质是相关系数,等于自协方差除以方差,k 阶自相关系数函数可以表示为

$$ACF_k = \frac{\text{cov}(X_t, X_{t-k})}{\text{var}(X_t)}$$

上过高中数学的都知道协方差和相关系数的含义,从统计上描述两个不同变量的相互影响关系(非因果),那么自协方差和自相关系数则是刻画同一个变量在不同时期取值的相关程度,比如描述上证综指过去价格对今天价格的影响。

3. 偏自相关系数函数

假设对于上证综指价格序列,一阶自相关系数大于 0,说明今天的价格与昨天的价格相关,而昨天价格又与前一日价格相关,依此类推,可见当计算今天与昨天价格之间的自相关系数时,同时包含了更早之前所有各期的信息对今天的间接影响,度量的是过去所有信息加总的影响效果。为了剔除其他各期的影响,单纯考察过去某一单期对今天的影响,引入偏自相关函数(Partial Autocorrelation Coefficient Function,PACF),即条件自相关系数,使用数学公式表示为

$$PACF_k = \text{Corr}(X_t, X_{t-k} | X_{t-1}, X_{t-2}, \cdots, X_{t-k+1})$$

偏自相关函数可以通过自回归模型(后续关于时间序列建模会进一步分析)来表述和求解,用表示 k 阶自回归式中第 j 个回归系数,则 k 阶自回归模型表示为

$$X_t = \phi_{k1} X_{t-1} + \phi_{k2} X_{t-2} + \cdots + \phi_{kk} X_{t-k} + \mu_t$$

其中 ϕ_{kk} 是最后一个系数。若把 ϕ_{kk} 看作滞后期 k 的函数,则称 ϕ_{kk} 为偏自相关函数,$k=1,2,\cdots$

自相关系数和偏自相关系数越大,说明过去对现在的影响越大。

4. Python 计算自相关和偏自相关系数

Python 的 pandas 库提供了计算基本统计量的函数,包括均值 df.mean()、协方差 df.cov()、相关系数 df.corr()、方差 df.var()(或标准差 df.std())等,其中 df 为数据列表;而自相关系数和偏自相关系数的计算则要用到 statsmodels 库(acf()和 pacf())。statsmodels 是一个很强大的统计数理模型库,在后面的时间序列分析与建模会进一步介绍相关函数及其运用。

第 15 章 Python 金融时间序列的自相关性与平稳性

```python
import pandas as pd
import numpy as np
import matplotlib.pyplot as plt
import matplotlib as mpl
%matplotlib inline

#正常显示画图时出现的中文和负号
from pylab import mpl
mpl.rcParams['font.sans-serif']=['SimHei']
mpl.rcParams['axes.unicode_minus']=False
#获取沪深 300 指数 2005-4-8 至今的收盘价格
#导入沪深 300 指数数据
import pandas as pd
import numpy as np
df=pd.read_excel('F:/2glkx/000300.xls')
df.head()
#设置时间作为索引
df=df.set_index(df['Date'])
ret=np.log(df.Close/df.Close.shift(1))
df=ret.dropna()
```

计算自相关和偏自相关系数。

```python
import statsmodels.tsa.api as smt
#tsa 是 Time Series analysis 缩写
#tsa 的 stattools(统计工具)提供了计算 acf 和 pacf 以及后面要用到的 adfuller 单位根检验函数
#使用 help(smt.stattools.acf)可以查看相关参数设置
#计算自相关系数,这里设置滞后项为 5 期,默认是 40 期滞后
acf=smt.stattools.acf(df,nlags=5)
#计算偏自相关系数
pacf=smt.stattools.pacf(df,nlags=5)
print(f'自相关系数为:{acf};\n 偏自相关系数为:{pacf}')
```
输出结果:
自相关系数为: [1.   0.03021791 -0.02831435 0.02336933 0.06980198 0.00606237];
偏自相关系数为: [1.   0.03022838 -0.02927449 0.02520473 0.0677029   0.00325056]

自相关系数和偏自相关系数的可视化。

```python
def acf_pacf_plot(data, lags=None):
    #判断是否为 pandas 的 Series 格式数据
    if not isinstance(data, pd.Series):
        data = pd.Series(data)
    #设定画面风格,这里设置为'bmh', colspan=2
    with plt.style.context('bmh'):
        fig = plt.figure(figsize=(10, 8))
        #设置子图
        layout = (3,1)
        ts_ax = plt.subplot2grid(layout, (0, 0))
        acf_ax = plt.subplot2grid(layout, (1, 0))
        pacf_ax = plt.subplot2grid(layout, (2, 0))
        data.plot(ax=ts_ax)
        ts_ax.set_title('时间序列图')
        smt.graphics.plot_acf(data, lags=lags, ax=acf_ax, alpha=0.5)
        acf_ax.set_title('自相关系数')
        smt.graphics.plot_pacf(data, lags=lags, ax=pacf_ax, alpha=0.5)
        pacf_ax.set_title('偏自相关系数')
        plt.tight_layout()
```

```
        return
#设置20阶滞后期
acf_pacf_plot(df,lags=20)
```

输出结果如图15-2所示。

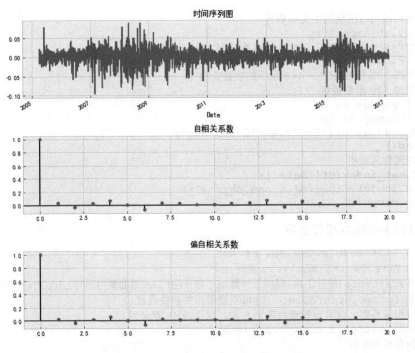

图15-2　自相关系数和偏自相关系数图形

15.3　平　稳　性

时间序列分析的主要目的是利用事物特征变量的历史和现状来推测未来可能出现的状况，即假设时间序列的基本特性必须能从过去维持到推测的时期，否则，基于历史和现状来预测未来将变得不可靠。时间序列的平稳性，简单理解就是时间序列的基本特性维持不变，换句话说，所谓平稳性，就是要求由样本时间序列所得到的曲线在未来的一段时期内仍能沿着现有的形态持续下去。金融领域很多变量之所以难以估计，是因为这些变量经常发生突变，不是平稳的时间序列。时间序列的平稳性是经典时间序列分析的基本假设前提，只有基于平稳的时间序列进行的预测才是有效的。平稳性有强平稳和弱平稳之分，一般说的平稳时间序列指的是弱平稳时间序列。

1. 强平稳(Strictly Stationary)

强平稳要求时间序列随着时间的推移，其统计性质保持不变，对于任意的 τ，其联合概率密度函数满足：$F_{t1,t2,\cdots,tm}(x_1,x_2,\ldots,x_m) = F_{t1+\tau,t2+\tau,\cdots,tm+\tau}(x_1,x_2,\ldots,x_m)$，则时间序列是强平稳的。

强平稳是一个很强的条件，要求该时间序列的任何统计性质都不会随着时间发生变化。强平稳由于条件苛刻，理论和实证上都难以检验，因此现实中几乎无法运用。

2. 弱平稳(Weakly Stationary)

弱平稳放宽了平稳性条件，只要求低阶矩平稳，即数学期望(均值)和方差不随时间和位置变化。弱平稳过程的条件如下。

(1) 均值函数在所有时间上恒为常数。
(2) 存在二阶矩。
(3) 对于所有时间 t 和时滞 k，自协方差相同。

值得注意的是，强平稳和弱平稳时间序列二者并没有包含关系。换句话说，强平稳时间序列不一定是弱平稳的，因为强平稳过程不一定存在二阶距；弱平稳时间序列也不一定是强平稳的，因为弱平稳只能保证一阶矩和二阶距不随时间变化，但不能保证其有穷维分布不随时间变化。弱平稳的正态分布时间序列必定是强平稳的。因为正态分布的概率密度是由均值函数和自相关函数完全确定的，即如果均值函数和自相关函数不随时间变化，则概率密度函数也不随时间变化。

3. 时间序列平稳性的判断方法

通过观察时序图和单位根检验可以判断时间序列是否平稳，具体如下。

(1) 观察时间序列图的形状来初步判断其平稳性。根据弱平稳的定义，时间序列的均值和方差为常数，因此其时序图应该围绕某一水平线上下以大致相同的幅度波动。如果该时序图存在明显递增、递减或周期性波动，则该时间序列很可能是不平稳的。

(2) 观察序列的自相关和偏自相关系数函数图。对于平稳时间序列而言，其自相关或偏自相关系数一般会快速减小至 0 附近或者在某一阶后变为 0，而非平稳的时间序列的自相关系数一般是缓慢下降的。

(3) 单位根检验。通过观察时序图、自相关和偏自相关系数函数图来判断时间序列平稳性，可能出现因观察者对图形的判断不同而得出不同的结论，为了更加客观地考察时间序列的平稳性，引入统计检验方法，即单位根检验。常见的单位根检验方法有 DF 检验(Dickey-Fuller Test)、ADF 检验(AuGMENTED Dickey-Fuller Test)和 PP 检验(Phillips-Perron Test)。关于单位根检验和 DF、ADF、PP 检验的公式原理此处不详细展开，可参考本科计量经济学教材的时间序列分析部分。

15.4 白噪声和随机游走

白噪声过程也叫纯随机序列，是指随机过程在任意时点 t 的均值和协方差均为 0，而方差为一常数，即满足下面的数学条件：

均值：$E(X_t) = 0$，方差：$\mathrm{var}(X_t) = \sigma^2$，协方差：$\mathrm{ACF}_k = 0, k > 0$。

白噪声序列的均值和方差为常数，间隔大于 0 的自协方差都恒等于 0，因此是平稳的时间序列。如果白噪声过程中各变量独立并且都服从正态分布，则该序列为高斯白噪声过程(Gussian White Noise)。高斯白噪声序列是强平稳的时间序列，并且各期之间不仅不相关还相互独立。

如果一个时间序列满足高斯白噪声过程，则无法根据过去信息来预测未来。比如非平稳时间序列：

$$x_t = x_{t-1} + \varepsilon_t$$

其中，$x_0 = 0$，$\varepsilon_t \sim N(0, \sigma_\varepsilon^2)$。

这里的随机扰动是服从正态分布的纯随机序列，即为纯随机变量的加总，所以被称为随机游走过程(Random Walk)。根据有效市场假说原理，股票价格是随机游走的，因此是无法被预测的。

如果一个时间序列是纯随机游走的，意味着它的每一次新的变化都无迹可寻，无法从中捕捉对预测有用的信息。换句话说，纯随机时间序列是没有分析和预测价值的。那么如何检验和判断一个时间序列是否为纯随机序列呢？一般可用 Ljung-Box 检验(LB 检验) 方法进行统计检验，检验的统计量为 Q

$$Q(m) = n(n+2) \sum_{k=1}^{m} \frac{\rho_k^2}{n-k} \sim \chi_m^2$$

其中，ρ_k^2 是序列的 k 阶自相关系数，n 是整个序列中的观测值个数，m 是滞后阶数。当序列存在自相关时，其自相关系数较大，对应的 $Q(m)$ 也较大，相反，当序列为随机序列、无自相关时，序列的自相关系数不会显著地异于 0，则 $Q(m)$ 会很小。检验一个时间序列在 m 阶内是否为白噪声，只有当 m 个 Q 统计量均小于对应的 χ^2 分布的临界值时，才能说明该序列在所检验的 m 阶内是纯随机的。在实际应用中，LB 检验的原假设为所检验序列是纯随机序列，当 LB 检验统计量对应的 p 值大于所设定的显著性水平(如 5%、1%、0.5%等)时，接受原假设，认为所检验序列为白噪声序列；反之拒绝原假设，认为序列是非白噪声序列。

15.5 Python 模拟白噪声和平稳性检验

引入 statsmodels 和 scipy.stats 用于画 QQ 和 PP 图。

```
import scipy.stats as scs
import statsmodels.api as sm
def ts_plot(data, lags=None,title=''):
    if not isinstance(data, pd.Series):
        data = pd.Series(data)
    with plt.style.context('bmh'):
        fig = plt.figure(figsize=(10, 8))
        layout = (3, 2)
        ts_ax = plt.subplot2grid(layout, (0, 0))
        acf_ax = plt.subplot2grid(layout, (1, 0))
        pacf_ax = plt.subplot2grid(layout, (1, 1))
        qq_ax = plt.subplot2grid(layout, (2, 0))
        pp_ax = plt.subplot2grid(layout, (2, 1))

        data.plot(ax=ts_ax)
        ts_ax.set_title(title+'时序图')
        smt.graphics.plot_acf(data, lags=lags, ax=acf_ax, alpha=0.5)
        acf_ax.set_title('自相关系数')
        smt.graphics.plot_pacf(data, lags=lags, ax=pacf_ax, alpha=0.5)
        pacf_ax.set_title('偏自相关系数')
        sm.qqplot(data, line='s', ax=qq_ax)
        qq_ax.set_title('QQ 图')
        scs.probplot(data, sparams=(data.mean(), data.std()), plot=pp_ax)
        pp_ax.set_title('PP 图')
```

```
    plt.tight_layout()
return
```

QQ 图的结果与 PP 图非常相似,只是 PP 图是用分布的累计比,而 QQ 图用的是分布的分位数来作检验。

和 PP 图一样,如果数据为正态分布,则在 QQ 正态分布图中,数据点应基本在图中对角线上。

1. 模拟白噪声过程

使用 numpy 简单模拟白噪声的过程如下。

```
np.random.seed(1)
# plot of discrete white noise
randser = np.random.normal(size=500)
ts_plot(randser, lags=30,title='白噪声')
```

输出结果如图 15-3 所示。

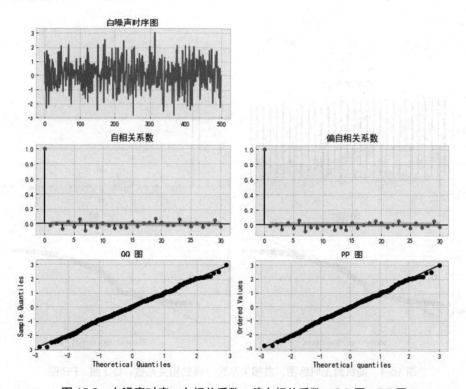

图 15-3 白噪声时序、自相关系数、偏自相关系数、QQ 图、PP 图

从图 15-3 中可以看到模拟过程中数据是随机的且在 0 附近波动。ACF 和 PACF 图显示数据没有明显的序列相关。要记住,由于数据是正态分布采样的结果,我们应该在自相关系数图中看到大约 5%的显著性。QQ 图和 PP 图是比较数据的概率分布和其他理论的分布的,在这里,理论值是标准正态分布的,因此我们的数据是正态分布的,符合高斯白噪声。

随机游走是时间序列 x_t 的模型:$x_t=x_{t-1}+w_t$,w_t 是离散的白噪声序列。随机游走是不平稳的,因为协方差是和时间相关的。如果建模的时间序列是随机游走的,那么它是不可预测的。

2. 模拟随机游走过程

从标准正态分布采样模拟一个随机游走。

```
np.random.seed(2)
n_samples = 1000
x = w = np.random.normal(size=n_samples)
for t in range(1,n_samples):
    x[t] = x[t-1] + w[t]
ts_plot(x, lags=30,title='随机游走')
```

输出结果如图 15-4 所示。

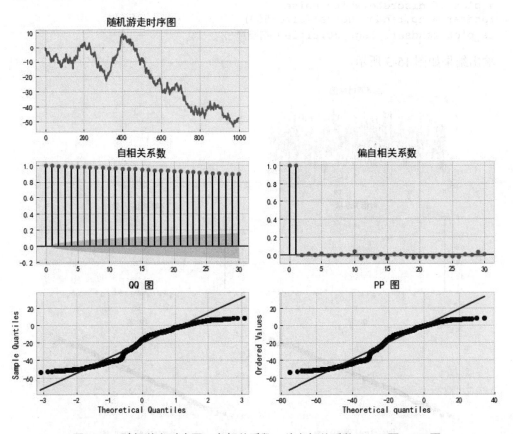

图 15-4 随机游走时序图、自相关系数、偏自相关系数、QQ 图、PP 图

从图 15-4 中明显看出时间序列是不平稳的。随机游走模型是 $x_t=x_{t-1}+w_t$，移项可以得到 $x_t-x_{t-1}=w_t$。因此，随机游走的一阶差分应该等于白噪声，可以对时间序列应用 np.diff() 函数来检验。

```
# First difference of simulated Random Walk series
ts_plot(np.diff(x), lags=30)
```

输出结果如图 15-5 所示。

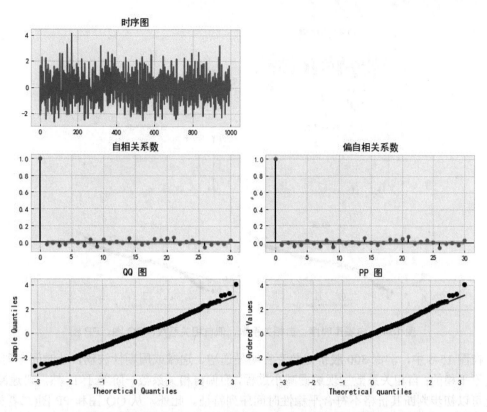

图 15-5 白噪声时序、自相关系数、偏自相关系数、QQ 图、PP 图

15.6 沪深 300 近三年来数据的平稳性检验分析

1. 图形检验

```
#沪深 300 价格数据
import pandas as pd
import numpy as np
df=pd.read_excel('F:/2glkx/000300.xls')
df.head()
#设置时间作为索引
df=df.set_index(df['Date'])
data=pd.DataFrame(df,columns=['Close'])
#对数收益率
data['logret']=np.log(data.Close/data.Close.shift(1))
#普通收益率
data['ret']=data.Close/data.Close.shift(1)-1
data=data.dropna()
```

绘制图形观察判断平稳性。

```
#沪深 300 股价的平稳性
#观察时序图
ts_plot(data.Close,lags=30,title='沪深 300 股价')
```

输出结果如图 15-6 所示。

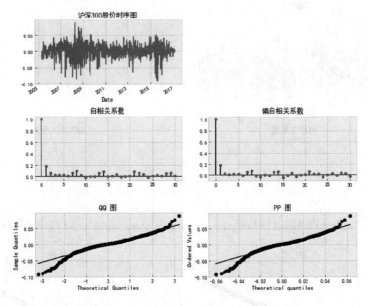

图 15-6 白噪声时序、自相关系数、偏自相关系数、QQ 图、PP 图

在图 15-6 中，沪深 300 股价走势存在明显递增、递减或周期性波动，该时间序列很可能是不平稳的；自相关系数呈现缓慢减小过程，而偏自相关系数一阶等于 1，然后迅速减小，由此可以初步判断其价格不符合平稳性时间序列特征。此外，从 QQ 图和 PP 图(二者类似)上不难看出，沪深 300 价格时间序列不符合正态分布。

```
#沪深 300 收益率，对数收益率与算术收益率差异不是很大
ts_plot(data.logret,lags=30,title='沪深 300 收益率')
```

输出结果如图 15-7 所示。

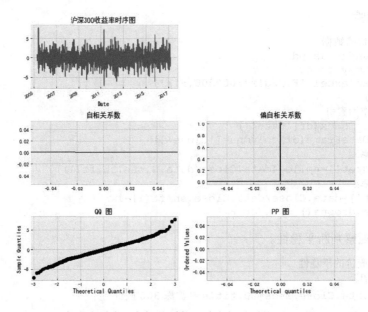

图 15-7 白噪声时序、自相关系数、偏自相关系数、QQ 图、PP 图

在图 15-7 中，沪深 300 对数收益率时序图围绕某一水平线上下以大致相同的幅度波动，比较像白噪声过程；自相关与偏自相关系数快速减小至 0 附近或在某一阶后变为 0，从图形上观察应该是平稳过程；QQ 图和概率图的过程很像标准正态分布，但是存在厚尾，并且在 ACF 和 PACF 图上可以看到有一些重要的序列相关性，这意味着应该用更好的模型去描述真实的价格变化过程，为后面的时间序列建模设下铺垫。

2. 单位根检验

图形观察的方式很直观，但也很主观，不同的人对相同的图形可能得出不同的结论，因此需要一个更加客观的统计方法来检验时间序列的平稳性，即单位根检验。常见的单位根检验方法有 DF 检验、ADF 检验和 PP 检验等。下面主要介绍如何使用 Python 进行 ADF 单位根检验。

```
#statsmodel 和 arch 包都提供了 ADF 检验的函数
#statsmodel 也提供了多种方式使用 adfulle 单位根检验函数
#这些方法得到的结果是一致的
#使用 stats 子模块中 diagnostic(模型诊断) 单位根检验 unitroot_adf
from statsmodels.stats.diagnostic import unitroot_adf
unitroot_adf(data.Close)
```

输出结果如下。

```
(-8.542102936373942,
 9.720518105230343e-14,
 14,
 1453,
 {'1%': -3.434858527373781,
  '10%': -2.567830105465636,
  '5%': -2.8635312133080046},
 -7432.770213212654)
```

输出结果依次为检验的统计量值、p-value、滞后阶数、自由度等信息，其中检验统计量为-8.54，远大于 10%的临界值-2.56，实际上 p 值为 9.720 518 105 230 343e-14，远小于 0.1，因此我们拒绝原假设(原假设是存在单位根)，认为该时间序列是平稳的。

```
#模块一样，只是引用方式使用了 api
import statsmodels.api as sm
sm.stats.diagnostic.unitroot_adf(data.Close)
```

输出结果如下。

```
(-8.542102936373942,
 9.720518105230343e-14,
 14,
 1453,
 {'1%': -3.434858527373781,
  '10%': -2.567830105465636,
  '5%': -2.8635312133080046},
 -7432.770213212654)
#从时间序列分析 tsa 子模块 api 中导入 adfuller
import statsmodels.tsa.api as smt
smt.adfuller(data.Close)
```

输出结果如下。

```
(-8.542102936373942,
 9.720518105230343e-14,
 14,
 1453,
 {'1%': -3.434858527373781,
  '10%': -2.567830105465636,
  '5%': -2.8635312133080046},
 -7432.770213212654)
```

```python
#直接从时间序列分析tsa子模块的stattools统计工具中导入adfuller
from statsmodels.tsa.stattools import adfuller
adfuller(data.Close)
```

```
(-8.542102936373942,
 9.720518105230343e-14,
 14,
 1453,
 {'1%': -3.434858527373781,
  '10%': -2.567830105465636,
  '5%': -2.8635312133080046},
 -7432.770213212654)
```

```python
#使用arch包中的单位根检验unitroot导入ADF
#arch包在后续建模中将会运用到
from arch.unitroot import ADF
ADF(data.Close)
```

输出结果如下。

```
Augmented Dickey-Fuller Results
Test Statistic     -2.051
P-value             0.265
Lags                9
Trend: Constant
Critical Values: -3.44 (1%), -2.87 (5%), -2.57 (10%)
Null Hypothesis: The process contains a unit root.
Alternative Hypothesis: The process is weakly stationary.

   Augmented Dickey-Fuller Results
=====================================
Test Statistic              -8.542
P-value                      0.000
Lags                        14
-------------------------------------

Trend: Constant
Critical Values: -3.43 (1%), -2.86 (5%), -2.57 (10%)
Null Hypothesis: The process contains a unit root.
Alternative Hypothesis: The process is weakly stationary.
```

结果与上述导入方法是一致的,不过arch包的输出结果比较直观。

```python
#下面沿用arch包的单位根检验函数对沪深300收益率进行单位根检验
ADF(data.logret)
```

输出结果如下。

```
   Augmented Dickey-Fuller Results
=====================================
Test Statistic             -11.951
P-value                      0.000
Lags                        14
-------------------------------------
```

```
Trend: Constant
Critical Values: -3.43 (1%), -2.86 (5%), -2.57 (10%)
Null Hypothesis: The process contains a unit root.
Alternative Hypothesis: The process is weakly stationary.
```

结果显示，沪深 300 对数收益率 ADF 单位根检验得到的 p 值约等于 0，因此拒绝原假设(原假设是存在单位根)，即认为该时间序列是平稳的。一般而言，股票价格时间序列是不平稳的，而收益率数据是平稳的，因此一般使用股票收益进行时间序列建模，而不是直接使用股价。

练 习 题

对本章例题的数据，使用 Python 重新操作一遍。

第 16 章 Python 金融时间序列分析的 ARIMA 模型

16.1 引言

第 15 章给出的时间序列的自相关性与平稳性着重介绍了时间序列的一些基础概念,包括自相关性、偏自相关性、白噪声和平稳性,以及 Python 的简单实现等。本章将在此基础上,以沪深 300 收益率数据为例,探讨如何使用 Python 对平稳时间序列进行建模和预测分析。时间序列经典模型主要有自回归模型 AR、移动回归模型 MA、移动自回归模型 ARMA,以及差分移动自回归模型 ARIMA 等。下面主要介绍这 4 种模型的基本原理以及 Python 的实现步骤。

16.2 AR 模型

AR 模型(Autoregressive Models),即自回归模型,用于刻画因变量能由它的多个滞后项表示。p 阶自回归模型 AR(p) 可以写成:

$$x_t = \alpha_0 + \alpha_1 x_{t-1} + \alpha_2 x_{t-2} + \cdots + \alpha_p x_{t-p} + \mu_t$$

式中,x_{t-p} 是 x_t 的滞后 p 阶,α_p 为自回归系数,μ_t 为白噪声,满足标准正态分布。

下面模拟一个 AR(1)模型。

```
import pandas as pd
import numpy as np
import statsmodels.tsa.api as smt
#tsa 为 Time Series analysis 缩写
from pandas.core import datetools
import statsmodels.api as sm
import scipy.stats as scs
from arch import arch_model
#画图
import matplotlib.pyplot as plt
import matplotlib as mpl
%matplotlib inline
#正常显示画图时出现的中文和负号
from pylab import mpl
mpl.rcParams['font.sans-serif']=['SimHei']
mpl.rcParams['axes.unicode_minus']=False

#先定义一个画图函数,后面都会用到
def ts_plot(data, lags=None,title=''):
    if not isinstance(data, pd.Series):
        data = pd.Series(data)
    #matplotlib 官方提供了 5 种不同的图形风格
    #包括 bmh、ggplot、dark_background、fivethirtyeight 和 grayscale
```

```
    with plt.style.context('ggplot'):
        fig = plt.figure(figsize=(10, 8))
        layout = (3, 2)
        ts_ax = plt.subplot2grid(layout, (0, 0), colspan=2)
        acf_ax = plt.subplot2grid(layout, (1, 0))
        pacf_ax = plt.subplot2grid(layout, (1, 1))
        qq_ax = plt.subplot2grid(layout, (2, 0))
        pp_ax = plt.subplot2grid(layout, (2, 1))
        data.plot(ax=ts_ax)
        ts_ax.set_title(title+'时序图')
        smt.graphics.plot_acf(data, lags=lags, ax=acf_ax, alpha=0.5)
        acf_ax.set_title('自相关系数')
        smt.graphics.plot_pacf(data, lags=lags, ax=pacf_ax, alpha=0.5)
        pacf_ax.set_title('偏自相关系数')
        sm.qqplot(data, line='s', ax=qq_ax)
        qq_ax.set_title('QQ 图')
        scs.probplot(data, sparams=(data.mean(),
                     data.std()), plot=pp_ax)
        pp_ax.set_title('PP 图')
        plt.tight_layout()
    return
# 模拟 AR(1) 过程
#设置随机种子(括号里数字无意义)
np.random.seed(1)
#模拟次数
n=5000
#AR 模型的参数
a = 0.8
#扰动项为正态分布
x = w = np.random.normal(size=n)
for t in range(1,n):
    x[t] = a*x[t-1] + w[t]
#画图
ts_plot(x, lags=30)
```

输出结果如图 16-1 所示。

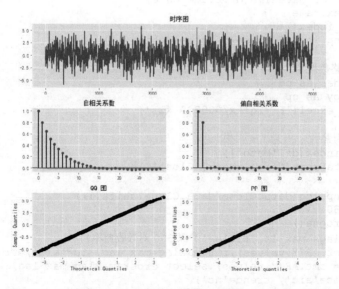

图 16-1 时序图、自相关系数、偏自相关系数、QQ 图、PP 图

从图 16-1 可见，模拟的 AR(1)模型是正态的。自相关系数图(ACF)显示滞后值之间存在显著的序列相关性，偏自相关系数图(PACF)则显示在滞后 1 期时截尾(迅速降为 0)。下面使用 statsmodels 构建 AR(p)模型，先用 AR 模型拟合上述模拟的数据，并返回估计的系数参数，然后选择最佳滞后阶数，最后与原模型设置对比看是否选择了正确的滞后项。假如 AR 模型是正确的，那估计的系数参数将很接近真实的系数 0.8，选择的阶数也会等于 1。

```python
#估计数据的 AR 模型参数和滞后阶数
def simu_ar(data,a,maxlag=30,true_order = 1):
    '''data:要拟合的数据；a 为参数,可以为列表；maxlag:最大滞后阶数'''
    # 拟合 AR(p)模型
    result = smt.AR(data).fit(maxlag=maxlag, ic='aic', trend='nc')
    #选择滞后阶数
    est_order = smt.AR(data).select_order(maxlag=maxlag,
              ic='aic', trend='nc')
    #参数选择标准 ic：有四个选择 {'aic', 'bic', 'hqic', 't-stat'}
    #趋势项：trend：c 指包含常数项，nc 为不含常数项
    #打印结果
    print(f'参数估计值：{result.params.round(2)},估计的滞后阶数：{est_order}')
    print(f'真实参数值：{a},真实滞后阶数 {true_order}')
simu_ar(x,a=0.8)
```

参数估计值：[0.8],估计的滞后阶数：1
真实参数值：0.8,真实滞后阶数 1
参数估计值：[0.8]，估计的滞后阶数：1
真实参数值：0.8,真实滞后阶数 1

下面用 AR(p)模型来拟合沪深 300 指数的对数收益率。

```python
# Select best lag order for hs300 returns
import tushare as ts
token='输入 token'
pro=ts.pro_api(token)
df=pro.index_daily(ts_code='000300.SH')
df.index=pd.to_datetime(df.trade_date)
del df.index.name
df=df.sort_index()
df['ret']=np.log(df.close/df.close.shift(1))

#沪深 300 价格数据
import pandas as pd
import numpy as np
df=pd.read_excel('F:/2glkx/000300.xls')
df.head()
#设置时间作为索引
df=df.set_index(df['Date'])
data=pd.DataFrame(df,columns=['Close'])
#对数收益率
df['ret']=np.log(data.Close/data.Close.shift(1))
max_lag = 30
Y=df.ret.dropna()
ts_plot(Y,lags=max_lag,title='沪深 300 对数收益率')
result = smt.AR(Y.values).fit(maxlag=max_lag, ic='aic', trend='nc')
est_order = smt.AR(Y.values).select_order(maxlag=max_lag,
          ic='aic', trend='nc')
print(f'沪深 300 对数收益率拟合 AR 模型的参数：{result.params.round(2)}')
```

```
print(f'沪深 300 对数收益率拟合 AR 模型的最佳滞后阶数 {est_order}')
```

输出结果:

```
沪深 300 对数收益率拟合 AR 模型的参数：[ 0.03 -0.03  0.02  0.06  0.   -0.06  0.04
 0.01  0.01  0.01  0.02  0.02
 0.07 -0.03  0.05]
沪深 300 对数收益率拟合 AR 模型的最佳滞后阶数 18
```

输出图形如图 16-2 所示。

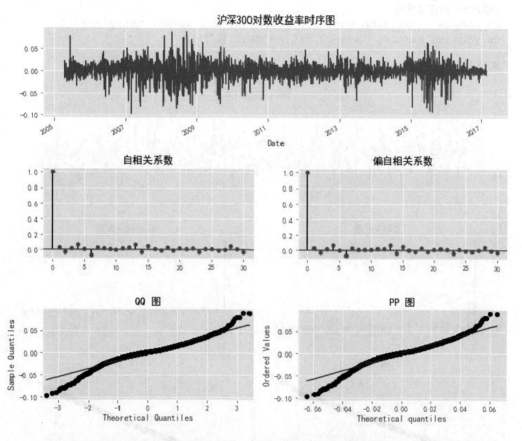

图 16-2　沪深 300 对数收益率时序图、自相关系数、偏自相关系数、QQ 图、PP 图

最后的结果显示最好的阶数选择是 18 或者是有 18 个参数。显然，对于这么多的参数，使用任何模型在实际中都不可能有用，应该有比这个更好的模型可以解释沪深 300 对数收益率走势。

16.3　MA 模型

MA(q)模型与 AR(p)模型非常相似，不同之处在于，MA(q)模型是对过去的白噪声误差项的线性组合，而不是过去观测的线性组合。MA(q)模型的动机是直接通过拟合误差项来观察误差过程中的"冲击"。MA(q)模型的公式是：

$$x_t = c_0 + \omega_t + \beta_1 \omega_{t-1} + \cdots + \beta_p \omega_{t-p}$$

其中，ω_t 是白噪声，$E(\omega_t) = 0$，方差是 σ_a^2。

下面使用 Python 模拟 MA(1) 过程。

```
#这里使用arma模型进行模拟，设定ar阶数为0，即得到MA模型
alphas = np.array([0.])
betas = np.array([0.6])
ar = np.r_[1, -alphas]
ma = np.r_[1, betas]
#模拟MA的样本数据
ma_sample = smt.arma_generate_sample(ar=ar, ma=ma, nsample=1000)
ts_plot(ma_sample, lags=30,title='MA(1)模型')
```

输出结果如图 16-3 所示。

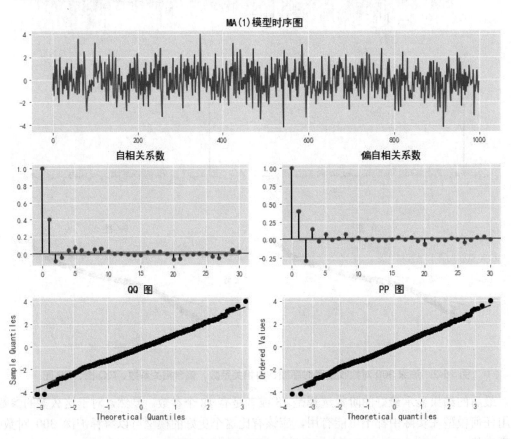

图 16-3　MA(1)时序图、自相关系数、偏自相关系数、QQ 图、PP 图

从图 16-3 可见，自相关函数 ACF 显示滞后 1 阶系数显著异于 0，表明 MA(1)模型适合拟合的数据。

```
# 对上述模拟数据进行ARMA模型拟合
max_lag = 30
result = smt.ARMA(ma_sample, order=(0, 1)).fit(maxlag=max_lag,
        method='mle', trend='nc')
print(result.summary())
resid=pd.Series(result.resid)
```

第 16 章 Python 金融时间序列分析的 ARIMA 模型

```
ts_plot(resid, lags=max_lag,title='模拟数据 MA 拟合残差')
```

输出结果如下(见图 16-4)。

```
                        ARMA Model Results
==============================================================================
Dep. Variable:                      y   No. Observations:                 1000
Model:                     ARMA(0, 1)   Log Likelihood               -1411.099
Method:                           mle   S.D. of innovations              0.992
Date:                Sun, 15 Sep 2019   AIC                           2826.197
Time:                        14:59:21   BIC                           2836.013
Sample:                             0   HQIC                          2829.928
==============================================================================
                 coef    std err          z      P>|z|      [0.025      0.975]
------------------------------------------------------------------------------
ma.L1.y        0.5801      0.025     23.468      0.000       0.532       0.629
                                    Roots
==============================================================================
                  Real          Imaginary           Modulus         Frequency
------------------------------------------------------------------------------
MA.1           -1.7239           +0.0000j            1.7239            0.5000
------------------------------------------------------------------------------
```

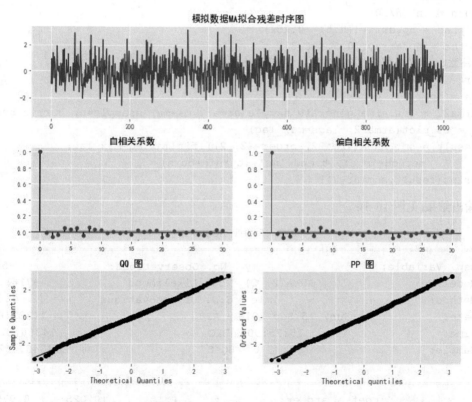

图 16-4 模拟 MA 残差时序图、自相关系数、偏自相关系数、QQ 图、PP 图

由上可见，模型估计 d 滞后系数为 0.5801，与真实值 0.6 比较接近。注意到，95%置信区间确实包含该真实值。

16.4　ARMA 模型

ARMA 模型即自回归移动平均模型(Autoregressive Moving Average Models)，ARMA(p, q)是 AR(p)和 MA(q)模型的结合，从金融的角度理解，AR 和 MA 模型的理论意义在于：AR(p)模型试图捕捉(解释)交易市场中经常观察到的动量和均值回复效应。MA(q)模型尝试捕捉(解释)在白噪声条件下观察到的冲击效应。这些冲击效应可以被认为是影响观察过程的意外事件。ARMA 模型的弱点在于忽视了大多数金融时间序列中的波动聚集效应。模型的公式可以表示为：

$$x_t = \alpha_0 + \alpha_1 x_{t-1} + \alpha_2 x_{t-2} + \cdots + \omega_t + \beta_1 \omega_{t-1} + \cdots + \beta_q \omega_{t-q}$$

$$= \alpha_0 + \sum_{i=1}^{p} \alpha_i x_{t-i} + \omega_t + \sum_{i=1}^{q} \beta_i \omega_{t-i}$$

下面使用 ARMA(2,2) 模型进行模拟分析。

```
max_lag = 30
n = 5000
burn = int(n/10)
alphas = np.array([0.5, -0.25])
betas = np.array([0.5, -0.3])
#注意 ar 模型 1 代表 0 阶(自身)，然后在其他系数前加负号
ar = np.r_[1, -alphas]
ma = np.r_[1, betas]
arma22 = smt.arma_generate_sample(ar=ar, ma=ma, nsample=n, burnin=burn)
_ = ts_plot(arma22, lags=max_lag)
result = smt.ARMA(arma22, order=(2, 2)).fit(maxlag=max_lag,
        method='mle', trend='nc', burnin=burn)
print(result.summary())
```

输出结果(见图 16-5)：

```
                              ARMA Model Results
==============================================================================
Dep. Variable:                      y   No. Observations:                 5000
Model:                     ARMA(2, 2)   Log Likelihood               -7161.816
Method:                           mle   S.D. of innovations              1.013
Date:                Sun, 15 Sep 2019   AIC                          14333.631
Time:                        15:25:00   BIC                          14366.217
Sample:                             0   HQIC                         14345.052

==============================================================================
                 coef    std err          z      P>|z|      [0.025      0.975]
------------------------------------------------------------------------------
ar.L1.y        0.4635      0.054      8.603      0.000       0.358       0.569
ar.L2.y       -0.2649      0.015    -17.835      0.000      -0.294      -0.236
ma.L1.y        0.5274      0.055      9.516      0.000       0.419       0.636
ma.L2.y       -0.2751      0.051     -5.430      0.000      -0.374      -0.176
```

第 16 章 Python 金融时间序列分析的 ARIMA 模型

```
                                    Roots
=============================================================================
                  Real          Imaginary           Modulus         Frequency
-----------------------------------------------------------------------------
AR.1            0.8750           -1.7349j            1.9431           -0.1757
AR.2            0.8750           +1.7349j            1.9431            0.1757
MA.1           -1.1754           +0.0000j            1.1754            0.5000
MA.2            3.0929           +0.0000j            3.0929            0.0000
-----------------------------------------------------------------------------
```

图 16-5 结果显示：模型估计的参数与真实参数基本上吻合。ACF 和 PACF 没有显示出明显的自相关性。QQ 图和概率图显示残差大致为正态分布，但厚尾。总体而言，这个模型的残差看起来不像白噪声，说明模型还是没有很好地拟合其波动性特性。

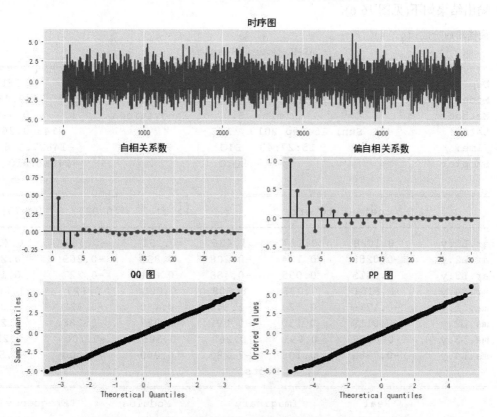

图 16-5　时序图、自相关系数、偏自相关系数、QQ 图、PP 图

下面使用 ARMA 模型来拟合沪深 300 的收益数据。

```
#不事先确定滞后阶数，而是通过信息准则选择最佳的滞后阶数
#先将初始值设置为无穷大
best_aic = np.inf
best_order = None
best_mdl = None
rng = range(5)
for i in rng:
    for j in rng:
```

```
            try:
                tmp_mdl = smt.ARMA(Y.values, order=(i,j)).fit(method='mle',
trend='nc')
                tmp_aic = tmp_mdl.aic
                if tmp_aic < best_aic:
                    best_aic = tmp_aic
                    best_order = (i, j)
                    best_mdl = tmp_mdl
            except: continue
print(f'最佳滞后阶数:{best_order}')
print(best_mdl.summary())
resid=pd.Series(best_mdl.resid,index=Y.index)
ts_plot(resid, lags=30,title='沪深300指数ARMA拟合残差')
```

输出结果如下(见图16-6)。

最佳滞后阶数:(4, 4)

```
                              ARMA Model Results
==============================================================================
Dep. Variable:                      y   No. Observations:                 2887
Model:                     ARMA(4, 4)   Log Likelihood                7449.434
Method:                           mle   S.D. of innovations              0.018
Date:                Sun, 15 Sep 2019   AIC                         -14880.867
Time:                        15:27:43   BIC                         -14827.156
Sample:                             0   HQIC                        -14861.510

==============================================================================
                 coef    std err          z      P>|z|      [0.025      0.975]
------------------------------------------------------------------------------
ar.L1.y        0.1828      0.127      1.436      0.151      -0.067       0.432
ar.L2.y       -0.0258      0.124     -0.208      0.835      -0.269       0.217
ar.L3.y       -0.0415      0.095     -0.438      0.661      -0.227       0.144
ar.L4.y        0.8151      0.096      8.508      0.000       0.627       1.003
ma.L1.y       -0.1716      0.128     -1.341      0.180      -0.422       0.079
ma.L2.y       -0.0119      0.130     -0.091      0.927      -0.268       0.244
ma.L3.y        0.0795      0.091      0.869      0.385      -0.100       0.259
ma.L4.y       -0.7883      0.108     -7.280      0.000      -1.000      -0.576
                                    Roots
==============================================================================
                  Real          Imaginary           Modulus         Frequency
------------------------------------------------------------------------------
AR.1            1.0206           -0.0000j            1.0206           -0.0000
AR.2            0.0632           -1.0453j            1.0472           -0.2404
AR.3            0.0632           +1.0453j            1.0472            0.2404
AR.4           -1.0961           -0.0000j            1.0961           -0.5000
MA.1            1.0330           -0.0000j            1.0330           -0.0000
MA.2            0.0738           -1.0639j            1.0665           -0.2390
MA.3            0.0738           +1.0639j            1.0665            0.2390
MA.4           -1.0797           -0.0000j            1.0797           -0.5000
------------------------------------------------------------------------------
```

第 16 章　Python 金融时间序列分析的 ARIMA 模型

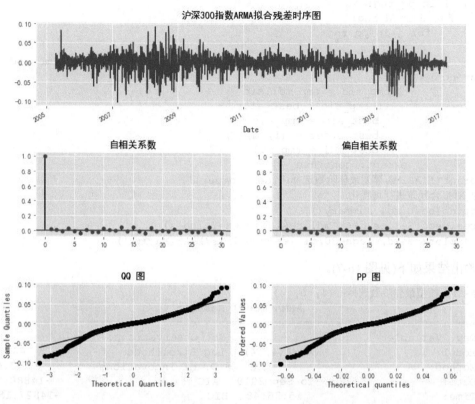

图 16-6　沪深 300 指数 ARMA 拟合残差时序图、自相关系数、偏自相关系数、QQ 图、PP 图

16.5　ARIMA 模型

　　ARIMA 模型即差分移动自回归模型(Autoregressive Integrated Moving Average Models)，是 ARMA 模型的拓展。由于现实中很多时间序列不是平稳的，但可以通过差分来实现平稳，即通过一阶差分可以将非平稳时间序列转化为平稳的白噪声。由于前三个模型都有时间序列平稳的假设，如果时间序列存在明显的上升或者下降趋势，模型预测的效果将大打折扣。对于有明显下降或者上升趋势的数据集，可以使用差分的方式将其转化为平稳序列，然后使用 ARMA 模型进行拟合。假设模型经过 d 次差分通过了时间序列平稳的检验，ARMA 的系数为 p,q，ARIMA 模型为 ARIMA(p,d,q)。

　　下面通过迭代(p,d,q)的不同组合，找到拟合沪深 300 对数收益率数据的最佳 ARIMA 模型。通过 AIC 信息准则来评估每个模型，最后选取 AIC 最小的。

```
#原理与拟合 ARMA 模型类似
best_aic = np.inf
best_order = None
best_mdl = None
#假定最多滞后 4 阶
pq_rng = range(5)
#假定最多差分一次
d_rng = range(2)
```

```
            for i in pq_rng:
                for d in d_rng:
                    for j in pq_rng:
                        try:
                            tmp_mdl = smt.ARIMA(Y.values, order=(i,d,j)).fit(method='mle',
trend='nc')
                            tmp_aic = tmp_mdl.aic
                            if tmp_aic < best_aic:
                              best_aic = tmp_aic
                              best_order = (i, d, j)
                              best_mdl = tmp_mdl
                        except: continue
print(f'ARIMA 模型最佳阶数选择：{best_order}')
# 对拟合残差进行可视化
print(best_mdl.summary())
resid=pd.Series(best_mdl.resid,index=Y.index)
ts_plot(resid, lags=30,title='沪深 300 指数 ARIMA 残差')
```

输出结果如下(见图 16-7)。

```
ARIMA 模型最佳阶数选择：(4, 0, 4)
                        ARMA Model Results
==============================================================================
Dep. Variable:                      y   No. Observations:                 2887
Model:                     ARMA(4, 4)   Log Likelihood                7449.434
Method:                           mle   S.D. of innovations              0.018
Date:                Sun, 15 Sep 2019   AIC                         -14880.867
Time:                        15:36:48   BIC                         -14827.156
Sample:                             0   HQIC                        -14861.510

==============================================================================
                 coef    std err          z      P>|z|      [0.025      0.975]
------------------------------------------------------------------------------
ar.L1.y        0.1828      0.127      1.436      0.151      -0.067       0.432
ar.L2.y       -0.0258      0.124     -0.208      0.835      -0.269       0.217
ar.L3.y       -0.0415      0.095     -0.438      0.661      -0.227       0.144
ar.L4.y        0.8151      0.096      8.508      0.000       0.627       1.003
ma.L1.y       -0.1716      0.128     -1.341      0.180      -0.422       0.079
ma.L2.y       -0.0119      0.130     -0.091      0.927      -0.268       0.244
ma.L3.y        0.0795      0.091      0.869      0.385      -0.100       0.259
ma.L4.y       -0.7883      0.108     -7.280      0.000      -1.000      -0.576
                                   Roots
==============================================================================
                  Real          Imaginary           Modulus         Frequency
------------------------------------------------------------------------------
AR.1            1.0206           -0.0000j            1.0206           -0.0000
AR.2            0.0632           -1.0453j            1.0472           -0.2404
AR.3            0.0632           +1.0453j            1.0472            0.2404
AR.4           -1.0961           -0.0000j            1.0961           -0.5000
MA.1            1.0330           -0.0000j            1.0330           -0.0000
MA.2            0.0738           -1.0639j            1.0665           -0.2390
MA.3            0.0738           +1.0639j            1.0665            0.2390
MA.4           -1.0797           -0.0000j            1.0797           -0.5000
------------------------------------------------------------------------------
```

第 16 章　Python 金融时间序列分析的 ARIMA 模型

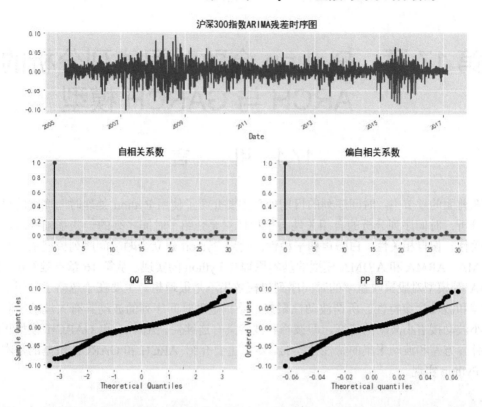

图 16-7　沪深 300 指数 ARMA 拟合残差时序图、自相关系数、偏自相关系数、QQ 图、PP 图

最好的模型是差分为 0，因为我们使用的是收益率数据，相对于已经采用了一次对数差分来计算股票收益率。模型残差图结果与 ARMA 模型结果基本相同，显然，ARIMA 模型同样无法解释时间序列中的条件波动性。至此，已介绍完了时间序列分析的基本模型和建模步骤。

16.6　结　　语

本章主要以收益率数据为例，简要介绍了时间序列四大经典模型的基本原理和 Python 的简单应用，不难发现，这些模型在拟合和预测收益率上显得力不从心。实际上，这些模型有一个潜在假设，即干扰项的方差是固定不变的，但是研究者发现金融经济数据(如股票收益率)大都存在异方差现象，因此传统的时间序列模型无法获得可靠的估计结果。为了解决金融资产收益率序列波动聚集的难题，学者们提出了 ARCH、GARCH 以及协整模型，下一章将会对这一方面的应用进行详细介绍。

练　习　题

对本章例题的数据，使用 Python 重新操作一遍。

第 17 章 Python 金融时间序列分析的 ARCH 与 GARCH 模型

17.1 引　　言

在前面的章节中，时间序列的日期处理主要介绍了使用 Python 处理时间序列的日期和统计分析；时间序列分析的自相关性与平稳性主要介绍了时间序列的一些基础概念，包括自相关性、偏自相关性、白噪声和平稳性；使用 Python 建立金融时间序列模型主要介绍了 AR、MA、ARMA 和 ARIMA 模型的基本原理与 Python 的实现。从第 16 章不难看出，使用 ARMA 等模型对股票收益率的时间序列建模效果不是很理想，主要在于忽略了时间序列的异方差和波动聚集特性。所谓波动性聚集，是指金融时间序列的波动具有大波动接着大波动、小波动接着小波动的特征，即波峰和波谷具有连续性。ARCH 和 GARCH 模型正是基于条件异方差和波动聚集的特性建模的。本章主要介绍 ARCH 和 GARCH 模型的基本原理及其 Python 实现。

17.2 股票收益率时间序列特点

在介绍 ARCH 和 GARCH 模型之前，先来看看金融资产收益率的时间序列有哪些比较突出的特点。仍然以沪深 300 指数为例，考察其收益率时间的分布和统计特性。下面的 Python 代码与第 16 章类似，包括导入需要用到的库、定义画图函数和使用 tushare 获取数据等。

```
import pandas as pd
import numpy as np
import statsmodels.tsa.api as smt
#tsa 为 Time Series analysis 缩写
import statsmodels.api as sm
import scipy.stats as scs
from arch import arch_model
#画图
import matplotlib.pyplot as plt
import matplotlib as mpl
%matplotlib inline
#正常显示画图时出现的中文和负号
from pylab import mpl
mpl.rcParams['font.sans-serif']=['SimHei']
mpl.rcParams['axes.unicode_minus']=False
def ts_plot(data, lags=None,title=''):
    if not isinstance(data, pd.Series):
```

```
            data = pd.Series(data)
        #matplotlib 官方提供了五种不同的图形风格,
        #包括 bmh、ggplot、dark_background、
        #fivethirtyeight 和 grayscale
        with plt.style.context('ggplot'):
            fig = plt.figure(figsize=(10, 8))
            layout = (3, 2)
            ts_ax = plt.subplot2grid(layout, (0, 0))
            acf_ax = plt.subplot2grid(layout, (1, 0))
            pacf_ax = plt.subplot2grid(layout, (1, 1))
            qq_ax = plt.subplot2grid(layout, (2, 0))
            pp_ax = plt.subplot2grid(layout, (2, 1))
            data.plot(ax=ts_ax)
            ts_ax.set_title(title+'时序图')
            smt.graphics.plot_acf(data, lags=lags,
                ax=acf_ax, alpha=0.5)
            acf_ax.set_title('自相关系数')
            smt.graphics.plot_pacf(data, lags=lags,
                ax=pacf_ax, alpha=0.5)
            pacf_ax.set_title('偏自相关系数')
            sm.qqplot(data, line='s', ax=qq_ax)
            qq_ax.set_title('QQ 图')
            scs.probplot(data, sparams=(data.mean(),
              data.std()), plot=pp_ax)
            pp_ax.set_title('PP 图')
            plt.tight_layout()
        return

#获取沪深 300 交易数据
#导入沪深 300 指数数据
import pandas as pd
import numpy as np
df=pd.read_excel('F:/2glkx/000300.xls')
df.head()
#设置时间作为索引
df=df.set_index(df['Date'])
#画图,pandas 数据表自动将索引作为 x 轴
df['ret']=np.log(df.Close/df.Close.shift(1))
#df.head()
ts_plot(df.ret.dropna(),lags=30,title='沪深 300 对数收益率')
```

输出结果如图 17-1 所示。

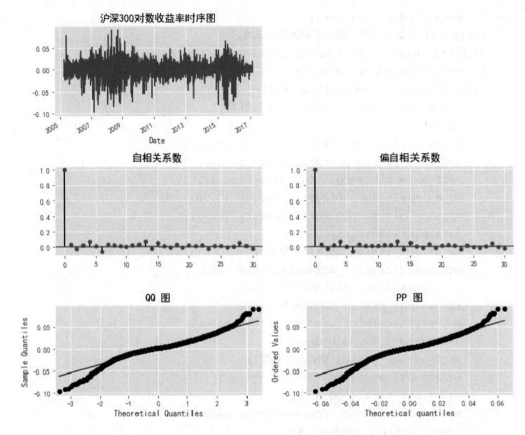

图 17-1　沪深 300 对数收益率时序图、自相关系数、偏自相关系数、QQ 图、PP 图

从图 17-1 可以看出，沪深 300 指数收益率时间序列呈现出以下几个现象，具有一定的普遍性。

(1) 自相关性比较弱，但对其进行变换后，如取平方、绝对值等，则表现出很强的自相关性(见后文)。

(2) 收益率的条件方差(Conditional Variance)随着时间而变化，即存在条件异方差的特征。

(3) 收益率序列的波动具有持续性，即存在波动集聚(Volatility Clustering)的现象。比如 2007—2008 年、2015—2016 年具有较大的波动性。

(4) QQ 图显示，收益率并不服从正态分布，极端值较多，具有厚尾的现象。

17.3　ARCH 模型

ARCH 模型(Autoregressive Conditionally Heteroskedastic Models - ARCH(p)，自回归条件异方差模型)是 Engle 在 1982 年分析英国通货膨胀率时提出的，主要用于刻画波动率的统计特征。

使用 ARCH 模型一般先假设收益率序列满足某个经典时间序列模型(MA、AR 或 ARMA)，以 AR(1)模型为例：

第 17 章 Python 金融时间序列分析的 ARCH 与 GARCH 模型

$$y_t = \alpha_0 + \alpha_1 y_{t-1} + \varepsilon_t$$

收益率 y_t 的波动率(条件方差)可以使用残差项的波动率进行刻画：

$$\mathrm{var}(y_t \mid y_{t-1}) = \mathrm{Var}(\varepsilon_t \mid y_{t-1})$$

为了刻画资产收益率的这种波动特性，可以令残差项的条件方差与过去残差项的平方相关。因此，ARCH(p)模型可以表示为

$$\varepsilon_t = \sigma_t \omega_t$$
$$\sigma_t^2 = \alpha_0 + \alpha_1 \varepsilon_{t-1}^2 + \cdots + \alpha_p \varepsilon_{t-p}^2$$

其中，ω 是均值为 0、方差为 1 的独立同分布时间序列，$\alpha_0 > 0$，$\alpha_i \geqslant 0$，且满足一定条件使得的无条件方差有限。ARCH(p)模型能够很好地刻画金融资产收益率序列的波动特性和厚尾现象，但是其本身并不能用来解释金融资产收益率为何有这样的特征。关于 ARCH 模型的估计此处不详细展开，感兴趣的读者可以参见 Ruey S.Tray 的《金融时间序列分析》和计量经济学教材。下面简要介绍 ARCH 模型的建模步骤。

(1) 检验收益率序列是否平稳，根据自相关性建立合适的均值方程，如 ARMA 模型，描述收益率如何随时间变化，根据拟合的模型和实际值，得到残差序列。

(2) 对拟合的均值方程得到的残差序列进行 ARCH 效应检验，即检验收益率围绕均值的偏差是否时大时小。检验序列是否具有 ARCH 效应的方法有两种：Ljung-Box 检验和 LM 检验。

(3) 若 ARCH 效应在统计上显著，则需要再设定一个波动率模型来刻画波动率的动态变化。

(4) 对均值方差和波动率方差进行联合估计，即假设实际数据服从设定的均值方差和波动率方差后，对均值方差和波动率方差中的参数进行估计，并得到估计的误差。

(5) 对拟合的模型进行检验。如果估计结果(残差项)不满足模型本身的假设，则模型的可用性较差。

下面使用 Python 模拟 ARCH 模型并对沪深 300 收益率的 ARCH 效应进行统计检验。

```
# 模拟 ARCH 时间序列
np.random.seed(2)
a0 = 2
a1 = .5
y = w = np.random.normal(size=1000)
Y = np.empty_like(y)
for t in range(1,len(y)):
    Y[t] = w[t] * np.sqrt((a0 + a1*y[t-1]**2))
ts_plot(Y, lags=30,title='模拟 ARCH')
```

输出结果如图 17-2 所示。

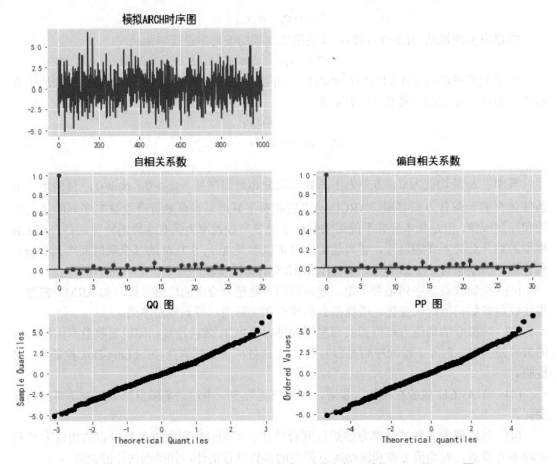

图 17-2 模拟 ARCH 时序图、自相关系数、偏自相关系数、QQ 图、PP 图

```
def ret_plot(ts, title=''):
    ts1=ts**2
    ts2=np.abs(ts)
    with plt.style.context('ggplot'):
        fig = plt.figure(figsize=(12, 6))
        layout = (2, 1)
        ts1_ax = plt.subplot2grid(layout, (0, 0), colspan=2)
        ts2_ax = plt.subplot2grid(layout, (1, 0))
        ts1.plot(ax=ts1_ax)
        ts1_ax.set_title(title+'日收益率平方')
        ts2.plot(ax=ts2_ax)
        ts2_ax.set_title(title+'日收益率绝对值')
        plt.tight_layout()
    return
ret_plot(df.ret.dropna(), title='沪深300')
```

输出结果如图 17-3 所示。

第 17 章　Python 金融时间序列分析的 ARCH 与 GARCH 模型

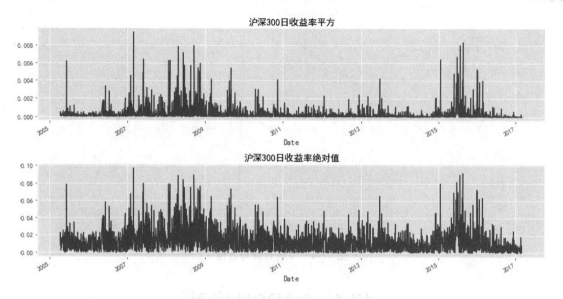

图 17-3　沪深 300 收益率平方与绝对值

从图 17-3 中沪深 300 的日收益平方和绝对值走势可以看出，存在较明显的波动聚集的现象，初步可以判断出沪深 300 日收益序列存在 ARCH 效应。下面使用 Ljung-Box 统计量对收益率平方的自相关性进行统计检验。计算 Q 统计量和 LB 统计量都是用 Python 中 statsmodels 模块 acorr_ljungbox 方法。默认情况下，acorr_ljungbox 只计算 LB 统计量，只有当参数 boxpierce=True 时，才会输出 Q 统计量。由 LB 白噪声检验可以看出，Q 统计量的 p 值都在 0.05 以下，表明原假设成立的概率极小，可以拒绝沪深 300 收益率的平方是白噪声序列的原假设，说明原序列(沪深 300 收益率)存在 ARCH 效应。

```python
def whitenoise_test(ts):
    '''计算box pierce 和 box ljung统计量'''
    from statsmodels.stats.diagnostic import acorr_ljungbox
    q,p=acorr_ljungbox(ts)
    with plt.style.context('ggplot'):
        fig = plt.figure(figsize=(10, 4))
        axes = fig.subplots(1,2)
        axes[0].plot(q, label='Q 统计量')
        axes[0].set_ylabel('Q')
        axes[1].plot(p, label='p 值')
        axes[1].set_ylabel('P')
        axes[0].legend()
        axes[1].legend()
        plt.tight_layout()
    return

ret=df.ret.dropna()
whitenoise_test(ret**2)
```

输出结果如图 17-4 所示。

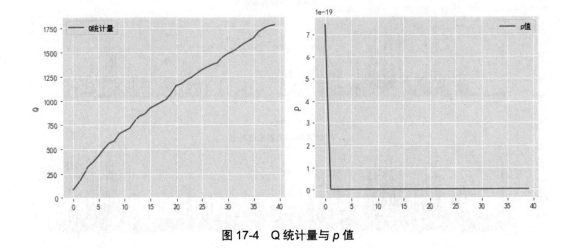

图 17-4　Q 统计量与 p 值

17.4　GARCH 模型

GARCH 模型 (Generalized Autoregressive Conditionally Heteroskedastic Models - GARCH(p,q)，广义自回归条件异方差模型)是 Bollerslev 在 1986 年提出来的，是 ARCH 模型的扩展。GARCH 模型认为时间序列每个时间点变量的波动率是最近 p 个时间点残差平方的线性组合，与最近 q 个时间点变量波动率的线性组合加起来得到。即 GARCH 模型的条件方差不仅是滞后残差平方的线性函数，还是滞后条件方差的线性函数，因而 GARCH 模型适合在计算量不大时，方便地描述高阶的 ARCH 过程，具有更大的适用性。

$$\varepsilon_t = \sigma_t \omega_t$$
$$\sigma_t^2 = \alpha_0 + \sum_{i=1}^{p} \alpha_i \varepsilon_{t-i}^2 + \sum_{j=1}^{q} \beta_j \sigma_{t-j}^2$$

其中，ω_t 为白噪声，$\sum_{i=1}^{p}\alpha_i + \sum_{j=1}^{q}\beta_j < 1$，否则模型将是非平稳的。GARCH 模型的估计与 ARCH 模型类似，具体推导过程参见计量经济学相关书籍。在实际应用中，GARCH(1,1)和 GARCH(2,1)一般可以满足对自回归条件异方差的描述。下面使用 Python 对 GARCH(1,1)模型进行模拟和估计。

ARCH 包中 arch_model 函数各参数的含义以及模型设定方法如下。

```
arch.arch_model(y, x=None, mean='Constant', lags=0, vol='Garch', p=1, o=0,
q=1, power=2.0, dist='Normal', hold_back=None)
```

各参数含义如下。

y——因变量。

x——外生变量，如果没有外生变量则模型自动省略。

mean——均值模型的名称，可选 Constant、Zero、ARX 以及 HARX。

lags——滞后阶数。

vol——波动率模型，可选 GARCH(默认)、ARCH、EGARCH、FIARCH 以及 HARCH 等。

第 17 章 Python 金融时间序列分析的 ARCH 与 GARCH 模型

p——对称随机数的滞后阶，即扣除均值后的部分。
o——非对称数据的滞后阶。
q——波动率或对应变量的滞后阶。
power——使用 GARCH 或相关模型的精度。
dist——误差分布，可选正态分布 normal、gaussian(default)；学生 T 分布 t、studentst；偏态学生 T 分布 skewstudent、skewt；通用误差分布 ged、generalized error 等。
hold_back——对同一样本使用不同的滞后阶来比较模型时使用该参数。

```
# 模拟 GARCH(1, 1) 过程
np.random.seed(1)
a0 = 0.2
a1 = 0.5
b1 = 0.3
n = 10000
w = np.random.normal(size=n)
garch = np.zeros_like(w)
sigsq = np.zeros_like(w)
for i in range(1, n):
    sigsq[i] = a0 + a1*(garch[i-1]**2) + b1*sigsq[i-1]
    garch[i] = w[i] * np.sqrt(sigsq[i])
_ = ts_plot(garch, lags=30,title='模拟GARCH')
```

输出结果如图 17-5 所示。

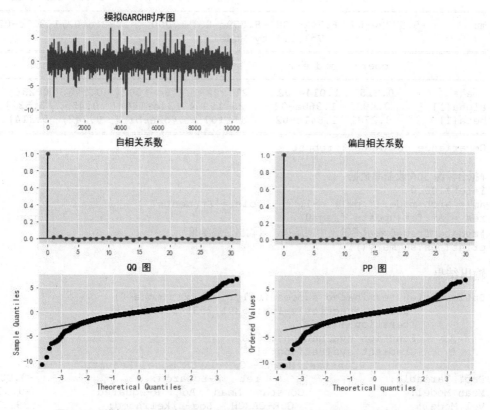

图 17-5 模拟 ARCH 时序图、自相关系数、偏自相关系数、QQ 图、PP 图

```python
#update_freq=0 表示不输出中间结果，只输出最终结果
# 使用模拟的数据进行 GARCH(1, 1) 模型拟合
#arch_model 默认建立 GARCH(1,1)模型
am = arch_model(garch)
res = am.fit(update_freq=0)
print(res.summary())
```

输出结果：

```
Optimization terminated successfully.    (Exit mode 0)
        Current function value: 12199.134540521049
        Iterations: 14
        Function evaluations: 94
        Gradient evaluations: 14
                 Constant Mean - GARCH Model Results
==============================================================================
Dep. Variable:                    y    R-squared:                      -0.000
Mean Model:             Constant Mean  Adj. R-squared:                 -0.000
Vol Model:                      GARCH  Log-Likelihood:                -12199.1
Distribution:                  Normal  AIC:                            24406.3
Method:            Maximum Likelihood  BIC:                            24435.1
                                       No. Observations:                 10000
Date:                Sun, Sep 15 2019  Df Residuals:                      9996
Time:                        16:18:04  Df Model:                             4
                             Mean Model
==============================================================================
              coef    std err       t      P>|t|       95.0% Conf. Int.
------------------------------------------------------------------------------
mu        -5.9729e-07 6.742e-03 -8.859e-05  1.000   [-1.321e-02,1.321e-02]
                           Volatility Model
==============================================================================
              coef    std err       t      P>|t|       95.0% Conf. Int.
------------------------------------------------------------------------------
omega       0.2157  1.014e-02    21.282  1.678e-100  [  0.196,  0.236]
alpha[1]    0.4939  1.960e-02    25.199  4.134e-140  [  0.455,  0.532]
beta[1]     0.2781  1.841e-02    15.107  1.452e-51   [  0.242,  0.314]
==============================================================================
Covariance estimator: robust
```

```python
#拟合沪深 300 收益率数据
Y=ret*100.0
am = arch_model(Y,p=1, o=1, q=1, dist='StudentsT')
res = am.fit(update_freq=0)
#update_freq=0 表示不输出中间结果，只输出最终结果
print(res.summary())
```

输出结果：

```
Optimization terminated successfully.    (Exit mode 0)
        Current function value: 5391.753149399061
        Iterations: 19
        Function evaluations: 170
        Gradient evaluations: 19
               Constant Mean - GJR-GARCH Model Results
==============================================================================
Dep. Variable:                  ret    R-squared:                      -0.000
Mean Model:             Constant Mean  Adj. R-squared:                 -0.000
Vol Model:                  GJR-GARCH  Log-Likelihood:                -5391.75
Distribution:     Standardized Student's t  AIC:                      10795.5
Method:            Maximum Likelihood  BIC:                           10831.3
                                       No. Observations:                 2887
```

第 17 章　Python 金融时间序列分析的 ARCH 与 GARCH 模型

```
Date:                Sun, Sep 15 2019  Df Residuals:                2881
Time:                       16:18:57   Df Model:                       6
                          Mean Model
=====================================================================
              coef      std err       t    P>|t|     95.0% Conf. Int.
---------------------------------------------------------------------
mu          0.0772    2.409e-02    3.206  1.346e-03  [3.001e-02, 0.124]
                       Volatility Model
=====================================================================
              coef      std err       t    P>|t|     95.0% Conf. Int.
---------------------------------------------------------------------
omega       0.0125    7.177e-03    1.746  8.078e-02 [-1.534e-03,2.660e-02]
alpha[1]    0.0564    8.886e-03    6.342  2.266e-10 [ 3.894e-02,7.377e-02]
gamma[1]  -5.9699e-04 1.277e-02   -4.675e-02  0.963 [-2.562e-02,2.443e-02]
beta[1]     0.9433    9.372e-03  100.649    0.000   [ 0.925, 0.962]
                          Distribution
=====================================================================
              coef      std err       t    P>|t|     95.0% Conf. Int.
---------------------------------------------------------------------
nu          5.1001      0.476    10.714  8.705e-27  [ 4.167, 6.033]
=====================================================================
Covariance estimator: robust
```

```
res.resid.plot(figsize=(12,5))
plt.title('沪深 300 收益率拟合 GARCH(1,1)残差',size=15)
plt.show()
```

输出结果如图 17-6 所示。

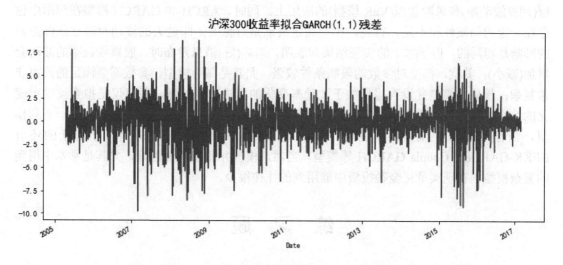

图 17-6　沪深 300 收益率拟合 GRACH(1,1)残差

```
res.conditional_volatility.plot(figsize=(12,5),color='r')
plt.title('沪深 300 收益率条件方差',size=15)
plt.show()
```

输出结果如图 17-7 所示。

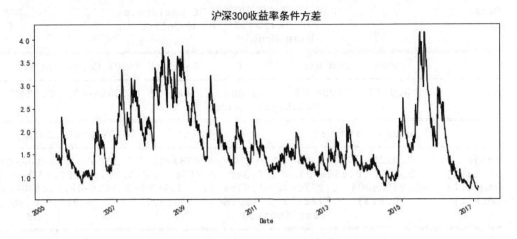

图 17-7 沪深 300 收益率条件方差

17.5 结　　语

　　本章简要介绍了 ARCH 和 GARCH 模型的基本原理和 Python 实现，关于其应用还有待进一步拓展和挖掘。ARCH 和 GARCH 模型能够较好地刻画金融资产收益率的波动性聚集和厚尾现象，因此在量化金融投资上的应用主要表现在波动率的估计上，尤其是在金融工程(期权波动率)和风险管理(VaR 模型)的应用上。同时，ARCH 和 GARCH 模型在应用中也存在一定的局限性和不足：首先，模型假定波动是对称的，即过去的波动对现在条件方差的影响是相同的，但学术上的实证结果却表明，当坏(好)消息发布时，股票收益率的波动会增加(减小)；其次，模型对参数的限制条件较强，尤其是高阶模型，参数需要满足的约束非常复杂；最后，模型并没有提供关于波动率变化的更进一步解释，而仅仅是拟合波动率变化的统计行为。针对现有模型的不足，学者们在 GARCH 模型的基础上又提出了一系列模型，简称 GARCH 模型族，包括 IGARCH、TGARCH、EGARCH 等，更复杂的还有 BEKK-GARCH、Coupla-GARCH 等模型。当然，模型并非越复杂越好，尤其是学术中用到的复杂模型，在现实量化金融投资中能用到的往往很少。

练　习　题

　　对本章例题的数据，使用 Python 重新操作一遍。

第 5 篇

Python 金融投资理论

第18章　Python 资产组合的收益率与风险

考虑未来一段时间投资某一资产的收益率，显然它将是不确定的，因为它会受到许多因素的影响而随着有关条件和客观状态的变化而变化。因此，可以把收益率视为随机变量。作为随机变量，在不同的客观状态下，它将有不同的取值。如果能对客观状态发生的可能性即概率给予评估(例如通过对状态的分析，或通过主观概率试验法，或通过对历史数据的处理，建立模型，预测出各种状态可能发生的概率)，那么，就可以通过随机变量的数学期望和方差描述出所持资产可能的预期收益率和收益率对预期收益率的可能偏离。

18.1　持有期收益率

设 $P_{it}, P_{i(t-1)}$ 为某资产 i 在第 t 期和第 $t-1$ 期的价格，D_t 为某资产在第 t 期的红利，则其离散单利收益率公式为

$$r_{it} = \frac{P_{it} - P_{i(t-1)} + D_{it}}{P_{i(t-1)}}$$

例如：投资者以每股 10 元的价格买入股票 i，一年后该股票每股价格上升到 12 元，期间上市公司每股发放股息 0.2 元。在不考虑税收的情况下，投资者这一年的收益为

$$r_i = \frac{12 - 10 + 0.2}{10} = 22\%$$

在资产的分析和计算中，常常要使用连续复利收益率。连续复利收益率是指资产期末价格与上期末价格之比的对数，即

$$r_{it} = \ln \frac{P_{it} + D_{it}}{P_{i(t-1)}}$$

式中：r_{it}——资产 i 第 t 期连续复利收益率；

　　　P_{it}——资产 i 第 t 期的价格；

　　　$P_{i(t-1)}$——资产 i 第 $t-1$ 期的价格；

　　　D_{it}——资产 i 第 t 期的红利。

则 $r_i = \ln\left(\frac{12.2}{10}\right) = 20\%$。

从上可见，连续复利收益率 20% 与离散单利收益率 22% 是不同的，这是因为：

$$r_{it} = \ln \frac{P_{it} + D_{it}}{P_{i(t-1)}} = \ln\left(1 + \frac{P_{it} - P_{i(t-1)} + D_{it}}{P_{i(t-1)}}\right) = \frac{P_{it} - P_{i(t-1)} + D_{it}}{P_{i(t-1)}} + o\left(\frac{P_{it} - P_{i(t-1)} + D_{it}}{P_{i(t-1)}}\right)$$

$$\approx \frac{P_{it} - P_{i(t-1)} + D_{it}}{P_{i(t-1)}}$$

其中，$o\left(\dfrac{P_{it} - P_{i(t-1)} + D_{it}}{P_{i(t-1)}}\right)$ 表示高阶无穷小量。

有效年收益率是指按每年 365 天标准将 t 天的持有期收益率以复利方式年化而得到的收益率。

$$\text{有效年收益率} = (1 + \text{持有期收益率})^{365/t} - 1$$

上例中的债券 3 个月(90 天)的持有期收益率为 3%，则有效年收益率为
$$(1 + 3\%)^{365/90} - 1 = 12.74\%$$

例如，要比较持有期不同的债券的收益率，我们需要计算债券的有效年收益率，这样才能进行比较。

18.2 单项资产的期望收益率

一般来说，资产的收益是不能预先知道的，投资者只能估计各种可能发生的结果以及每种结果发生的概率。因此持有期收益率 r_t 是随机变量，设它的取值为 $r_1, r_2, \cdots, r_N$，相应的概率分布为 $p_1, p_2, \cdots, p_N$，则

$$E(r) = \sum_{t=1}^{N} p_t r_t \quad (t=1,2,\cdots,N)$$

它反映了投资者对未来收益水平的总体预期，称为收益率的期望值，简称预期收益或期望收益。显然，未来实际收益率与预期收益率是有偏差的。

例：假设某公司未来一年的投资收益依赖于下一年的宏观经济状态，而宏观经济可能出现三种状态：繁荣、一般和萧条，在每种状态下，公司收益率分别为 10%、5%和-7%。根据经济学家的预测，未来宏观经济出现繁荣的概率为 0.3，出现一般的概率为 0.4，出现萧条的概率为 0.3。结合上述信息，计算该公司的期望收益率。

根据上述公式可知：

$$E(r) = \sum_{t=1}^{3} p_t r_t = 0.3 \times 10\% + 0.4 \times 5\% + 0.3 \times (-7\%) = 2.9\%$$

18.3 单项资产的风险

如果投资者以预期收益率为依据进行决策，则未来实际收益率与预期收益率的偏离，就是收益率的方差或者标准差。

定义：设持有期收益率随机变量 r_t 的期望 $E(r) < \infty$，且 $E[(r_t - E(r))^2] < \infty$，则方差定义为

$$\sigma^2(r) = E[r_t - E(r)]^2 = \sum_{t=1}^{N} [r_t - E(r)]^2 p_t$$

称之为收益率的方差(风险)，有时也记为 σ_r^2。

$$\sigma(r) = \sqrt{\sum_{t=1}^{N} (r_t - E(r))^2 p_t}$$

称之为收益率的均方差或标准差,也记为σ_r。

例:假设投资者等比例持有两只股票 ABC 和 XYZ,两只股票的收益率受到利率升降和原材料价格高低的影响。未来的经济状态有 4 种:①利率上升,原材料价格上涨;②利率上升,原材料价格下跌;③利率下降,原材料价格上涨;④利率下降,原材料价格下跌。如果每种经济状态发生的概率分别为 0.1、0.2、0.3、0.4,并给定每只股票在每种状态下的投资收益率如表 18-1 所示,计算两个资产收益率的方差和标准差,比较其风险水平。

表 18-1 四种经济状态的持有期收益率

	利率上升	利率下降
原材料价格上涨	5%,10%	7%,7%
原材料价格下跌	7%,12%	10%,9%

假设两个资产的期望收益率分别等于 8%和 9.1%。这样一来,股票 ABC 收益率的方差为

$$\sigma^2_{ABC} = \sum_{t=1}^{4} p_t \times (r_t - 8\%)^2$$
$$= 0.1 \times (5\% - 8\%)^2 + 0.2 \times (7\% - 8\%)^2 + 0.3 \times (7\% - 8\%)^2 + 0.4 \times (10\% - 8\%)^2$$
$$= 0.03\%$$

进而有:$\sigma_{ABC} = 1.732\%$。

股票 XYZ 收益率的方差为

$$\sigma^2_{XYZ} = \sum_{t=1}^{4} p_t \times (r_t - 9.1\%)^2$$
$$= 0.1 \times (10\% - 9.1\%)^2 + 0.2 \times (12\% - 9.1\%)^2 + 0.3 \times (7\% - 9.1\%)^2 + 0.4 \times (9\% - 9.1\%)^2$$
$$= 0.0309\%$$

由此可得:$\sigma_{XYZ} = 1.758\%$。

18.4 单项资产的期望收益和风险的估计

期望和方差是随机变量的两个重要的数字特征,特别是对某些具有确定概率分布形式且只含有均值和方差两个未知参数的随机变量,只要能估计出参数的取值,则随机变量的统计规律便完全确定了。

在现实世界中从事证券资产投资时,很难得到收益率的概率分布,这时可以通过抽样得到收益率容量为 N 的样本$(r_1, r_2, \cdots, r_N)$,通过这个样本对随机变量的两个参数——均值与方差进行估计。

均值和方差的两个具有良好的统计性质的估计量就是它们的样本均值 $\bar{r}$ 和样本方差 $\bar{\sigma}_r^2$ 或标准差,它们由下述公式给出:

$$\bar{r} = \frac{1}{N} \sum_{t=1}^{N} r_t, \quad \bar{\sigma}_r^2 = \frac{1}{N-1} \sum_{t=1}^{N} (r_t - \bar{r})^2 \text{ 或 } \bar{\sigma}_r = \left[\frac{1}{N-1} \sum_{t=1}^{N} (r_t - \bar{r})^2 \right]^{1/2}$$

Python 语言的 Pandas 函数 mean,var,std 可用来求均值、方差、标准差。

例如，假设股票的价格时间序列数据如下：6.24,6.25,6.47,6.76,7.01,6.76,6.47,6.45,6.56, 7.22，求该股票预期收益率的期望和方差。

先把股票价格变成收益率如下：

$$r_1 = \frac{P_1 - P_0}{P_0} = \frac{6.25 - 6.24}{6.24}, r_2 = \frac{P_2 - P_1}{P_1} = \frac{6.47 - 6.25}{6.25}, \dots, r_9 = \frac{P_9 - P_8}{P_8} = \frac{7.22 - 6.56}{6.56}$$

该股票的预期收益率和方差分别为

$$\bar{r} = \frac{1}{n}\sum_{i=1}^{n} r_i = \frac{1}{9}(r_1 + \dots + r_9), \quad \sigma^2 = \frac{1}{n-1}\sum_{i=1}^{n}(r_i - \bar{r})^2 = \frac{1}{8}[(r_1 - \bar{r})^2 + \dots + (r_9 - \bar{r})^2]$$

```
from pandas import Series,DataFrame
import pandas as pd
import numpy as np
df=Series([0.001603,0.0352,0.044822,0.036982,-0.03566,-0.0429,-0.00309,
0.017054,0.10061])
np.mean(df)
0.017180111111111111
np.var(df)
0.001721854263654321
np.std(df)
0.04149523181829836
```

18.5 单项资产之间的协方差与相关系数

预期收益率和方差提供了关于单个资产收益率的概率分布性质方面的情况，然而它没有告诉我们有关资产收益率概率分布关联性质方面的情况。例如，知道了一种资产的收益率，其他资产收益率会出现什么样的倾向？统计中的两种资产收益率之间的协方差，可以用来描述两种资产收益率之间的相互关系。

设 r_A、r_B 分别为两种资产 A、B 的收益率，则称

$$\sigma_{r_A,r_B} = \mathrm{cov}(r_A, r_B) = E[(r_A - E(r_A))(r_B - E(r_B))] = E(r_A r_B) - E(r_A)E(r_B)$$

为 r_A 和 r_B 的协方差。

协方差在理论上取值可以从负无穷到正无穷，把它除以相应的两种资产收益率的标准差，将其变为有界量，从而引进 r_A 和 r_B 的相关系数，记为 ρ_{r_A,r_B}，即

$$\rho_{r_A,r_B} = \frac{\mathrm{cov}(r_A, r_B)}{\sigma(r_A)\sigma(r_B)}$$

相关系数的值落在-1 到 1 的范围内。显然

$$\mathrm{cov}(r_A, r_B) = \rho_{r_A,r_B}\sigma(r_A)\sigma(r_B)$$

并且 $|\rho_{r_A,r_B}|=1$ 的充分必要条件是 r_A 与 r_B 存在线性关系：$r_A = a \times r_B + c$。

当 $\rho_{r_A,r_B}=1$ 时，$a>0$，称 r_A 与 r_B 完全正相关，表示当受到相同因素变化的影响时，资产 A 与资产 B 的收益率发生相同方向、相应幅度的变化。

当 $\rho_{r_A,r_B}=-1$ 时，$a<0$，称 r_A 与 r_B 完全负相关，表示当受到相同因素变化的影响时，资产 A 与资产 B 的收益率发生相反方向、相应幅度的变化。

当 $\rho_{r_A,r_B}=0$ 时，$a=0$，称 r_A 与 r_B 完全无关，或零相关，表示当受到相同因素变化的影响时，资产 A 与资产 B 收益率的变化方向和变化幅度没有任何确定的关系。例如保单。

同样，$\text{cov}(r_A, r_B)$、ρ_{r_A, r_B} 是理论值，在未知 r_A 和 r_B 的联合概率分布时，它们也是未知的。这时仍然可以通过抽取样本，用样本的协方差和样本之间的相关系数来估计 r_A 和 r_B 的关系。

在统计上，设 $(r_{A1}, r_{A2}, \cdots, r_{AN})$、$(r_{B1}, r_{B2}, \cdots, r_{BN})$ 分别为 r_A 和 r_B 的样本，则 r_A 和 r_B 的协方差 σ_{r_A, r_B} 和相关系数 ρ_{r_A, r_B} 具有良好统计性质的估计量分别为

$$\hat{\sigma}_{r_A, r_B} = \frac{1}{N-1} \sum_{t=1}^{N} (r_{At} - \bar{r}_A)(r_{Bt} - \bar{r}_B)$$

$$\hat{\rho}_{r_A, r_B} = \frac{\sum_{t=1}^{N} (r_{At} - \bar{r}_A)(r_{Bt} - \bar{r}_B)}{\sqrt{\sum_{t=1}^{N} (r_{At} - \bar{r}_A)^2} \sqrt{\sum_{t=1}^{N} (r_{Bt} - \bar{r}_B)^2}}$$

这里的相关系数告诉我们：一种资产收益率的变化与另一种资产收益率的变化相关的比率。例如当 ρ_{r_A, r_B} =0.91 时，则可以说资产 A 的收益率变化的 91% 与资产 B 的收益率变化有关。

Python 语言的 var,corr,cov 等函数可用来求方差、相关系数矩阵和协方差矩阵等。

例：三个投资项目的单项回报率历史数据见表 18-2，求三个资产的相关系数矩阵和协方差矩阵。

表 18-2　三个投资项目的单项回报率历史数据

时　期	股票 1	股票 2	债　券
1	0	0.07	0.06
2	0.04	0.13	0.07
3	0.13	0.14	0.05
4	0.19	0.43	0.04
...	...	...	...

在目录 F:\2glkx\data 下建立 al18-1.xls 数据文件后，使用的命令如下：

```
from pandas import Series,DataFrame
import pandas as pd
from pandas import Series,DataFrame
import pandas as pd
import numpy as np
df=pd.read_excel('F:\\2glkx\\data2\\al18-1.xls')
df.head()
```

得到如下结果：

```
    s1    s2    b
0  0.00  0.07  0.06
1  0.04  0.13  0.07
2  0.13  0.14  0.05
3  0.19  0.43  0.04
4 -0.15  0.67  0.07
```

使用命令：

```
df.var()
```

得到如下结果：

```
s1    0.027433
```

```
s2    0.110153
b     0.000773
```

使用命令:

```
dtype: float64
var(df)
```

得到如下结果:

```
s1    0.026061
s2    0.104645
b     0.000735
```

使用命令:

```
dtype: float64
df.cov()
```

得到如下结果:

```
       s1         s2         b
s1   0.027433  -0.010768  -0.000133
s2  -0.010768   0.110153  -0.000124
b   -0.000133  -0.000124   0.000773
```

使用命令:

```
df.corr()
```

得到如下结果:

```
       s1         s2         b
s1   1.000000  -0.195894  -0.028908
s2  -0.195894   1.000000  -0.013400
b   -0.028908  -0.013400   1.000000
```

18.6 Python 计算资产组合的期望收益和风险

1. 两个资产组合收益的度量

假设有资产 1 和资产 2,对它们的投资比例分为 x_1, x_2,且 $x_1 + x_2 = 1$,期末两资产的收益率分别是 r_1, r_2,则该资产组合的收益率为

$$r_P = x_1 r_1 + x_2 r_2$$

其中, x_1, x_2 可以大于 0,也可以小于 0。例如,当 x_1 小于 0 时,则表示资产组合的投资者卖空了资产 1,并将所得收益连同原有资金买入资产 2。

r_1, r_2 是随机变量,它们的预期收益率是 $E(r_1), E(r_2)$,则资产组合的预期收益率为

$$E(r_P) = x_1 E(r_1) + x_2 E(r_2)$$

2. 两个资产组合风险的度量

两个资产组合收益率的方差除了与资产 1 和资产 2 的期望收益率和收益率方差有关外,还与两资产之间收益率的协方差 $\text{cov}(r_1, r_2)$ 或相关系数 ρ_{12} 有关,即

$$\sigma_P^2 = x_1^2 \sigma_1^2 + x_2^2 \sigma_2^2 + 2 x_1 x_2 \text{cov}(r_1, r_2) \tag{18-1}$$

$$\sigma_P^2 = x_1^2 \sigma_1^2 + x_2^2 \sigma_2^2 + 2 x_1 x_2 \rho_{12} \sigma_1 \sigma_2 \tag{18-2}$$

根据式(18-1)、式(18-2)，选择不同的权数就可得到不同的资产组合，从而得到不同的期望收益率和方差。

根据式(18-2)，在其他量不变的情况下，相关系数不同，资产组合的风险也不同，具体分三种情况。

(1) 资产 1 和资产 2 完全正相关，即 $\rho_{12}=1$，这时有如下结果：
$$E(r_P) = x_1 E(r_1) + x_2 E(r_2)$$
$$\sigma_P^2 = x_1^2 \sigma_1^2 + x_2^2 \sigma_2^2 + 2 x_1 x_2 \sigma_1 \sigma_2 = (x_1 \sigma_1 + x_2 \sigma_2)^2$$

(2) 资产 1 和资产 2 完全负相关，即 $\rho_{12}=-1$，这时有如下结果：
$$E(r_P) = x_1 E(r_1) + x_2 E(r_2)$$
$$\sigma_P^2 = x_1^2 \sigma_1^2 + x_2^2 \sigma_2^2 - 2 x_1 x_2 \sigma_1 \sigma_2 = (x_1 \sigma_1 - x_2 \sigma_2)^2$$

(3) 资产 1 和资产 2 不完全相关，即 $-1 < \rho_{12} < 1$，这时式(18-2)不能简化。

3. 多资产组合的期望收益和风险

假设有 n 个资产，它们的预期收益率和方差已知，则 n 个资产组合 P 的预期收益率为
$$E(r_P) = \sum_{i=1}^{n} x_i E(r_i)$$

资产组合 P 的方差为
$$\sigma_P^2 = \sum_{i=1}^{n} x_i^2 \sigma_i^2 + \sum_{i=1}^{n} \sum_{k=1,k\neq i}^{n} x_i x_k \sigma_{ik} \stackrel{\Delta}{=} X^\mathrm{T} V X = \mathrm{cov}(X,X)$$

$$\sigma_P^2 = [x_1, \cdots, x_n] \begin{bmatrix} \sigma_{11} & \cdots & \sigma_{1n} \\ \cdots & & \\ \sigma_{n1} & \cdots & \sigma_{nn} \end{bmatrix} \begin{bmatrix} x_1 \\ \cdots \\ x_n \end{bmatrix} \tag{18-3}$$

其中
$$X = \begin{pmatrix} x_1 \\ \cdots \\ x_n \end{pmatrix}, \quad V = (\sigma_{ik})_{n \times n}, \quad \sigma_{ii} = \sigma_i^2, \quad \sigma_{ik} = \sigma_{ki}$$

r_i 与 r_k 的相关系数定义为 $\rho_{ik} = \dfrac{\sigma_{ik}}{\sigma_i \sigma_k}$。

所以又有 $\sigma_P^2 = \sum_{i=1}^{n} x_i^2 \sigma_i^2 + \sum_{i=1}^{n} \sum_{k=1,k\neq i}^{n} x_i x_k \rho_{ik} \sigma_i \sigma_k = \sum_{i=1}^{n} x_i^2 \sigma_i^2 + \sum_{i=1}^{n} \sum_{k=1,k\neq i}^{n} x_i x_k \sigma_{ik}$。

其中，X 和 V 分别称为权重向量和协方差矩阵。

编制资产组合方差(风险)Python 语言函数如下：

```
def portvar(x,v):
    return x.T*v*x
```

例：两种资产组合的权重向量为 $X^\mathrm{T} = [0.05, 0.10]^\mathrm{T}$，协方差矩阵为 $V = \begin{bmatrix} 1 & 0 \\ 0 & 1 \end{bmatrix}$，试计算投资组合的方差。

解：在本例中，权重向量和协方差矩阵已知，因此利用式(18-3)计算，资产组合的方差为

$$\sigma_P^2 = X^T V X = [x_1,\cdots,x_n] \begin{bmatrix} \sigma_{11} & \cdots & \sigma_{1n} \\ \cdots & & \\ \sigma_{n1} & \cdots & \sigma_{nn} \end{bmatrix} \begin{bmatrix} x_1 \\ \cdots \\ x_n \end{bmatrix} = [0.05 \quad 0.10] \begin{bmatrix} 1 & 0 \\ 0 & 1 \end{bmatrix} \begin{bmatrix} 0.05 \\ 0.10 \end{bmatrix}$$

```
x=mat('0.05;0.10')  ##权重向量
v=mat('1 0;0 1')
portvar(x,v)
```

得到如下结果：

```
matrix([[ 0.0125]])
```

例：有 4 个资产，$E(r_1)=0.1$，$E(r_2)=0.2$，$E(r_3)=0.15$，$E(r_4)=0.01$，用 Python 语言表述 Er=mat('0.1;0.2; 0.15; 0.01')。

这 4 个资产的回报率会存在一个对称的协方差矩阵。

比如：S=mat('0.10 0.01 0.30 0.05;0.01 0.3 0.06 −0.04;0.30 0.06 0.40 0.02;0.05 −0.04 0.02 0.50')

用 $x_1,\cdots,x_n$ 代表每个资产在组合中的比重，所有的比重之和等于 1。4 个资产的比重为 $x_1=0.2$，$x_2=0.1$，$x_3=0.6$，$x_4=0.1$，显然，它们之和等于 1。

用 Python 语言表述为：x=mat('0.2 0.1 0.6 0.1');x.sum()。

使用 x 代表一个投资组合，$E(r_x)$ 代表这个组合的均值回报率，则

$$E(r_x) = X^T E(r) = (x_1,\cdots,x_n)\begin{pmatrix} E(r_1) \\ \cdots \\ E(r_n) \end{pmatrix} = \sum_{i=1}^n x_i E(r_i)$$

用 Python 语言实现均值回报率的代码为

```
x=mat('0.2 0.1 0.6 0.1');Er=mat('0.1;0.2; 0.15; 0.01')
x*Er
matrix([[ 0.131]])
```

所有资产都是随机的，它们构成的投资组合也是随机的。
投资组合为

$$\sigma_x^2 = X^T V X = (x_1,\cdots,x_n)\begin{pmatrix} \sigma_{11} & \cdots & \sigma_{1n} \\ \cdots & & \\ \sigma_{n1} & \cdots & \sigma_{nn} \end{pmatrix}\begin{pmatrix} x_1 \\ \cdots \\ x_n \end{pmatrix} = \sum_{i=1}^n \sum_{j=1}^n x_i x_j \sigma_{ij}$$

用 Python 语言计算 4 个资产投资组合的方差代码如下。

```
x=mat('0.2;0.1;0.6;0.1')
S=mat('0.10 0.01 0.30 0.05;0.01 0.3 0.06 -0.04;0.30 0.06 0.40 0.02;0.05 -0.04 0.02 0.50')
x.T*S*x
matrix([[ 0.2392]])
```

4. 实例

用 Python 语言给不同资产随机分配初始权重的代码如下。

```
noa=3
weights = np.random.random(noa)
weights /= np.sum(weights)
```

```
weights
array([0.2145335 , 0.44753598, 0.33793052])
```

用 Python 语言计算资产组合的预期收益、方差和标准差的代码如下。

```
np.sum(df.mean()*weights)
0.13255019656402947
np.dot(weights.T, np.dot(df.cov(),weights))
 0.02128869764940731
np.sqrt(np.dot(weights.T, np.dot(df.cov(),weights)))
0.14590646884016936
```

练 习 题

1. 假设某投资者持有 X,Y 股票，对应着未来可能发生的不同宏观经济环境，两只股票的收益率见表 18-3。

表 18-3　不同经济状态的持有期收益率

	繁　荣	一　般	萧　条
概率	0.3	0.5	0.2
股票 X	17%	12%	6%
股票 Y	13%	10%	9%

计算投资组合的期望收益率以及期望收益率的方差。

2. 假定一个风险资产投资组合中包含大量的股票，它们有相同的分布，$E(r)=15\%$，$\sigma=60\%$，相关系数 $\rho=0.5$。

(1) 含有 25 种股票的等权重投资组合期望收益和标准差是多少？

(2) 构造一个标准差小于或等于 43% 的有效投资组合所需的最少股票数量为多少？

(3) 这一投资组合的系统风险为多少？

(4) 如果国库券的收益率为 10%，资本配置的斜率为多少？

第 19 章 Python-optimize 工具优化资产组合均值方差模型

均值方差模型包括标准均值方差模型及其拓展模型，本章先介绍均值方差模型要用到的一些概念，包括资产组合的可行集、资产组合的有效集、最优资产组合等；然后介绍标准均值方差模型及其应用。

19.1 资产组合的可行集

选择每个资产的投资比例就确定了一个资产组合，在预期收益率 $E(r_p)$ 和标准差 σ_P 构成的坐标平面 $\sigma_P - E(r_p)$ 上就确定了一个点。因此，每个资产组合对应着 $\sigma_P - E(r_p)$ 坐标平面上的一个点；反之，$\sigma_P - E(r_p)$ 坐标平面上的一个点对应着某个特定的资产组合。如果投资者选择了所有可能的投资比例，则这些众多的资产组合点将在 $\sigma_P - E(r_p)$ 坐标平面上构成一个区域，这个区域称为资产组合的可行集或可行域。简而言之，可行集是实际投资中所有可能的集合，也就是说，所有可能的组合将位于可行集的边界和内部。

19.1.1 资产组合可行集的一部分

例：资产 1 的期望收益率为 0.06，标准差为 0.12；资产 2 的期望收益率为 0.11，标准差为 0.22，两资产之间的相关系数为 0.19，求不同权重的组合资产的期望收益率和标准差，并作出可行集。

Python 代码如下：

```
import pandas as pd
from numpy import *
import matplotlib.pyplot as plt #绘图工具
er1=0.06;sigma1=0.12;er2=0.11;sigma2=0.22
rho=0.19
covar=rho*sigma1*sigma2
x=pd.Series([0,.1,.2,.3,.4,.5,.6,.7,.8,.9,1])
variance=x**2*sigma1**2+(1-x)**2*sigma2**2+2*x*(1-x)*covar
sigma=sqrt(variance)
ret=x*er1+(1-x)*er2
print (x,sigma,ret)
     x  sigma   ret
 0.0  0.220  0.110
 0.1  0.201  0.105
 0.2  0.182  0.100
 0.3  0.165  0.095
 0.4  0.149  0.090
 0.5  0.135  0.085
 0.6  0.124  0.080
 0.7  0.116  0.075
```

```
0.8 0.113  0.070
0.9 0.114  0.065
1.0 0.120  0.060
plt.plot(sigma,ret,"k-o")
```

最后得到可行集如图 19-1 所示。

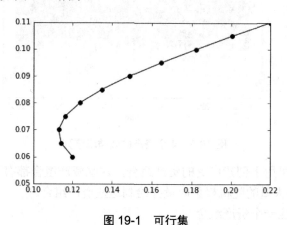

图 19-1　可行集

19.1.2　资产组合可行集的模拟

先导入模块。

```
import numpy as np
import matplotlib.pyplot as plt
import cvxopt as opt
from cvxopt import blas, solvers
import pandas as pd
np.random.seed(0)
#使得随机数据可预测。当我们设置相同的 seed，每次生成的随机数相同。如果不设置 seed，
#则每次会生成不同的随机数
#关掉进度展示，进度展示是运行过程进度的一个打印输出，可以通过其查看代码运行进度
solvers.options['show_progress'] = False
```

假设有 4 个资产，每个资产的收益率序列长度为 1 000，即 1 000 个交易日。可以使用 numpy.random.randn 从正态分布中抽样。

```
## N 资产数量
n_assets = 4
## 收益率长度
n_obs = 1000
return_vec = np.random.randn(n_assets, n_obs)
plt.plot(return_vec.T, alpha=.8);
plt.xlabel('time')
plt.ylabel('returns')
```

得到图 19-2 所示的图形。

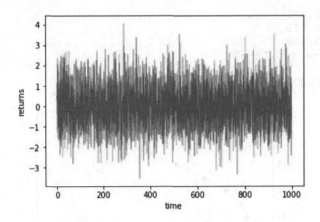

图 19-2　4 个资产的收益率序列

这些收益率序列可用于创建广泛的资产组合，这些资产组合都有不同的收益和风险(标准差)，我们可以生成大量的随机权重向量并绘制这些资产组合。

一个权重向量对应一个资产组合。

```
# 产生随机权重的函数
def rand_weights(n):
    ''' Produces n random weights that sum to 1 '''
    k = np.random.rand(n)
    return k / sum(k)
print(rand_weights(n_assets))
print(rand_weights(n_assets))
[ 0.07878356 0.11109718 0.50189567 0.3082236 ]
[ 0.23027874 0.50576579 0.1887153 0.07524017]
```

下面评估这些随机资产组合表现如何。为了实现这一目标，先计算收益率和波动率(这里我们使用标准差)。设置了一个过滤器，只允许绘制标准偏差≤2 的资产组合，以便更好地展示说明。

```
# 返回组合收益率和波动性
def random_portfolio(returns):
    p = np.asmatrix(np.mean(returns, axis=1))   #p 是 N×1 列向量
    w = np.asmatrix(rand_weights(returns.shape[0]))   #行向量
    C = np.asmatrix(np.cov(returns))
    mu = w * p.T
    sigma = np.sqrt(w * C * w.T)
    # 过滤器
    if sigma > 2:
        return random_portfolio(returns)
    return mu, sigma
```

在代码中计算资产组合收益率的公式为

$$R = p^T w$$

其中，R 是预期收益率，p^T 是每个时间序列收益率所形成的列向量的转置，w 是资产组合的 $N×1$ 权重向量。p 是 $N×1$ 列向量，所以 p^T 变成 $1×N$ 行向量，其可以与 $N×1$ 权重(列)向量 w 相乘以给出一个标量(数值)。

计算资产组合波动性的公式为

第 19 章　Python-optimize 工具优化资产组合均值方差模型

$$\sigma = \sqrt{w^T C w}$$

其中，C 是为 $N\times N$ 矩阵的协方差矩阵。在协方差矩阵中，对角线的值代表每个资产的波动性(方差)，而其他位置的值代表了资产之间的协方差。

我们产生了 5 000 个随机资产组合，并输出每个组合的收益率和波动率。

```
n_portfolios = 5000
means, stds = np.column_stack([
    random_portfolio(return_vec)
    for _ in range(n_portfolios)
])
plt.plot(stds, means, 'o', markersize=5)
plt.xlabel('std') # 标准差-波动性
plt.ylabel('mean') # 平均值-收益率
plt.title('Mean and standard deviation of returns of randomly generated portfolios') # 每个资产组合的收益率和波动性的散点图
```

得到图 19-3 所示的图形。

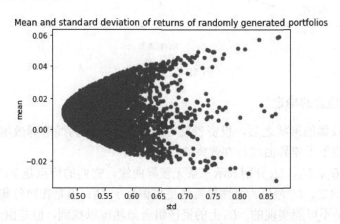

图 19-3　4 个资产组合的收益率和波动性的散点图

图 19-3 所示是金融工程里面最重要的一种图，横轴是波动率，纵轴是期望收益率。这个散点图中的每一个散点表示了一个资产组合(权重向量不一样)，由于其形状类似子弹，所以又被称为子弹图。因为我们追求的组合有两个标准：相同的期望收益下，波动性最小；相同的波动性下，期望收益最高。因此越靠近左上角的资产组合其实是越优的，从后面也可以看出，那是有效前沿。于是本章最重要的问题出来了，在给定多个资产历史数据的条件下，如何确定组合权重？这不得不引入有效边界。

19.2　有效边界与有效组合

1. 有效边界的定义

对于一个理性的投资者，他们都是厌恶风险而偏好收益的。在一定的收益下，他们将选择风险最小的资产组合；在一定的风险下，他们将选择收益最大的资产组合。同时满足这两个条件的资产组合的集合就是有效集，又称为有效边界。位于有效边界上的资产组合为有效组合。

2. 有效集的位置

有效集是可行集的一个子集，可行集、有效集、有效组合如图 19-4 所示。

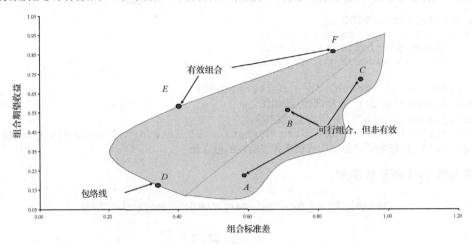

图 19-4　可行集

3. 最优资产组合的确定

在确定了有效集的形状之后，投资者就可以根据无差异曲线选择效用最大化的资产组合，最优资产则位于无差异曲线与有效集的相切点。

图 19-5 中，U_1、U_2、U_3 分别表示三条无差异曲线，它们的特点是下凸，其中 U_1 的效用水平最高，U_2 次之，U_3 最低，虽然投资者更加偏好于 U_1，但是在可行集上找不到这样的资产组合，因而是不可能实现的。U_3 上的资产组合虽然可以找到，但是由于 U_3 所代表的效用低于 U_2，所以 U_3 上的资产组合都不是最优的资产组合。U_2 正好与有效边界相切，代表了可以实现的最高投资效用，因此 P 点所代表的组合就是最优资产组合。

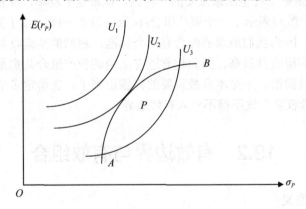

图 19-5　有效边界与无差异曲线

19.3 Python 应用于标准均值方差模型

标准均值方差模型是标准的资产组合理论模型,也就是马科维茨最初创建的模型,它讨论的是理性投资者如何在投资收益风险两者之间进行权衡,以获得最优回报的问题。这是一个二次规划问题,分为等式约束和不等式约束两种,我们只讨论等式约束下的资产组合优化问题。

19.3.1 标准均值方差模型

1. 标准均值方差模型的求解

在介绍资产组合理论之前,先引入如下概念。

定义:如果一个资产组合对确定的预期收益率有最小的方差,则称该资产组合为最小方差资产组合。

假设有 n 种风险资产,其预期收益率组成的向量记为 $\vec{e} = (E(r_1), E(r_2), \cdots, E(r_n))^T$,每种风险资产的权重向量是 $X = (x_1, \cdots, x_n)^T$,协方差矩阵记为 $V = [\sigma_{ij}]_{n \times n}$,向量 $\vec{1} = [1, 1, \cdots, 1]^T$,并且假设协方差矩阵记为 $V = [\sigma_{ij}]_{n \times n}$,是非退化矩阵,$\vec{e} \neq k\vec{1}$($k$ 为任一常数)。相应地,该资产组合的收益率记为 $E(r_P) = X^T \vec{e}$,风险记为 $\sigma_P^2 = X^T V X$。

投资者的行为是:给定一定的资产组合预期收益率 μ 水平,选择资产组合使其风险最小。这其实就是求解如下形式的问题(标准均值方差模型):

$$\min \frac{1}{2} \sigma_P^2 = \frac{1}{2} X^T V X \tag{19-1}$$

$$\text{s.t.} \begin{cases} \vec{1}^T X = 1 \\ E(r_P) = \vec{e}^T X = \mu \end{cases}$$

这是一个等式约束的极值问题,可以构造 Lagrange 函数:

$$L(X, \lambda_1, \lambda_2) = \frac{1}{2} X^T V X + \lambda_1 (1 - \vec{1}^T X) + \lambda_2 (\mu - X^T \vec{e}) \tag{19-2}$$

则最优的一阶条件为

$$\frac{\partial L}{\partial X} = VX - \lambda_1 \vec{1} - \lambda_2 \vec{e} = \vec{0}$$

$$\frac{\partial L}{\partial \lambda_1} = 1 - \vec{1} X = 0 \tag{19-3}$$

$$\frac{\partial L}{\partial \lambda_2} = \mu - \vec{e}^T X$$

由式(19-3)得最优解:

$$X = V^{-1}(\lambda_1 \vec{1} + \lambda_2 \vec{e}) \tag{19-4}$$

式(19-4)分别左乘 $\vec{1}^T$ 和 $\vec{e}^T$ 得

$$\begin{cases} 1 = \lambda_1 \vec{1}^{\mathrm{T}} V^{-1} \vec{1} + \lambda_2 \vec{1}^{\mathrm{T}} V^{-1} \vec{e} = \lambda_1 a + \lambda_2 b \\ \mu = \lambda_1 \vec{e}^{\mathrm{T}} V^{-1} \vec{1} + \lambda_2 \vec{e}^{\mathrm{T}} V^{-1} \vec{e} = \lambda_1 b + \lambda_2 c \end{cases} \quad (19\text{-}5)$$

记 $\begin{cases} a = \vec{1}^{\mathrm{T}} V^{-1} \vec{1} \\ b = \vec{1}^{\mathrm{T}} V^{-1} \vec{e} \\ c = \vec{e}^{\mathrm{T}} V^{-1} \vec{e} \\ \Delta = ac - b^2 \end{cases}$。

从而方程组(19-5)有解(如果 $\vec{e} \neq k\vec{1}$,则 $\Delta = 0$,此时除 $\mu = k$ 外,方程无解。解方程组(19-5)得 λ_1, λ_2:

$$\begin{cases} \lambda_1 = (c - \mu b)/\Delta \\ \lambda_2 = (\mu a - b)/\Delta \end{cases} \quad (19\text{-}6)$$

将式(19-6)代入式(19-4)得

$$X = V^{-1} \left[\frac{(c - \mu b)\vec{1}}{\Delta} + \frac{(\mu a - b)\vec{e}}{\Delta} \right] = \frac{V^{-1}(c - \mu b)\vec{1}}{\Delta} + \frac{V^{-1}(\mu a - b)\vec{e}}{\Delta} \quad (19\text{-}7)$$

$$= \frac{V^{-1}(c\vec{1} - b\vec{e})}{\Delta} + \mu \frac{V^{-1}(a\vec{e} - b\vec{1})}{\Delta}$$

再将式(19-4)代入式(19-2)得到最小方差资产组合的方差

$$\sigma_P^2 = X^{\mathrm{T}} V X = X^{\mathrm{T}} V V^{-1}(\lambda_1 \vec{1} + \lambda_2 \vec{e}) = X^{\mathrm{T}}(\lambda_1 \vec{1} + \lambda_2 \vec{e}) = \lambda_1 X^{\mathrm{T}} \vec{1} + \lambda_2 X^{\mathrm{T}} \vec{e} \quad (19\text{-}8)$$
$$= \lambda_1 + \lambda_2 \mu = (a\mu^2 - 2b\mu + c)/\Delta$$

式(19-8)给出了资产组合权重与预期收益率的关系。根据式(19-8)可知,最小方差资产组合在坐标平面 $\sigma(r_P) - E(r_P)$ 上是双曲线形式,如图 19-6(a)所示,而在 $\sigma^2(r_P) - E(r_P)$ 平面上是抛物线形式,如图 19-6(b)所示。

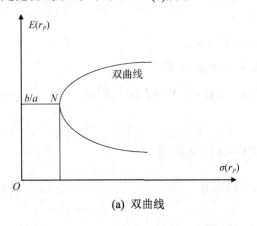
(a) 双曲线

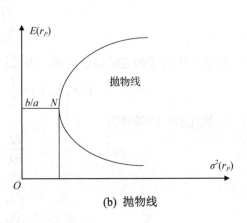
(b) 抛物线

图 19-6 最小方差资产组合方程曲线形式

至此,得到描述最小方差资产组合的两个重要的量:

$$X = \frac{V^{-1}(c\vec{1} - b\vec{e})}{\Delta} + \mu \frac{V^{-1}(a\vec{e} - b\vec{1})}{\Delta}$$
$$\sigma_P^2 = (a\mu^2 - 2b\mu + c)/\Delta$$

第19章 Python-optimize 工具优化资产组合均值方差模型

2. 标准均值方差模型的 Python 应用

例：考虑一个资产组合，其预期收益率矩阵 $\vec{e}=[0.05, 0.1]^T$，协方差矩阵 $V=\begin{bmatrix}1 & 0\\ 0 & 1\end{bmatrix}$，预期收益率 $\mu=0.075$，求最小方差资产组合的权重和方差。

解：$a=\vec{1}^T V^{-1}\vec{1}=\begin{bmatrix}1 & 1\end{bmatrix}\begin{bmatrix}1 & 0\\ 0 & 1\end{bmatrix}\begin{bmatrix}1\\ 1\end{bmatrix}$ $\quad b=\vec{1}^T V^{-1}\vec{e}=\begin{bmatrix}1 & 1\end{bmatrix}\begin{bmatrix}1 & 0\\ 0 & 1\end{bmatrix}\begin{bmatrix}0.2\\ 0.5\end{bmatrix}$

$c=\vec{e}^T V^{-1}\vec{e}=\begin{bmatrix}0.2 & 0.5\end{bmatrix}\begin{bmatrix}1 & 0\\ 0 & 1\end{bmatrix}\begin{bmatrix}0.2\\ 0.5\end{bmatrix}$ $\quad X=\dfrac{V^{-1}(c\vec{1}-b\vec{e})}{\Delta}+\mu\dfrac{V^{-1}(a\vec{e}-b\vec{1})}{\Delta}$

$\sigma_P^2=(a\mu^2-2b\mu+c)/\Delta$

该实例计算的 Python 代码与计算结果如下：

```
from numpy import *
v=mat('1 0;0 1')
print (v)
[[1 0]
 [0 1]]
e=mat('0.05;0.1')
print (e)
[[ 0.05]
 [ 0.1 ]]
ones=mat('1;1')
print (ones)
[[1]
 [1]]
a= ones.T*v.I*ones
print (a)
[[ 2.]]
b= ones.T*v.I*e
print (b)
[[ 0.15]]
c= e.T*v.I*e
print (c)
[[ 0.0125]]
d=a*c-b*b
print (d)
[[ 0.0025]]
u=0.075
c=0.0125
b=0.15
g= v.I*(c*ones-b*e)/d
a=2.0
h= v.I*(a*e-b*ones)/d
x=g+h*u
print (x)
[[ 0.5]
 [ 0.5]]
var=(a*u*u-2*b*u+c)/d
print (var)
[[ 0.5]]
```

19.3.2 全局最小方差

全局最小方差对应着图 19-6(a)或图 19-6(b)中最左边的 N 点，为了求全局最小方差资产组合的解，令

$$\frac{d\sigma_P^2}{d\mu} = \frac{2a\mu - 2b}{\Delta} = 0$$

解得 $\mu = b/a$，则得全局最小方差为

$$\sigma_P^2 = 1/a$$

将 $\mu = b/a$ 代入式(19-6)得

$$\lambda_1 = 1/a, \quad \lambda_1 = 0$$

所以全局最小方差资产组合的解是

$$X_g = \frac{V^{-1}\vec{1}}{a} = \frac{V^{-1}\vec{1}}{\vec{1}^T V^{-1} \vec{1}}$$

Python 程序设计留给读者思考，与 19.3.1 中的程序类似。

设 $b \neq 0$，定义

$$X_d = \frac{V^{-1}\vec{e}}{b} = \frac{V^{-1}\vec{e}}{\vec{1}^T V^{-1} \vec{e}}$$

Python 程序设计留给读者思考，与 19.3.1 中的程序设计类似。

X_d 为可分散的资产组合(指通过投资多种风险资产可降低非系统风险的资产组合权重)，此时式(19-4)可化为

$$X = (\lambda_1 a)X_g + (\lambda_2 b)X_d$$

$$\lambda_1 a + \lambda_2 b = a\frac{c - \mu b}{\Delta} + b\frac{\mu a - b}{\Delta} = \frac{ac - b^2}{\Delta} = 1$$

例：考虑一个资产组合，其预期收益率矩阵 $\vec{e} = [0.2, 0.5]^T$，协方差矩阵 $V = \begin{bmatrix} 1 & 0 \\ 0 & 1 \end{bmatrix}$，求全局最小方差资产组合和可分散资产组合的权重。

解：$X_g = \dfrac{V^{-1}\vec{1}}{a} = \dfrac{V^{-1}\vec{1}}{\vec{1}^T V^{-1} \vec{1}} = \dfrac{\begin{bmatrix} 1 & 0 \\ 0 & 1 \end{bmatrix}\begin{bmatrix} 1 \\ 1 \end{bmatrix}}{\begin{bmatrix} 1 & 1 \end{bmatrix}\begin{bmatrix} 1 & 0 \\ 0 & 1 \end{bmatrix}\begin{bmatrix} 1 \\ 1 \end{bmatrix}} = [0.5 \quad 0.5]^T$

$X_d = \dfrac{V^{-1}\vec{e}}{b} = \dfrac{V^{-1}\vec{e}}{\vec{1}^T V^{-1} \vec{e}} = \dfrac{\begin{bmatrix} 1 & 0 \\ 0 & 1 \end{bmatrix}\begin{bmatrix} 0.2 \\ 0.5 \end{bmatrix}}{\begin{bmatrix} 1 & 1 \end{bmatrix}\begin{bmatrix} 1 & 0 \\ 0 & 1 \end{bmatrix}\begin{bmatrix} 0.2 \\ 0.5 \end{bmatrix}} = [0.0286 \quad 0.714]^T$

19.3.3 有效资产组合

在图 19-6(a)和图 19-6(b)中，全局最小方差组合点 N 右边的双曲线或者抛物线分为上、

下两条,这样,对于每个方差大于全局最小方差的资产组合,可以找到两条最小方差组合与之对应。其中一条均值大于 b/a,另一条均值小于 b/a。显然,均值小于 b/a 的是无效的,因为投资者是理性投资者。

定义:如果一个资产组合对确定的方差有最大期望收益率,同时对确定收益有最小的方差,则称该资产组合为均值方差有效资产组合。

图 19-4 中,E、F 点满足上述定义,这两点之间的所有边界点是有效集,有效集中的资产组合就是有效资产组合。

有效资产组合对应点所构成的集合是凸集。所谓凸集是集合中元素对凸组合运算是封闭的,也就是说有效资产组合的凸组合仍然是有效组合。凸组合是指:设 $x_i(i=1,\cdots,n)$ 是 n 个资产组合,实数 $a_i \geqslant 0 (i=1,\cdots,n)$,且 $\sum_{i=1}^{n} a_i = 1$,则称 $\sum_{i=1}^{n} a_i x_i$ 为资产组合 $x_i(i=1,\cdots,n)$ 的凸组合。

19.4 两基金分离定理

总结以上结论,我们有下面著名的两基金分离定理。

定理:任一最小方差资产组合 X 都可唯一地表示成全局最小方差资产组合 X_g 和可分散资产组合 X_d 的资产组合:

$$X = AX_g + (1-A)X_d \tag{19-9}$$

其中 $A = (ac - \mu ab)/\Delta$,且 X 的收益率方差满足关系式

$$\sigma_P^2 = (a\mu^2 - 2b\mu + c)/\Delta$$

由于所有最小方差资产组合都可由两种不同资产组合 X_g 和 X_d 所生成,X_g 和 X_d 通常称为共同基金,所以,该定理称为两基金分离定理。在这种情况下,所有通过均值和方差选择资产组合的投资者,都能通过持有 X_g 和 X_d 组成的资产组合得到满足,而不顾及投资者各自的偏好。所以,通过两个共同基金即可购买所有原始资产,而投资者也能够购买这两个共同基金。

任意两个不同的最小方差资产组合都可替代 X_g 和 X_d,而且具有相同的基金分离作用。例如,X_g 和 X_d 是两个最小方差组合,则由式(19-9),有

$$X_u = (1-u)X_g + uX_d, \quad X_v = (1-v)X_g + vX_d$$

从而

$$X = \frac{\lambda_1 a + v - 1}{v - u} X_u + \frac{1 - u - \lambda_1 a}{v - u} X_v$$

容易验证,$X_u + X_v = \bar{1}$,所以可用 X_u、X_v 代替 X_g、X_d。

性质:设 $X_u = (1-u)X_g + uX_d$,$X_v = (1-v)X_g + vX_d$ 表示任意两个最小方差资产组合,则其协方差为 $1/a + uv\Delta/(ab^2)$;特别地,全局最小方差资产组合与任何资产或资产组合的协方差都为 $1/a$。

证明:对于最小方差组合,协方差的可行域是 $(-\infty, +\infty)$。记 $E(r_u) = X_u^T \vec{e}$,$E(r_v) = X_v^T \vec{e}$,则

$$\operatorname{cov}(r_u, r_v) = (1-u)(1-v)\sigma_g^2 + uv\sigma_d^2[u(1-v) + v(1-u)]\sigma_{gd}$$

$$= \frac{(1-u)(1-v)}{a} + \frac{uvc}{b^2} + \frac{u+v-2uv}{a} = \frac{1}{a} + \frac{uv\Delta}{ab^2}$$

全局最小方差资产组合与任意资产或资产组合的协方差为

$$\operatorname{cov}(r_g, r_P) = X_g^T V X_P = \frac{\vec{1}^T V^{-1} V X_P}{a} = \frac{1}{a}$$

$\operatorname{cov}(r_u, r_v)$ 与 $\operatorname{cov}(r_g, r_P)$ 的计算程序留给读者思考。

19.5 Python 应用于 Markowitz 投资组合优化

19.5.1 股票的选择

当前两市已有逾 1 500 家上市公司披露了 2019 年一季报或一季度业绩预告，以预告的净利润增幅下限来看，53%的上市公司一季度净利润同比上涨，近三成公司涨幅超过 50%。

基于已披露的财报和业绩预告，数据宝对 2018 年全年和 2019 年一季度业绩双双高增长的上市公司进行了筛选，剔除基期负利和微利的公司后，共有 28 家上市公司 2018 年年报和 2019 年一季报公告的归属于母公司的净利润均翻番。

这 28 家上市公司来自于 17 个不同的申万一级行业，行业分布较为分散，其中农林牧渔业和化工行业上市公司各有 3 家，数量最多。

28 家公司中，赣能股份、杰瑞股份和威华股份 2018 年净利润增幅最高，超过 500%。其中，赣能股份的业绩高增长主要与 2017 年非经常性损失造成的基期利润大幅下滑有关。扣除非经常性损益的影响后，公司 2018 年净利润与 2017 年基本持平。

杰瑞股份 2018 年营业收入和归属于母公司净利润同比增速分别为 44%和 807%，业绩大涨的主要原因在于行业景气度的提升使市场对于油田技术服务及钻井设备需求快速增加，同时规模效益和产品热销带来的价格回暖也使公司毛利率有所提升。2019 年一季度公司订单量持续增长，业绩预期再度爆发，净利润预增幅度达 210%～260%。

威华股份 2018 年营业收入上涨了 25%，归属于母公司净利润同比暴增 5 倍。业绩增长的主要原因在于纤维板业务盈利能力的增强以及锂盐业务产能逐步释放。2019 年一季度公司业绩同比上涨了 423.8%，中报预期盈利将继续上涨。

从 2019 年一季报和业绩预告的业绩来看，华昌化工、农产品和海普瑞的预告净利润同比增幅下限超过了 10 倍，为 28 股中最高。

华昌化工 2019 年一季度业绩预增 1 652%～1 970%，业绩预告显示，公司业绩暴增的主要原因在于公司所处行业整体趋向于企稳，原料结构调整二期项目的投产降低了公司生产成本，同时增加了多元醇、甲醇等产品的产能。

农产品 2019 年一季度业绩预增 1 299%～1 625%，业绩增长主要来源于公司下属参股公司的销售收益及下属参股公司完成的发行股份购买资产事项。

从业绩增长的连续性来看，28 家 2018 年年报和 2019 年一季报净利润预期翻番的上市公司中，10 家公司 2016—2018 三年净利润连续增长，三一重工和通源石油连续三年净利润

第 19 章 Python-optimize 工具优化资产组合均值方差模型

增幅均过 100%。此外，中公教育、天喻信息和利达光电近三年净利润复合增长率也超过 100%。

从 2019 年的股价表现来看，28 股年内股价平均上涨了 49.5%，12 股股价涨幅超过 50%，华昌化工和利达光电年初至今已累计上涨了 135% 和 108%，股价表现最好。

9 股年初至今的涨幅不足 30%，跑输大盘。其中海普瑞、恩捷股份、宝新能源、美诺华和量子生物股价年内涨幅不足 20%，滞涨情形较为严重。

从最新估值来看，8 股最新滚动市盈率不足 30 倍。常宝股份、圣农发展、三一重工和仙坛股份的最新股东市盈率不到 20 倍，为 28 股中最低。

下面选择图 19-7 中华昌化工、利达光电及中公教育收盘价数据来作资产组合。

代码	简称	2019年一季度净利润增长率（%）	2018年净利润增长率（%）	今年以来股价涨跌幅（%）
002274	华昌化工	1652.00	152.86	135.90
000061	农产品	1299.60	207.85	29.28
002399	海普瑞	1088.45	219.62	10.20
002812	恩捷股份	729.00	243.65	10.99
300130	新国都	540.00	220.45	51.59
300205	天喻信息	512.45	347.06	79.12
002725	跃岭股份	441.69	193.13	36.63
603538	美诺华	436.95	115.66	17.27
002240	威华股份	423.80	509.31	34.84
002299	圣农发展	414.14	377.79	61.00
002746	仙坛股份	360.69	294.19	80.77
600496	精工钢构	279.00	190.00	37.93
002607	中公教育	269.44	119.67	83.03
002803	吉宏股份	260.00	156.99	77.29
000899	赣能股份	225.76	1045.91	38.13
000690	宝新能源	211.71	348.81	17.24
002353	杰瑞股份	210.00	807.57	68.93
002189	利达光电	198.99	237.74	108.76
002591	恒大高新	180.95	183.48	20.88
300164	通源石油	178.16	134.83	24.28
002478	常宝股份	165.00	237.30	46.09
002409	雅克科技	135.00	284.90	29.42
002467	二六三	135.00	177.67	79.05
300149	量子生物	110.00	178.63	18.18
600031	三一重工	100.00	192.33	58.51
300632	光莆股份	100.00	126.76	59.97
002154	报喜鸟	100.00	102.30	33.66
300456	耐威科技	100.00	104.15	36.03

图 19-7 2018—2019 利润与股价涨幅情况

19.5.2 Markowitz 投资组合优化基本理论

多股票组合策略回测时常常遇到这样的问题：仓位如何分配？其实，这个问题早在 1952 年马科维茨(Markowitz)就给出了答案，即投资组合理论。根据这个理论，我们可以对多资产的组合配置进行三方面的优化。

(1) 在风险—收益平面中，找到风险最小的投资组合。

(2) 在风险—收益平面中，找到 Sharpe 比最优的投资组合(收益—风险均衡点)。

(3) 在风险—收益平面中，找到有效边界(或有效前沿)，在既定的收益率下使投资组合的标准差最小化。

该理论基于用均值—方差模型来表述投资组合的优劣的前提。下面用蒙特卡洛模拟来探究所选股票投资组合的有效边界。通过 Sharpe 比最大化和方差或标准差最小化两种优化方法来找到最优的投资组合配置权重参数。最后，刻画出可能的分布、两种最优组合以及组合的有效边界等。

19.5.3 投资组合优化的 Python 应用

```
##导入需要的程序包
import tushare as ts              #需先安装 tushare 程序包
#此程序包的安装命令：pip install tushare
import pandas as pd
import numpy as np                #数值计算
from pandas.core import datetools
import statsmodels.api as sm      #统计运算
import scipy.stats as scs         #科学计算
import matplotlib.pyplot as plt   #绘图
```

1. 选择股票代号，获取股票数据，清理及其可视化

```
#把相对应股票的收盘价按照时间的顺序存入 DataFrame 对象中
data = pd.DataFrame()
data1 = ts.get_k_data('002274','2018-01-01','2019-10-01')
data1 = data1['close']    #华昌化工收盘价数据
data['002274'] = data1
data2 = ts.get_k_data('002189', '2018-01-01','2019-10-01')
data2 = data2['close']    #利达光电收盘价数据
data['002189'] = data2
data3 = ts.get_k_data('002607', '2018-01-01','2019-10-01')
data3 = data3['close']    #中公教育收盘价数据
data['002607'] = data3
#数据清理
data=data.dropna()
data.head()
#规范化后时序数据
data.plot(figsize = (8,4))
```

得到图 19-8 所示的图形。

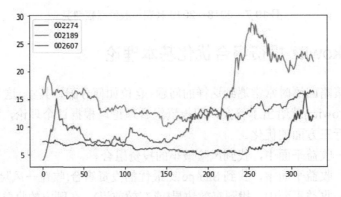

图 19-8 三只股票的价格序列

2. 计算不同证券的均值、协方差和相关系数

计算投资资产的协方差是构建资产组合过程的核心部分。运用 pandas 内置方法生成协方差矩阵。

```
returns = np.log(data / data.shift(1))
```

第 19 章　Python-optimize 工具优化资产组合均值方差模型

```
a=np.returns.mean()*252
```

输出结果为：

```
002274    0.369751
002189    0.202967
002607    1.075092
dtype: float64
returns.cov()    #计算协方差
```

输出结果为：

```
          002274    002189    002607
002274    0.000905  0.000017  0.000029
002189    0.000017  0.001065  0.000102
002607    0.000029  0.000102  0.001475
returns.corr()    #计算相关系数
```

输出结果为：

```
          002274    002189    002607
002274    1.000000  0.017442  0.025334
002189    0.017442  1.000000  0.081694
002607    0.025334  0.081694  1.000000
```

从上可见，各证券之间的相关系数不太大，可以作投资组合。

3. 给不同资产随机分配初始权重

假设不允许建立空头头寸，所有的权重系数均在 0～1 之间。

```
noa=3
weights = np.random.random(noa)
weights /= np.sum(weights)
x=weights
```

输出结果为：

```
array([0.23274847, 0.05264993, 0.7146016 ])
```

4. 计算组合预期收益、组合方差和组合标准差

```
np.sum(returns.mean()*weights)*252
```

输出结果为：

```
0.001985420034126181
np.dot(weights.T, np.dot(returns.cov(),weights))
```

输出结果为：

```
0.0003985690192335607
np.sqrt(np.dot(weights.T, np.dot(returns.cov(),weights)))
```

输出结果为：

```
0.01996419342807419
```

5. 用蒙特卡洛模拟产生大量随机组合

下面通过一次蒙特卡洛模拟，产生大量随机的权重向量，并记录随机组合的预期收益

和方差。

```
port_returns = []
port_variance = []
for p in range(5000):
  weights = np.random.random(noa)
  weights /=np.sum(weights)
  port_returns.append(np.sum(returns.mean()*252*weights))
  port_variance.append(np.sqrt(np.dot(weights.T, np.dot(returns.cov()*252, weights))))
port_returns = np.array(port_returns)
port_variance = np.array(port_variance)
#无风险利率设定为1.5%
risk_free = 0.015
plt.figure(figsize = (8,4))
plt.scatter(port_variance, port_returns, c=(port_returns-risk_free)/port_variance, marker = 'o')
plt.grid(True)
plt.xlabel('volatility')
plt.ylabel('expected return')
plt.colorbar(label = 'Sharpe ratio')
```

得到图19-9所示的图形。

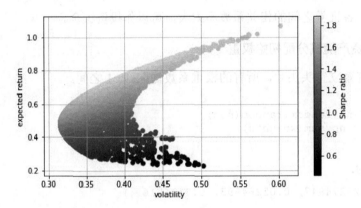

图 19-9 蒙特卡洛模拟产生大量随机组合

6. Sharpe 最大的最优资产

建立 statistics 函数来记录重要的投资组合统计数据(收益、方差和夏普比)。

通过对约束最优问题的求解,得到最优解。其中约束是权重总和为1。

```
def statistics(weights):
   weights = np.array(weights)
   port_returns = np.sum(returns.mean()*weights)*252
   port_variance = np.sqrt(np.dot(weights.T, np.dot(returns.cov()*252, weights)))
   return np.array([port_returns, port_variance, (port_returns-risk_free)/port_variance])
#最优化投资组合的推导是一个约束最优化问题
import scipy.optimize as sco
#最小化夏普指数的负值
def min_sharpe(weights):
  return -statistics(weights)[2]
```

```
#约束是所有参数(权重)的总和为1,可以用minimize函数的约定表达如下
cons = ({'type':'eq', 'fun':lambda x: np.sum(x)-1})
#将参数值(权重)限制在0~1之间。这些值以多个元组组成的一个元组形式提供给最小化函数
bnds = tuple((0,1) for x in range(noa))
#优化函数调用中忽略的唯一输入是起始参数列表(对权重的初始猜测),简单地使用平均分布
opts = sco.minimize(min_sharpe, noa*[1./noa,], method = 'SLSQP', bounds = bnds, constraints = cons)
opts
```

运行上述代码,得到如下结果:

```
     fun: -1.8861142481382729
     jac: array([-0.03715463, -0.03720495, -0.03700775])
 message: 'Optimization terminated successfully.'
    nfev: 36
     nit: 7
    njev: 7
  status: 0
 success: True
       x: array([0.31278928, 0.08747832, 0.59973239])
```

输入如下代码后:

```
opts['x'].round(3)
```

得到的最优组合权重向量为:

```
array([0.313, 0.087, 0.600])
#预期收益率、预期波动率、最优夏普指数
statistics(opts['x']).round(4)
array([0.7782, 0.4046, 1.8861])
```

7. 标准差风险最小的最优资产组合

下面通过风险最小来选出最优资产组合。

```
def min_variance(weights):
    return statistics(weights)[1]
#初始权重为等权重1./noa
optv = sco.minimize(min_variance, noa*[1./noa,],method = 'SLSQP', bounds = bnds, constraints = cons)
optv
```

得到结果如下:

```
     fun: 0.31555288726068836
     jac: array([0.3155471 , 0.31565719, 0.31541217])
 message: 'Optimization terminated successfully.'
    nfev: 20
     nit: 4
    njev: 4
  status: 0
 success: True
       x: array([0.42273692, 0.34153185, 0.23573123])
```

方差最小的最优组合权重向量及组合的统计数据分别为:

```
optv['x'].round(4)
```

得到结果如下:

```
array([0.4227, 0.3415, 0.2357])
#得到的预期收益率、波动率和夏普指数
statistics(optv['x']).round(4)
```

得到结果如下：

```
array([0.4791, 0.3156, 1.4706])
```

在上面的方差最小化模型中再加上一个条件：$\mu = E(r_P) \geq \mu_0$，例如 $\mu_0 = 0.60$。那么结果如何呢？

只要在 cons 中作如下设置即可：

```
cons = ({'type': 'eq', 'fun': lambda x: np.sum(x)-1},{'type': 'ineq', 'fun': lambda x: x[0]*a[0]+x[1]*a[1]+x[2]*a[2]-0.60})
```

或者在 cons 中作如下设置：

```
cons = ({'type': 'eq', 'fun': lambda x: np.sum(x)-1},{'type': 'ineq', 'fun': lambda x: np.sum(product(a,x))-0.60})
```

8. 资产组合的有效边界(前沿)

有效边界由既定的目标收益率下方差最小的投资组合构成。

最优化时采用两个约束：①给定目标收益率；②投资组合权重和为1。

```
def min_variance(weights):
    return statistics(weights)[1]
#在不同目标收益率水平(target_returns)循环时，最小化的一个约束条件会变化
target_returns = np.linspace(0.0,0.5,50)
target_variance = []
for tar in target_returns:
    cons = ({'type':'eq','fun':lambda x:statistics(x)[0]-tar},{'type':'eq','fun':lambda x:np.sum(x)-1})
    ##初始权重是等权重，SLSQP方法为最小序列二次规划方法
    res = sco.minimize(min_variance, noa*[1./noa,],method = 'SLSQP', bounds = bnds, constraints = cons)
    target_variance.append(res['fun'])
target_variance = np.array(target_variance)
```

下面是最优化结果的展示：

```
plt.figure(figsize = (8,4))
#圆圈：蒙特卡洛随机产生的组合分布
#plt.scatter(port_variance, port_returns, c = port_returns/port_variance,marker = 'o')
#叉号：有效边界
plt.scatter(target_variance,target_returns, c = target_returns/target_variance, marker = 'o')
#红星：标记最高 sharpe 组合
plt.plot(statistics(opts['x'])[1], statistics(opts['x'])[0], 'r*', markersize = 15.0)
#黄星：标记最小方差组合
plt.plot(statistics(optv['x'])[1], statistics(optv['x'])[0], 'y*', markersize = 15.0)
plt.grid(True)
plt.xlabel('volatility')
plt.ylabel('expected return')
plt.colorbar(label = 'Sharpe ratio')
```

得到图 19-10 所示的图形。

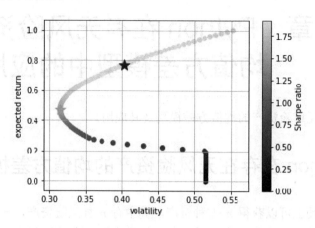

图 19-10　资产组合的可行集和有效边界

练 习 题

某 4 个资产投资组合的预期收益率、标准差和资产之间的协方差矩阵见表 19-1 和表 19-2，要求期望收益率为 15%，计算最优投资组合。

表 19-1　各资产的预期收益率

	资产 1	资产 2	资产 3	资产 4
预期收益率	12%	15%	10%	20%

表 19-2　各资产间的协方差矩阵

	资产 1	资产 2	资产 3	资产 4
资产 1	0.125 4	−0.000 5	0.076 5	0.021 3
资产 2	−0.000 5	0.098 6	0.043 2	−0.023 2
资产 3	0.076 5	0.043 2	0.124 4	0.065 4
资产 4	0.021 3	−0.023 2	0.065 4	0.214 5

第20章 Python在有无风险资产的均值方差模型中的应用

本章介绍存在无风险资产的均值方差模型及其应用。

20.1 Python在存在无风险资产的均值方差模型中应用

设投资者在市场上可以获得 $n+1$ 种资产,其中有 n 种风险资产,一种无风险资产。无风险资产的投资权重可以为正,也可以为负。权重为正,表示储蓄;权重为负,表示购买风险资产。

在这种情况下,资产组合问题发生了如下变化:①没有预算约束 $\vec{1}^T X = 1$;②预算收益率必须超过无风险收益率 r_f,即风险溢价为 $(\vec{e} - r_f \vec{1})^T = \mu - r_f$,这时,最小方差资产组合问题可以转化为以下优化问题:

$$\min \frac{1}{2}\sigma_P^2 = \frac{1}{2}X^T V X \tag{20-1}$$

$$\text{s.t.} (\vec{e} - r_f \vec{1})^T X = \mu - r_f$$

称之为存在无风险资产的均值方差模型。我们可以构造Lagrange函数求解式(20-1)。令

$$L(X,\lambda) = \frac{1}{2}X^T V X + \lambda[\mu - r_f - (\vec{e} - r_f \vec{1})^T X] \tag{20-2}$$

则最优的一阶条件为

$$\frac{\partial L}{\partial X} = VX - \lambda(\vec{e} - r_f \vec{1}) = \vec{0} \tag{20-3}$$

由式(20-3)得最优解:

$$X = \lambda V^{-1}(\vec{e} - r_f \vec{1}) \tag{20-4}$$

又因为无风险资产的权重为

$$X_0 = 1 - \vec{1}^T X \tag{20-5}$$

所以无风险资产收益为

$$r_f X_0 = r_f 1 - r_f \vec{1}^T X$$

注意到 $\mu = \vec{e}^T X$, $a = \vec{1}^T V^{-1} \vec{1}$, $b = \vec{1}^T V^{-1} \vec{e}$, $c = \vec{e}^T V^{-1} \vec{e}$, $\Delta = ac - b^2$。

将式(20-4)代入式(20-2),有

$$\mu - r_f = \lambda(\vec{e} - r_f \vec{1})^T V^{-1}(\vec{e} - r_f \vec{1}) = \lambda(c - 2r_f b + r_f^2 a)$$

整理后有

$$\lambda = \frac{\mu - r_f}{c - 2r_f b + r_f^2 a} \tag{20-6}$$

将式(20-6)代入式(20-4),有

第20章 Python在有无风险资产的均值方差模型中的应用

$$X = \frac{\mu - r_f}{c - 2r_f b + r_f^2 a} V^{-1}(\vec{e} - r_f \vec{1}) \qquad (20\text{-}7)$$

由式(20-1)、式(20-6)、式(20-7)，得最小方差资产组合的方差为

$$\sigma_P^2 = X^T V X = X^T \lambda(\vec{e} - r_f \vec{1}) = \lambda(X^T \vec{e} - r_f X^T \vec{1})$$

$$= \lambda(\mu - r_f) = \frac{(\mu - r_f)^2}{c - 2r_f b + r_f^2 a} \qquad (20\text{-}8)$$

至此，得到描述存在无风险资产条件下的最小方差资产组合的两个重要的量：

$$X = \frac{\mu - r_f}{c - 2r_f b + r_f^2 a} V^{-1}(\vec{e} - r_f \vec{1})$$

$$\sigma_P^2 = \frac{(\mu - r_f)^2}{c - 2r_f b + r_f^2 a}$$

编制求最小方差资产组合权重的 Python 语言函数如下。

```
def rfwport(V,e,u,ones,rf):
  a= ones.T*V.I*ones
  b= ones.T*V.I*e
  c= e.T*V.I*e
  h= (u-rf)/(c-2*rf*b+rf**2*a)
  g= V.I*(e-rf*ones)
  ss = g.getA()    #矩阵转换为数组
  tt=h.getA()      #矩阵转换为数组
  x=tt*ss
  return x
```

编制求资产组合最小方差的 Python 语言函数如下。

```
def rfportvar(V,e,u,ones,rf):
  a= ones.T*V.I*ones
  b= ones.T*V.I*e
  c= e.T*V.I*e
  var=(u-rf)**2/(c-2*rf*b+rf**2*a)
  return var
```

例：考虑一个资产组合，其预期收益率矩阵为 $\vec{e} = [0.2, 0.5]^T$，协方差矩阵是 $\lambda, 1-\lambda$，无风险利率 $r_f = 0.1$，预期收益率是 0.2，求该资产组合最小方差资产组合的权重和方差。

```
e=mat('0.2;0.5')
V=mat('1 0;0 1')
ones=mat('1;1')
u=0.2
rf=0.1
rfwport(V,e,u,ones,rf)
```

得到如下结果：

```
Out[39]:
array([[ 0.05882353],
       [ 0.23529412]])
rfportvar(V,e,u,ones,rf)
```

得到如下结果：

```
Out[40]: matrix([[ 0.05882353]])
```

20.2 无风险资产对最小方差组合的影响

根据式(20-8)，有

$$\sigma_P^2 = \frac{(\mu - r_f)^2}{c - 2r_f b + r_f^2 a}, \quad \sigma_P = \pm\sqrt{\frac{(\mu - r_f)^2}{c - 2r_f b + r_f^2 a}}$$

在均值—方差坐标平面上，上式是一条抛物线；在均值—标准差平面上，上式是过公共交点$(0,r)$的两条射线，斜率分别是$\pm\sqrt{c - 2r_f b + r_f^2 a}$。

在均值—标准差坐标平面上无风险资产对上述两条直线的影响分为三种情况：① $r_f < \mu$；② $r_f = \mu$；③ $r_f > \mu$。

1. 当 $r_f < \mu$ 时，最小方差资产组合的含义和几何结构

若 $r_f < \mu$，式(20-8)可表示为

$$E(r_P) = r_f + \sigma_P \sqrt{c - 2r_f b + r_f^2 a} \tag{20-9}$$

$$E(r_P) = r_f - \sigma_P \sqrt{c - 2r_f b + r_f^2 a} \tag{20-10}$$

它们是图 20-1 所示的两条直线，一条向右上方倾斜，另一条向右下方倾斜。向右上方倾斜的直线与双曲线相切，另一条远离双曲线。

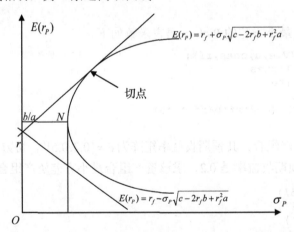

图 20-1　$r_f < \mu$ 时，最小方差资产组合的含义和几何结构

2. 当 $r_f = \mu$ 时，最小方差资产组合的含义和几何结构

若 $r_f = \mu$，式(20-9)可简化为

$$E(r_P) = \frac{b}{a} + \sigma_P \sqrt{\frac{\Delta}{a}} \tag{20-11}$$

$$E(r_P) = \frac{b}{a} - \sigma_P \sqrt{\frac{\Delta}{a}} \tag{20-12}$$

这两条直线是双曲线的渐近线，如图 20-2 所示。一条向右上方倾斜，另一条向右下方倾斜，向右上方倾斜的直线与双曲线相切，另一条远离双曲线。

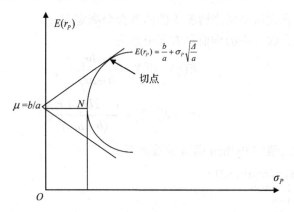

图 20-2　$r_f = \mu$ 时，最小方差资产组合的含义和几何结构

3. 当 $r_f > \mu$ 时，最小方差资产组合的含义和几何结构

随着两条直线与纵轴的交点 $(0,r)$ 向上移动，上边的直线离开有效组合，下边的直线向最小方差组合靠近，最后与最小方差组合边界有一个切点，如图 20-3 所示。在现实经济中，这种无风险收益率大于全局最小方差组合预期收益率的情况是不符合实际的。

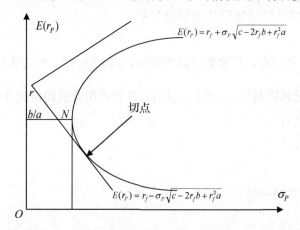

图 20-3　$r_f > \mu$ 时，最小方差资产组合的含义和几何结构

20.3　Python 应用于存在无风险资产的两基金分离定理

与第 17 章的两基金分离定理类似，所有最小方差资产组合仅是两个不同的资产组合。存在无风险资产的情况下，有一资产组合，即无风险资产和不含任何无风险资产的切点资产组合。

定理：存在无风险资产的情况下，任一最小方差资产组合 X 都可唯一地表示成无风险资产组合和不含任何无风险资产的切点资产组合 $\bar{X} = (x_{0t}, X_t)$，其中，

$$x_{t0}=0, \quad X_t = \frac{V^{-1}(\vec{e}-r_f\vec{1})}{b-ar_f} \tag{20-13}$$

这一定理称为存在无风险资产情况下的两基金分离定理。

切点处的资产组合收益率的均值和方差分别为

$$E(r_t) = \vec{e}^\mathrm{T} X_t = \frac{c-br_f}{b-ar_f} \tag{20-14}$$

$$\sigma_t^2 = X_t^\mathrm{T} V X_t = \frac{c-2br_f+r_f^2 a}{(b-ar_f)^2} \tag{20-15}$$

编制求切点处的均值的 Python 语言函数如下。

```
def qdmean(V,e,u,ones,rf):
  a= ones.T*V.I*ones
  b= ones.T*V.I*e
  c= e.T*V.I*e
  ert= (c- b*rf)/(b-a*rf)
  return ert
```

编制求切点处的方差的 Python 语言函数如下。

```
def qdportvar(V,e,u,ones,rf):
  a= ones.T*V.I*ones
  b= ones.T*V.I*e
  c= e.T*V.I*e
  var=(c-2*b*rf+rf**2*a)/(b-a*rf)**2
  return var
```

例：考虑一个资产组合，其预期收益率矩阵 $\vec{e}=[0.2,0.5]^\mathrm{T}$，协方差矩阵 $V=\begin{bmatrix}1 & 0\\ 0 & 1\end{bmatrix}$，预期收益率 $\mu=0.2$，无风险利率 $r_f=0.1$，求切点处资产组合的均值和方差。

```
e=mat('0.2;0.5')
V=mat('1 0;0 1')
ones=mat('1;1')
u=0.075
rf=0.1
qdmean(V,e,u,ones,rf)
```

得到如下结果：

```
Out[44]: matrix([[ 0.44]])
qdportvar(V,e,u,ones,rf)
```

得到如下结果：

```
Out[45]: matrix([[ 0.68]])
```

20.4　预期收益率与贝塔关系式

假设有一个无风险资产和 n 个风险资产，切点处风险资产的收益率分别为 $r_1,\cdots,r_n$，权重分别为 $x_{t1},\cdots,x_{tn}$，则切点处资产组合的收益率 $r_t = \sum_{i=1}^{n} x_{ti} r_i$，故由式(20-13)有

第 20 章　Python 在有无风险资产的均值方差模型中的应用

$$\text{cov}(\vec{r}, r_t) = VX_t = V\frac{V^{-1}(\vec{e} - r_f\vec{1})}{b - ar_f} = \frac{\vec{e} - r_f\vec{1}}{b - ar_f} \tag{20-16}$$

在上式两边左乘 X_t^{T} 得

$$\sigma_t^2 = X_t^{\text{T}}VX_t = X_t^{\text{T}}\frac{\vec{e} - r_f\vec{1}}{b - ar_f} = \frac{E(r_t) - r_f}{b - ar_f}$$

所以 $\vec{e} - r_f\vec{1} = \text{cov}(\vec{r}, r_t)(b - ar_f) = \text{cov}(\vec{r}, r_t)\dfrac{E(r_t) - r_f}{\sigma_t^2} = \beta_t(E(r_t) - r_f)$

其中，$\beta_t = \dfrac{\text{cov}(\vec{r}, r_t)}{\sigma_t^2}$ (通常称之为贝塔值，其分量 $\beta_{ti} = \dfrac{\text{cov}(r_i, r_t)}{\sigma_t^2}$)。

定理：当市场上存在无风险资产时，任意资产的收益率 $r_i(i=1,\cdots,n)$ 的风险溢价等比于切点资产组合的风险溢价，且等比于比例系数 $\beta_{ti} = \dfrac{\text{cov}(r_i, r_t)}{\sigma_t^2}$，即

$$E(r_i) - r_{fi} = \beta_{ti}(E(r_t) - r_f)$$

类似地，不加证明给出如下定理。

定理：假设市场上的资产组合仅由风险资产组成，则可以任意选择最小方差资产组合 X_u 及与 X_u 零贝塔相关的资产组合(指贝塔值等于 0 的资产组合)，使得任意风险资产的预期收益率可以表示为

$$E(r_i) = E(r_z) + \beta_{ui}(E(r_u) - E(r_z))$$

其中，r_z 是与 X_u 零贝塔相关的资产组合的收益率，r_u 是任意最小方差资产组合的收益率，$\beta_{ui} = \text{cov}(r_u, r_z)/\sigma_u^2$，这里的 σ_u^2 对应于 r_u 的方差。

20.5　Python 应用于一个无风险资产和两个风险资产的组合

假设两个风险资产的投资权重分别为 x_1 和 x_2，那么无风险资产的投资组合权重就是 $1 - x_1 - x_2$。由于可以将两个风险资产视为一个风险资产组合，因此三个资产构成的投资组合可行集就等价于一个风险资产组合与一个无风险资产构成的可行集。随着 x_1 和 x_2 的变化，风险资产组合的期望收益和方差并不是确定的值，而是不断变化的。在图 20-4 所示的标准差—期望收益平面中，风险资产组合是曲线上的某一点，则 x_1 和 x_2 的某一比例 k，在标准差—期望收益平面中就对应着一个风险资产组合，该组合与无风险资产的连线形成了一条资本配置线。这条资本配置线就是市场中存在三个资产时的投资组合可行集。随着我们改变投资比例 k，风险资产组合的位置就会发生变化，资本配置线也相应产生变化。

从图 20-4 可以看出，两个风险资产组成的有效边界上的任何一点与无风险资产的连线都能构成一条资本配置线。然而，比较图 20-4 中的两条资本配置线 CAL_0 和 CAL_1 可以发现，对于任一标准差，资本配置线 CAL_0 上资产组合的期望收益率都比 CAL_1 上的高。换句话说，相对于 CAL_0 上的资产组合，CAL_1 上的资产组合是无效的。事实上，我们可以很容易地发现，在所有的资本配置线中，斜率最高的资本配置线在相同标准差水平下拥有最大的期望

收益率。从几何角度讲,这条资本配置线就是通过无风险资产并与风险资产组合的有效边界相切的一条线,称这条资本配置线为最优资本配置线。相应地,切点组合 P_0 被称为最优风险资产组合。因此,当市场中有一个无风险资产和两个风险资产的时候,有效的投资组合可行集就是通过无风险资产和风险资产组合,且斜率达到最大的资本配置线。

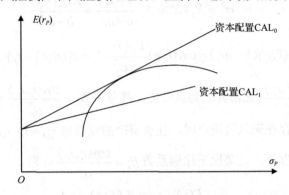

图 20-4 一个无风险资产和两个风险资产的组合的可行集

要得出最优风险资产组合,首先要建立债券和股票有效集,然后利用无风险资产建立资本配置线与有效集相切,切点即为最优风险组合所在的点。

1. 确定两种风险资产组合 P 中每个风险资产的比例

数学表达即为

$$S_P = \frac{E(r_P) - r_f}{\sigma_P} = \max$$

满足

$$E(r_P) = x_1 E(r_1) + x_2 E(r_2)$$

$$\sigma_P^2 = x_1^2 \sigma_1^2 + x_2^2 \sigma_2^2 + 2x_1 x_2 \sigma_{12}$$

$$\frac{\partial S_P}{\partial x_1} = \frac{-x_1(E(r_1) - r_f) - x_2(E(r_2) - r_f)}{x_1^2 \sigma_1^2 + x_2^2 \sigma_2^2 + 2x_1 x_2 \sigma_{12}} (x_1 \sigma_1^2 + x_2 \sigma_{21}) + (E(r_1) - r_f) = 0$$

$$\frac{\partial S_P}{\partial x_2} = \frac{-x_1(E(r_1) - r_f) - x_2(E(r_2) - r_f)}{x_1^2 \sigma_1^2 + x_2^2 \sigma_2^2 + 2x_1 x_2 \sigma_{12}} (x_2 \sigma_2^2 + x_1 \sigma_{12}) + (E(r_2) - r_f) = 0$$

由上两式可得

$$\frac{x_1 \sigma_1^2 + x_2 \sigma_{21}}{x_2 \sigma_2^2 + x_1 \sigma_{12}} = \frac{E(r_1) - r_f}{E(r_2) - r_f}$$

注意到 $\sigma_{12} = \sigma_{21}$,则

$$\frac{x_1 \sigma_1^2 + (1 - x_1) \sigma_{12}}{(1 - x_1) \sigma_2^2 + x_1 \sigma_{12}} = \frac{E(r_1) - r_f}{E(r_2) - r_f}$$

解关于 x_1 的一元一次方程得

$$x_1 = \frac{(E(r_1) - r_f) \sigma_2^2 - (E(r_2) - r_f) \sigma_{12}}{(E(r_1) - r_f) \sigma_2^2 + (E(r_2) - r_f) \sigma_1^2 - [E(r_1) - r_f + E(r_2) - r_f] \sigma_{12}}$$

$$x_2 = 1 - x_1$$

第20章 Python在有无风险资产的均值方差模型中的应用

编制 Python 语言函数如下:

```
def weight(er1,er2,rf,sig1,sig2,sig12):
    x1=((er1-rf)*sig2**2-(er2-rf)*sig12)/((er1-rf)*sig2**2+(er2-rf)*sig1**2-(er1-rf+er2-rf)*sig12)
    weight1=x1
    weight2=1-x1
    erp=x1*er1+(1-x1)*er2
    sigp=np.sqrt(x1**2*sig1**2+(1-x1)**2*sig2**2+2*x1*(1-x1)*sig12)
    sp=(erp-rf)/sigp
    print ("weight1:",weight1)
    print ("weight2:",weight2)
    print ("E(rp):",erp)
    print ("sigp:",sigp)
    print ("sp:",sp)
```

例:给出债券、股票的预期收益率及风险,见表 20-1。

表 20-1 有关数据

资 产	期望收益率/%	风险 σ /%
债券(1)	8	12
股票(2)	13	20
国库券	5	

其中债券和股票之间相关系数 ρ_{12}=0.3。

则 Python 函数调用如下:

```
er1=0.08;er2=0.13;rf=0.05;sig1=0.12;sig2=0.20;sig12= sig1*sig2*0.3
weight(er1,er2,rf,sig1,sig2,sig12)
```

得到如下求解结果:

```
weight1: 0.4
weight2: 0.6
E(rp): 0.11
sigp: 0.141985914794
sp: 0.422577127364
```

2. 在组合 C 中引入无风险资产 F,则 C 由 F 和 P 组成

引入效用函数 $U = E(r_c) - 0.5A\sigma_C^2$,根据 $E(r_C) = yE(r_P)+(1-y)r_F$ 中,以及 $\sigma_C = y\sigma_P$ 得

$$\frac{\partial U}{\partial y}=0 \Rightarrow y = \frac{E(r_P)-r_F}{A\sigma_P^2}$$

设 A=4, $y = \dfrac{E(r_P)-r_F}{A\sigma_P^2} = \dfrac{11\%-5\%}{4\times 0.142^2/10\,000} = 0.744\,048$

3. 确定三种资产的投资比例

最后得到三种资产的投资比例如表 20-2 所示。

表 20-2 三种资产的投资比例

资　产	各种资产比例公式	各种资产比例
债券(1)	y×0.4	0.297 619
股票(2)	y×0.6	0.446 429
国库券	1−y	0.255 952
合计		1

练 习 题

1. 可选择的证券包括两种风险股票基金 A、B 和短期国库券,所有数据如表 20-3 所示。

表 20-3 股票基金 A、B 和短期国库券数据

	期望收益/%	标准差/%
股票基金 A	10	20
股票基金 B	30	60
短期国库券	5	0

基金 A 和基金 B 的相关系数为-0.2。

(1) 画出基金 A 和基金 B 的可行集(5 个点)。

(2) 找出最优风险投资组合 P 及其期望收益与标准差。

(3) 找出由短期国库券与投资组合 P 支持的资本配置线的斜率。

(4) 当一个投资者的风险厌恶程度 $A=5$ 时,应在股票基金 A、B 和短期国库券中各投资多少?

2. 市场上有一种叫作 P 的资产组合,由两支股票组成,达到了 0.10 的年平均收益率。这个组合中,第一只股票占 0.25,第二只股票占 0.75,两只股票的方差协方差矩阵为 $\begin{pmatrix} 0.1100 & 0.0050 \\ 0.0050 & 0.2200 \end{pmatrix}$,无风险资产利率为 0.06。求两只股票的年平均收益率。

第21章 Python在资本资产定价模型中的应用

资本资产定价模型(Capital Asset Pricing Model，CAPM)是继马科维茨资产组合理论之后第二个获得诺贝尔经济学奖的金融理论，它由美国金融学家夏普(Sharpe)在1964年发表的论文《资本资产定价：一个风险条件下的市场均衡理论》中最早提出。资本资产定价模型的核心思想是在一个竞争均衡的市场中对有价证券定价。在资本市场的竞争均衡中，供给等于需求，所以投资者都处于最优消费和最优组合状况，有价证券的价格由此确定。毫无疑问，如果经济实现了竞争均衡，该经济处于一种稳定状况，所有投资者都感到满足，再也没有力量使经济发生变动。

21.1 资本资产定价模型假设

资本资产定价模型是在理想的资本市场中建立的，建立模型的假设是：
(1) 投资者是风险厌恶者，其投资行为是使其终期财富的预期效用最大化；
(2) 投资者不能通过买卖行为影响股票价格；
(3) 投资者都认同市场上所有资产的收益率服从均值为 $\bar{e}$、方差矩阵为 V 的多元正态分布；
(4) 资本市场上存在着无风险资产，且投资者可以无风险利率借贷；
(5) 资产数量是固定的，所有资产都可以市场化且无限可分割；
(6) 市场上的信息是充分的且畅通无阻，所有投资者都可无代价地获得所需要的信息；
(7) 资本市场无任何缺陷，如税收、交易成本、卖空限制等。

假设1保证了效用函数关于均值和方差是单调的，假设(3)保证了投资者的效用函数为均值—方差效用函数。在以上的假设中，假设(3)最重要，它说明，虽然市场上的投资者对资产的偏好可以不同，但是对某种资产的未来现金流的期望值却是相同的，这为资本资产定价模型的导出提供了很大的方便。

21.2 Python应用于资本市场线

当不存在无风险资产时，最小方差资产组合是双曲线的右半支，如图21-1所示。但是当存在无风险资产时，最小方差资产组合是直线 $\sigma_p = \pm \dfrac{\mu - r_f}{\sqrt{c - 2r_f b + r_f^2 a}}$ 与双曲线的切点 t。共有三种情况，这里只讨论 $r<b/a$ 的情况。

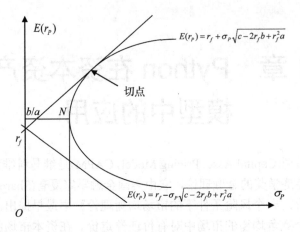

图 21-1 资本市场线

在图 21-1 中，对于直线 $E(r_P) = r_f + \sigma_P\sqrt{c - 2r_f b + r_f^2 a}$ 上的点，不论位于何处，都可以通过点 $(0, r_f)$ 和切点的再组合表示出来。换言之，直线上的每个组合都是无风险资产和风险资产的再组合。

因为有效资产组合是连接点 $(0, r_f)$ 和切点 t 的直线，所以投资者都可从这条射线上确定一个点作为自己的最优资产组合。可见，切点 t 具有比较重要的意义。然而，切点 t 是根据直线与双曲线相切得到的，它与市场组合之间具有什么关系呢？

定义 1：设市场上有 n 种风险资产，一种无风险资产，每种资产的价格为 $P_i (i = 0, 1, \cdots, n)$，第 i 种资产的可交易数量为 $\bar{N}_i$，记 $mkt_i = \dfrac{\bar{N}_i P_i}{\sum_{i=0}^{n} \bar{N}_i P_i}$，则称 $mkt = (mkt_0, mkt_1, \cdots, mkt_n)$ 为市场资产组合的初始禀赋。

设市场中有 K 个投资者，且在某一时刻第 k 位投资者持有第 i 种资产的数量为 N_i^k，记 $x_i^m = \dfrac{\sum_{k=1}^{K} N_i^k P_i}{\sum_{i=0}^{n}(\sum_{k=1}^{K} N_i^k) P_i}$，则称 $X^m = (x_0^m, x_1^m, \cdots, x_n^m)$ 为这一时刻的投资者的市场资产组合。

性质 1：市场达到均衡的必要条件是 $mkt = (mkt_0, mkt_1, \cdots, mkt_n)$ 等比于切点处的资产组合 X_t。

性质 2：当市场达到均衡时，若记市场在风险资产上的初始资产组合为 X_M，则 $X_M = X_t$。特别地，当市场上无风险资产是零净供应的金融资产时，则 X_t 就是市场资产组合。其他情况下，市场资产组合在图 21-1 中连接点 $(0, r_f)$ 和切点的连线上的左下边某处。

定义 2：称过点 $(0, r_f)$ 和切点 t 的直线 $E(r_P) = r_f + \sigma_P\sqrt{c - 2r_f b + r_f^2 a}$ 为资本市场线。

因为，切点 t 的风险溢价为

$$E(r_t) - r_f = \vec{e}X_t - r_f \tag{21-1}$$

根据式(20-14)

$$E(r_t) = \vec{e}^T X_t = \frac{c - br_f}{b - ar_f} \tag{21-2}$$

因此，有结果

$$E(r_t) - r_f = \vec{e} X_t - r_f = \frac{c - br_f}{b - ar_f} - r_f = \frac{c - 2br_f + ar_f^2}{b - ar_f} \tag{21-3}$$

将式(21-3)代入 $E(r_P) = r_f + \sigma_P \sqrt{c - 2r_f b + r_f^2 a}$，并利用式(19-15)有

$$E(r_P) = r_f + \sigma_P \sqrt{c - 2r_f b + r_f^2 a} = r_f + \sigma_P (b - ar_f) \sqrt{\frac{c - 2r_f b + r_f^2 a}{(b - ar_f)^2}}$$

$$= r_f + (b - ar_f) \sigma_P \sigma_t = r_f + (b - ar_f) \frac{\sigma_t^2}{\sigma_t} \sigma_P = r_f + (b - ar_f) \frac{c - 2r_f b + r_f^2 a}{(b - ar_f)^2 \sigma_t} \sigma_P$$

$$= r_f + \frac{c - 2r_f b + r_f^2 a}{(b - ar_f) \sigma_t} \sigma_P = r_f + \frac{E(r_t) - r_f}{\sigma_t} \sigma_P$$

所以，有结果

$$E(r) = r_f + \frac{E(r_t) - r_f}{\sigma_t} \sigma_P \tag{21-4}$$

式(21-4)为过点 $(0, r_f)$ 和切点 t 的直线，所有投资者的最优资产组合均来自该直线。

例：假设无风险利率为 0.06，市场组合的期望收益率和标准差分别为 0.2 和 0.4，则资本市场线的斜率为(0.2-0.06)/0.4=0.35。如果尝试 0.2、0.3 来作为标准差，则期望收益率为

$$E(r_{P1}) = r_f + \frac{E(r_M) - r_f}{\sigma_M} \sigma_{P1} = 0.06 + 0.35 \times 0.2 = 0.13$$

$$E(r_{P2}) = r_f + \frac{E(r_M) - r_f}{\sigma_M} \sigma_{P2} = 0.06 + 0.35 \times 0.3 = 0.165$$

把 σ_{P1}、σ_{P2} 和 $E(r_{P1})$、$E(r_{P2})$ 相应地画在图上就得到该资产组合的资本市场线，而且斜率是 0.35。如果认为 0.3 的风险太高，不宜使用，可以使用 0.2 的风险资产以及无风险资产来搭配已有的有效组合。σ_{P1}/σ_M 是需要分配给有效组合的部分，$1 - \sigma_{P1}/\sigma_M$ 是需要分配给无风险投资的部分。使用 0.2 的风险，50%的资金需要给这个有效组合，另外 50%的资金需要作无风险投资。因此，资本市场线的 Python 语言代码如下：

```
import matplotlib.pyplot as plt #绘图工具
rf=0.06;ErM=0.2;sigmaM=0.4
slope=(ErM-rf)/sigmaM
Er1=rf+slope*0.2
Er2=rf+slope*0.3
ret=[Er1,Er2]
sigma=[0.2,0.3]
plt.plot(sigma, ret,'--o')
plt.xlabel('sigma')
plt.ylabel('ret')
```

得到图 21-2 所示的图形。

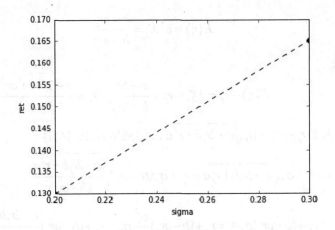

图 21-2　资本市场线

21.3　Python 应用于证券市场线

资本市场线反映的是有效资产组合的预期收益率与风险之间的关系，由于任何单个风险资产不是有效资产组合，因此资本市场线并没有告诉我们单个风险资产的预期收益率与风险之间的关系。

定理 1　假设市场上无风险资产可以获得，则当市场达到均衡时，任意风险资产的风险溢价与风险资产的市场资产组合风险溢价成比例，即有关系式

$$\vec{e} - r_f \vec{1} = \vec{\beta}_M (E(r_M) - r_f) \tag{21-5}$$

其中，$\vec{\beta}_M = \mathrm{cov}(\vec{r}, r_M)/\mathrm{var}(r_M)$，$r_M$ 是市场组合的收益率。

证明：由性质 2，当市场达到均衡时有 $X_M = X_t$，将其代入式(21-5)即得

$$\vec{e} - r_f \vec{1} = \frac{VX_t}{X_t^T V X_t}(\vec{e}^T X_t - r_f) = \frac{VX_M}{X_M^T V X_M}(\vec{e}^T X_M - r_f) = \vec{\beta}_M (E(r_M) - r_f)$$

写成分量的形式即为

$$E(r_i) = \frac{\mathrm{cov}(r_i, r_M)}{\sigma_M^2}[E(r_M) - r_f] + r_f = \beta_{iM}[E(r_M) - r_f] + r_f \tag{21-6}$$

式(21-6)所表示的直线称为证券市场线。它反映了单个风险资产与市场组合之间的关系。如果以 $E(r_i)$ 为纵坐标，β_{iM} 为横坐标，则证券市场线就是一条截距为 r_f、斜率为 $E(r_M) - r_f$ 的直线，如图 21-3 所示。

编制资本资产定价模型的 Python 语言函数如下：

```
def ecapm(r,rm,rf):
    averrm=mean(rm)
    xf=cov(r,rm)
    a=xf[0,1]
    beta=a/rm.var()
    eri=rf+beta*(averrm-rf)
    return eri
```

第 21 章　Python 在资本资产定价模型中的应用

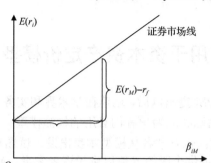

图 21-3　证券市场线

例：假设市场资产组合时间序列值分别为 1500、1600、1800、2100；证券价格的时间序列值分别是 6.24、6.38、6.26、6.30。设无风险利率是 0.06，试求该证券的预期收益率。

由价格转化为收益率的公式 $r_t = (P_t - P_{t-1})/P_{t-1}$，可得市场收益率和证券收益率为：

```
import pandas as pd
from pandas import Series
from numpy import *
r=pd.Series([0.022436,-0.01881,0.00639])
rm=pd.Series([0.066667,0.125,0.166667])
rf=0.06
ecapm(r,rm,rf)
```

得到如下结果：

Out[16]: 0.0483748612784612l8

例：银行存款利率为 0.04，市场组合的期望收益率为 0.12，市场组合的方差为 0.0008，有一只股票 x，它与市场组合之间的协方差为 0.001，问 x 的期望收益率是多少。

计算 β_{iM} =0.001/0.0008=1.25。

代入 $E(r_i) = \beta_{iM}[E(r_M) - r_f] + r_f = 1.25 \times (0.12-0.04) + 0.04 = 0.14$。

因此股票 x 的期望收益率是 0.14。

如果今年 x 的股价是 50 元，问明年定价 57 元合适吗？

$$50 \times (1+0.14) = 57$$

所以 57 元在明年是一个合适的公平价格。

证券市场线的 Python 语言代码如下：

```
rf=0.04;ErM=0.12;cov=0.001;var=0.0008
beta=cov/var
r=rf+beta*(ErM-rf)
rr=50*(1+r)
print rr
57.0
```

下面给出 Black 资本资产定价模型(也称零贝塔模型)。

定理 2　(Black CAPM)假设市场上没有无风险资产，则当市场达到均衡时，任意风险资产的收益率为

$$\vec{e} = E(r_z)\vec{1} + \vec{\beta}_M[E(r_M) - E(r_z)] \tag{21-7}$$

其中，r_z 是与市场资产组合零贝塔相关的资产组合的收益率。

21.4 Python 应用于资本资产定价模型 CAPM 实际数据

资本资产定价模型 CAPM 提出以后，迅速在学术界和实务界得到广泛应用。在学术界，CAPM 在研究公司金融方面已经成为学者们必用的检测模型；在投资方面，CAPM 被用来验证新的投资策略是否有效；也有学者从模型本身出发，试图让 CAPM 模型进一步贴近现实。在投资界，很多券商会提供个股的 β 值以供投资者参考，Alpha 策略也成为专业投资人士必备的技能。

CAPM 模型公式中个股与大盘指数的收益率都是期望值，即
$$E(r_i) = \beta_{iM}[E(r_M) - r_f] + r_f$$

Jensen(1968)在研究共同基金表现时将 CAPM 模型写出如下形式：
$$r_{it} - r_f = \beta_{iM}(r_{Mt} - r_f) + \varepsilon_{it} \tag{21-8}$$

进行实证分析，r_{it}、r_f、r_{Mt} 是对应的个股 i、无风险资产(通常指银行存款、国债、货币市场基金)、市场指数(大盘指数)的收益率的时间序列数据，对这些数据进行线性回归分析，得到未知参数 α_i 和 β_i 的估计值 $\hat{\alpha}_i$ 和 $\hat{\beta}_i$。式(21-8)中的 α 是 Jensen 引入的，所以又称为 Jensen's Alpha。根据 CAPM 模型的假设，r_{it} 是服从正态分布的随机数，这样就可以判断 $\hat{\alpha}_i$ 和 $\hat{\beta}_i$ 的统计显著性。$\hat{\beta}_i$ 可以解释个股过去的收益率与风险之间的关系。从 CAPM 模型来看，所有资产的 $\hat{\alpha}_i$ 都应该是 0(或者是不显著地异于 0)，若 $\hat{\alpha}_i$ 显著异于 0，则个股 i 有异常收益率，$\hat{\alpha}_i$ 值代表收益率胜过大盘的部分，常常用来衡量基金经理人的绩效。现在所有投资者在做的事情可以用一句话归纳总结：试图利用各种分析方法创造显著的正 Alpha。这些分析方法大致分为基本面分析、技术面分析和 Alpha 策略等。

基本面分析就是通过研究公司财务状况来判断公司的价值。可以从三个方面研究：经济环境分析、产业分析、公司分析。运用基本面分析的投资策略很简单，买入被低估的股票，卖出被高估的股票，适合作为中长期投资参考。

技术面分析的基本信仰是"历史会重演"，只分析市场价格(股价走势、成交量、主力资金等)，由此来判断股价的走势。但技术面分析缺乏理论上的支持，因此备受争议。

Alpha 策略的出发点是 CAPM 模型，其核心思想是通过构建投资组合对冲掉系统风险，锁定 Alpha 超额收益。

使用资本资产定价模型的关键在于，估算斜率 β。因为在现实中，收益率的方差和协方差的准确数值是根本不可能知道的，通过方差和协方差来计算贝塔是行不通的。并且通过估算 β 还可检验资本资产定价模型的合理性。

例：用沪深 300 作为市场资产组合，考虑其与平安银行股票收益率的线性关系。通过 Python 语言的挖地兔财经数据接口 tushare 程序包在线获取 2017-1-1—2017-12-31 之间 1 年的数据作为股票价格。使用 Python 代码将价格转换成收益率：

```
logret= np.log(data / data.shift(1))
```

线性回归模型是通过 Python 语言 statsmodels.api 中的函数 sm.OLS(y, x)计算的。可以看到，数值 0.0005 是模型截距的估计值，数值 1.4621 是所需模型斜率的估计值。从理论上讲，资本资产定价模型的截距参数基本上是等于 0 的，由于截距 0.0005 非常小，与理论相符。

第 21 章　Python 在资本资产定价模型中的应用

通常在统计学中需要使用 p-value=0.000 来检验参数的显著性,但是在这里我们使用了近 300 个样本,解释 p-value 已毫无意义。

使用贝塔的估计值,可以计算平安股票的收益率均值。通过截距可以得到更多信息,如果截距不为 0,从资本资产定价模型的角度说明,股票的定价不恰当,如果截距大于 0,说明期望收益率太高,股价定价太低。这是一个资产值得买入的标志。但也需要小心,当估计的截距不接近 0,也可能是因为选择的市场组合不是处在边界上(即不是有效的)。当资本资产定价模型得到了非常出色的结果,截距、贝塔的估计值全都与理论相符,也只能说明选择的市场组合处在边界上,根本不可能知道它是否是一个有效组合。

资本资产定价模型贝塔估算的 Python 代码如下。

```
import tushare as ts
import pandas as pd
import numpy as np
import scipy.stats as stats
from pandas.core import datetools
import statsmodels.api as sm
import matplotlib.pyplot as plt
data = pd.DataFrame()
df000001=ts.get_k_data('000001',start='2018-01-01',end='2019-12-31')
hs300= ts.get_k_data('hs300',start='2018-01-01',end='2019-12-31')
#沪深 300 收盘价
data['hs300'] = hs300['close']
#平安银行收盘价转为收益率
data['000001'] = df000001['close']
#收盘价转为收益率
logret= np.log(data / data.shift(1))
#数据清理
logret=logret.dropna()
#无风险利率化为天
rf=1.04**(1/250)-1
#两者的超额收益率
logret=logret-rf
y=logret['000001']
x=logret['hs300']
plt.scatter(x,y)
plt.show()
```

输出结果如图 21-4 所示。

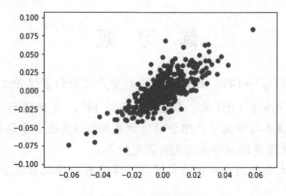

图 21-4　输出结果

```
np.corrcoef(x,y)[0,1]
cor, pval=stats.pearsonr(x,y)
print (cor, pval)
```

输出结果为：

```
0.761593643279065 3.1407107143695105e-93
# model matrix with intercept
X = sm.add_constant(x)
#least squares fit
model = sm.OLS(y, X)
fit = model.fit()
print (fit.summary())
```

输出结果为：

```
                            OLS Regression Results
==============================================================================
Dep. Variable:                 000001   R-squared:                       0.580
Model:                            OLS   Adj. R-squared:                  0.579
Method:                 Least Squares   F-statistic:                     668.4
Date:                Fri, 05 Jun 2020   Prob (F-statistic):           3.14e-93
Time:                        07:41:49   Log-Likelihood:                 1406.7
No. Observations:                 486   AIC:                            -2809.
Df Residuals:                     484   BIC:                            -2801.
Df Model:                           1
Covariance Type:            nonrobust
==============================================================================
                 coef    std err          t      P>|t|      [0.025      0.975]
------------------------------------------------------------------------------
const          0.0004      0.001      0.717      0.474      -0.001       0.002
hs300          1.2063      0.047     25.854      0.000       1.115       1.298
==============================================================================
Omnibus:                       40.083   Durbin-Watson:                   1.911
Prob(Omnibus):                  0.000   Jarque-Bera (JB):              118.693
Skew:                           0.349   Prob(JB):                     1.68e-26
Kurtosis:                       5.318   Cond. No.                         76.7
==============================================================================
```

根据 OLS() 的拟合结果，2018—2019 年平安股票与沪深 300 指数的关系为

$$r_{pa} - r_f = 0.0004 + 1.2063(r_{hs300} - r_f) + \varepsilon_t$$

虽然 α 值并不显著地异于 0，从 β 来看，平安银行的风险大于大盘指数沪深 300 的风险是统计显著的。

练 习 题

1. 如果 $r_f = 6\%$，$E(r_M) = 14\%$，$E(r_p) = 18\%$ 的资产组合的 β 值等于多少？

2. 一证券的市场价格为 50 美元，期望收益率为 14%，无风险利率为 6%，市场风险溢价为 8.5%。如果这一证券与市场资产组合的协方差加倍 (其他变量保持不变)，该证券的市场价格是多少？假定该股票预期会永远支付固定红利。

3. 假定你是一家大型制造公司的咨询顾问，考虑有一净税后现金流的项目(单位：100万美元)，见表 21-1。

第 21 章 Python 在资本资产定价模型中的应用

表 21-1 项目的净税后现金流

年 份	税后现金流
0	−40
1~10	15

项目的 β 值为 1.8,假定 $r_f=8\%$,$E(r_M)=16\%$,项目的净现值是多少?在其净现值变成负数之前,项目可能的最高 β 估计值是多少?

第 6 篇

Python 量化金融投资策略

第 22 章 贝塔对冲策略

22.1 贝塔对冲模型

（1）假设市场完全有效，那么根据 CAPM 模型有 $R_s=R_f+\beta_s(R_m-R_f)$。式中，R_s 表示股票收益，R_f 表示无风险收益率，R_m 表示市场收益，β_s 表示股票相比于市场的波动程度，用于衡量股票的系统性风险。

（2）遗憾的是，市场并非完全有效，个股仍存在 α（超额收益）。根据 Jensen's Alpha 的定义：$\alpha_s = R_s - [R_f + \beta_s(R_m - R_f)]$，除掉被市场解释的部分，超越市场基准的收益即为个股 α。

（3）实际中，股票的收益是受多方面因素影响的，比如经典的 Fama-French 三因素就告诉我们，市值大小、估值水平，以及市场因子就能解释股票收益，而且低市值、低估值能够获取超额收益。那么，就可以通过寻找能够获取 alpha 的驱动因子来构建组合。

（4）假设已经知道了哪些因子能够获取超额收益，那么根据这些因子构建股票组合(比如持有低市值、低估值的股票)中，理论上是能够获取超额收益的，简单来讲就是，组合的累计收益图应该是在基准(比如沪深 300)累计收益图之上的，而且两者的差应该是扩大的趋势。

（5）由于组合的涨跌我们是不知道的，我们能够确保的是组合与基准的收益差在不断扩大，那么持有组合，作空基准，对冲获取稳定的差额收益(alpha 收益)，就是传说中的市场中性策略。

22.2 风险对冲策略

本节介绍因子模型、对冲以及 β 因子的相关内容，并针对如何进行市场风险对冲给出了具体的案例。

1. 因子模型

因子模型是通过其他若干项资产回报的线性组合来解释一项资产回报的一种方式。因子模型的一般形式是：

$$Y = \alpha + \beta_1 X_1 + \beta_2 X_2 + \cdots + \beta_n X_n$$

该式即是多元线性回归模型。

2. β 值的含义

资产的 β 值是该资产收益率与其他资产收益率通过上述模型回归拟合的。比如，用回归模型 $Y_{gzmt} = \alpha + \beta X_{benchmark}$ 来描述贵州茅台收益率相对于沪深 300 指数期货回归的 β 值，如

果使用模型 $Y_{gzmt} = \alpha + \beta_1 X_{benchmark} + \beta_2 X_{wly}$，那么就会出现两个 β 值，一个是贵州茅台对沪深300 的风险暴露，另一个是贵州茅台对五粮液的风险暴露。

通常而言，β 值更多地指该资产相对于基准指数的风险暴露，即只相对于市场基准的一元线性回归所得到的回归系数。

3. 对冲的含义

如果确定投资组合的回报与市场的关系如下面公式所示：

$$Y_{portfolio} = \alpha + \beta X_{hs300}$$

于是，可以建立沪深 300 空头头寸来对冲市场风险，对冲的市值为 $-\beta V$。如果持有多头组合的市值是 V，因为多头组合的收益为 $\alpha + \beta X_{hs300}$，沪深 300 对冲空头的收益为 $-\beta X_{hs300}$，于是最终的收益为 $\alpha + \beta X_{hs300} - \beta X_{hs300} = \alpha$，收益来源只有 α，而与市场系统风险没有关系。

4. 市场风险暴露

一般而言，β 描述的是持有资产所承担的系统风险敞口这一概念，如果一项资产相对沪深 300 基准指数具有较高的 β 暴露水平，那么当市场上涨时，它的表现将会很好，当市场下跌时，它的表现就会很差。高 β 对应于高系统风险(高市场风险)，意味着投资更具有波动性。

在量化交易中，我们重视尽可能没有系统风险暴露的市场中性策略，这意味着策略中的所有回报都在模型的 α 部分，而与市场无关。即该策略与市场系统风险无关，不管是牛市还是熊市，它都具有稳定的业绩表现。市场中性策略对于拥有大量现金池的机构(银行、保险、公募基金等)最具吸引力。

5. 风险管理

减少因子风险暴露的过程称为风险管理。对冲是在实践中进行风险管理的最佳方式之一。

下面通过具体实例来了解如何做到市场风险对冲，我们使用贵州茅台(600519.SHA)和基准沪深 300 来构建投资组合，将沪深 300 的权重设为 $-\beta$(由于持有基准空头头寸)。

市场风险对冲策略案例

```
# 导入相应的模块
import numpy as np
from statsmodels import regression
import statsmodels.api as sm
import matplotlib.pyplot as plt
import math
# 获取一段时间的股票数据
start_date = '2014-01-01'
end_date = '2015-01-01'
asset = D.history_data('600519.SHA',start_date,end_date,fields=['close']).set_index('date')['close']
benchmark = D.history_data('000300.SHA',start_date,end_date,fields=['close']).set_index('date')['close']
asset.name = '600519.SHA'
benchmark.name = '000300.SHA'
```

```
# 计算收益率
r_a = asset.pct_change()[1:]
r_b = benchmark.pct_change()[1:]

# 绘制图形
r_a.plot(figsize=[9,6])
r_b.plot()
plt.ylabel("Daily Return")
plt.legend();
```

得到如图 22-1 所示的图形。

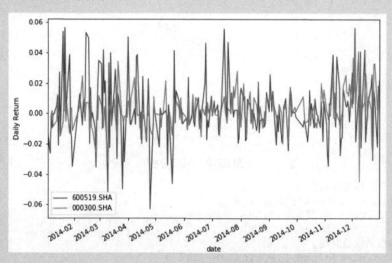

图 22-1　数据时间序列

现在可以通过回归求出 α 和 β。

```
X = r_b.values
Y = r_a.values
x = sm.add_constant(X)

def linreg(x,y):
    # 增加一个常数项
    x = sm.add_constant(x)
    model = regression.linear_model.OLS(y,x).fit()
    # 再把常数项去掉
    x = x[:, 1]
    return model.params[0], model.params[1]

alpha, beta = linreg(X,Y)
print('alpha: ' + str(alpha))
print('beta: ' + str(beta))
```

得到如下结果：

```
alpha: 0.00116253939056
beta: 0.672934653004
#绘制图形
X2 = np.linspace(X.min(), X.max(), 100)
Y_hat = X2 * beta + alpha

plt.scatter(X, Y, alpha=0.3)  # 画出原始数据散点
```

```
plt.xlabel("000300.SHA Daily Return")
plt.ylabel("600519.SHA Daily Return")

# 增加一条红色的回归直线
plt.plot(X2, Y_hat, 'r', alpha=0.9);
```

得到图 22-2 所示的图形。

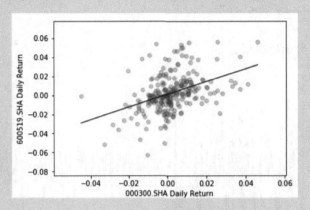

图 22-2　回归分析

```
# 构建一个市场中性组合
portfolio = -1*beta*r_b + r_a
portfolio.name = "600519.SHA + Hedge"

# 绘制各自的收益曲线
portfolio.plot(alpha=0.9,figsize=[9,6])
r_b.plot(alpha=0.5);
r_a.plot(alpha=0.5);
plt.ylabel("Daily Return")
plt.legend();
```

得到图 22-3 所示的图形。

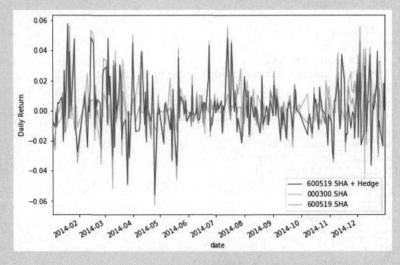

图 22-3　三个资产的收益率序列

从图 22-3 中可以看到，贵州茅台+沪深 300 组合的收益率和贵州茅台收益率走势相当接近。可以通过计算两者的平均回报率和风险(收益率的标准差)来量化其表现的差异。

```
print("means: ", portfolio.mean(), r_a.mean())
print("volatilities: ", portfolio.std(), r_a.std())
means:   0.0011625392362475395 0.002370904665440321
volatilities:   0.01785176992416382 0.019634943455457687
```

可以看出，在降低风险的同时，收益也相应降低了。

下面检查一下 α，消除 β，代码如下。

```
P = portfolio.values
alpha, beta = linreg(X,P)
print('alpha: ' + str(alpha))
print('beta: ' + str(beta))   # α和以前仍然一样，β 已经被消除，几乎为 0
alpha: 0.00116253937709
beta: -1.24623531113e-09
```

练 习 题

对本章例题的数据，使用 Python 重新操作一遍。

第 23 章 量化选股策略分析

23.1 小市值的量化选股策略

本章介绍基于市值的选股策略。了解 Alpha 策略和 Fama_French 三因子模型的都知道，市值因子是一个长期有效的超额收益来源，对股票收益率有一定的解释作用，小市值的股票更容易带来超额收益。因为小市值类股票往往表现活跃，容易引发炒作风潮。此外，还有首次公开发行(IPO)管制(大量排队企业选择借壳)和市场风险偏好提升等方面的原因(市场恶性循环越来越偏爱小市值)。

(1) 策略逻辑。市值可以带来超额收益。
(2) 策略内容。每月月初买入市值最小的 30 只股票，持有至下个月月初再调仓。
(3) 资金管理。等权重买入。
(4) 风险控制。无单只股票仓位上限控制，无止盈止损。

具体选股步骤如下。

1. 获取数据并整理买入股票列表

BigQuant 平台获取数据的代码如下。

```python
def prepare(context):
    # 引进 prepare 数据准备函数是为了保持回测和模拟能够通用
    # 获取股票代码
    instruments = D.instruments()
    start_date = context.start_date
    # 确定结束时间
    end_date = context.end_date
    # 获取股票总市值数据，返回 DataFrame 数据格式
    market_cap_data = D.history_data(instruments,context.start_date,context.end_date,
            fields=['market_cap','amount'])

    # 获取每日按小市值排序(从低到高)的前三十只股票
    daily_buy_stock = market_cap_data.groupby('date').apply(lambda df:df[(df['amount'] > 0)].sort_values('market_cap')[:30])
    context.daily_buy_stock = daily_buy_stock
```

在上面的代码中，history_data 是平台获取数据的一个重要的 API。fields 参数为列表形式，传入的列表即为想要获取的数据。

2. 回测主体

```python
# 回测参数设置，initialize 函数只运行一次
def initialize(context):
    # 手续费设置
    context.set_commission(PerOrder(buy_cost=0.0003, sell_cost=0.0013, min_cost=5))
```

```python
    # 调仓规则(每月的第一天调仓)
    context.schedule_function(rebalance, date_rule=date_rules.month_start(days_offset=0))

# handle_data 函数会每天运行一次
def handle_data(context,data):
    pass

# 换仓函数
def rebalance(context, data):
    # 当前的日期
    date = data.current_dt.strftime('%Y-%m-%d')
    # 根据日期获取调仓需要买入的股票的列表
    stock_to_buy = list(context.daily_buy_stock.loc[date].instrument)
    # 通过positions对象，使用列表生成式的方法获取目前持仓的股票列表
    stock_hold_now = [equity.symbol for equity in context.portfolio.positions]
    # 继续持有的股票：调仓时，如果买入的股票已经存在于目前的持仓里，那么应继续持有
    no_need_to_sell = [i for i in stock_hold_now if i in stock_to_buy]
    # 需要卖出的股票
    stock_to_sell = [i for i in stock_hold_now if i not in no_need_to_sell]

    # 卖出
    for stock in stock_to_sell:
        # 如果该股票停牌，则没法成交。因此需要用 can_trade 方法检查该股票的状态
        # 如果返回真值，可以正常下单，否则会出错
        # 因为stock是字符串格式，用symbol方法将其转化成平台可以接受的形式：Equity 格式

        if data.can_trade(context.symbol(stock)):
            # order_target_percent 是平台的一个下单接口，表明下单使得该股票的权重为0，
            #即卖出全部股票，可参考回测文档
            context.order_target_percent(context.symbol(stock), 0)

    # 如果当天没有买入的股票，就返回
    if len(stock_to_buy) == 0:
        return

    # 等权重买入
    weight = 1 / len(stock_to_buy)

    # 买入
    for stock in stock_to_buy:
        if data.can_trade(context.symbol(stock)):
            # 下单使得某只股票的持仓权重达到 weight，因为
            # weight 大于 0，因此是等权重买入
            context.order_target_percent(context.symbol(stock), weight)
```

3. 回测接口

```python
m=M.trade.v3(
    instruments=D.instruments(),
    start_date= '2013-01-01',
    end_date='2017-11-08',
    # 必须传入 initialize，只在第一天运行
    prepare=prepare,
    initialize=initialize,
    # 必须传入 handle_data，每个交易日都会运行
```

```
    handle_data=handle_data,
    # 买入以开盘价成交
    order_price_field_buy='open',
    # 卖出也以开盘价成交
    order_price_field_sell='open',
    # 策略本金
    capital_base=1000000,
    # 比较基准：沪深 300
    benchmark='000300.INDX',
)
```

运行上述代码得到图 23-1 所示的结果。

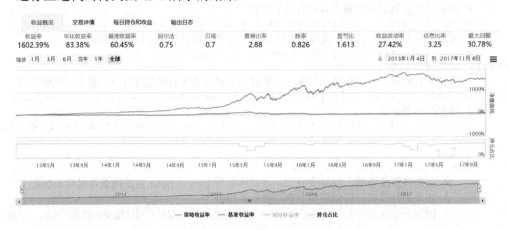

图 23-1　小市值选股策略表现

回测结果比较真实，小市值策略在过去几年确实是这样的表现。2017 年以来，中小盘风格转换明显，创业板、中小板走势比较弱，因此该策略也面临较大回撤。

23.2　基本面财务指标的量化选股策略

公司的基本面因素一直具有滞后性，令基本面的量化出现巨大困难。而从上市公司的基本面因素来看，一般只有每个季度的公布期才会有财务指标的更新，而这种财务指标的滞后性对股票表现是否有影响呢？如何去规避基本面滞后产生的风险呢？下面将重点介绍量化交易在公司基本面分析上的应用，即基本面量化(Quantamental)。

1. 选择较真实反映上市公司经营优劣的财务指标

上市公司的基本面情况总是同公司业绩相关，而衡量业绩的主要基本面指标有每股收益、净资产收益率、主营业务收入等。

而上市公司财务指标又常常存在相关的性质，比如每股收益和主营业务收入与产品毛利率相关，所以把一堆财务指标放在一起统计就可能会产生相关性问题，从而降低模型对市场走势的解释程度。因此，如何选出合适的独立性指标就成为进行财务指标量化模型设计的基础。

那么怎样的财务指标会较真实地反映上市公司的经营优劣呢？

(1) 具有延续性的财务指标。比如近 3 年净利润增速,它是 3 年的净利润增速的平均值,其增长性具备一定的长期特征。

(2) 与现金流相关的指标。由于涉及真实的资金往来,现金流能够比较真实地反映上市公司的经营状况。

2. 选择用作财务量化模型的指标

1) 每股现金流量/每股业绩

每股现金流量比每股盈余更能显示从事资本性支出及支付股利的能力。每股现金流量通常比每股盈余要高,这是因为公司正常经营活动所产生的净现金流量还会包括一些从利润中扣除出去但又不影响现金流出的费用调整项目,如折旧费等。但每股现金流量也有可能低于每股盈余。一家公司的每股现金流量越高,说明这家公司的每股普通股在一个会计年度内所赚得的现金流量越多;反之,则表示每股普通股所赚得的现金流量越少。

而每股现金流量常常与上市公司的业绩、总股本相关,所以用每股现金流量/每股业绩来衡量上市公司的现金流动情况,比单纯用每股盈余更为合理。

2) 净资产收益率

净资产收益率又称股东权益收益率,是净利润与平均股东权益的百分比,是公司税后利润除以净资产得到的百分比率。该指标反映股东权益的收益水平,用于衡量公司运用自有资本的效率。指标值越高,说明投资带来的收益越高。

净资产收益率通过净资金去计量每年上市公司收益的百分比,比每股净利润、资产收益率等更合理地衡量归于股东的上市公司权益的增值速度。

3) 销售毛利率

销售毛利率,表示每一元销售收入扣除销售成本后,有多少钱可以用于各项期间费用和形成盈利。销售毛利率是企业销售净利率的最初基础,没有足够大的毛利率便不能盈利。在分析企业主营业务的盈利空间和变化趋势时,销售毛利率是一个重要指标。该指标的优点在于可以对企业某一主要产品或主要业务的盈利状况进行分析,对判断企业核心竞争力的变化趋势及企业成长性极有帮助。

3. 基本面量化的具体实现

(1) 确定三个财务因子,为销售毛利率、净资产收益率、每股现金流量/每股业绩。
(2) 通过 features 数据接口获取全市场 3 000 多家上市公司的财务数据。
(3) 单独筛选每个财务因子前 500 的上市公司。
(4) 最终确定三个因子都能排在前 500 的股票篮子。
(5) 等权重买入该股票篮子。
(6) 一个月换仓一次,买入新确定的股票篮子。

4. 量化选股的 Python 代码

1) 数据准备函数

```
def prepare(context):
    # 确定起始时间
    start_date = context.start_date
```

```python
    # 确定结束时间
    end_date = context.end_date
    instruments = context.instruments
    fields = ['fs_gross_profit_margin_0', 'fs_roe_0', 'fs_free_cash_flow_0',
'fs_net_profit_0']
    raw_data = D.features(instruments, start_date, end_date, fields)
    raw_data['cash_flow/profit'] = raw_data['fs_free_cash_flow_0'] / raw_data['fs_net_profit_0']
    context.daily_buy_stock = pd.DataFrame(raw_data.groupby('date').apply(seek_stock))

def seek_stock(df):
    ahead_f1 = set(df.sort_values('fs_roe_0',ascending=False)['instrument'][:500])
    ahead_f2 = set(df.sort_values('fs_gross_profit_margin_0',ascending=False)['instrument'][:500])
    ahead_f3 = set(df.sort_values('cash_flow/profit',ascending=False)['instrument'][:500])
    return list(ahead_f1 & ahead_f2 & ahead_f3)
```

2) 策略逻辑主体函数

```python
# 回测参数设置，initialize 函数只运行一次
def initialize(context):
    # 手续费设置
    context.set_commission(PerOrder(buy_cost=0.0003, sell_cost=0.0013, min_cost=5))
    # 调仓规则(每月的第一天调仓)
    context.schedule_function(rebalance, date_rule=date_rules.month_start(days_offset=0))

# handle_data 函数会每天运行一次
def handle_data(context,data):
    pass

# 换仓函数
def rebalance(context, data):
    # 当前的日期
    date = data.current_dt.strftime('%Y-%m-%d')
    # 根据日期获取调仓需要买入的股票列表
    stock_to_buy = list(context.daily_buy_stock.loc[date][0])
    # 通过 positions 对象，使用列表生成式的方法获取目前持仓的股票列表
    stock_hold_now = [equity.symbol for equity in context.portfolio.positions]
    # 继续持有的股票：调仓时，如果买入的股票已经存在于目前的持仓里，那么应继续持有
    no_need_to_sell = [i for i in stock_hold_now if i in stock_to_buy]
    # 需要卖出的股票
    stock_to_sell = [i for i in stock_hold_now if i not in no_need_to_sell]

    # 卖出
    for stock in stock_to_sell:
        # 如果该股票停牌，则没法成交。因此需要用 can_trade 方法检查该股票的状态
        # 如果返回真值，可以正常下单，否则会出错
        # 因为 stock 是字符串格式，用 symbol 方法将其转化成平台可以接受的形式：Equity 格式
        if data.can_trade(context.symbol(stock)):
            # order_target_percent 是平台的一个下单接口，表明下单使得该股票的权重为 0，
            # 即卖出全部股票，可参考回测文档
            context.order_target_percent(context.symbol(stock), 0)
```

```
# 如果当天没有买入的股票,就返回
if len(stock_to_buy) == 0:
    return

# 等权重买入
weight = 1 / len(stock_to_buy)

# 买入
for stock in stock_to_buy:
    if data.can_trade(context.symbol(stock)):
        # 下单使得某只股票的持仓权重达到 weight,因为
        # weight 大于 0,因此是等权重买入
        context.order_target_percent(context.symbol(stock), weight)
```

3) 策略回测接口

```
# 策略运行调用函数
m=M.trade.v2(
    instruments=D.instruments(market='CN_STOCK_A'),
    start_date='2013-01-01',
    end_date='2017-05-01',
    prepare=prepare,  # 在实盘或模拟交易,每天会更新数据,因此必须传入数据准备函数
    # 必须传入 initialize,只在第一天运行
    initialize=initialize,
    # 必须传入 handle_data,每个交易日都会运行
    handle_data=handle_data,
    # 买入以开盘价成交
    order_price_field_buy='open',
    # 卖出也以开盘价成交
    order_price_field_sell='open',
    # 策略本金
    capital_base=1000000,
    # 比较基准:沪深 300
    benchmark='000300.INDX',
    m_deps='quantamental'
)
```

得到图 23-2 所示的图形。

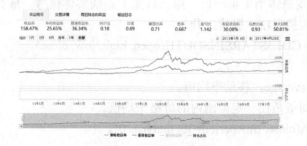

图 23-2 财务量化选股

练 习 题

对本章例题的数据,使用 Python 重新操作一遍。

第 24 章　量化择时策略分析

24.1　Talib 技术分析工具库在量化择时中的应用

1. 技术分析的含义

股票的技术分析，是相对于基本面分析而言的。基本面分析法着重于对一般经济情况以及各个公司的经营管理状况、行业动态等因素进行分析，以此来研究股票的价值，衡量股价的高低。而技术分析则是透过图表或技术指标的记录，研究市场过去及现在的行为反应，以推测未来价格的变动趋势。其依据的技术指标的主要内容是由股价、成交量或涨跌指数等数据计算而得。技术分析只关心证券市场本身的变化，而不考虑会对其产生某种影响的经济方面、政治方面的等各种外部的因素。

2. Talib 概述

Talib(Technical Analysis Library)主要功能是计算股价的技术分析指标。Talib 技术指标的类型示例如下。

函数名：CDL2CROWS。

名称：Two Crows，两只乌鸦。

简介：三日 K 线模式，第一天长阳，第二天高开收阴，第三天再次高开继续收阴，收盘比前一日收盘价低，预示股价下跌。

例子：integer = CDL2CROWS(open, high, low, close)

函数名：CDL3STARSINSOUTH。

名称：Three Stars In The South，南方三星。

简介：三日 K 线模式，与大敌当前相反，三日 K 线皆阴，第一日有长下影线，第二日与第一日类似，K 线整体小于第一日，第三日无下影线实体信号，成交价格都在第一日振幅之内，预示下跌趋势反转，股价上升。

例子：integer = CDL3STARSINSOUTH(open, high, low, close)。

函数名：MA。

名称：Moving average，移动平均值。

简介：移动平均值是在一定范围内的价格平均值。

例子：ma = MA(close, timeperiod=30, matype=0)。

函数名：ADX。

名称：Average Directional Movement Index，平均趋向指数。

简介：ADX 指数是反映趋向变动的程度，而不是方向的本身。

例子：adx = ADX(high, low, close, timeperiod=14)。

函数名：ATR。

名称：Average True Range，平均真实波幅。

简介：主要用来衡量价格的波动。因此，这一技术指标并不能直接反映价格走向及其趋势稳定性，而只是表明价格波动的程度。

例子：atr = ATR(high, low, close, timeperiod=14)。

函数名：OBV。

名称：On Balance Volume 能量潮。

简介：通过统计成交量变动的趋势推测股价趋势。

计算公式：以某日为基期，逐日累计每日上市股票总成交量，若隔日指数或股票上涨，则基期 OBV 加上本日成交量为本日 OBV。隔日指数或股票下跌，则基期 OBV 减去本日成交量为本日 OBV。

例子：obv = OBV(close, volume)。

由于篇幅有限，技术分析指标不能详细介绍，可以参考 talib 官方文档：http://mrjbq7.github.io/ta-lib/funcs.html。

3. Talib 如何使用：MA 实例

MA 函数的调用方式为：ma = MA(close, timeperiod=30, matype=0)。

close 表示收盘价序列；timeperiod 指定义好均线的计算长度，即几日均线，默认为 30 日；matype 默认不用输入，然后就可以得到均线的值。

因此简单来讲，只获取收盘价，就可以轻松计算移动平均值。

下面以平安银行(000001.SZA)为例进行说明。

```
# 获取数据
df = D.history_data(['000001.SZA'],'2015-12-01','2016-02-20',
                fields=['date','close']).set_index('date')
# 通过 rolling_mean 函数计算移动平均值(方法 1)
df['MA10_rolling'] = pd.rolling_mean(df['close'],10)
# 将价格数据转化成 float 类型
close = [float(x) for x in df['close']]
# 通过 talib 计算移动平均值(方法 2)
df['MA10_talib'] = talib.MA(np.array(close), timeperiod=10)
# 检查两种方法计算结果是否一致
df.tail(12)
```

计算结果如图 24-1 所示。

date	instrument	close	MA10_rolling	MA10_talib
2016-01-28	000001.SZA	833.282654	882.729260	882.729260
2016-01-29	000001.SZA	859.940857	878.773535	878.773535
2016-02-01	000001.SZA	842.742004	873.527893	873.527893
2016-02-02	000001.SZA	855.641113	866.992340	866.992340
2016-02-03	000001.SZA	847.041748	861.058752	861.058752
2016-02-04	000001.SZA	855.641113	857.876971	857.876971
2016-02-05	000001.SZA	853.061279	853.749255	853.749255
2016-02-15	000001.SZA	841.882080	848.761597	848.761597
2016-02-16	000001.SZA	860.800781	849.965515	849.965515
2016-02-17	000001.SZA	872.839966	852.287360	852.287360
2016-02-18	000001.SZA	867.680298	855.727124	855.727124
2016-02-19	000001.SZA	863.380615	856.071100	856.071100

图 24-1　计算移动平均值

我们就这样很方便地计算出了移动平均线的值，下面计算稍微复杂一点的 EMA 和 MACD。

```
# 调用 talib 计算 6 日指数移动平均线的值
df['EMA12'] = talib.EMA(np.array(close), timeperiod=6)
df['EMA26'] = talib.EMA(np.array(close), timeperiod=12)
# 调用 talib 计算 MACD 指标
df['MACD'],df['MACDsignal'],df['MACDhist'] = talib.MACD(np.array(close),
                    fastperiod=6, slowperiod=12, signalperiod=9)
df.tail(12)
```

得到图 24-2 所示的图形。

date	instrument	close	MA10_rolling	MA10_talib	EMA12	EMA26	MACD	MACDsignal	MACDhist
2016-01-28	000001.SZA	833.282654	882.729260	882.729260	863.302504	888.666007	-25.363569	-22.264525	-3.099044
2016-01-29	000001.SZA	859.940857	878.773535	878.773535	862.342033	884.246753	-21.904767	-22.192573	0.287806
2016-02-01	000001.SZA	842.742004	873.527893	873.527893	856.742025	877.861407	-21.119416	-21.977942	0.858526
2016-02-02	000001.SZA	855.641113	866.992340	866.992340	856.427479	874.442900	-18.015446	-21.185443	3.169997
2016-02-03	000001.SZA	847.041748	861.058752	861.058752	853.745841	870.227338	-16.481514	-20.244657	3.763143
2016-02-04	000001.SZA	855.641113	857.876971	857.876971	854.287348	867.983304	-13.695968	-18.934919	5.238951
2016-02-05	000001.SZA	853.061279	853.749255	853.749255	853.937042	865.687608	-11.750574	-17.498050	5.747476
2016-02-15	000001.SZA	841.882080	848.761597	848.761597	850.492767	862.025219	-11.532458	-16.304932	4.772474
2016-02-16	000001.SZA	860.800781	849.965515	849.965515	853.437914	861.836844	-8.398934	-14.723732	6.324798
2016-02-17	000001.SZA	872.839966	852.287360	852.287360	858.981358	863.529632	-4.548277	-12.688641	8.140364
2016-02-18	000001.SZA	867.680298	855.727124	855.727124	861.466769	864.168196	-2.701429	-10.691199	7.989770
2016-02-19	000001.SZA	863.380615	856.071100	856.071100	862.013582	864.047030	-2.033449	-8.959649	6.926200

图 24-2　EMA 和 MACD

从图 24-2 可以看到，Talib 模块可以很方便地计算技术分析指标。

EMA 函数中，close 是收盘价，timeperiod 是指数移动平均线 EMA 的长度，fastperiod 指更短时段的 EMA 的长度，slowperiod 指更长时段的 EMA 的长度，signalperiod 指 DEA 长度。

4. 技术分析指标 MACD 策略

技术分析指标 MACD 策略：

(1) 当 macd 下穿 signal 时，卖出股票；

(2) 当 macd 上穿 signal 时，买入股票。

① 策略参数。

```
import talib
instruments = ['000651.SZA']    # 以格力电器为例
start_date = '2010-09-16'        # 起始时间
end_date = '2017-11-08'          # 结束时间
```

② 策略主体。

```
def initialize(context):
    context.set_commission(PerDollar(0.0015)) # 手续费设置
    # 需要设置计算 MACD 的相关参数
    context.short = 12
    context.long = 26
    context.smoothperiod = 9
    context.observation = 100
```

```
def handle_data(context, data):

    if context.trading_day_index < 100:  # 在 100 个交易日以后才开始真正运行
        return

    sid = context.symbol(instruments[0])
    # 获取价格数据
    prices = data.history(sid, 'price', context.observation, '1d')
    # 用 Talib 计算 MACD 取值，得到三个时间序列数组，分别为 macd, signal 和 hist
    macd, signal, hist = talib.MACD(np.array(prices), context.short,
                                    context.long, context.smoothperiod)

    # 计算现在 portfolio 中股票的仓位
    cur_position = context.portfolio.positions[sid].amount

    # 策略逻辑
    # 卖出逻辑  macd 下穿 signal
    if macd[-1] - signal[-1] < 0 and macd[-2] - signal[-2] > 0:
        # 进行清仓
        if cur_position > 0 and data.can_trade(sid):
            context.order_target_value(sid, 0)

    # 买入逻辑  macd 上穿 signal
    if macd[-1] - signal[-1] > 0 and macd[-2] - signal[-2] < 0:
        # 买入股票
        if cur_position == 0 and data.can_trade(sid):
            context.order_target_percent(sid, 1)
```

③ 回测接口。

```
m=M.trade.v3(
    instruments=instruments,
    start_date=start_date,
    end_date=end_date,
    initialize=initialize,
    handle_data=handle_data,
    order_price_field_buy='open',
    order_price_field_sell='open',
    capital_base=float("1.0e6"),
    benchmark='000300.INDX',
)
```

得到图 24-3 所示的结果。

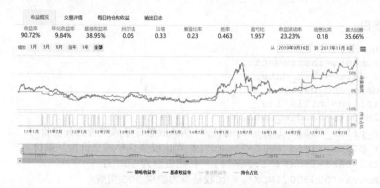

图 24-3　技术分析指标 MACD 策略

24.2　海龟量化择时策略

海龟量化择时策略：
(1)　当开盘价大于过去 20 个交易日中的最高价时，以开盘价买入；
(2)　买入后，当开盘价小于过去 10 个交易日中的最低价时，以开盘价卖出。

1. 策略参数

```
instruments = ['600519.SHA']     # 选择的投资标的贵州茅台
start_date = '2014-07-17'        # 回测开始日期
end_date = '2017-11-08'          # 回测结束日期
```

2. 策略主体函数

```
def initialize(context):
    context.set_commission(PerDollar(0.0015)) # 手续费设置

def handle_data(context, data):

    if context.trading_day_index < 20: # 在 20 个交易日以后才开始真正运行
        return

    sid = context.symbol(instruments[0])
    price = data.current(sid, 'price') # 当前价格

    high_point = data.history(sid, 'price', 20, '1d').max()    # 20 日高点
    low_point = data.history(sid, 'price', 10, '1d').min()     # 10 日低点

    # 持仓
    cur_position = context.portfolio.positions[sid].amount

    # 交易逻辑
    # 最新价大于 20 日高点，处于空仓状态，并且该股票当日可以交易
    if price >= high_point  and cur_position == 0 and data.can_trade(sid):
        context.order_target_percent(sid, 1)
    # 最新价小于等于 10 日低点，持有股票，并且该股票当日可以交易
    elif price <= low_point  and cur_position > 0 and data.can_trade(sid):
        context.order_target_percent(sid, 0)
```

3. 回测接口

```
m=M.trade.v3(
    instruments=instruments,
    start_date=start_date,
    end_date=end_date,
    initialize=initialize,
    handle_data=handle_data,
    order_price_field_buy='open',# 买入股票订单成交价为开盘价
    order_price_field_sell='open',# 卖出股票订单成交价为开盘价
    capital_base=float("1.0e6"),# 初始资金为 100 万
    benchmark='000300.INDX',# 比较基准为沪深 300 指数
)
```

输出结果如图 24-4 所示。

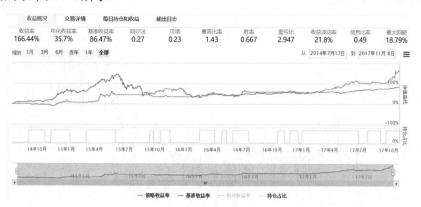

图 24-4　海龟择时策略

24.3　金叉死叉双均线量化择时策略

1. 均线策略

对于每一个交易日，都可以计算出前 N 天的移动平均值，然后把这些移动平均值连起来形成的一条线，就叫作 N 日移动平均线。

比如前 5 个交易日的收盘价分别为 10 元、9 元、9 元、10 元、11 元，那么 5 日的移动平均股价为 9.8 元。同理，如果下一个交易日的收盘价为 12 元，那么在下一次计算移动平均值的时候，需要计算 9 元、9 元、10 元、11 元、12 元的平均值，也就是 10.2 元。将这些平均值连起来，就是均线。

图 24-5 中，收盘价是 A 线，B 线表示 5 日的移动平均线。

图 24-5　均线

2. 双均线策略

顾名思义，双均线就是两条天数不同的移动平均线。如图 24-6 所示，蓝色的是 5 天均线，黄色的是 10 天均线。

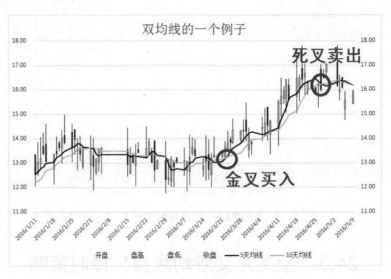

图 24-6　双均线

一般的双均线策略，通过建立 m 天移动平均线，n 天移动平均线，则两条均线必有交点，若 $m>n$，n 天平均线"上穿越"m 天均线为买入点，反之则为卖出点。该策略基于不同天数均线的交叉点，抓住股票的强势和弱势时刻进行交易。

3. 金叉和死叉

由时间短的均线(如图 24-6 深色的线)在下方向上穿越时间长一点的均线(如图 24-6 中黄色的线)，为"金叉"，反之为"死叉"。

4. 金叉死叉双均线择时策略

金叉死叉策略其实就是双均线策略，策略思想是：当短期均线上穿长期均线时，形成金叉，此时买入股票；当短期均线下穿长期均线时，形成死叉，此时卖出股票。研究表明，双均线策略虽然简单，但只要严格执行，也能长期盈利。

首先，选择要交易的股票，用 instruments 表示，然后确定回测的开始时间和结束时间。记住，如果是单只股票，那么 instruments 就是含有一个元素的列表；如果是多只股票，instruments 就是含有多个元素的列表。

金叉死叉策略：

(1) 当短期均线上穿长期均线，出现金叉，买入。

(2) 当短期均线下穿长期均线，出现死叉，卖出。

1) 主要参数

```
# 选择投资标的
instruments = ['600519.SHA']
# 设置回测开始时间
start_date = '2012-05-28'
# 设置回测结束时间
end_date = '2017-07-18'
```

第 24 章 量化择时策略分析

2) 策略回测主体

(1) 编写策略初始化部分。

```
# initialize 函数只会运行一次,在第一个日期运行,因此可以把策略的一些参数放在该函数定义
def initialize(context):
    # 设置手续费,买入时万分之 3,卖出时千分之 1.3,不足 5 元以 5 元计
    context.set_commission(PerOrder(buy_cost=0.0003, sell_cost=0.0013, min_cost=5))
    # 短均线参数
    context.short_period = 5
    # 长均线参数
    context.long_period = 50
```

(2) 编写策略主体部分。

```
# handle_data 函数会每个日期运行一次,可以把行情数据理解成 K 线,然后 handle_data 函
# 数会在每个 K 线上依次运行
def handle_data(context, data):
    # 当运行的 K 线数量还达不到长均线时直接返回
    if context.trading_day_index < context.long_period:
        return
    # 投资标的
    k = instruments[0]
    sid = context.symbol(k)
    # 最新价格
    price = data.current(sid, 'price')
    # 短周期均线值
    short_mavg = data.history(sid, 'price',context.short_period, '1d').mean()
    # 长周期均线值
    long_mavg = data.history(sid, 'price',context.long_period, '1d').mean()
    # 账户现金
    cash = context.portfolio.cash
    # 账户持仓
    cur_position = context.portfolio.positions[sid].amount

    # 策略逻辑部分
    # 空仓状态下,短周期均线上穿长周期均线,买入股票
    if short_mavg > long_mavg and cur_position == 0  and data.can_trade(sid):
        context.order(sid, int(cash/price/100)*100)
    # 持仓状态下,短周期均线下穿长周期均线,卖出股票
    elif short_mavg < long_mavg  and cur_position > 0 and data.can_trade(sid):
        context.order_target_percent(sid, 0)
```

3) 回测接口

编写策略回测接口。

```
m=M.trade.v2(
    instruments=instruments,
    start_date=start_date,
    end_date=end_date,
    initialize=initialize,
    handle_data=handle_data,
    # 股票买入的时候,假设以次日开盘价成交
    order_price_field_buy='open',
    # 股票卖出的时候,假设以次日开盘价成交
    order_price_field_sell='open',
    capital_base=100000,
```

）

执行上述代码，得到图 24-7 所示的图形。

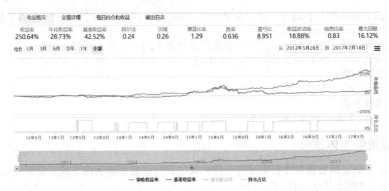

图 24-7　策略表现

24.4　应用 Python 分析量化择时策略

24.4.1　获取金融数据

在 tushareAPI 里，曾经被用户喜欢和作为典范使用的 API get_hist_data，经历了数据的一些缺失和错误之后，在用户的呼唤下，终于变成了 tushare 中的一个 history，迎来了一个集分钟数据、日周月数据、前后复权数据、揽括所有股票、指数和 ETF 于一体的 get_k_data，未来，还将加入期货与期权等品种，所以，get_k_data 将会成为一个"著名"的行情数据 API。

get_k_data 含义是获取 k 线数据，新接口融合了 get_hist_data 和 get_h_data 两个接口的功能，既能方便获取日周月的低频数据，也可以获取 5、15、30 和 60 分钟相对高频的数据。同时，上市以来的前后复权数据也能通过一行代码轻松获得，当然，也可以选择不复权。

通过 tushare 获取股票行情数据，使用的是 ts.get_k_data()函数。输入参数如下。

code：股票代码，即 6 位数字代码，或者指数代码(sh=上证指数，sz=深圳成指，hs300=沪深 300 指数，sz50=上证 50，zxb=中小板，cyb=创业板)。

start：开始日期，格式 YYYY-MM-DD。

end：结束日期，格式 YYYY-MM-DD。

ktype：数据类型，D=日 k 线，W=周，M=月，5=5 分钟，15=15 分钟，30=30 分钟，60=60 分钟，默认为 D。

retry_count：当网络异常后重试次数，默认为 3。

pause：重试时停顿秒数，默认为 0。

返回值说明如下。

date：日期。

open：开盘价。

high：最高价。

close：收盘价。
low：最低价。
volume：成交量。
price_change：价格变动。
p_change：涨跌幅。
ma5：5 日均价。
ma10：10 日均价。
ma20：20 日均价。
v_ma5：5 日均量。
v_ma10：10 日均量。
v_ma20：20 日均量。
turnover：换手率(注：指数无此项)。

首先导入如下程序：

```
import tushare as ts
import numpy as np
from pandas.core import datetools
import pandas as pd
import seaborn
import statsmodels
import matplotlib.pyplot as plt
from statsmodels.tsa.stattools import coint
```

24.4.2 量化择时收益计算策略

(1) 使用 tushare 包获取某股票的历史行情数据。

```
#获取 k 线数据,加载至 DataFrame 中,这个是茅台的股票
df = ts.get_k_data("600519",start="1999-01-01")
#将从 Tushare 中获取的数据存储至本地
df.to_csv("F://2glkx//data//600519.csv")
#将原数据中的时间作为行索引,并将字符串类型的时间序列化成时间对象类型,且显示索引
df = pd.read_csv("F://2glkx//600519.csv",
index_col='date',parse_dates=['date'])[['open','close','high','low']]
```

(2) 输出该股票所有收盘比开盘上涨 3%以上的日期。

```
#指定条件输出该股票所有收盘比开盘上涨 3%以上的日期
condition = (df['close']-df['open'])/df['open']>0.03#获取满足条件的行索引
df.loc[condition].index
```

程序输出结果略。

(3) 输出该股票所有开盘比前日收盘跌幅超过 2%的日期。

```
# 因为是与前日作对比
# shift(1)行索引不变,值向下移动一位
condition = (df['open']-df['close'].shift(1))/df['close'].shift(1)<=-0.02
condition
```

程序输出结果略。
……

```
df[condition].index
```

(4) 假如从 2010 年 1 月 1 日开始,每月第一个交易日买入 1 手股票,每年最后一个交易日卖出所有股票,到今天为止,收益如何?

```
price_last = df['open'][-1]
df = df['2010-01':'2019-01'] #剔除首尾无用的数据
#Pandas 提供了 resample 函数用便捷的方式对时间序列进行重采样,根据时间粒度的变大或者
# 变小分为降采样和升采样
df_monthly = df.resample("M").first()
df_yearly = df.resample("A").last()[:-1] #去除最后一年
cost_money = 0
hold = 0 #每年持有的股票
for year in range(2010, 2019):
    cost_money -= df_monthly.loc[str(year)]['open'].sum()*100
    hold += len(df_monthly[str(year)]['open']) * 100
    if year != 2019:
        cost_money += df_yearly[str(year)]['open'][0] * hold
        hold = 0 #每年持有的股票
cost_money += hold * price_last
print(cost_money)
```

输出结果:

```
281602.69999999984
```

24.4.3 量化择时双均线策略

(1) 使用 tushare 包获取某只股票的历史行情数据。

2001 年 8 月 27 日茅台股票在上海证交所上市,首日的开盘价是 5.39 元。虽然贵州茅台从上市以来每年年报都有分红,但茅台上市的时候有一段时间业绩并没有表现得多好。而且,那时候 A 股的大盘正值熊市,所以茅台股票的上市并没有引起市场的关注。2020 年 5 月 29 日贵州茅台的成交价是 1332.1 元。

```
df = pd.read_csv("F://2glkx//600519.csv",index_col='date',
parse_dates=['date'])[['open','close','low','high']]
```

(2) 使用 pandas 包计算该股票历史数据的 5 日均线和 30 日均线。

```
df['ma5']=df['open'].rolling(5).mean()
df['ma30']=df['open'].rolling(30).mean()
```

移动平均线常用的有 5 天、10 天、30 天、60 天、120 天和 240 天等。5 天和 10 天是短线操作的参照指标,称作日均线指标;30 天和 60 天是中期均线指标,称作季均线指标;120 天和 240 天是长期均线指标,称作年均线指标。

均线计算方法:

$$MA=(C_1+C_2+C_3+\cdots+C_n)/N$$

其中,C 为某日收盘价;N 为移动平均周期(天数)。

(3) 使用 matplotlib 包可视化历史数据的收盘价和两条均线。

```
import matplotlib.pyplot as plt
plt.plot(df[['close','ma5','ma30']].iloc[:100])
```

输出结果如图 24-8 所示。

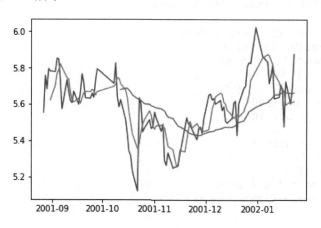

图 24-8　历史数据的收盘价和两条均线

(4) 分析输出所有金叉日期和死叉日期。图 24-9 中的两根线，一根为短时间内的指标线(ma5)，另一根为较长时间的指标线(ma30)。

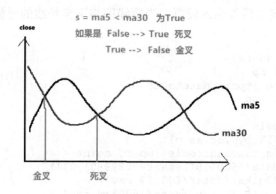

图 24-9　金叉、死叉

ma5 方向拐头向上，并且穿过了较长时间的指标线，状态为"金叉"。

一般情况下，出现金叉后，操作趋向买入；出现死叉后，则操作趋向卖出。当然，金叉和死叉只是分析指标之一，要和其他很多指标配合使用，才能增加操作的准确性。

```
sr1 = df['ma5'] < df['ma30']
sr2 = df['ma5'] >= df['ma30']
death_cross = df[sr1 & sr2.shift(1)].index
```

程序输出结果略。

```
golden_cross = df[~(sr1 | sr2.shift(1))].index
```

程序输出结果略。

(5) 假如从 2001 年 8 月开始，初始资金为 100 000 元，金叉尽量买入，死叉全部卖出，那么到今天为止，炒股收益如何？

```
first_money = 100000
money = first_money
hold = 0 #持有多少股
```

```
sr1 = pd.Series(1, index=golden_cross)
sr2 = pd.Series(0, index=death_cross)
#根据时间排序
sr = sr1.append(sr2).sort_index()
for i in range(0, len(sr)):
    p = df['open'][sr.index[i]]
    if sr.iloc[i] == 1:          #金叉
        buy = (money // (100 * p))
        hold += buy*100
        money -= buy*100*p
    else:
        money += hold * p
        hold = 0
p = df['open'][-1]
now_money = hold * p + money
print(now_money - first_money)
```

输出结果:

13817807.699999994

(6) 改进思路。金叉意味着短线上穿长线，但是市场中常常出现所谓的假突破，金叉之后马上出现死叉的情况，或者金叉之后大幅下跌。因此应给金叉设定一个阈值，当短线上穿长线达到一定程度之后再买入股票，当短线即将下穿长线的时候提前卖出股票。代码如下。

```
import tushare as ts
import numpy as np
from pandas.core import datetools
import pandas as pd
import seaborn
import statsmodels
import matplotlib.pyplot as plt
from statsmodels.tsa.stattools import coint
df = ts.get_k_data('600519',start='1999-01-01')
df.to_csv('F://2glkx//data//600519.csv')
df = pd.read_csv('F://2glkx//data//600519.csv',
                 index_col='date',
                 parse_dates=['date'])[['open','close','high','low']]
df['ma5'] = df['open'].rolling(5).mean()
df['ma30'] = df['open'].rolling(30).mean()
df['ma5-ma30']=df['ma5']-df['ma30']  ##短线-长线
sd=120   #设定一个阈值
sr1=df['ma5-ma30']<sd  #短线小于长线+80时就提前卖出
sr2=df['ma5-ma30']>sd  #短线高于长线才买进
death_cross = df[sr1 & sr2.shift(1)].index
golden_cross = df[~(sr1 | sr2.shift(1))].index
first_money = 100000
money = first_money
hold = 0
sr1 = pd.Series(1,index=golden_cross)
sr2 = pd.Series(0,index=death_cross)
sr = sr1.append(sr2).sort_index()
for i in range(0,len(sr)):
    p = df['open'][sr.index[i]]
    if sr.iloc[i] == 1:
        buy = (money//(100*p))
        hold += buy*100
```

```
            money -= buy*100*p
        else:
            money += hold*p
            hold = 0
p = df['open'][-1]
now_money = hold*p+money
print(now_money-first_money)
```

得到如下结果:

25726248.0

练 习 题

1. 对本章例题的数据，使用 Python 重新操作一遍。

2. 假如从 2010 年 1 月开始，初始资金为 100 000 元，金叉尽量买入，死叉全部卖出，那么到今天为止，炒股收益率如何？

第 25 章 量化选股与量化择时组合策略分析

本章讨论交易中两个非常重要的命题：选股、择时，并将两者结合起来开发策略。选股就是要选一只好股票，而择时就是选一个好的买卖时机。如果投资者选了一只很差的股票，无论怎样择时，都无法获得超额收益。但如果只选股而不进行择时，又可能面临系统性风险爆发的困境。如何将选股和择时策略有机地结合起来呢？

本章列出两个策略：纯选股策略，没有择时，即任何时候都有股票仓位；选股+择时策略，当大盘处于死叉(短期均线下穿长期均线)的时候就保持空仓。对比发现，有择时的策略资金曲线更为平滑。

25.1 量化纯选股策略

1. 获取股票市净率数据

```
# 获取股票代码
instruments = D.instruments()
# 确定起始时间
start_date = '2013-01-01'
# 确定结束时间
end_date = '2017-08-10'
# 获取股票市净率数据，返回 DataFrame 数据格式
market_cap_data = D.history_data(instruments,start_date,end_date,
        fields=['pb_lf','amount'])
# 获取每日按市净率排序(从低到高)的前 30 只股票
daily_buy_stock = market_cap_data.groupby('date').apply(lambda
df:df[(df['amount'] > 0)&((df['pb_lf'] > 0))].sort_values('pb_lf')[:30])
```

2. 纯选股策略

```
# 回测参数设置，initialize 函数只运行一次
def initialize(context):
    # 手续费设置
    context.set_commission(PerOrder(buy_cost=0.0003, sell_cost=0.0013,
min_cost=5))
    # 调仓规则(每月的第一天调仓)
    context.schedule_function(rebalance,
date_rule=date_rules.month_start(days_offset=0))
    # 传入整理好的调仓股票数据
    context.daily_buy_stock = daily_buy_stock

# handle_data 函数会每天运行一次
def handle_data(context,data):
    pass

# 换仓函数
```

```python
def rebalance(context, data):
    # 当前的日期
    date = data.current_dt.strftime('%Y-%m-%d')
    # 根据日期获取调仓需要买入的股票的列表
    stock_to_buy = list(context.daily_buy_stock.loc[date].instrument)
    # 通过 positions 对象，使用列表生成式的方法获取目前持仓的股票列表
    stock_hold_now = [equity.symbol for equity in context.portfolio.positions]
    # 继续持有的股票，调仓时，如果买入的股票已经存在于目前的持仓里，那么应继续持有
    no_need_to_sell = [i for i in stock_hold_now if i in stock_to_buy]
    # 需要卖出的股票
    stock_to_sell = [i for i in stock_hold_now if i not in no_need_to_sell]

    # 卖出
    for stock in stock_to_sell:
        # 如果该股票停牌，则没法成交。因此需要用 can_trade 方法检查该股票的状态
        # 如果返回真值，可以正常下单，否则会出错
        # 因为 stock 是字符串格式，用 symbol 方法将其转化成平台可以接受的形式：Equity 格式

        if data.can_trade(context.symbol(stock)):
            # order_target_percent 是平台的一个下单接口，表明下单使得该股票的权重为 0，
            # 即卖出全部股票，可参考回测文档
            context.order_target_percent(context.symbol(stock), 0)

    # 如果当天没有买入的股票，就返回
    if len(stock_to_buy) == 0:
        return

    # 等权重买入
    weight = 1 / len(stock_to_buy)

    # 买入
    for stock in stock_to_buy:
        if data.can_trade(context.symbol(stock)):
            # 下单使得某只股票的持仓权重达到 weight，因为
            # weight 大于 0，因此是等权重买入
            context.order_target_percent(context.symbol(stock), weight)
```

3. 回测接口

```python
m = M.trade.v2(
    instruments=instruments,
    start_date=start_date,
    end_date=end_date,
    # 必须传入 initialize，只在第一天运行
    initialize=initialize,
    # 必须传入 handle_data，每个交易日都会运行
    handle_data=handle_data,
    # 买入以开盘价成交
    order_price_field_buy='open',
    # 卖出也以开盘价成交
    order_price_field_sell='open',
    # 策略本金
    capital_base=1000000,
    # 比较基准：沪深 300
    benchmark='000300.INDX',
)
```

得到图 25-1 所示的图形。

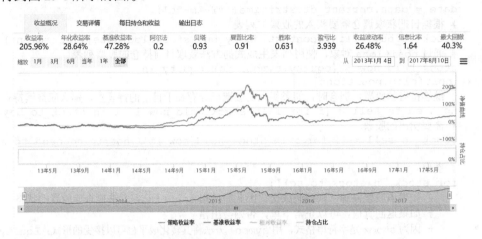

图 25-1 纯选股策略回测结果

25.2 量化选股与量化择时组合策略

1. 获取数据，并整理买入股票列表

```
#市场状态判断
bm_price = D.history_data(['000300.SHA'], start_date='2013-01-01',
end_date='2017-08-10', fields=['close'])
bm_price['sma'] = bm_price['close'].rolling(5).mean()
bm_price['lma'] = bm_price['close'].rolling(32).mean()
bm_price['gold_cross_status'] = bm_price['sma'] > bm_price['lma']
bm_price['pos_percent'] = np.where(bm_price['gold_cross_status'],1,0)
pos_df = bm_price[['date', 'pos_percent']].set_index('date')
```

2. 回测主体

```
# 回测参数设置，initialize 函数只运行一次
def initialize(context):
    # 手续费设置
    context.set_commission(PerOrder(buy_cost=0.0003, sell_cost=0.0013, min_cost=5))
    # 调仓规则(每月的第一天调仓)
    context.schedule_function(rebalance, date_rule=date_rules.month_start(days_offset=0))
    # 传入整理好的调仓股票数据
    context.daily_buy_stock = daily_buy_stock
    context.pos = pos_df

# handle_data 函数会每天运行一次
def handle_data(context,data):
    date = data.current_dt.strftime('%Y-%m-%d')
    stock_hold_now = [equity.symbol for equity in context.portfolio.positions]
    # 满足空仓条件
    if context.pos.loc[date].pos_percent == 0:
        # 全部卖出
```

```
            for stock in stock_hold_now:
                if data.can_trade(context.symbol(stock)):
                    context.order_target_percent(context.symbol(stock), 0)

    # 换仓函数
    def rebalance(context, data):
        # 当前的日期
        date = data.current_dt.strftime('%Y-%m-%d')
        # 根据日期获取调仓需要买入的股票的列表
        stock_to_buy = list(context.daily_buy_stock.loc[date].instrument)
        # 通过 positions 对象，使用列表生成式的方法获取目前持仓的股票列表
        stock_hold_now = [equity.symbol for equity in context.portfolio.positions]
        # 继续持有的股票，调仓时，如果买入的股票已经存在于目前的持仓里，那么应继续持有
        no_need_to_sell = [i for i in stock_hold_now if i in stock_to_buy]
        # 需要卖出的股票
        stock_to_sell = [i for i in stock_hold_now if i not in no_need_to_sell]

        # 卖出
        for stock in stock_to_sell:
            # 如果该股票停牌，则没法成交。因此需要用 can_trade 方法检查该股票的状态
            # 如果返回真值，可以正常下单，否则会出错
            # 因为 stock 是字符串格式，用 symbol 方法将其转化成平台可以接受的形式：Equity 格式

            if data.can_trade(context.symbol(stock)):
                # order_target_percent 是平台的一个下单接口，表明下单使得该股票的权重为 0，
                # 即卖出全部股票，可参考回测文档
                context.order_target_percent(context.symbol(stock), 0)

        # 如果当天没有买入的股票，就返回
        if len(stock_to_buy) == 0:
            return

        # 等权重买入
        weight = 1 / len(stock_to_buy)

        # 买入
        for stock in stock_to_buy:
            if data.can_trade(context.symbol(stock)):
                # 下单使得某只股票的持仓权重达到 weight，因为
                # weight 大于 0，因此是等权重买入
                context.order_target_percent(context.symbol(stock), weight)
```

3. 回测接口

```
m1 = M.trade.v2(
    instruments=instruments,
    start_date=start_date,
    end_date=end_date,
    # 必须传入 initialize，只在第一天运行
    initialize=initialize,
    # 必须传入 handle_data，每个交易日都会运行
    handle_data=handle_data,
    # 买入以开盘价成交
    order_price_field_buy='open',
    # 卖出也以开盘价成交
    order_price_field_sell='open',
```

```
    # 策略本金
    capital_base=1000000,
    # 比较基准：沪深 300
    benchmark='000300.INDX',
)
```

得到图 25-2 所示的图形。

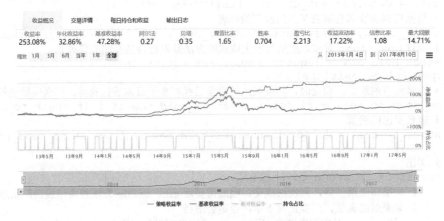

图 25-2　选股+择时策略回测结果

4. 结论

可以看出，加入择时策略的投资效果比没有择时只有选股的策略的投资有较好的改善和提高，改进效果比较明显，见表 25-1。

表 25-1　选股策略与选股+择时策略对比

选 股	选股+择时		改 进
年化收益	28.64%	32.86%	提高 4.22%
夏普比率	0.91	1.65	升高 0.74
收益波动率	26.48%	17.22%	降低 9.26%
最大回撤	40.30%	14.71%	降低 25.59%

本节分别给出纯选股策略和选股+择时策略的实例，并进行了比对，我们发现，选股+择时策略资金曲线会更加平滑，表现会更加优良。

练 习 题

对本章例题的数据，使用 Python 重新操作一遍。

第 26 章 金融大数据量化投资统计套利的协整配对交易策略

26.1 协整基本知识

1. 协整的直观理解

图 26-1 所示为具有协整性的两只股票的价格走势规律。

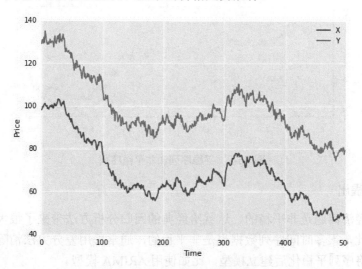

图 26-1 两只协整股票的走势

从图 26-1 中可以看出，两只股票具有同涨同跌的规律，长期以来两只股票的价差比较平稳，这种性质就是平稳性。如果两只股票具有强协整性，那么无论中途怎么走，它们前进的方向总是一样的。

2. 平稳性

简单地说，平稳性(stationarity)是一个序列在时间推移中保持稳定不变的性质，它是进行数据分析预测时非常重要的一个性质。如果一组时间序列数据是平稳的，那就意味着它的均值和方差保持不变，这样就可以方便地在该序列上使用一些统计技术。

在图 26-2 中，靠上的序列是一个平稳的序列，能看到它始终围绕着一个长期均值在波动，靠下的序列是一个非平稳序列，能看到它的长期均值是变动的。

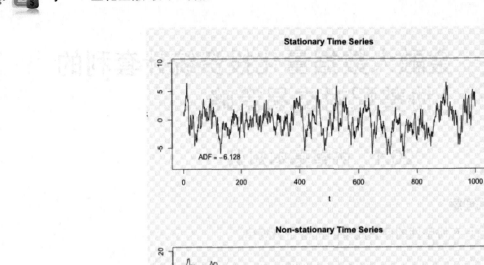

图 26-2 平稳序列和非平稳序列

3. 问题的提出

由于许多经济问题是非平稳的,这就给经典的回归分析方法带来了很大限制。在金融市场上也是如此,很多时间序列数据也是非平稳的,通常采用差分方法消除序列中含有的非平稳趋势,将序列平稳化后建立模型,比如使用 ARIMA 模型。

1987 年 Engle 和 Granger 提出的协整理论及其方法,为建立非平稳序列建模提供了另一种途径。虽然一些经济变量的本身是非平稳序列,但是,它们的线性组合却有可能是平稳序列,这种平稳的线性组合被称为协整方程,且可解释为变量之间的长期稳定的均衡关系。协整(co-integration)可被看作这种均衡关系性质的统计表示。如果两个变量是协整的,在短期内,因为季节影响或随机干扰,这些变量有可能偏离均值,但因为具有长期稳定的均衡关系,它们终将回归均值。

4. 协整在量化投资中的应用

基于协整的配对交易是一种基于数据分析的交易策略,其盈利模式是通过两只证券的差价(spread)来获取的,两者的股价走势虽然在中途会有所偏离,但是最终都会趋于一致。具有这种关系的两只股票,在统计上称作协整性(cointegration),即它们之间的差价会围绕某一个均值来回摆动,这是配对交易策略可以盈利的基础。当两只股票的价差过大,根据平稳性预期价差会收敛,因此买入低价的股票,卖空高价的股票,等待价格回归的时候进行反向操作从而获利。

需要特别注意的是协整性和相关性虽然比较像,但实际是不同的两个概念。两个变量之间可以相关性强，协整性却很弱。比如两条直线，$y=x$ 和 $y=2x$，它们之间的相关性是 1，但是协整性却比较差；方波信号和白噪声信号，它们之间相关性很弱，但是却有强协整性(见图 26-3)。

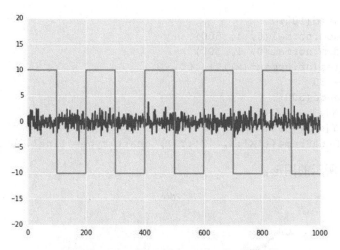

图 26-3　相关性很弱，但是具有强协整性

26.2　平稳性检验及其实例

1. 平稳性和检验方法

严格地说，平稳性可以分为严平稳(strictly stationary)和弱平稳(或叫协方差平稳，covariance stationary)两种。严平稳是指一个序列始终具有不变的分布函数，而弱平稳则是指具有序列不变的常量的描述性统计量。严平稳和弱平稳性质互不包含，但如果一个严平稳序列的方差是有限的，那么它是弱平稳的。一般所说的平稳都是指弱平稳。在时间序列分析中，通常通过单位根检验(unit root test)来判断一个过程是否是弱平稳的。

一个常见的单位根检验方法是 Dickey-Fuller test，大致思路如下：假设被检测的时间序列 Y_t 满足自回归模型 $Y_t = \alpha Y_{t-1} + \varepsilon_t$，其中 α 为回归系数，ε_t 为噪声的随机变量；若经过检验，发现 $\alpha <1$，则可以肯定序列是平稳的。

2. 实例

构造两组数据，观察其协整关系。

```
import numpy as np
import pandas as pd
import seaborn
import statsmodels
import matplotlib.pyplot as plt
from statsmodels.tsa.stattools import coint
```

构造两组数据，每组数据长度为 500。第一组数据为 100 加一个向下趋势项和一个标准正态分布。第二组数据在第一组数据的基础上加 30，再加一个额外的标准正态分布。有：

$$X_t = 100 + \gamma_t + \varepsilon_t$$

$$Y_t = X_t + 30 + \mu_t$$

其中，γ_t 为趋势项，ε_t 和 μ_t 为无相关性的正态随机变量。

代码如下：

```
np.random.seed(100)
x = np.random.normal(0, 1, 500)
y = np.random.normal(0, 1, 500)
X = pd.Series(np.cumsum(x)) + 100
Y = X + y + 30
for i in range(500):
    X[i] = X[i] - i/10
    Y[i] = Y[i] - i/10
T.plot(pd.DataFrame({'X':X, 'Y':Y}), chart_type='line', title='Price')
```

得到图 26-4 所示的图形。

图 26-4 协整关系

显然，这两组数据都是非平稳的，因为均值随着时间的变化而变化。但这两组数据是具有协整关系的，因为它们的差序列 $Y_t - X_t$ 是平稳的。

```
T.plot(pd.DataFrame({'Y-X':Y-X,'Mean':np.mean(Y-X)}),chart_type='line', title='Price')
```

在图 26-5 中，可以看出 $Y_t - X_t$ 一直围绕均值波动，而均值不随时间变化(其实方差也不随时间变化)。

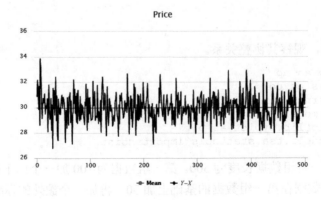

图 26-5 价格序列

26.3 基于 Bigquant 平台统计套利的协整配对交易策略

1. 配对交易

配对交易策略基本原理就是找出两只走势相关的股票。这两只股票的价格差距从长期来看在一个固定的水平内波动，如果价差暂时性地超过或低于这个水平，就买多价格偏低的股票，卖空价格偏高的股票。等到价差恢复正常水平时，进行平仓操作，赚取这一过程中价差变化所产生的利润。

使用这个策略的关键就是"必须找到一对价格走势高度相关的股票"，而高度相关在这里意味着在长期来看有一个稳定的价差，这就要用到协整关系的检验。

2. 协整关系

在前面的介绍中，我们知道，如果用 X_t 和 Y_t 代表两只股票价格的时间序列，并且发现它们存在协整关系，那么便存在实数 a 和 b，并且线性组合 $Z_t = aX_t - bY_t$ 是一个(弱)平稳的序列。如果 Z_t 的值较往常相比变得偏高，那么根据弱平稳性质，Z_t 将回归均值，这时，应该买入 b 份 Y，并卖出 a 份 X，在 Z_t 回归时赚取差价。反之，如果 Z_t 走势偏低，那么应该买入 a 份 X，卖出 b 份 Y，等待 Z_t 上涨。所以，要使用配对交易，必须找到一对协整相关的股票。

3. 协整关系的检验

Python 的 statsmodels 包中，有直接用于协整关系检验的函数 coint，该函数包含于 statsmodels.tsa.stattools 中。

（1）构造一个读取股票价格、判断协整关系的函数，该函数返回的两个值分别为协整性检验的 p 值矩阵以及所有传入的参数中协整性较强的股票对。p 可以这么理解：p 值越低，协整关系就越强；p 值低于 0.05 时，协整关系便非常强。

```
import numpy as np
import pandas as pd
import statsmodels.api as sm
import seaborn as sns
# 输入是一 DataFrame，每一列是一只股票在每一日的价格
def find_cointegrated_pairs(dataframe):
    # 得到 DataFrame 长度
    n = dataframe.shape[1]
    # 初始化 p 值矩阵
    pvalue_matrix = np.ones((n, n))
    # 抽取列的名称
    keys = dataframe.keys()
    # 初始化强协整组
    pairs = []
    # 对于每一个 i
    for i in range(n):
        # 对于大于 i 的 j
        for j in range(i+1, n):
```

```python
        # 获取相应的两只股票的价格 Series
        stock1 = dataframe[keys[i]]
        stock2 = dataframe[keys[j]]
        # 分析它们的协整关系
        result = sm.tsa.stattools.coint(stock1, stock2)
        # 取出并记录 p 值
        pvalue = result[1]
        pvalue_matrix[i, j] = pvalue
        # 如果 p 值小于 0.05
        if pvalue < 0.05:
            # 记录股票对和相应的 p 值
            pairs.append((keys[i], keys[j], pvalue))
    # 返回结果
    return pvalue_matrix, pairs
```

(2) 挑选 10 只银行股，认为它们是业务较为相似、在基本面上具有较强联系的股票，使用上面构建的函数对它们进行协整关系的检验。得到结果后，用热力图画出各个股票对之间的 pp 值，较为直观地看出它们之间的关系。

测试区间为 2015 年 1 月 1 日至 2017 年 7 月 18 日。热力图画出 1 减去 pp 值，因此颜色越红的地方表示 pp 值越低。

```python
instruments = ["002142.SZA", "600000.SHA", "600015.SHA", "600016.SHA",
"600036.SHA", "601009.SHA",
               "601166.SHA", "601169.SHA", "601328.SHA", "601398.SHA",
"601988.SHA", "601998.SHA"]

# 确定起始时间
start_date = '2015-01-01'
# 确定结束时间
end_date = '2017-07-18'
# 获取股票总市值数据，返回 DataFrame 数据格式
prices_temp = D.history_data(instruments,start_date,end_date,
        fields=['close'] )
prices_df=pd.pivot_table(prices_temp, values='close', index=['date'],
columns=['instrument'])
pvalues, pairs = find_cointegrated_pairs(prices_df)
#画协整检验热度图，输出 pvalue < 0.05 的股票对
sns.heatmap(1-pvalues, xticklabels=instruments, yticklabels=instruments,
cmap='RdYlGn_r', mask = (pvalues == 1))
print(pairs)
[('601328.SHA', '601988.SHA', 0.0050265192277696939), ('601328.SHA',
'601998.SHA', 0.0069352163995946518)]

df = pd.DataFrame(pairs, index=range(0,len(pairs)), columns=list(['Name1',
'Name2','pvalue']))
#pvalue 越小表示相关性越大，按 pvalue 升序排名就是获取相关性从大到小的股票对
df.sort_values(by='pvalue')
```

得到图 26-6 所示的图形。

第 26 章　金融大数据量化投资统计套利的协整配对交易策略

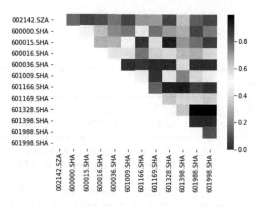

图 26-6　热力图

从图 26-6 中可以看出，上述 10 只股票中有 3 对具有较为显著的协整性关系的股票对。选择使用其中 p 值最低(0.015970)的交通银行(601328.SHA)和中信银行(601998.SHA)这一对股票来进行研究。首先调取交通银行和中信银行的历史股价，画出两只股票的价格走势，如图 26-7 所示。

```
T.plot(prices_df[['601328.SHA','601998.SHA']], chart_type='line', title=
'Price')
```

图 26-7　两只股票的价格走势

然后用这两只股票的价格进行一次 OLS 线性回归，以此算出它们是以什么线性组合的系数构成平稳序列的。

```
# ols
x = prices_df['601328.SHA']
y = prices_df['601998.SHA']
X = sm.add_constant(x)
result = (sm.OLS(y,X)).fit()
print(result.summary())
                            OLS Regression Results
==============================================================================
Dep. Variable:             601998.SHA   R-squared:                       0.682
Model:                            OLS   Adj. R-squared:                  0.682
Method:                 Least Squares   F-statistic:                     1323.0
Date:                Fri, 05 Jun 2020   Prob (F-statistic):           1.20e-155
Time:                        08:33:56   Log-Likelihood:                -566.43
```

```
No. Observations:               619     AIC:                       1137.0
Df Residuals:                   617     BIC:                       1146.0
Df Model:                         1
Covariance Type:          nonrobust
==============================================================================
                 coef    std err          t      P>|t|      [0.025      0.975]
------------------------------------------------------------------------------
const          0.3818      0.226      1.687      0.092      -0.063       0.826
601328.SHA     0.8602      0.024     36.378      0.000       0.814       0.907
==============================================================================
Omnibus:                        0.497   Durbin-Watson:                   0.070
Prob(Omnibus):                  0.780   Jarque-Bera (JB):                0.340
Skew:                           0.003   Prob(JB):                        0.844
Kurtosis:                       3.115   Cond. No.                         90.0
==============================================================================
```

系数是 0.8602，画出数据和拟合线。

```
import matplotlib.pyplot as plt
fig, ax = plt.subplots(figsize=(8,6))
ax.plot(x, y, 'o', label="data")
ax.plot(x, result.fittedvalues, 'r', label="OLS")
ax.legend(loc='best')
```

得到图 26-8 所示的图形。

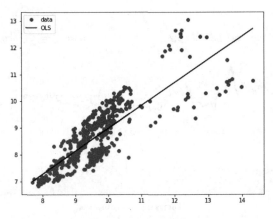

图 26-8　回归分析

设中信银行的股价为 Y，交通银行的股价为 X，回归拟合的结果是

$$Y=0.3818+0.8602X$$

也就是说，$Y-0.8602X$ 是平稳序列。

依照这个比例，画出它们价差的平稳序列，如图 26-9 所示。可以看出，虽然价差上下波动，但都会回归中间的均值。

```
#T.plot(pd.DataFrame({'Stationary Series':0.8602*x-y,
'Mean':[np.mean(0.8602*x-y)]}), chart_type='line')
    df = pd.DataFrame({'Stationary Series':y-0.8602*x,
'Mean':np.mean(y-0.8602*x)})
    T.plot(df, chart_type='line', title='Stationary Series')
```

第26章 金融大数据量化投资统计套利的协整配对交易策略

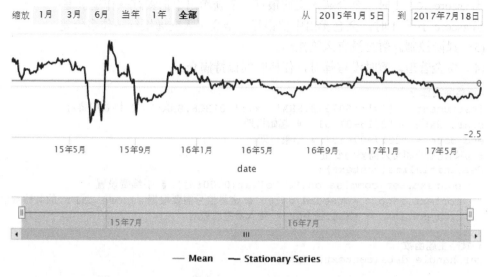

图 26-9 平稳序列

4. 买卖时机的判断

z-score 是对时间序列偏离其均值程度的衡量，表示时间序列偏离了其均值多少倍的标准差。

定义一个函数来计算 z-score，一个序列在时间 t 的 z-score，是它在时间 t 的值，减去序列的均值，再除以序列的标准差后得到的值。

```
def zscore(series):
    return (series - series.mean()) / np.std(series)
zscore_calcu = zscore(y-0.8602*x)
T.plot(pd.DataFrame({'zscore':zscore_calcu, 'Mean':np.mean(y-0.8602*x),
'upper':1, 'lower':-1}) ,chart_type='line', title='zscore')
```

输出结果如图 26-10 所示。

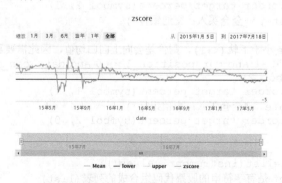

图 26-10 买卖时机的判断

5. 策略完整交易系统设计

(1) 交易标的。中信银行(601998.SHA)和交通银行(601328.SHA)。

(2) 交易信号：

当 zscore 大于 1 时，全仓买入交通银行，全仓卖出中信银行→作空价差；

当 zscore 小于-1 时，全仓卖出中信银行，全仓买入交通银行→作多价差。

(3) 风险控制。暂时没有风险控制。

(4) 资金管理。暂时没有择时，任何时间保持满仓。

```python
#策略回测部分
instrument = {'y':'601998.SHA','x':'601328.SHA'}   # 协整股票对
start_date = '2015-01-01'  # 起始日期
end_date = '2017-07-18'  # 结束日期
# 初始化账户和传入需要的变量
def initialize(context):
    context.set_commission(PerDollar(0.0015))  # 手续费设置
    context.zscore = zscore_calcu  # 交易信号需要根据 zscore_calcu 的具体数值给出
    context.ins  = instrument  # 传入协整股票对

# 策略主题函数
def handle_data(context, data):

    date = data.current_dt.strftime('%Y-%m-%d')  # 运行到当根 k 线的日期
    zscore = context.zscore.ix[date]   # 当日的 zscore
    stock_1 = context.ins['y'] # 股票 y
    stock_2 = context.ins['x'] # 股票 x

    symbol_1 = context.symbol(stock_1)  # 转换成回测引擎所需要的 symbol 格式
    symbol_2 = context.symbol(stock_2)

    # 持仓
    cur_position_1 = context.portfolio.positions[symbol_1].amount
    cur_position_2 = context.portfolio.positions[symbol_2].amount

    # 交易逻辑
    # 如果 zesore 大于上轨(>1)，则价差会向下回归均值，因此需要买入股票 x，卖出股票 y
    if zscore > 1 and cur_position_2 == 0 and data.can_trade(symbol_1) and data.can_trade(symbol_2):
        context.order_target_percent(symbol_1, 0)
        context.order_target_percent(symbol_2, 1)
        print(date, '全仓买入：交通银行')

    # 如果 zesore 小于下轨(<-1)，则价差会向上回归均值，因此需要买入股票 y，卖出股票 x
    elif zscore < -1 and cur_position_1 == 0 and data.can_trade(symbol_1) and data.can_trade(symbol_2):
        context.order_target_percent(symbol_1, 1)
        print(date, '全仓买入：中信银行')
        context.order_target_percent(symbol_2, 0)
# 回测启动接口
m=M.trade.v2(
    instruments=list(instrument.values()),
# 保证 instrument 是有字符串的股票代码组合成的列表(list)
    start_date=start_date,
    end_date=end_date,
    initialize=initialize,
    handle_data=handle_data,
    order_price_field_buy='open',
```

第 26 章　金融大数据量化投资统计套利的协整配对交易策略

```
    order_price_field_sell='open',
    capital_base=10000,
    benchmark='000300.INDX',
)
```

运行代码，得到图 26-11 所示的结果。

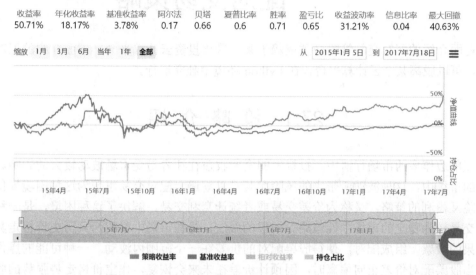

图 26-11　策略表现

练　习　题

对本章例题的数据，使用 Python 重新操作一遍。

第 27 章 基于 Python 环境的配对交易策略

前面介绍的配对交易策略必须依赖于某个量化投资云计算平台，下面介绍的配对交易策略，可以脱离某个云计算平台，在 Python 环境中独立运行。

27.1 策略介绍

在单边作多的市场行情中，投资者的资产收益往往容易受市场波动较大的影响。在非理性的市场中，这种波动所带来的风险尤其难以规避。配对交易思想为这种困境提供了既能避险又盈利的策略，又称为价差交易或者统计套利交易，解决了这种困境，是一种风险小、交易较为稳定的市场中性策略。一般的做法，是在市场中寻找两只历史价格走势有对冲效果的股票，组成配对，使得股票配对的价差在一个范围内波动。一种可能的操作方式是，当股票配对价差正向偏离时，因预计价差在未来会恢复，作空价格走势强势的股票同时作多价格走势较弱的股票。当价差收敛到长期正常水平时，即走势较强的股票价格回落，或者走势较弱的股票价格转强，平仓赚取价差收敛时的收益；当股票配对价差负向偏离时，反向建仓，在价差恢复至正常范围时再平仓，同样可以赚取收益。

27.2 策略相关方法

1. 寻找历史价格价差稳定的股票对

方法：最小距离法，即挑选出 SSD 最小的股票对。

原理：为了衡量两只股票价格的距离，首先对股票价格进行标准化处理。假设 P_t^i ($t=0,1,2,\cdots,T$) 表示股票 i 在第 t 天的价格。那么，股票 i 在第 t 天的单期收益率比可以表示为 $r_t^i = \dfrac{P_t^i - P_{t-1}^i}{P_{t-1}^i}$ ($t=0,1,2,\cdots,T$)。用 $\hat{P}_t^i$ 表示股票在第 t 天的标准化价格，$\hat{P}_t^i$ 可由这 t 天内的累计收益率来计算，即 $\hat{P}_t^i = \sum_{T=1}^{t}(1+r_T^i)$。

假设有股票 X 和股票 Y，我们可以计算出其两者之间的标准化价格偏差值平方和 $SSD_{X,Y}$，$SSD_{X,Y} = \sum_{t=1}^{T}(\hat{P}_t^X - \hat{P}_t^Y)^2$。对产生的所有的股票对两两配对，算出全部的 SSD，并按由小到大的顺序排列，挑选出 SSD 最小的股票对，即挑选标准化价格序列距离最近的两只股票。

2. 判断两只股票的历史价格是否具有协整关系

方法 1：检验两只股票的收益率序列 $\{r_t\}$ 是否是平稳性时间序列。

原理：金融资产的对数价格一般可以视为一阶单整序列。用 P_t^X 表示 X 股票在第 T 日的价格，如果 X 股票的对数价格 $\{\log(P_t^X)\}$ ($t=0,1,2,\cdots,T$) 是非平稳时间序列，且 $\{\log(P_t^X)-\log(P_{t-1}^X)\}$ ($t=0,1,2,\cdots,T$) 构成的时间序列是平稳的，则称 X 股票的对数价格 $\{\log(P_t^X)\}$ ($t=0,1,2,\cdots,T$) 是一阶单整序列。

$$r_t^X = \frac{P_t^X - P_{t-1}^X}{P_{t-1}^X} = \frac{P_t^X}{P_{t-1}^X - 1}$$

$$\log(P_t^X) - \log(P_{t-1}^X) = \log\left(\frac{P_t^X}{P_{t-1}^X}\right) = \log(1 + r_t^X) \approx r_t^X$$

即 X 股票的简单单期收益率序列 $\{r_t^X\}$ 是平稳的。

arch 包的 ADF() 函数可以使用 ADF 单位根方法对序列的平稳性进行检验，ADF 单位根检验的原理假设是"序列存在单位根"，如果我们不能拒绝原假设，则说明检查的序列可能存在单位根，序列是非平稳的；如果我们拒绝原假设，则序列不存在单位根，即序列是平稳时间序列。

方法 2：协整检验模型。

原理：假设 $\{\log(P_t^X)\}$ ($t=0,1,2,\cdots,T$) 和 $\{\log(P_t^Y)\}$ ($t=0,1,2,\cdots,T$)，分别表示 X 股票和 Y 股票的对数价格序列，则 Engle 和 Granger 两步法可以对时间序列 $\{\log(P_t^X)\}$ 和 $\{\log(P_t^Y)\}$ 协整关系进行检验。在 $\{\log(P_t^X)\}$ 和 $\{\log(P_t^Y)\}$ 都是一阶单整的前提下，用最小二乘法构造回归方程。

$$\log(P_t^Y) = \alpha + \beta \log(P_t^X) + \varepsilon_t$$

得到回归系数 $\hat{\alpha}$ 和 $\hat{\beta}$，构造残差估计值：

$$\hat{\varepsilon}_t = \log(P_t^Y) - (\hat{\alpha} + \hat{\beta}\log(P_t^X))$$

并检验 $\{\hat{\varepsilon}_t\}$ 序列的平稳性。如果 $\{\hat{\varepsilon}_t\}$ 序列是平稳的，说明 $\{\log(P_t^X)\}$ 和 $\{\log(P_t^Y)\}$ 具有协整关系。运用协整理论和协整模型，挑选出满足价格序列具有协整关系的股票对进行交易。

27.3 策略的步骤

配对交易策略的时期分为形成期和交易期。在形成期挑选历史价格走势存在规律的股票对，并制定交易策略；在交易期模拟开仓平仓交易，而后计算收益。

（1）在形成期寻找历史价差走势大致稳定的股票对。本策略采取选择同行业公司规模相近的股票进行配对的方法，本文选取的行业为银行，选取的满足要求的银行行业的股票有 25 只，两两配对，一共可以产生 300 个股票对，形成期为 244 天。利用最小距离法，在产生的 300 个股票对中筛选出 SSD 最小的一个，即挑选标准化价格序列距离最近的两只股票。

（2）分别对挑选出来的两只股票的对数价格数据进行一阶单整检验，再判断两只股票的历史价格是否具有协整关系。

(3) 找出两只股票配对比率 beta 和配对价差，计算价差的平均值和标准差。

(4) 选取交易期价格数据，构造开仓平仓区间。

(5) 根据开仓平仓点制定交易策略，并模拟交易账户。

(6) 配对交易策略绩效评价。

27.4　策略的演示

(1) 寻找满足 SSD 最小的股票对。

```
import pandas as pd
import numpy as np
import tushare as ts   # 导入 tushare 财经数据接口
all=ts.get_stock_basics()
code=list(all[(all["industry"]=="银行")].index)
allclose = ts.get_k_data('sh','2018-01-01','2020-06-01').close
n=0
for i in code:   # 循环遍历沪深股票，获取股价
    print("正在获取第{}只股票数据".format(n))
    n += 1
    df = ts.get_k_data(i)
    if df is None:
        continue
    else:
        #df = df[::-1]   # 将时间序列反转，变为由远及近
        close = df.close
        close.name = i
        allclose = pd.merge(pd.DataFrame(allclose), pd.DataFrame(close), left_index=True, right_index=True, how='left')
## 将 2015 年尚未上市的股票清洗掉
popList = list()
for i in range(len(allclose.columns) - 1):
    data = allclose.iloc[0:10, i]
    data = data.dropna()
    if len(data) == 0:
        popList.append(allclose.columns[i])
for i in popList:
    allclose.pop(i)
minSSD = 100
PairX = ''
PairY = ''
spreadList = list()
for i in range(len(allclose.columns) - 1):
    for j in range(len(allclose.columns) - 1):
        print("第{}只股票, 第{}个数据".format(i, j))
        if i == j:
            continue
        else:
            fromer = allclose.iloc[:, i]
            laster = allclose.iloc[:, j]
            fromer.name = allclose.columns[i]
            laster.name = allclose.columns[j]
            data = pd.concat([fromer, laster], axis=1)
            data = data.dropna()
```

```python
        if len(data) == 0:
            continue
        else:
            priceX = data.iloc[:, 0]
            priceY = data.iloc[:, 1]
            returnX = (priceX - priceX.shift(1)) / priceX.shift(1)[1:]
            returnY = (priceY - priceY.shift(1)) / priceY.shift(1)[1:]
            standardX = (returnX + 1).cumprod()
            standardY = (returnY + 1).cumprod()
            SSD = np.sum((standardY - standardX) ** 2) / len(data)
            if SSD < minSSD:
                minSSD = SSD
                PairX = allclose.columns[i]
                PairY = allclose.columns[j]
print("标准化价差最小的两只股票为{},{}".format(PairX, PairY))
print("最小距离为{}".format(minSSD))
```

运行上述代码，得到如下结果：

标准化价差最小的两只股票为 601169,600015
最小距离为 0.0008957334119807429

(2) 即在银行行业中挑选出了标准化价格序列距离最近的两只股票分别为 "601169(北京银行)" 和 "600015(华夏银行)"。下面分别对北京银行和华夏银行对数价格数据进行一阶单整检验。

对北京银行对数价格数据进行一阶单整检验。

```
In[2]: import re
import pandas as pd
import numpy as np
from arch.unitroot import ADF
import statsmodels.api as sm
from statsmodels.tsa.stattools import adfuller
import tushare as ts    # 导入tushare财经数据接口
import matplotlib.pyplot as plt
# 配对交易实测
# 提取形成期数据
PAf= ts.get_k_data('601169','2018-01-01','2020-06-01').close[::-1]
PBf= ts.get_k_data('600015','2018-01-01','2020-06-01').close[::-1]
# 形成期协整关系检验
# 一阶单整检验
#将北京银行股价取对数
log_PAf = np.log(PAf)
#对北京银行对数价格进行单位根检验
adfA = ADF(log_PAf)
print(adfA.summary().as_text())

   Augmented Dickey-Fuller Results
=====================================
Test Statistic                 -1.549
P-value                         0.509
Lags                                4
-------------------------------------

Trend: Constant
Critical Values: -3.44 (1%), -2.87 (5%), -2.57 (10%)
Null Hypothesis: The process contains a unit root.
```

Alternative Hypothesis: The process is weakly stationary.

Test Statistic 是 ADF 检验的统计量结果，Critical Values 是该统计量在原假设下的 1、5 和 10 分位数。对北京银行的对数价格 log(PAf)进行单位根检验，结果为"Test Statistic: -1.549"，而 "Critical Values: -3.44 (1%), -2.87 (5%), -2.57 (10%)"，也就是说，-1.549 大于原假设分布下的 1、5 和 10 分位数，从而不能拒绝原假设，进而说明北京银行的对数价格序列是非平稳的。

```
#对北京银行对数价格差分
retA=log_PAf.diff()[1:]
adfretA = ADF(retA)
print(adfretA.summary().as_text())
```

运行上述代码，得到如下结果：

```
   Augmented Dickey-Fuller Results
=====================================
Test Statistic                 -12.195
P-value                          0.000
Lags                                 3
-------------------------------------

Trend: Constant
Critical Values: -3.44 (1%), -2.87 (5%), -2.57 (10%)
Null Hypothesis: The process contains a unit root.
Alternative Hypothesis: The process is weakly stationary.
```

对北京银行的对数价格差分 retA 变量进行价格差分检验，Test Statistic 为-12.195，从分析结果可以拒绝原假设，即北京银行的对数价格的差分不存在单位根，是平稳的。综上所述，说明北京银行的对数价格序列是一阶单整序列。

对华夏银行对数价格数据进行一阶单整检验。

```
In[3]: log_PBf = np.log(PBf)
adfB = ADF(log_PBf)
print(adfB.summary().as_text())
```

运行上述代码，得到如下结果：

```
   Augmented Dickey-Fuller Results
=====================================
Test Statistic                  -1.808
P-value                          0.376
Lags                                 0
-------------------------------------

Trend: Constant
Critical Values: -3.44 (1%), -2.87 (5%), -2.57 (10%)
Null Hypothesis: The process contains a unit root.
Alternative Hypothesis: The process is weakly stationary.
```

对华夏银行的对数价格 log(PBf)进行单位根检验，结果为"Test Statistic: -1.808"，而 "Critical Values: -3.44 (1%), -2.87 (5%), -2.57 (10%)"，根据检验的结果，在1%的显著性水平下，不能拒绝原假设，即华夏银行的对数价格序列是非平稳的。

对华夏银行对数价格数据差分进行一阶单整检验：

```
retB=log_PBf.diff()[1:]
adfretB = ADF(retB)
```

```
print(adfretB.summary().as_text())
```

运行上述代码，得到如下结果：

```
   Augmented Dickey-Fuller Results
=====================================
Test Statistic                -12.119
P-value                         0.000
Lags                                3
-------------------------------------

Trend: Constant
Critical Values: -3.44 (1%), -2.87 (5%), -2.57 (10%)
Null Hypothesis: The process contains a unit root.
Alternative Hypothesis: The process is weakly stationary.
```

对华夏银行的对数价格差分 retB 变量进行差分检验，Test Statistic 为-12.119，从分析结果可以拒绝原假设，即华夏银行的对数价格的差分不存在单位根，是平稳的。综上所述，说明在1%的显著性水平下，华夏银行的对数价格序列是一阶单整序列。

```
In[4]: #绘制北京银行与华夏银行的对数价格时序图
import matplotlib.pyplot as plt
import math
#from matplotlib.font_manager import FontProperties
#font=FontProperties(fname='C:/Windows/Fonts/msyh.ttf')
log_PAf.plot(label='601169bjyh',style='--')
log_PBf.plot(label='600015hxyj',style='-')
plt.legend(loc='upper left')
#plt.title('2018-2020年北京银行与华夏银行对数价格时序图', fontproperties=font)
plt.title('2018-2020two bank log price time series')
```

得到结果如图 27-1 所示。

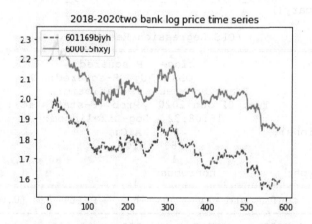

图 27-1　北京银行与华夏银行股票对数价格时序图

从图 27-1 所示的虚线和实线，可以看出北京银行和华夏银行股票对数价格有一定的趋势，不是平稳的。

```
#绘制北京银行与华夏银行股票对数价格差分的时序图
    retA.plot(label='601169bjyh',style='--')
    retB.plot(label='600015hxyj',style='-')
    plt.legend(loc='lower left')
    #plt.title('北京银行与华夏银行对数价格差分(收益率)',fontproperties=font)
```

```
plt.title('2018-2020 two bank log price diff time series')
```

得到结果如图 27-2 所示。

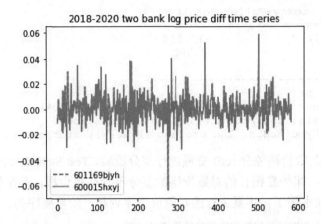

图 27-2　北京银行与华夏银行股票对数价格差分时序图

从图 27-2 可以看出，北京银行和华夏银行股票对数价格差分序列是平稳的，整体上都在 0 附近上下波动。

```
In [6]:  #用协整模型检验北京银行与华夏银行股票的对数价格
         # 协整关系检验
         #因变量是北京银行(A)股票的对数价格
         #自变量是华夏银行(B)股票的对数价格
         import statsmodels.api as sm
         model = sm.OLS(log_PBf, sm.add_constant(log_PAf)).fit()
         model.summary()
Out[6]:
                              OLS Regression Results
==============================================================================
Dep. Variable:                  close   R-squared:                       0.937
Model:                            OLS   Adj. R-squared:                  0.937
Method:                 Least Squares   F-statistic:                     8651.0
Date:                Tue, 02 Jun 2020   Prob (F-statistic):               0.00
Time:                        16:08:32   Log-Likelihood:                  1379.0
No. Observations:                 585   AIC:                            -2754.0
Df Residuals:                     583   BIC:                            -2745.0
Df Model:                           1
Covariance Type:            nonrobust
==============================================================================
                 coef    std err          t      P>|t|      [0.025      0.975]
------------------------------------------------------------------------------
const          0.4575      0.017     26.793      0.000       0.424       0.491
close          0.8988      0.010     93.012      0.000       0.880       0.918
==============================================================================
Omnibus:                       10.683   Durbin-Watson:                   0.072
Prob(Omnibus):                  0.005   Jarque-Bera (JB):                9.021
Skew:                          -0.229   Prob(JB):                       0.0110
Kurtosis:                       2.601   Cond. No.                         42.0
==============================================================================
```

将北京银行股票的对数价格和华夏银行股票的对数价格作线性回归，从回归结果中，可以看见系数与截距项的 p 值都远远小于 0.025 的显著性水平，所以系数和截距项均统计显著。下面对回归残差进行平稳性检验。

```
In[7]:    #提取回归截距项
    alpha = model.params[0]
    #提取回归系数
    beta = model.params[1]
    # 残差单位根检验
    #求残差
    spreadf = log_PBf - beta * log_PAf - alpha
    adfSpread = ADF(spreadf)
    print(adfSpread.summary().as_text())
    mu = np.mean(spreadf)
    sd = np.std(spreadf)
Out[7]:
      Augmented Dickey-Fuller Results
=====================================
Test Statistic                 -3.426
P-value                         0.010
Lags                                0
-------------------------------------
Trend: Constant
Critical Values: -3.44 (1%), -2.87 (5%), -2.57 (10%)
Null Hypothesis: The process contains a unit root.
Alternative Hypothesis: The process is weakly stationary.
```

根据上面检验的结果，在5%的显著性水平下，可以拒绝原假设，即残差序列不存在单位根，是平稳的。通过上述分析，可以得知北京银行与华夏银行股票的对数价格序列具有协整关系。

```
In[8]:    #绘制残差序列的时序图
    spreadf.plot()
    #plt.title('价差序列',fontproperties=font)
    plt.title('Spread of Price')
    #Text(0.5,1,'Spread of Price')
```

结果如图 27-3 所示。

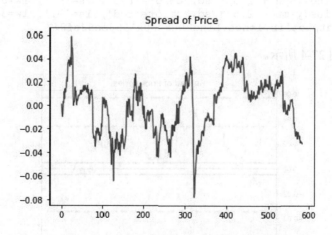

图 27-3　北京银行与华夏银行配对残差时序图

(3) 找出两只股票配对比率 beta 和配对价差，计算价差的平均值和标准差。

```
In[9]:   #找出配对比例 beta 和配对价差
   print(beta)
   #计算价差的平均值和标准差
   print(mu)
   print(sd)
Out[9]:
0.8988170808010492
3.777415227716088e-15
0.022909331785750768
```

(4) 选取交易期价格数据，构造开仓平仓区间。

```
In[10]:  # 设定交易期
   PAt= ts.get_k_data('601169','2019-06-01','2020-06-1').close[::-1]
   PBt= ts.get_k_data('600015','2019-06-01','2020-06-1').close[::-1]
   CoSpreadT = np.log(PBt) - beta * np.log(PAt) - alpha
   CoSpreadT.describe()
Out[10]:
count    243.000000
mean       0.010339
std        0.019142
min       -0.031977
25%       -0.001537
50%        0.012479
75%        0.021978
max        0.044676
Name: close, dtype: float64
```

```
In[11]  #绘制价差区间图
   CoSpreadT.plot()
   #plt.title('交易期价差序列(协整配对)',fontproperties=font)
   plt.title('Spread of Price series')
   plt.axhline(y=mu, color='black')
   plt.axhline(y=mu + 0.2 * sd, color='blue', ls='-', lw=2)
   plt.axhline(y=mu - 0.2 * sd, color='blue', ls='-', lw=2)
   plt.axhline(y=mu + 1.5 * sd, color='green', ls='--', lw=2.5)
   plt.axhline(y=mu - 1.5 * sd, color='green', ls='--', lw=2.5)
   plt.axhline(y=mu + 2.5 * sd, color='red', ls='-.', lw=3)
   plt.axhline(y=mu - 2.5 * sd, color='red', ls='-.', lw=3)
Out[11]: <matplotlib.lines.Line2D at 0x1958cc52ef0>
```

输出结果如图 27-4 所示。

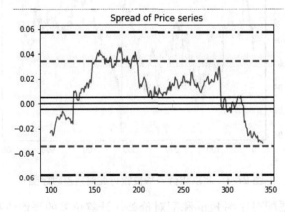

图 27-4　交易期价差序列

(5) 根据开仓平仓点制定交易策略，并模拟交易账户。

交易规则：在交易期内，设定 $\mu\pm1.5\sigma$ 和 $\mu\pm0.2\sigma$ 为开仓和平仓的阈值，将 $\mu\pm2.5\sigma$ 视为协整关系可能破裂强制平仓的阈值，具体交易规则如下。

- 当价差上穿 $\mu+1.5\sigma$ 时，作空配对股票，反向建仓(卖出华夏银行股票，同时买入北京银行股票，北京银行和华夏银行股票资金比值为 beta)。
- 当价差下穿 $\mu+0.2\sigma$ 之间时，作多配对股票，反向平仓。
- 当价差下穿 $\mu-1.5\sigma$ 时，作多配对股票，正向建仓(买入华夏银行股票，同时卖出北京银行股票，北京银行和华夏银行股票资金比值为 beta)。
- 当价差又恢复到 $\mu-0.2\sigma$ 上方时，作空配对股票，正向平仓。
- 当价差突破 $\mu\pm2.5\sigma$ 之间时，及时平仓。

练 习 题

对本章例题的数据，使用 Python 重新操作一遍。

第 28 章 人工智能机器学习量化金融策略

机器学习算法是实现人工智能最基本的工具和手段，因此，本章先介绍 10 种机器学习算法及其 Python 代码，然后介绍机器学习的支持向量机在量化投资中的应用。

28.1 机器学习算法分类

一般来说，机器学习算法有三类。

1. 监督式学习算法

这个算法由一系列目标变量或结果变量(或因变量)组成。这些变量由已知的一系列预示变量(自变量)预测而来，利用这一系列变量，可以生成一个将输入值映射到期望输出值的函数。这个训练过程会一直持续，直到模型在训练数据上获得期望的精确度。监督式学习的例子有回归、决策树、随机森林、K-最近邻算法、逻辑回归等。

2. 非监督式学习算法

这个算法没有任何目标变量或结果变量要预测或估计，它用在不同的组内聚类分析中。这种分析方式被广泛地用来细分客户，根据干预方式的不同分为不同的用户组。非监督式学习的例子有关联算法和 K-均值算法等。

3. 强化学习算法

这个算法训练机器进行决策的原理是：将机器放在一个能让它通过反复试错来训练自己的环境中，然后机器从过去的经验中进行学习，并且尝试利用了解最透彻的知识作出精确的商业判断。 强化学习的例子有马尔可夫决策过程。

28.2 常见的机器学习算法及其 Python 代码

常见的机器学习算法有线性回归、逻辑回归、决策树、支持向量机(SVM)、朴素贝叶斯、K-最近邻算法、K-均值算法、随机森林算法、降维算法、Gradient Boost 和 Adaboost 算法等。下面对上述的机器学习算法逐一进行介绍，并给出主要的 Python 代码。

28.2.1 线性回归

线性回归通常根据连续变量估计实际数值(房价、呼叫次数、总销售额等)，通过拟合最佳直线来建立自变量和因变量的关系。这条最佳直线叫作回归线，并且用 $Y= a \times X+b$ 线性等式来表示。

假设在不问对方体重的情况下,让一个五年级的孩子按体重从轻到重的顺序对班上的同学进行排序,你觉得这个孩子会怎么做?他(她)很可能会目测人们的身高和体形,综合这些可见参数来排列。这是现实生活中使用线性回归的例子。实际上是,这个孩子发现了身高和体形、体重有一定的关系,这个关系看起来很像回归线性等式,在这个等式中:Y是因变量,X是自变量,a是斜率,b是截距。

系数a和b可以通过最小二乘法获得,结果如图28-1所示。

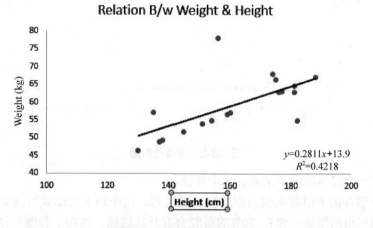

图 28-1 体重与身高的关系

找出最佳拟合直线 $y=0.2811x+13.9$。已知人的身高(Height),可以通过该等式求出体重(Weight)。

线性回归主要有两种类型,分别是一元线性回归和多元线性回归。一元线性回归的特点是只有一个自变量。多元线性回归的特点正如其名,存在多个自变量。找最佳拟合直线的时候,可以拟合到多项或者曲线回归。

LinearRegression 的 Python 代码如下。

```
from sklearn.linear_model import LinearRegression    # 线性回归
module = LinearRegression()
module.fit(x, y)
module.score(x, y)
module.predict(test)
```

28.2.2 逻辑回归

逻辑回归是分类算法,而不是回归算法。该算法可根据已知的一系列因变量估计离散数值(比方二进制数值 0 或 1、是或否、真或假等)。简单来说,它通过将数据拟合进一个逻辑函数来预估一个事件出现的概率。因此,它被叫作逻辑回归,因为它预估的是概率,所以它的输出值在 0~1 之间(正如所预计的一样),如图 28-2 所示。

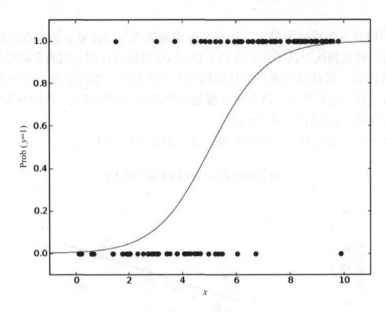

图 28-2　逻辑函数图

下面通过一个简单的例子来理解这个算法。

想象你要解答很多道题来找出你所擅长的主题。这个研究的结果可能是：假设题目是一道十年级的三角函数题，你有 70%的可能会解开这道题。然而，若题目是一道五年级的历史题，你只有30%的可能性回答正确。这就是逻辑回归能提供给你的信息。

从数学上看，结果中概率的对数使用的是预测变量的线性组合模型。

```
odds= p/ (1-p) = probability of event occurrence / probability of not event occurrence
ln(odds) = ln(p/(1-p))
logit(p) = ln(p/(1-p)) = b0+b1*X1+b2*X2+b3*X3....+bk*X
```

代码中的式子里，p 是我们感兴趣的特征出现的概率。它选用使观察样本值的可能性最大化的值作为参数，而不是通过计算误差平方和的最小值(就如一般的回归分析用到的一样)。

LogisticRegression 的 Python 代码如下。

```
from sklearn.linear_model import LogisticRegression          # 逻辑回归
module = LogisticRegression()
module.fit(x, y)
module.score(x, y)
module.predict(test)
```

更进一步，可以尝试更多的方法来改进这个模型：加入交互项、精简模型特性、使用正则化方法、使用非线性模型等。

28.2.3　决策树

这个监督式学习算法通常被用于分类问题。令人惊奇的是，它同时适用于分类变量和连续因变量。在这个算法中，根据最重要的属性或者自变量来将总体尽可能分成不同的组别,如图 28-3 所示。

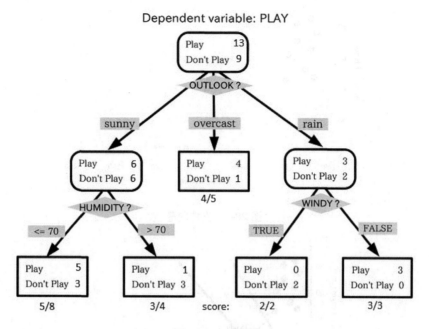

图 28-3 决策树

在图 28-3 中可以看到,根据多种属性,人群被分成了不同的 4 个小组来判断"他们会不会去玩"。为了把总体分成不同组别,需要用到许多技术,如 Gini、Information Gain、Chi-square、entropy 等。

DecisionTree 的 Python 代码如下。

```
from sklearn import tree                              #决策树分类器#
module = tree.DecisionTreeClassifier(criterion='gini')
module.fit(x, y)
module.score(x, y)
module.predict(test)
```

28.2.4 支持向量机分类

这是一种分类方法。在该算法中,将每个数据在 N 维空间中用点标出(N 是所有的特征总数),每个特征的值是一个坐标的值。

例如,如果只有身高和头发长度两个特征,可在二维空间中标出这两个变量,每个点有两个坐标(这些坐标叫作支持向量),如图 28-4 所示。

找到将两组不同数据分开的一条直线。两个分组中距离最近的两个点到这条线的距离同时最优化,如图 28-5 所示。

图 28-5 中的黑线将数据分类优化成两个小组,两组中距离最近的点(图中 A、B 点)到达黑线的距离满足最优条件。这条直线就是分割线。接下来,测试数据落到直线的哪一边,就将它分到哪一类。

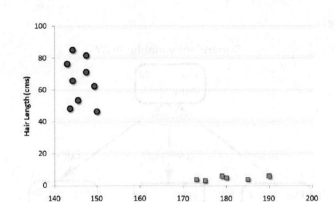

图 28-4　支持向量

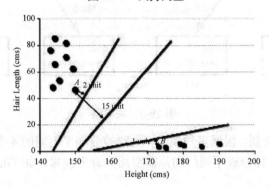

图 28-5　分开线

SVM 的 Python 代码如下。

```
from sklearn import svm                    #支持向量机
module = svm.SVC()
module.fit(x, y)
module.score(x, y)
module.predict(test)
module.predict_proba(test)
```

28.2.5　朴素贝叶斯分类

在预示变量间相互独立的前提下，根据贝叶斯定理可以得到朴素贝叶斯分类方法。一个朴素贝叶斯分类器假设一个分类的特性与该分类的其他特性不相关。例如，如果一个水果又圆又红并且直径大约是 3 英寸，那么这个水果可能会是苹果。即便这些特性互相依赖或者依赖于别的特性存在，朴素贝叶斯分类器还是会假设这些特性分别独立地暗示这个水果是个苹果。

朴素贝叶斯模型易于建造，且对于大型数据集非常有用，其表现超越了非常复杂的分类方法。

贝叶斯定理提供了一种从 $P(c)$、$P(x)$ 和 $P(x|c)$ 计算后验概率 $P(c|x)$ 的方法，等式如下：

$$P(c|x) = \frac{P(x|c)P(c)}{P(x)}$$

$$P(c|x) = P(x_1|c) \times P(x_2|c) \times \cdots \times P(x_n|c) \times P(c)$$

这里，$P(c|x)$是已知预示变量(属性)的前提下，类(目标)的后验概率；$P(c)$是类的先验概率；$P(x|c)$是可能性，即已知类的前提下，预示变量的概率；$P(x)$是预示变量的先验概率。

例：设有一个天气的训练集和对应的目标变量“Play”，需要根据天气情况将会“玩”和“不玩”的参与者进行分类。执行步骤如下。

(1) 把数据集转换成频率表。

(2) 利用类似“当 Overcast 可能性为 0.29 时，玩耍的可能性为 0.64”这样的概率，创造 Likelihood 表格，如图 28-6 所示。

Weather	Play
Sunny	No
Overcast	Yes
Rainy	Yes
Sunny	Yes
Sunny	Yes
Overcast	Yes
Rainy	No
Rainy	No
Sunny	Yes
Rainy	Yes
Sunny	No
Overcast	Yes
Overcast	Yes
Rainy	No

Frequency Table		
Weather	No	Yes
Overcast		4
Rainy	3	2
Sunny	2	3
Grand Total	5	9

Likelihood table				
Weather	No	Yes		
Overcast		4	=4/14	0.29
Rainy	3	2	=5/14	0.36
Sunny	2	3	=5/14	0.36
All	5	9		
	=5/14	=9/14		
	0.36	0.64		

图 28-6　表格

(3) 使用朴素贝叶斯等式来计算每一类的后验概率，后验概率最大的类就是预测的结果。

朴素贝叶斯算法代码如下。

```
from sklearn.naive_bayes import GaussianNB                    #朴素贝叶斯分类器
module = GaussianNB()
module.fit(x, y)
predicted = module.predict(test)
```

28.2.6　KNN 分类(*K*-最近邻算法)

该算法可用于分类问题和回归问题。然而，在业界内，*K*-最近邻算法更常用于分类问题。*K*-最近邻算法储存所有的案例，根据一个距离函数，新案例会被分配到它的 *K* 个近邻中最普遍的类别中去。

这些距离函数可以是欧式距离、曼哈顿距离、明氏距离或者汉明距离等。前 3 个距离函数用于连续函数，第 4 个距离函数(汉明函数)则被用于分类变量。如果 K=1，新案例就直接被分到离其最近的案例所属的类别中。有时候，使用 KNN 建模时，选择 *K* 的取值是一个挑战，如图 28-7 所示。

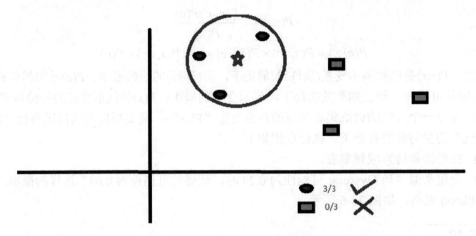

图 28-7 *K*-最近邻算法

在现实生活中广泛地应用了 KNN。例如，如果想要了解一个完全陌生的人，可以去找他的好朋友们或者他的圈子来获得他的信息。

KNN 的 Python 代码如下。

```
from sklearn.neighbors import KNeighborsClassifier    #K近邻
from sklearn.neighbors import KNeighborsRegressor
module = KNeighborsClassifier(n_neighbors=6)
module.fit(x, y)
predicted = module.predict(test)
predicted = module.predict_proba(test)
```

28.2.7　*K*-均值算法

K-均值算法是一种非监督式学习算法，它能解决聚类问题。使用 *K*-均值算法来将一个数据归入一定数量的集群(假设有 *k* 个集群)的过程是简单的。一个集群内的数据点是均匀齐次的，并且异于别的集群。

K-均值算法形成集群的原理如下。

(1) *K*-均值算法为每个集群选择 *k* 个点，将这些点称作质心。

(2) 每一个数据点与距离最近的质心形成一个集群，也就是 *k* 个集群。

(3) 根据现有的类别成员，找出每个类别的质心。

(4) 当有新质心后，重复步骤(2)和步骤(3)，找到距离每个数据点最近的质心，并与新的 *k* 集群联系起来。重复这个过程，直到数据都收敛了，也就是当质心不再改变。

K-均值算法涉及集群，每个集群有自己的质心，一个集群内的质心和各数据点之间距离的平方和形成了这个集群的平方值之和。同时，当所有集群的平方值之和加起来的时候，就组成了集群方案的平方值之和。

当集群的数量增加时，*K* 值会持续下降。如果将结果用图表来表示，会看到距离的平方总和快速减少，到某个值 *k* 之后，减少的速度就大大下降了。在此，可以找到集群数量的最优值，如图 28-8 所示。

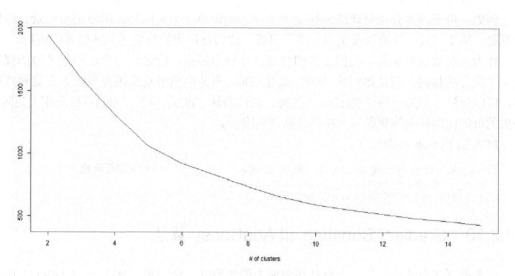

图 28-8　集群数量的最优值

K-均值算法(K-Means)的 Python 代码如下。

```
from sklearn.cluster import KMeans                    #kmeans 聚类
module = KMeans(n_clusters=3, random_state=0)
module.fit(x, y)
module.predict(test)
```

28.2.8　随机森林算法

随机森林是表示决策树总体的一个专有名词。随机森林算法中有一系列的决策树(又名"森林"),为了根据一个新对象的属性将其分类,每一个决策树有一个分类,每个决策树给该新对象"投票",最后选择森林里(在所有树中)获得票数最多的分类。

每棵树是像这样种植养成的:

(1) 如果训练集的案例数是 N,则从 N 个案例中用重置抽样法随机抽取样本。这个样本将作为"养育"树的训练集。

(2) 假如有 M 个输入变量,则定义一个数字 $m<<M$,表示从 M 中随机选中 m 个变量,这 m 个变量中最好的切分会被用来切分该节点。在种植森林的过程中,m 的值保持不变。

(3) 尽可能大地种植每一棵树,全程不剪枝。

RandomForest 的 Python 代码如下。

```
from sklearn.ensemble import RandomForestClassifier   #随机森林
module = RandomForestClassifier()
module.fit(x, y)
module.predict(test)
```

28.2.9　降维算法

近年来,信息捕捉呈指数增长,公司、政府机构、研究组织除了应对新资源以外,还捕捉详尽的信息。

例如：电子商务公司更详细地捕捉关于顾客的资料：个人信息、网络浏览记录、他们的喜恶、购买记录、反馈以及别的许多信息等，比杂货店售货员更加关注顾客的资料。

作为一名数据科学家，我们提供的数据包含许多特点，给建立一个经得起考验的模型提供了很好的材料，但是如何从 1000 或者 2000 里分辨出最重要的变量呢？在这种情况下，降维算法和别的一些算法(比如决策树、随机森林、PCA、因子分析)可根据相关矩阵、缺失的值的比例和别的要素等来找出这些重要变量。

PCA 的 Python 代码如下。

```
from sklearn.decomposition import PCA          #PCA特征降维
train_reduced = PCA.fit_transform(train)
test_reduced = PCA.transform(test)
```

28.2.10　Gradient Boosting 和 AdaBoost 算法

当要处理很多数据来作一个有高预测能力的预测时，会用到 GBM 和 AdaBoost 两种 boosting 算法。boosting 算法是一种集成学习算法，它结合了建立在多个基础估计值基础上的预测结果，来增进单个估计值的可靠程度。

GBDT 的 Python 代码如下。

```
from sklearn.ensemble import GradientBoostingClassifier
#Gradient Boosting 和 AdaBoost算法
from sklearn.ensemble import GradientBoostingRegressor
module = GradientBoostingClassifier(n_estimators=100, learning_rate=0.1, max_depth=1, random_state=0)
module.fit(x, y)
module.predict(test)
```

28.3　广义线性模型 Logistic 回归多分类及其 Python 应用

本节介绍 Logistic 回归多分类及其 Python 应用。

28.3.1　算法原理

1. 模型形式——利用 Sigmoid 函数

Logistic 回归适用于数值型或标称型(目标变量的结果只在有限目标集中取值，而且只存在"是"和"否"两种不同的结果)数据，因此就需要将数值型的数据转化为类别值，如二分类问题，最终是对输出的 0 或者 1 进行分类，这就需要引入函数来对输入的数据进行处理。在数学中，Heaviside 阶跃函数(或称为单位阶跃函数)就具有这样的功能，即假设输入的值为 x，则：

$$y = \begin{cases} 0, & x < 0 \\ 0.5, & x = 0 \\ 1, & x > 0 \end{cases}$$

从上面的表达式可以看到阶跃函数在定义域上是不连续的，这不利于处理连续值并进

行最优化,因此使用另一个数学性质更优越的函数——Sigmoid 函数:

$$\sigma(x) = \frac{1}{1+e^{-x}}$$

它也是一种阶跃函数,其不同坐标尺度下的函数图像如图 28-9 所示。

在图 28-9 所示上图中,可以看到当 x 为 0 时,Sigmoid 函数值为 0.5;当 $x>0$ 时,随着 x 的增大,对应的 Sigmoid 值将逼近于 1;而随着 x 的减小,Sigmoid 值将逼近于 0。如果横坐标刻度足够大,如图 28-9 下图所示,此时 Sigmoid 函数的形式就很接近单位阶跃函数的取值形式了。因此,假设现在面临二分类任务,类标签值为 0 和 1,那么按照线性回归的思想,能够得到模型

$$z = w_1 x_1 + \cdots + w_n x_n + b = w^T x + b$$

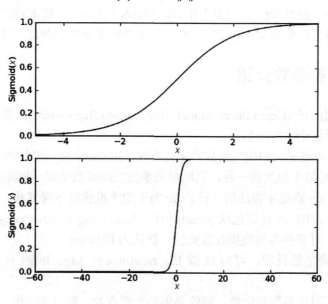

图 28-9 Sigmoid 函数

但此时得到的只是预测的数值而并非类标签,因此就要用到 Sigmoid 函数,即 Logistic 模型的形式为

$$y = \frac{1}{1+e^{-(w^T x + b)}}$$

2. 模型的优化

在得到上面的模型后,可以将其变形为

$$\ln \frac{y}{1-y} = w^T x$$

y 和 $1-y$ 可分别看作是 y 取 1 和 0 时的后验概率,所以也将 Logistic 回归称为对数概率回归(简称对率回归),因此可以进一步得到

$$p(y=1|x) = \frac{e^{(w^T x + b)}}{1+e^{(w^T x + b)}} = f(x)$$

$$p(y=0|x) = \frac{1}{1+e^{(w^T x+b)}} = 1 - f(x)$$

所以对数似然函数为

$$\ln L(w) = \sum_{i=1}^{n}[y_i \ln f(x_i) + (1-y_i)\ln(1-f(x_i))]$$

这就是要进行优化的目标函数，一般会选择梯度下降法、牛顿法、拟牛顿法、梯度上升法等方法求解，具体的过程就不在这里介绍了，大家感兴趣可以自行查阅资料。

依据因变量类型，回归模型可分为二分类 Logistic 回归模型和多分类 Logistic 回归模型；根据多分类因变量是否有序，又可以分为多分类有序 Logistic 回归模型和多分类无序 Logistic 回归模型。在进行多分类时，相当于多次 Logistic 回归进行多次二分类，这就需要对数据集进行拆分，如 OvR("一对多"样本)、MvM("多对多"样本)的方式。当然 Logistic 回归模型可以直接推广到多类别分类，不必组合和训练多个二分类器，称为 Softmax 回归。

28.3.2 对象类参数介绍

我们这里使用的是 sklearn.linear_model 中的 LogisticRegression() 来实现 Logistic 算法。首先，我们来看看这个类中的参数。

(1) solver 确定逻辑回归损失函数的优化方法，liblinear 使用坐标轴下降法来迭代优化损失函数。lbfgs 是拟牛顿法的一种，利用损失函数二阶导数矩阵，即海森矩阵来迭代优化损失函数。newton-cg 则是牛顿法的一种。sag 为平均随机梯度下降算法。saga 是 sag 的一类变体，它支持非平滑的 L1 正则选项 penalty='l1'。lbfgs、sag 和 newton-cg 求解器只支持 L2 罚项以及无罚项，对某些高维数据收敛更快。默认为 liblinear。

(2) penalty 确定惩罚项，可为 l1 或 l2。newton-cg、sag、lbfgs 只支持 l2，即 L2 正则化。

(3) C 表示正则化系数的倒数，取值必须为正浮点数，默认为 1.0。

(4) multi_class 用来选择分类方式，默认为 one-vs-rest，即 OvR 方式，表示对于第 K 类的分类决策，把所有第 K 类的样本作为正例，把第 K 类样本以外的所有样本都作为负例，然后在上面作二元逻辑回归，得到第 K 类的分类模型。也可以设置为 multinomial，即 MvM，此时若模型有 K 类，每次在所有的 K 类样本里面选择两类样本出来，对所有输出为这两类的样本进行二元 Logistic 回归得到模型参数，一共需要 $K(K-1)/2$ 次分类。

(5) class_weight 用来设定各类型样本的权重，默认为 None，此时所有类型权重均为 1。也可设为 balanced，此时按照输入样本的频率大小来调整权重。

(6) dual 选择目标函数为原始形式还是对偶形式，转化为原函数的对偶函数时更易于优化，默认为 False。对偶方法通常只用在正则化项为 liblinear 的 L2 惩罚项上。

(7) fit_intercept 表示模型中是否含常数项，默认为 True。

(8) intercept_scaling 仅在正则化项为 liblinear 且 fit_intercept 设置为 True 时有用，默认为 1。

(9) max_iter 表示算法收敛的最大迭代次数，默认为 100，仅在正则化优化算法为 newton-cg、sag 和 lbfgs 时才有用。

(10) tol 用来设置优化算法终止的条件，当迭代前后的函数差值小于等于 tol 时就停止，默认为 0.0001。

(11) random_state 设定随机数种子。

(12) verbose 控制是否输出训练过程，默认为 0 表示不输出，取 1 时偶尔输出，大于 1 时对每个子模型都输出。

(13) warm_start 表示是否使用上次训练结果作为初始化参数，默认为 False。

(14) n_jobs 表示用 CPU 的几个内核运行程序，默认为 1，当为 -1 的时候表示用所有 CPU 的内核运行程序。

28.3.3 逻辑回归分类算法实例

这里使用的是鸢尾花的数据集，参数使用默认设置，程序如下。

```
from sklearn.datasets import load_iris
from sklearn.model_selection import train_test_split
from sklearn.linear_model import LogisticRegression
from sklearn.metrics import accuracy_score, mean_squared_error, r2_score
iris_sample = load_iris()
x_train, x_test, y_train, y_test = train_test_split(
    iris_sample.data, iris_sample.target, test_size=0.25, random_state=123)
logclf = LogisticRegression()
logclf.fit(x_train, y_train)
print('系数为：', logclf.coef_)
print('截距为：', logclf.intercept_)
y_pre = logclf.predict(x_test)
print(y_test)      #输出测试集真实数据
print(y_pre)       #输出测试集预测结果
print('均方误差为：', mean_squared_error(y_test, y_pre))
print('r2为：', r2_score(y_test, y_pre))
print('测试集准确度为：', accuracy_score(y_test, y_pre))
```

结果如下：

```
系数为： [[ 0.3840724   1.34681774 -2.1373604  -0.95010544]
 [ 0.47664544 -1.45065988  0.48569735 -1.23844295]
 [-1.56167237 -1.52737972  2.28871946  2.26327865]]
截距为： [ 0.25296246  0.67072782 -0.92351098]
[1 2 2 1 0 2 1 0 0 1 2 0 1 2 2 2 0 0 1 0 0 2 0 2 0 0 0 2 2 0 2 2 0 0 1 1 2 0]
[1 2 2 1 0 2 1 0 0 1 2 0 1 2 2 2 0 0 1 0 0 1 0 2 0 0 0 2 2 0 2 2 0 0 1 1 2 0]
均方误差为： 0.02631578947368421
r2为： 0.9665492957746479
测试集准确度为： 0.9736842105263158
```

从输出结果可以看到准确度比较高。Logistic 回归作为被人们广泛使用的算法，具有高效且计算量小，又通俗易懂容易实现的优点，但同时也有容易欠拟合、分类精度可能不高的缺点。因此在选择方法时要根据数据的特点来选择合适的分类器。

28.4 人工智能机器学习算法的支持向量机及其应用

28.4.1 支持向量机的定义

前面已经介绍过逻辑回归算法,逻辑回归算法的分类依据是概率。本章要介绍的支持向量机,也是在分类问题中被广泛应用的一种算法。

在机器学习领域,支持向量机(Support Vector Machine,SVM)属于一种监督学习算法,可以用来解决分类和回归问题,在分类问题中应用更加广泛。

支持向量机是通过某种方式,在一个 N 维空间中找到一个最优超平面(类似于逻辑回归中的决策边界),把样本划分到不同的区域中,不同区域的样本属于不同的类别,从而实现分类。

在几何体中,超平面(Hyperplane)是一维小于其环境空间的子空间。如果空间是 3 维的,那么它的超平面是 2 维平面;而如果空间是 2 维的,则其超平面是 1 维线。

在解决线性分类问题时,分类算法的核心是要找到一个分类器,把属于不同类别的样本分开,在找分类器的过程中,本质是通过最小化一个损失函数,确定一个最优的分类器。

对于逻辑回归算法,在确定最优分类器时,借助的工具有 Sigmoid 函数和最大似然估计,对于支持向量机算法,借助的工具有最大化间隔和核技巧。

因此,简单来讲,支持向量机算法是通过某种方式找到一个最优的分类器,从而实现分类的过程。下面具体介绍该算法的原理。

28.4.2 最大化间隔

以二分类问题为例,假设有一个 1 维的数据集,表示重量,现在希望用某个标准把数据集中的样本分成两类:超重和正常,如图 28-10 所示。

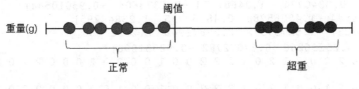

图 28-10 重量

通过观察样本,可以选择一个阈值(临界值),制定一个规则,当样本值小于阈值时,将它归类为正常;当样本值大于阈值时,将它归类为超重。

现在有一个新样本(绿色球),按照上述规则,由于它的值大于阈值,所以应该把它分类为超重。但这么分的话,似乎并不合适,因为通过观察可以发现,这个新样本距离左侧的正常类别更近,如图 28-11 所示。

因此,上面选择的阈值不够合理。

如果把两个类别边缘点的中间点作为阈值,如图 28-12 所示,此时,新样本值小于阈值,所以应该把它分类为正常。这么做似乎更合理,因为新样本离正常类别的距离更近。

第 28 章 人工智能机器学习量化金融策略

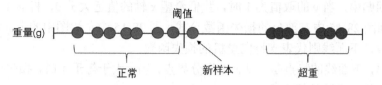

图 28-11 重量的阈值与新样本

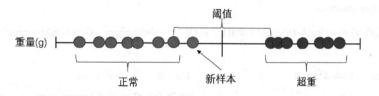

图 28-12 另一个阈值和新样本

可以发现，选择阈值需要有一个标准，这个标准是最大化间隔(maximize margin)，其中，样本值和阈值之间最短的距离叫作间隔(margin)，如图 28-13 所示。

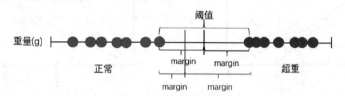

图 28-13 最大化间隔

当阈值为中点时，正常类别的 margin 和超重类别的 margin 相同，且为最大，符合最大化间隔的标准。

如果将阈值向左侧移动一点，如图 28-13 中蓝色线，那么正常类别的 margin 会变小。同理，向右侧移动的话，超重类别的 margin 会变小，而我们的目的，是要找到让两个类别的 margin 都最大时的阈值。

因此，为了能有效进行分类，需要构造一个最大化间隔的分类器，从而找到一个合适的阈值。

下面从公式的角度来看一下，最大化间隔是什么意思。首先，对比逻辑回归，看一下支持向量机的优化目标，如图 28-14 所示。

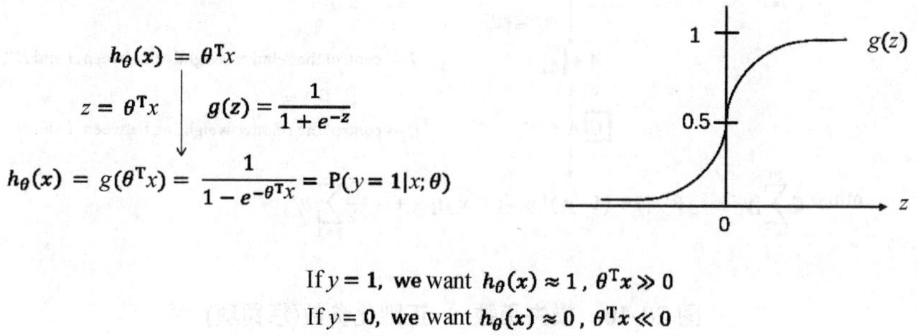

$$h_\theta(x) = \theta^T x$$

$$z = \theta^T x \quad g(z) = \frac{1}{1+e^{-z}}$$

$$h_\theta(x) = g(\theta^T x) = \frac{1}{1-e^{-\theta^T x}} = P(y=1|x;\theta)$$

If $y = 1$, we want $h_\theta(x) \approx 1$, $\theta^T x \gg 0$
If $y = 0$, we want $h_\theta(x) \approx 0$, $\theta^T x \ll 0$

图 28-14 逻辑回归

在逻辑回归中,当 y 的取值为 1 时,我们希望 x 轴的值远大于 0,将 $y=1$ 带入损失函数中,可以得到图 28-15 中左部分的损失函数公式。图 28-15 中左边图中的上面线代表逻辑回归的损失函数,下面线则代表支持向量机的损失函数。

可以看出,下面线的特点是,以 $z=1$ 为分界点,当 z 大于等于 1 时,损失函数的值为 0,其他情况下,损失函数的值大于 0。

损失函数 loss function

$$loss(h_\theta(x), y) = -y\log(h_\theta(x)) - (1-y)\log(1-h_\theta(x)) = -y\log\frac{1}{1+e^{-\theta^T x}} - (1-y)\log(1-\frac{1}{1+e^{-\theta^T x}})$$

If $y = 1$, want $\theta^T x \gg 0$

$$loss(h_\theta(x), y) = -\log\frac{1}{1+e^{-\theta^T x}} \overset{z=\theta^T x}{=} -\log\frac{1}{1+e^{-z}}$$

If $y = 0$, want $\theta^T x \ll 0$

$$loss(h_\theta(x), y) = -\log(1-\frac{1}{1+e^{-\theta^T x}}) \overset{z=\theta^T x}{=} -\log(1-\frac{1}{1+e^{-z}})$$

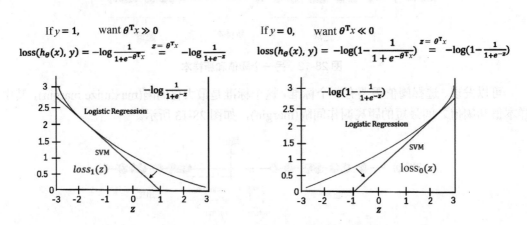

图 28-15 支持向量机的损失函数

同理,当 y 的取值为 0 时,我们希望 x 轴的值远小于 0,将 $y=0$ 带入损失函数中,可以得到图 28-16 中右部分的损失函数公式。图 28-15 中右边图形中上面线代表逻辑回归的损失函数,下面线则代表支持向量机的损失函数。

逻辑回归 logistic regression

$$\min_\theta \frac{1}{m}\sum_{i=1}^{m}[y_i(-\log(h_\theta(x_i))) + (1-y_i)(-\log(1-h_\theta(x_i)))] + \boxed{\frac{\lambda}{2m}\sum_{j=1}^{n}\theta_j^2} \rightarrow \text{Regularization Parameter}$$

$$\underbrace{}_{\text{loss}_1(z)} \underbrace{}_{\text{loss}_0(z)}$$

支持向量机 SVM $z = \theta^T x_i$

$$\min_\theta \frac{1}{m}\sum_{i=1}^{m}[y_i\text{loss}_1(\theta^T x_i) + (1-y_i)\text{loss}_0(\theta^T x_i)] + \frac{\lambda}{2m}\sum_{j=1}^{n}\theta_j^2$$

m 为常数项

$A + \boxed{\lambda} B$ $\quad\lambda$ — control the relative weighting between A and B

$\downarrow \quad C \approx \frac{1}{\lambda}$

$\boxed{C} A + B$ $\quad C$ — control the relative weighting between A and B

$$\min_\theta C\sum_{i=1}^{m}[y_i\text{loss}_1(\theta^T x_i) + (1-y_i)\text{loss}_0(\theta^T x_i)] + \frac{1}{2}\sum_{j=1}^{n}\theta_j^2$$

图 28-16 损失函数 + 正则化参数(惩罚项)

可以看出,下面线的特点是,以 $z=-1$ 为分界点,当 z 小于等于 -1 时,损失函数的值为 0,其他情况下,损失函数的值大于 0。

第28章 人工智能机器学习量化金融策略

在上面的分析中,根据逻辑回归损失函数的特点,引出了支持向量机的损失函数图,它的名字叫铰链损失函数(Hinge loss),这里不过多纠结它是怎么来的,先直接记住结论,然后继续往下分析。

优化目标的公式由两个部分组成,损失函数 + 正则化参数(惩罚项),它的目的是防止模型过拟合,如图28-16所示。

一般将公式中的两个部分化为 A 和 B,其中,λ 是用来控制两个部分权重的参数。在支持向量机中,把参数放在 A 部分,并且用字母 C 来表示。又由于 m 为常数项,对最终的优化结果没有影响,所以可以去掉,如图28-17所示。

$$\text{loss} = \min_\theta \underbrace{C \sum_{i=1}^{m}[y_i \text{loss}_1(\theta^T x_i) + (1-y_i)\text{loss}_0(\theta^T x_i)]}_{A} + \underbrace{\frac{1}{2}\sum_{j=1}^{n} \theta_j^2}_{B} \longrightarrow \text{Regularization Parameter}$$

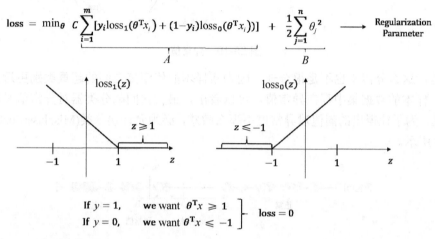

If $y = 1$, we want $\theta^T x \geq 1$
If $y = 0$, we want $\theta^T x \leq -1$ } loss = 0

C is a very large number

图 28-17 图 28-16 的变形

为了实现损失函数的最小化,当 C 的取值很大时,我们希望 A 的取值很小,最好是 0。当 A 取 0 时,损失函数就可以简化成图28-18红色框线里的表达式。

$$\text{loss} = \min_\theta \underbrace{C \sum_{i=1}^{m}[y_i \text{loss}_1(\theta^T x_i) + (1-y_i)\text{loss}_0(\theta^T x_i)]}_{A=0} + \underbrace{\frac{1}{2}\sum_{j=1}^{n} \theta_j^2}_{B} \longrightarrow \text{Regularization Parameter}$$

C is a very large number

$z = \theta^T x_i$

Whenever $y_i = 1$: $\theta^T x_i \geq 1$ Whenever $y_i = 0$: $\theta^T x_i \leq -1$

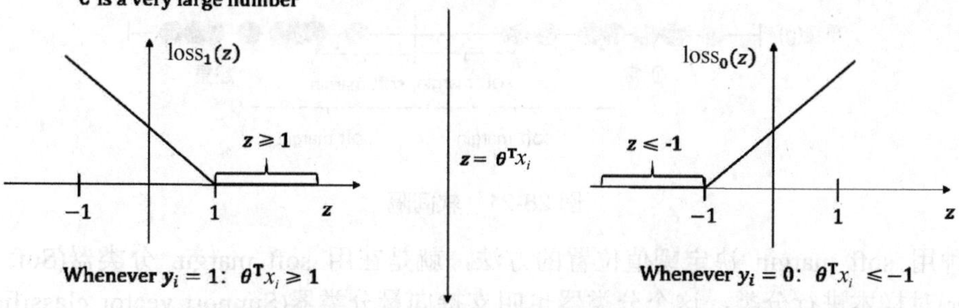

$$\boxed{\text{loss} = \min_\theta C \times 0 + \frac{1}{2}\sum_{j=1}^{n} \theta_j^2 \quad \text{s.t.} \begin{cases} \theta^T x_i \geq 1, & \text{If } y_i = 1 \\ \theta^T x_i \leq -1, & \text{If } y_i = 0 \end{cases}}$$

图 28-18 损失函数的最小化

28.4.3 软间隔

现在思考一下，当样本中存在异常值(Outliers)的情况下该如何处理，如图 28-19 所示。

观察图 28-19，按照最大化间隔的标准，阈值的位置如图 28-19 所示，靠近右侧的为超重类别。当输入一个新样本(绿色球)时，会将它预测为正常类别，因为它在阈值的左侧。

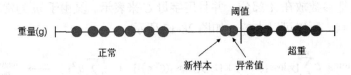

图 28-19 异常值

但是，这么分似乎也不是很合理，因为新样本的值距离右侧的超重类别更近。这里的问题是，样本的数据集中存在异常值，可以看出，最大化间隔分类器对异常值是极其敏感的。因此，为了让得出的阈值对异常值不那么敏感，必须允许误分类(Misclassifications)，如图 28-20 所示。

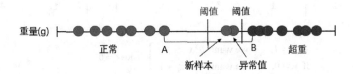

图 28-20 允许误分类

在允许误分类的情况下，比如，选择 A、B 两个样本值的中点作为阈值，此时，属于正常类别的异常值会被误分类为超重类别。这样的预测结果更合理一些，因为新样本确实距离右侧的超重类别更近。

当允许存在误分类的情况下，样本值和阈值之间的距离叫作软间隔(soft margin)，当允许误分类的程度不同时，soft margin 也会不同。在确定最优的 soft margin 时，用到的方法是交叉验证(Cross validation)，如图 28-21 所示。

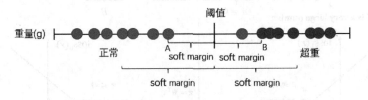

图 28-21 软间隔

这种用 soft margin 决定阈值位置的方法，就是在用 soft margin 分类器(Soft margin classifier)对样本进行分类，这个分类器也叫支持向量分类器(Support vector classifier)，如图 28-22 所示。

在 soft margin 边缘和里面的样本点叫作支持向量(Support vectors)。

当数据集是 2 维的，支持向量分类器是一条 1 维直线，同样也是通过交叉验证的方法去确定最优的 soft margin，如图 28-23 所示。

第 28 章 人工智能机器学习量化金融策略

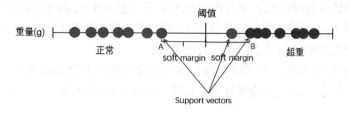

图 28-22 支持向量分类器

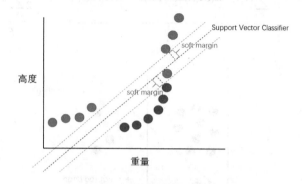

图 28-23 最优的 soft margin

当数据集是 3 维的，支持向量分类器就是一个 2 维平面，如图 28-24 所示。

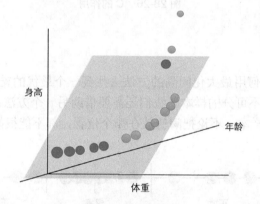

图 28-24 超平面

可以看到，支持向量分类器能够解决异常值问题，而且由于它允许误分类，也可以解决相互重叠的分类问题(Overlapping classifications)，如图 28-25 所示。

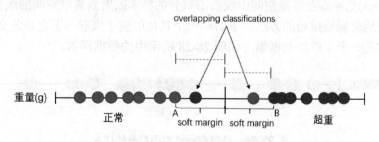

图 28-25 重叠的分类问题

根据前面推导出的表达式，支持向量机对误分类的控制是通过参数 C 来实现的。

当 C 的值很大时，公式前半部分的损失函数对结果的重要性提升，它对异常值很敏感，容易出现过拟合的现象，如图 28-26 中的橙色线。

当 C 的值不是很大时，公式后半部分的正则化项的重要性相对提升，它对异常值的敏感度有所降低，允许一定程度的误分类，如图 28-26 中的黑色线。

$$\min_\theta \underbrace{C \sum_{i=1}^{m} [y_i \text{loss}_1(\theta^T x_i) + (1-y_i) \text{loss}_0(\theta^T x_i)]}_{A} + \underbrace{\frac{1}{2} \sum_{j=1}^{n} \theta_j^2}_{B}$$

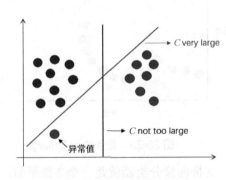

图 28-26　C 的作用

28.4.4　核技巧

前面已经介绍了如何用最大化间隔的方法去找到一个最优的支持向量分类器，但它并不是万能的，对于线性不可分的样本，我们还需要借助另一个方法：核技巧。

对于图 28-27 中的样本，不论把阈值放在哪个位置，都不能很好地把两个类别区分开，需要借助核技巧的方法。

图 28-27　线性不可分及其样本

核技巧(Kernel trick)是一种用线性分类器去解决非线性问题的方法，它会借助核函数(Kernel functions)把原本在低维空间中线性不可分的样本映射到高维空间的线性可分。

为了直观地理解核技巧的方法，下面举一个具体的例子来看一下它是怎么操作的。

原始样本是一个 1 维的数据集，如图 28-28 所示中的数据样本。

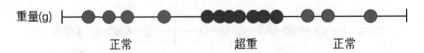

图 28-28　低维空间线性不可分的样本

选择一个核函数：$y=x^2$，添加一个 y 轴，把低维数据转换到高维，即把 1 维数据转换成 2 维数据。比如，图 28-29 中 A 点的值为 0.5，对应在 y 轴的值就是 0.5 的平方，等于 0.25。

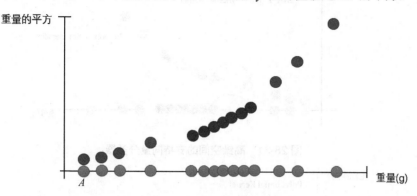

图 28-29 高维空间的线性可分及其样本

将所有样本点都转换完成，原来的 1 维数据就变成了一个 2 维数据，此时能够找到一条直线(支持向量分类器)把两个类别的样本分开。

对于一个新样本(绿色球)，将它的值平方，由于它落入了支持向量分类器的上方，它应该被分类为正常类别，如图 28-30 所示。

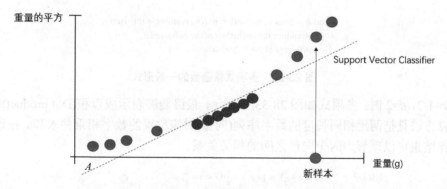

图 28-30 新样本的预测

在上例中，我们选择的核函数是 $y=x^2$，但为什么是平方，不是立方，或者是平方根呢？这里就涉及核函数的选择问题，核函数的形式有很多，需要具体问题具体分析。本章介绍两个核函数的形式，多项式核函数(Polynomial Kernel)和径向内核函数(Radial Basis Function Kernels，RBF Kernel)。

1. 多项式核函数

在上例中，我们用了一个带有多项式核函数 $y=x^2$ 的支持向量机，在转换的高维空间去计算样本之间的关系，然后基于在高维空间中计算出的关系，找到了一个合适的支持向量分类器，如图 28-31 所示。

多项式核函数的一般形式如图 28-32 所示，其中，a 和 b 代表数据集中两个不同的样本，r 决定多项式的系数，d 是多项式的次数。

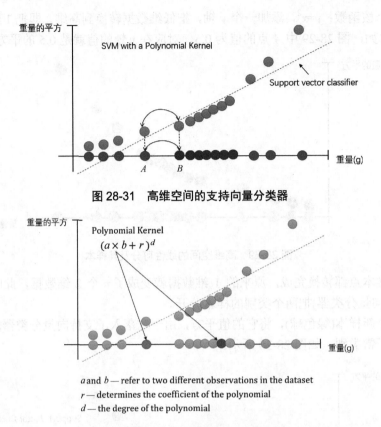

图 28-31 高维空间的支持向量分类器

图 28-32 多项式核函数的一般形式

当 $r=1/2$，$d=2$ 时，多项式如图 28-33 中所示，最终能够表示成点积(Dot product)的形式。它的计算方法是把两组相同长度的数字序列(向量)对应位置的数字相乘并求和。在这里，点积的计算结果可以理解为两个向量之间的相关关系。

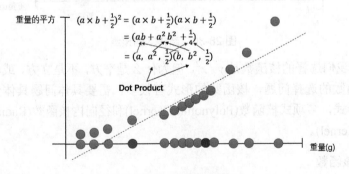

图 28-33 点积的实例

点积展示了样本数据在高维空间中的坐标信息。括号中的位置 1 代表 x 轴，位置 2 代表 y 轴，位置 3 代表 z 轴，由于位置 3 的值相同，可以忽略，如图 28-34 所示。

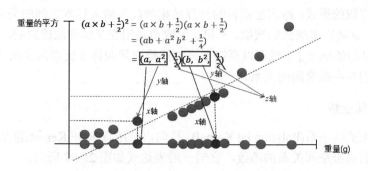

图 28-34 样本数据在高维空间中的坐标信息

点积展示了样本数据在高维空间中的坐标信息。括号中的位置 1 代表 x 轴，位置 2 代表 y 轴，位置 3 代表 z 轴，由于位置 3 的值相同，可以忽略，如图 28-34 所示。

当 $r=1$，$d=2$ 时，多项式如图 28-35 所示，x 轴变成了 $\sqrt{2}a$，表示原来的样本值 a 应该向右移动到 $\sqrt{2}a$ 的位置，y 轴不变，同样 z 轴是相同的常数，可以忽略不看。

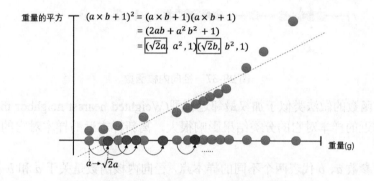

图 28-35 当 $r=1$，$d=2$ 时的多项式

回到 $r=1/2$，$d=2$ 的例子，既然左侧的核函数与右侧的点积相等，可以将样本点的值带入核函数中，进而得到它们以点积形式表示的、在高维空间的关系，如图 28-36 所示。

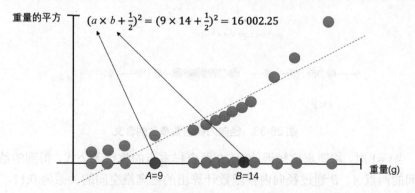

图 28-36 样本点以点积形式表示的、在高维空间的关系

计算结果 16 002.25 就代表 A、B 两点在 2 维空间的关系，它被用来确定支持向量分类器的位置，即使我们并没有把数据实际转换到 2 维空间。

因此，通过上面的分析可以看出，多项式核函数用于计算一组样本之间的关系，因为它可以表示为点积的形式，而这里点积的计算结果就代表输入样本之间的关系。参数 r 决定多项式的系数，d 决定多项式的次数，r 和 d 的取值是用交叉验证法确定的。

一旦 r 和 d 的值确定了，就可以直接把原本低维空间的样本值带入多项式核函数中，通过计算得到它们在高维空间的关系。

2. 径向内核函数

类似于多项式核函数(Polynomial Kernel)，径向内核函数(RBF Kernel)也是一种用来计算低维空间样本的高维空间关系的函数，它的一般表达式如图 28-37 所示。

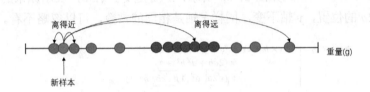

图 28-37　径向内核函数

径向内核函数的做法类似于加权最邻近模型(Weighted nearest neighbor model)，也就是说，离新样本近的样本对它的分类结果影响很大，离新样本远的样本对它的分类结果影响很小。

公式中的参数 a、b 代表两个不同的样本点，径向内核函数是关于 a 和 b 差值平方(距离的平方)的函数，γ 用来控制 a 和 b 差值平方对函数结果的影响程度，如图 28-38 所示。

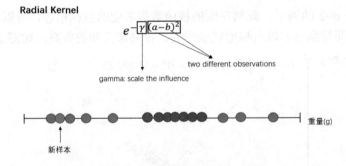

图 28-38　径向内核函数参数的含义

比如，当 $\gamma=1$ 时，将距离比较近的 A、B 两个样本点的值代入公式，得到的结果是 0.11，即低维空间的两点 A、B 通过径向内核函数计算出的在高维空间的关系为 0.11，如图 28-39 所示。

当 $\gamma=2$ 时，同样将 A、B 两个样本点的值代入公式，得到的结果是 0.01，比 $\gamma=1$ 时得到的 0.11 要小，如图 28-40 所示。

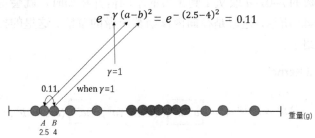

图 28-39　参数计算

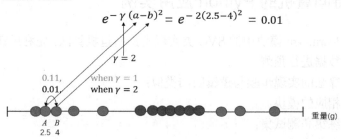

图 28-40　参数计算

再回到 $\gamma=1$ 时的例子，如果选择两个距离比较远的 A 和 C 点，得到的结果是一个非常接近于 0 的值。因此，当两个样本点的距离越远时，它们对彼此的影响越小。

和多项式核函数一样，将样本值代入径向内核函数中，会得到它们在高维空间的关系。0.11 代表距离较近的 A 和 B 两点在高维空间的关系，非常接近于 0 的值则代表距离较远的 A 和 C 两点在高维空间的关系。

与多项式核函数不同的是，径向内核函数是在无限的高维空间里计算的，下面就从多项式核函数出发，看一下径向内核函数是如何在无限空间里进行操作的。

当 $r=0$ 时，多项式核函数可以写成关于 a 和 b 的点积形式，只不过它还是 1 维的。比如，当 $d=2$ 时，是将原来 1 维空间中的样本值进行了平方，样本的位置发生了变动，但仍是在 1 维空间中，如图 28-41 所示。

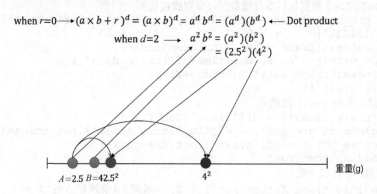

图 28-41　多项式核函数关于 a 和 b 的点积形式

当多项式核函数的 $r=0$，d 取从 1 到无穷的不同值并相加时，就会得到一个包含无限空间的点积，如图 28-42 所示，这就是径向内核函数所做的事情。这里的推导会涉及泰勒级数展开，这里就不介绍了。

Radial Kernel

$$a^1 b^1 + a^2 b^2 + a^3 b^3 + \cdots + a^\infty b^\infty = (a^1, a^2, a^3, \cdots, a^\infty)(b^1, b^2, b^3, \cdots, b^\infty)$$

图 28-42 无限空间的点积

28.4.5 支持向量机的 Python 应用实例

可以导入 sklearn.svm 模块中的 SVC 类实现支持向量机算法，先利用训练集数据构建模型，再用测试集数据进行预测。

支持向量机算法的实现步骤与逻辑回归类似：
(1) 先导入相应的模块；
(2) 划分训练集和测试集；
(3) 创建一个分类器；
(4) 放入训练集数据进行学习，得到预测模型；
(5) 在测试集数据上进行预测。

使用工具：Python 3 以上。

使用数据：tushare.pro。

本节注重的是方法的讲解，Python 代码中参数设置的是默认值。

```python
import tushare as ts
import pandas as pd
import matplotlib.pyplot as plt
pd.set_option("expand_frame_repr", False)           # 当列太多时不换行
# 设置 token
token = 'your token'
ts.set_token(token)
pro = ts.pro_api()
# 导入 000002.SZ 前复权日线行情数据，保留收盘价列
df = ts.pro_bar(ts_code='000002.SZ', adj='qfq', start_date='20190101', end_date='20191231')
df.sort_values('trade_date', inplace=True)
df['trade_date'] = pd.to_datetime(df['trade_date'])
df.set_index('trade_date', inplace=True)
df = df[['close']]
# 计算当前、未来 1-day 涨跌幅
df['1d_future_close'] = df['close'].shift(-1)
df['1d_close_future_pct'] = df['1d_future_close'].pct_change(1)
df['1d_close_pct'] = df['close'].pct_change(1)
df.dropna(inplace=True)
#1 代表上涨，0 代表下跌
df.loc[df['1d_close_future_pct'] > 0, '未来 1d 涨跌幅方向'] = 1
df.loc[df['1d_close_future_pct'] <= 0, '未来 1d 涨跌幅方向'] = 0
df = df[['1d_close_pct', '未来 1d 涨跌幅方向']]
```

```
df.rename(columns={'1d_close_pct': '当前1d涨跌幅'}, inplace=True)
print(df.head())
            当前1d涨跌幅    未来1d涨跌幅方向
trade_date
2019-01-03  0.007112        1.0
2019-01-04  0.035728        1.0
2019-01-07  0.004815        0.0
2019-01-08 -0.001997        1.0
2019-01-09  0.013203        0.0

from sklearn.svm import SVC
from sklearn.model_selection import train_test_split
# 创建特征 X 和标签 y
y = df['未来1d涨跌幅方向'].values
X = df.drop('未来1d涨跌幅方向', axis=1).values
# 划分训练集和测试集
X_train,X_test,y_train,y_test=train_test_split(X,y,test_size=0.4,random_state=42)
# 创建一个支持向量分类器
# linear kernel
# svm = SVC(kernel='linear', C=1, random_state=0)
# RBF kernel
svm = SVC(kernel='rbf', random_state=0, gamma=.01, C=1)
# 放入训练集数据进行学习
svm.fit(X_train, y_train)
# 在测试集数据上进行预测
new_prediction = svm.predict(X_test)
print("Prediction: {}".format(new_prediction))
# 测算模型的表现：预测对的个数/总个数
print(svm.score(X_test, y_test))
Prediction: [0. 0. 0. 0. 0. 0. 0. 0. 0. 0. 0. 0. 0. 0. 0. 0. 0. 0. 0. 0. 0. 0.
 0. 0. 0.
 0. 0. 0. 0. 0. 0. 0. 0. 0. 0. 0. 0. 0. 0. 0. 0. 0. 0. 0. 0. 0. 0.
 0. 0. 0. 0. 0. 0. 0. 0. 0. 0. 0. 0. 0. 0. 0. 0. 0. 0. 0. 0. 0. 0.
 0. 0. 0. 0. 0. 0. 0. 0. 0. 0. 0. 0. 0. 0. 0. 0. 0. 0. 0. 0. 0. 0.
 0.]
0.4948453608247423
```

练 习 题

对本章例题的数据，使用Python重新操作一遍。